U0129359

滿文原檔

《滿文原檔》選讀譯注

太祖朝（十四）

莊 吉 發譯注

滿 語 叢 刊
文史哲出版社印行

國家圖書館出版品預行編目資料

滿文原檔《滿文原檔》選讀譯注：太祖朝.
十四 / 莊吉發譯注. -- 初版. -- 臺北市：
文史哲出版社, 民 112.05
面 ： 公分 --（滿語叢刊；53）
ISBN 978-986-314-639-1（平裝）

1.CST:滿語 2.CST:讀本

802.918　　　　112007656

滿 語 叢 刊 53

滿文原檔《滿文原檔》選讀譯注

太祖朝（十四）

譯 注 者：莊　吉　發
出 版 者：文 史 哲 出 版 社
http:// www.lapen.com.tw
e-mail:lapen@ms74.hinet.net
登記證字號：行政院新聞局版臺業字五三三七號
發 行 人：彭　正　雄
發 行 所：文 史 哲 出 版 社
印 刷 者：文 史 哲 出 版 社
臺北市羅斯福路一段七十二巷四號
郵政劃撥帳號：一六一八〇一七五
電話886-2-23511028 · 傳真886-2-23965656
實價新臺幣七八〇元
二〇二三年（一一二）五月初版

ISBN 978-986-314-639-1　65153

滿文原檔

《滿文原檔》選讀譯注

太祖朝(十四)

目　　次

《滿文原檔》選讀譯注導讀 3
一 、 水戰刀船 9
二 、 賞不遺賤 17
三 、 賞罰分明 37
四 、 挑撥離間 53
五 、 編戶散糧 65
六 、 踐踏良田 77
七 、 築城夫役 91
八 、 誣陷首告 101
九 、 遣戶口糧 113
十 、 誥命敕書 123
十一、軍紀嚴明 137
十二、嚴禁竊盜 147
十三、元旦拜年 159
十四、演放爆竹 169

十　五、苛徵重稅 179
十　六、漢人造冊 187
十　七、額駙公主 205
十　八、送客禮儀 221
十　九、竊取官糧 231
二　十、戍兵警戒 243
二十一、格格盛饌 257
二十二、散糧贍養 275
二十三、捕魚耕田 287
二十四、迎接額駙 299
二十五、冊報丁口 327
二十六、筵好禮重 349
二十七、光棍治罪 367
二十八、賞賜莊屯 375
二十九、查拏奸細 387
三　十、姻親結盟 395
三十一、新春冰戲 403
三十二、朝鮮降將 417
三十三、化敵為友 455
三十四、盜賊滋生 471
三十五、且瞄且射 479
三十六、天災人禍 487
三十七、遷都瀋陽 511

附　錄

滿文原檔之一、之二、之三、之四 522
滿文老檔之一、之二、之三、之四 526

《滿文原檔》選讀譯注
導　讀

內閣大庫檔案是近世以來所發現的重要史料之一，其中又以清太祖、清太宗兩朝的《滿文原檔》以及重抄本《滿文老檔》最為珍貴。明神宗萬曆二十七年（1599）二月，清太祖努爾哈齊為了文移往來及記注政事的需要，即命巴克什額爾德尼等人以老蒙文字母為基礎，拼寫女真語音，創造了拼音系統的無圈點老滿文。清太宗天聰六年（1632）三月，巴克什達海奉命將無圈點老滿文在字旁加置圈點，形成了加圈點新滿文。清朝入關後，這些檔案由盛京移存北京內閣大庫。乾隆六年（1741），清高宗鑒於內閣大庫所貯無圈點檔冊，所載字畫，與乾隆年間通行的新滿文不相同，諭令大學士鄂爾泰等人按照通行的新滿文，編纂《無圈點字書》，書首附有鄂爾泰等人奏摺[1]。因無圈點檔年久𪗋舊，所以鄂爾泰等人奏請逐頁托裱裝訂。鄂爾泰等人遵旨編纂的無圈點十二字頭，就是所謂的《無圈點字書》，但以字頭釐正字蹟，未免逐卷翻閱，且無圈點老檔僅止一

1 張玉全撰，〈述滿文老檔〉，《文獻論叢》（臺北，臺聯國風出版社，民國五十六年十月），論述二，頁 207。

分，日久或致擦損，乾隆四十年（1775）二月，軍機大臣奏准依照通行新滿文另行音出一分，同原本貯藏[2]。乾隆四十三年（1778）十月，完成繕寫的工作，貯藏於北京大內，即所謂內閣大庫藏本《滿文老檔》。乾隆四十五年（1780），又按無圈點老滿文及加圈點新滿文各抄一分，齎送盛京崇謨閣貯藏[3]。自從乾隆年間整理無圈點老檔，托裱裝訂，重抄貯藏後，《滿文原檔》便始終貯藏於內閣大庫。

近世以來首先發現的是盛京崇謨閣藏本，清德宗光緒三十一年（1905），日本學者內藤虎次郎訪問瀋陽時，見到崇謨閣貯藏的無圈點老檔和加圈點老檔重抄本。宣統三年（1911），內藤虎次郎用曬藍的方法，將崇謨閣老檔複印一套，稱這批檔冊為《滿文老檔》。民國七年（1918），金梁節譯崇謨閣老檔部分史事，刊印《滿洲老檔祕錄》，簡稱《滿洲祕檔》。民國二十年（1931）三月以後，北平故宮博物院文獻館整理內閣大庫，先後發現老檔三十七冊，原按千字文編號。民國二十四年（1935），又發現三冊，均未裝裱，當為乾隆年間托裱時所未見者。文獻館前後所發現的四十冊老檔，於文物南遷時，俱疏遷於後方，臺北國立故宮博物院現藏者，即此四十冊老檔。昭和三十三年（1958）、三十八年（1963），日本東洋文庫譯注出版

2《清高宗純皇帝實錄》，卷 976，頁 28。乾隆四十年二月庚寅，據軍機大臣奏。

3《軍機處檔・月摺包》（臺北，國立故宮博物院），第 2705 箱，118 包，26512 號，乾隆四十五年二月初十日，福康安奏摺錄副。

清太祖、太宗兩朝老檔，題為《滿文老檔》，共七冊。民國五十八年（1969），國立故宮博物院影印出版老檔，精裝十冊，題為《舊滿洲檔》。民國五十九年（1970）三月，廣祿、李學智譯注出版老檔，題為《清太祖老滿文原檔》。昭和四十七年（1972），東洋文庫清史研究室譯注出版天聰九年分原檔，題為《舊滿洲檔》，共二冊。一九七四年至一九七七年間，遼寧大學歷史系李林教授利用一九五九年中央民族大學王鍾翰教授羅馬字母轉寫的崇謨閣藏本《加圈點老檔》，參考金梁漢譯本、日譯本《滿文老檔》，繙譯太祖朝部分，冠以《重譯滿文老檔》，分訂三冊，由遼寧大學歷史系相繼刊印。一九七九年十二月，遼寧大學歷史系李林教授據日譯本《舊滿洲檔》天聰九年分二冊，譯出漢文，題為《滿文舊檔》。關嘉祿、佟永功、關照宏三位先生根據東洋文庫刊印天聰九年分《舊滿洲檔》的羅馬字母轉寫譯漢，於一九八七年由天津古籍出版社出版，題為《天聰九年檔》。一九八八年十月，中央民族大學季永海教授譯注出版崇德三年（1638）分老檔，題為《崇德三年檔》。一九九〇年三月，北京中華書局出版老檔譯漢本，題為《滿文老檔》，共二冊。民國九十五年（2006）一月，國立故宮博物院為彌補《舊滿洲檔》製作出版過程中出現的失真問題，重新出版原檔，分訂十巨冊，印刷精緻，裝幀典雅，為凸顯檔冊的原始性，反映初創滿文字體的特色，並避免與《滿文老檔》重抄本的混淆，正名為《滿文原檔》。

二〇〇九年十二月，北京中國第一歷史檔案館整理編譯《內閣藏本滿文老檔》，由瀋陽遼寧民族出版社出版。吳元豐先生於「前言」中指出，此次編譯出版的版本，是選用北京中國第一歷史檔案館保存的乾隆年間重抄並藏於內閣的《加圈點檔》，共計二十六函一八〇冊。採用滿文原文、羅馬字母轉寫及漢文譯文合集的編輯體例，在保持原分編函冊的特點和聯繫的前提下，按一定厚度重新分冊，以滿文原文、羅馬字母轉寫、漢文譯文為序排列，合編成二十冊，其中第一冊至第十六冊為滿文原文、第十七冊至十八冊為羅馬字母轉寫，第十九冊至二十冊為漢文譯文。為了存真起見，滿文原文部分逐頁掃描，仿真製版，按原本顏色，以紅黃黑三色套印，也最大限度保持原版特徵。據統計，內閣所藏《加圈點老檔》簽注共有 410 條，其中太祖朝 236 條，太宗朝 174 條，俱逐條繙譯出版。為體現選用版本的庋藏處所，即內閣大庫；為考慮選用漢文譯文先前出版所取之名，即《滿文老檔》；為考慮到清代公文檔案中比較專門使用之名，即老檔；為體現書寫之文字，即滿文，最終取漢文名為《內閣藏本滿文老檔》，滿文名為“dorgi yamun asaraha manju hergen i fe dangse”。《內閣藏本滿文老檔》雖非最原始的檔案，但與清代官修史籍相比，也屬第一手資料，具有十分珍貴的歷史研究價值。同時，《內閣藏本滿文老檔》作為乾隆年間《滿文老檔》諸多抄本內首部內府精寫本，而且有其他抄本沒有的簽注。《內閣藏本滿文老檔》首次以滿文、羅馬字母轉寫和漢文譯文合集方式出版，確實對清朝開國史、民族史、東北地方史、滿學、八旗制度、滿文古籍版本等領域的研究，提供比較原始的、系統的、基礎的第一手資料，其次也有助於準確解讀用老滿文書寫《滿文老檔》原本，以及深入系統地研究滿文的創制與改革、滿語的發展變化[4]。

臺北國立故宮博物院重新出版的《滿文原檔》是《內閣藏本滿文老檔》的原本，海峽兩岸將原本及其抄本整理出版，確實是史學界的盛事，《滿文原檔》與《內閣藏本滿文老檔》是同源史料，有其共同性，亦有其差異性，都是探討清朝前史的珍貴史料。為詮釋《滿文原檔》文字，可將《滿文原檔》與《內閣藏本滿文老檔》全文併列，無圈點滿文與加圈點滿文合璧整理出版，對辨識費解舊體滿文，頗有裨益，也是推動滿學研究不可忽視的基礎工作。

本書承原任駐臺北韓國代表部連寬志先生細心校勘，蒙文借詞、滿蒙同源詞彙，注釋詳盡。並承文史哲出版社發行人彭正雄先生、總經理彭雅雲小姐精心排印，在此一併致謝。

以上節錄：滿文原檔：《滿文原檔》選讀譯注導讀 — 太祖朝（一）全文 3-38 頁。

---

4 《內閣藏本滿文老檔》（瀋陽，遼寧民族出版社，2009 年 12 月），第一冊，前言，頁 10。

一、水戰刀船

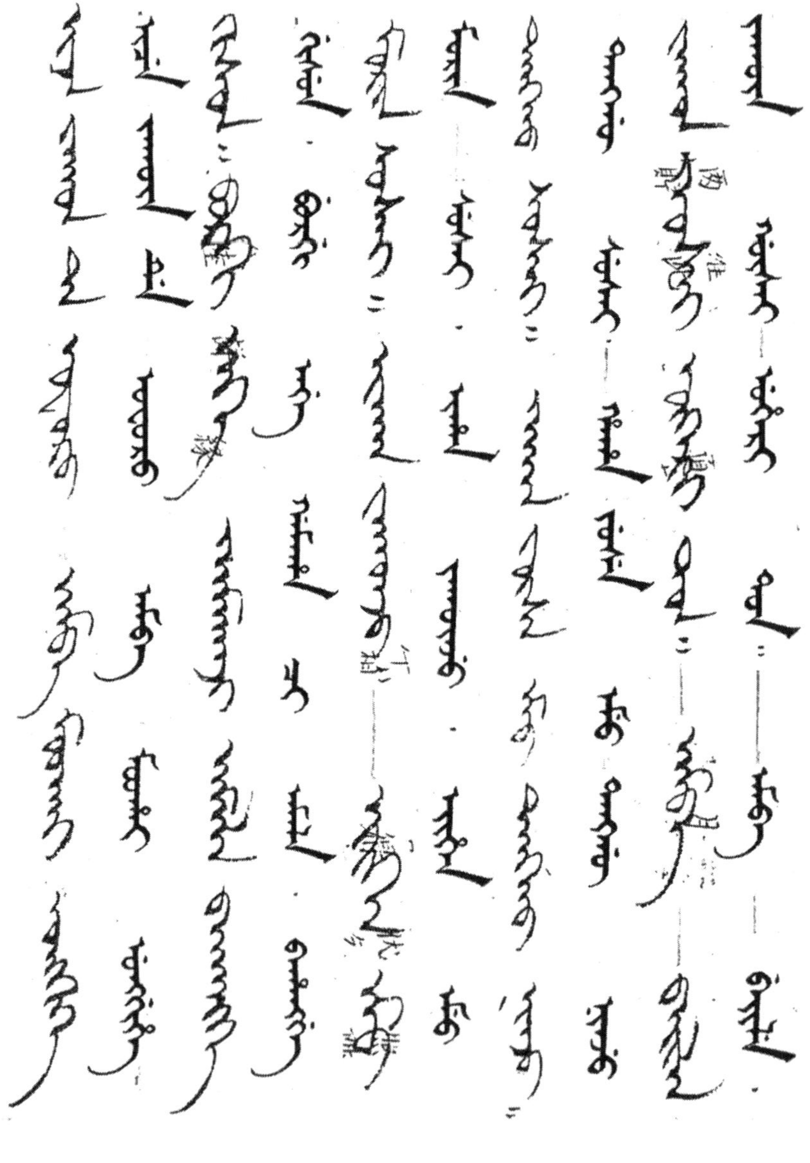

ice jakūn de, oforo amba moohai unggihe gisun, burgi age gamaha ci amala bahangge morin susai, ihan jakūnju, eihen emu tanggū susai, haha juse emu tanggū ninju, jakūn gūsai uheri ton. amba beile,

---

初八日，大鼻子毛海齎書曰：「自布爾吉阿哥攜去後所得馬五十匹、牛八十頭、驢一百五十隻、男童一百六十名。此為八旗總數。」大貝勒、

初八日，大鼻子毛海赍书曰：「自布尔吉阿哥携去后所得马五十匹、牛八十头、驴一百五十只、男童一百六十名。此为八旗总数。」大贝勒、

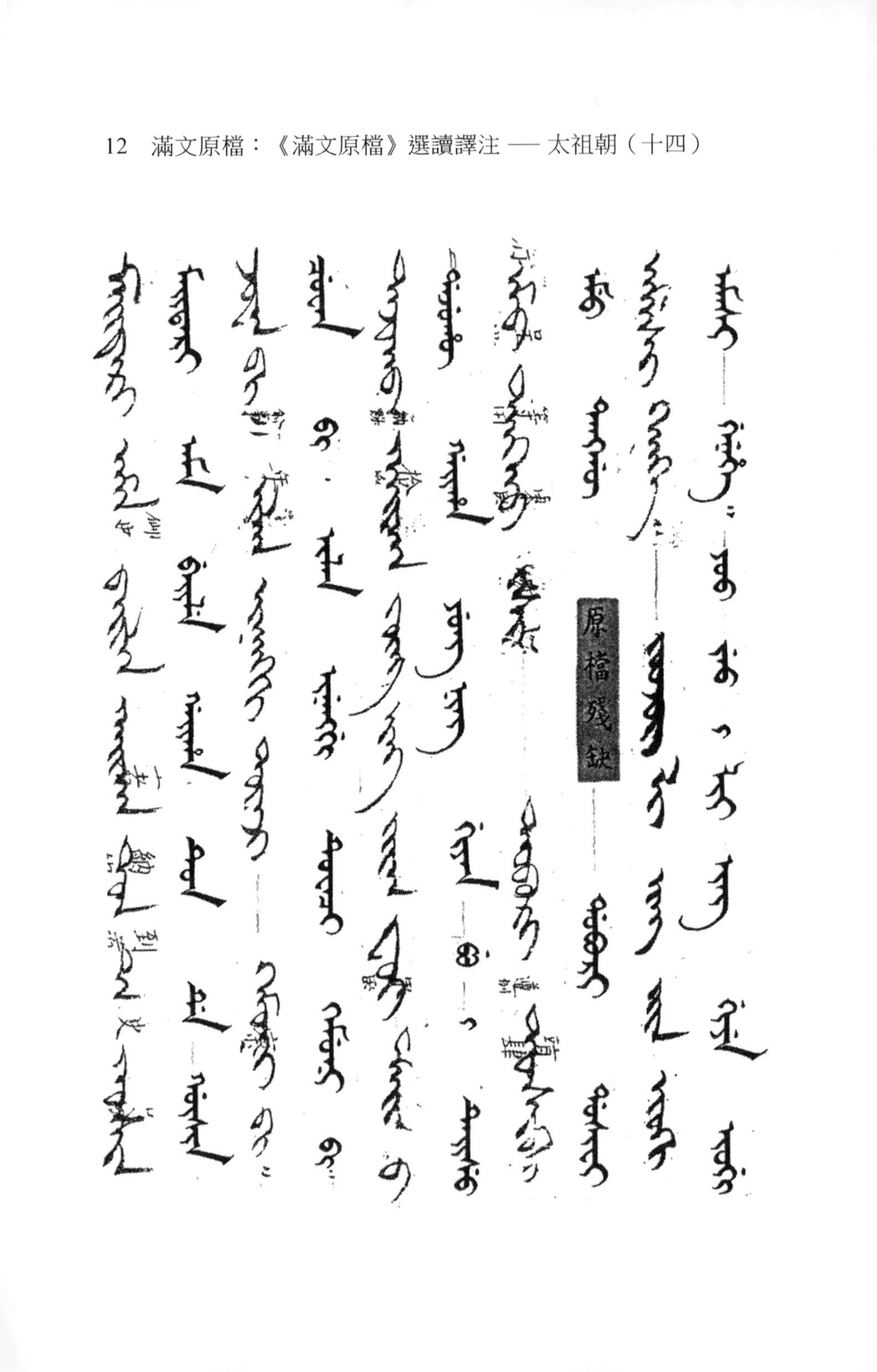

原檔殘缺

maitari ama beile gaiha tun de gūsin cuwan bi, ilan inenggi tuwaci kemuni bi. dajuhū gaiha yung ning giyan pu i teisu emu tanggū [原檔殘缺] dobori dosifi amasi genehe. yoo jeo i lii ing giye iogi

---

麥塔里父貝勒所取之島上有船三十艘，觀看三日仍在。達柱虎所取之永寧監堡地方有一百[原檔殘缺]入夜回去。耀州李英傑遊擊

麦塔里父贝勒所取之岛上有船三十艘，观看三日仍在。达柱虎所取之永宁监堡地方有一百[原档残缺]入夜回去。耀州李英杰游击

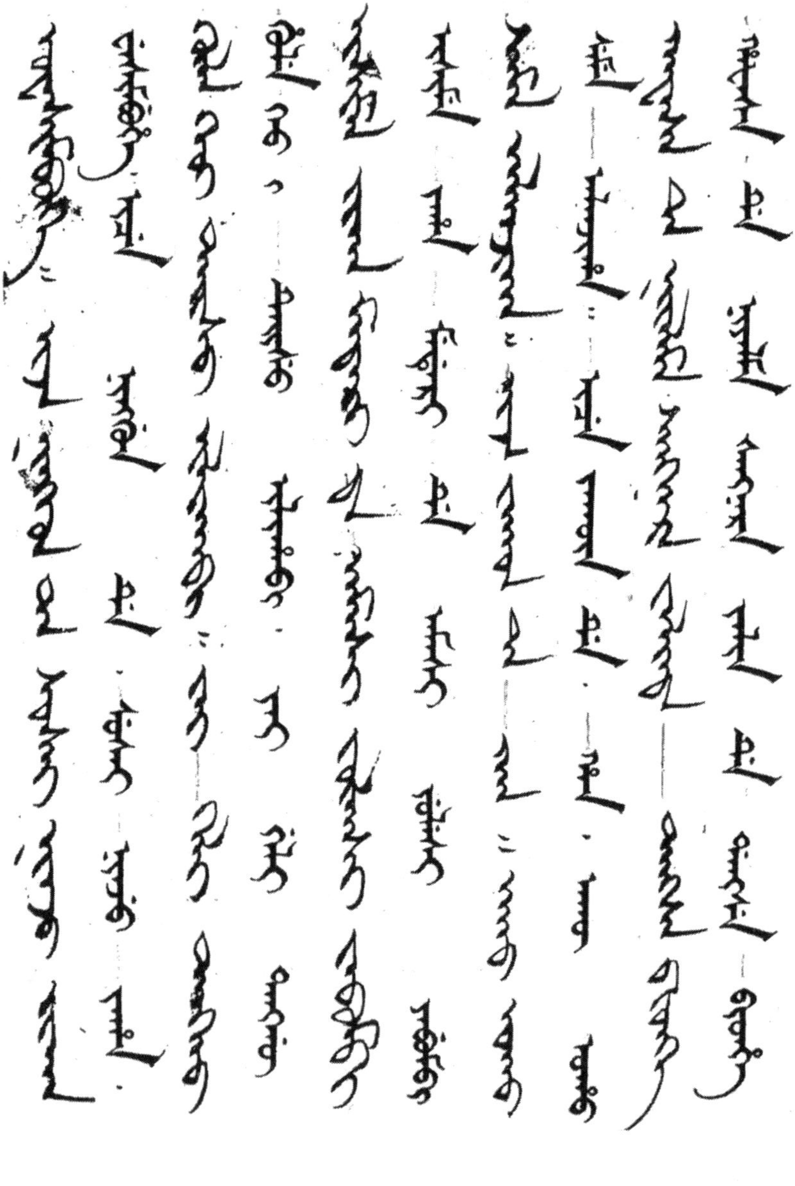

wesimbuhe, ice ninggun de, susai ninju jaha, hule keo i teisu ilihabi, jai geli tanggū isime jaha mederi de amasi julesi yabumbi seme alanjiha. ice jakūn de, han, akū oho hafasa de niyalma šangnara jalin de dangse bithe

---

奏曰：「初六日，有五、六十艘刀船停靠於胡勒口對面，再者，又有近百艘刀船往來航行於海上。」初八日，汗為賞賜亡故官員以人，查閱檔冊。

奏曰：「初六日，有五、六十艘刀船停靠于胡勒口对面，再者，又有近百艘刀船往来航行于海上。」初八日，汗为赏赐亡故官员以人，查阅档册。

二、賞不遺賤

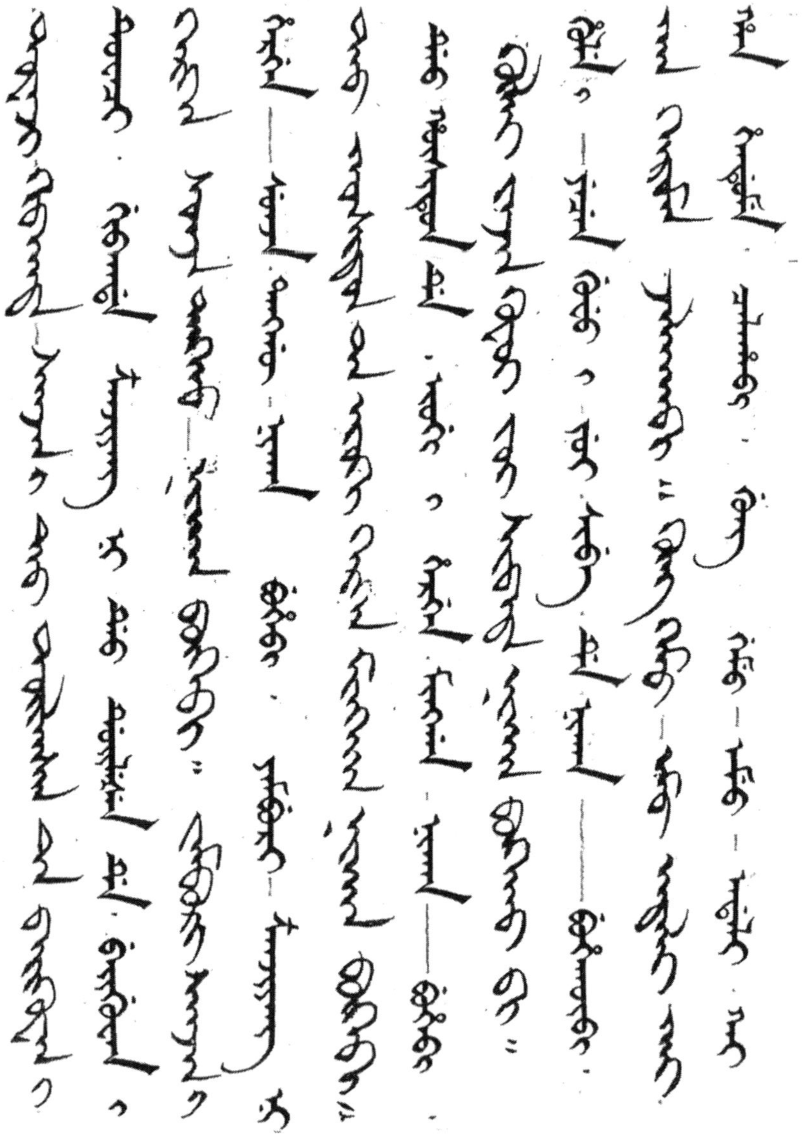

tuwaci, gibkada ts'anjiyang ni deo duilešen de, beiguwan i hergen sunja tanggū nikan buhebi. yamburi ts'anjiyang ni deo hūsitun de, iogi i hergen minggan nikan buhebi. hule i yecen gufu i jui sibe de nikan buhekūbi. han hendume, calahabi. gung gemu emu adali kai.

賜吉布喀達參將之弟兌勒申備禦官之職、漢人五百名。賜雅木布里參將之弟胡希吞遊擊之職、漢人一千名。呼勒之葉臣姑夫之子希伯，未給漢人。汗曰：「差矣，其功皆相同也。」

賜吉布喀达参将之弟兑勒申备御官之职、汉人五百名。赐雅木布里参将之弟胡希吞游击之职、汉人一千名。呼勒之叶臣姑夫之子希伯，未给汉人。汗曰：「差矣，其功皆相同也。」

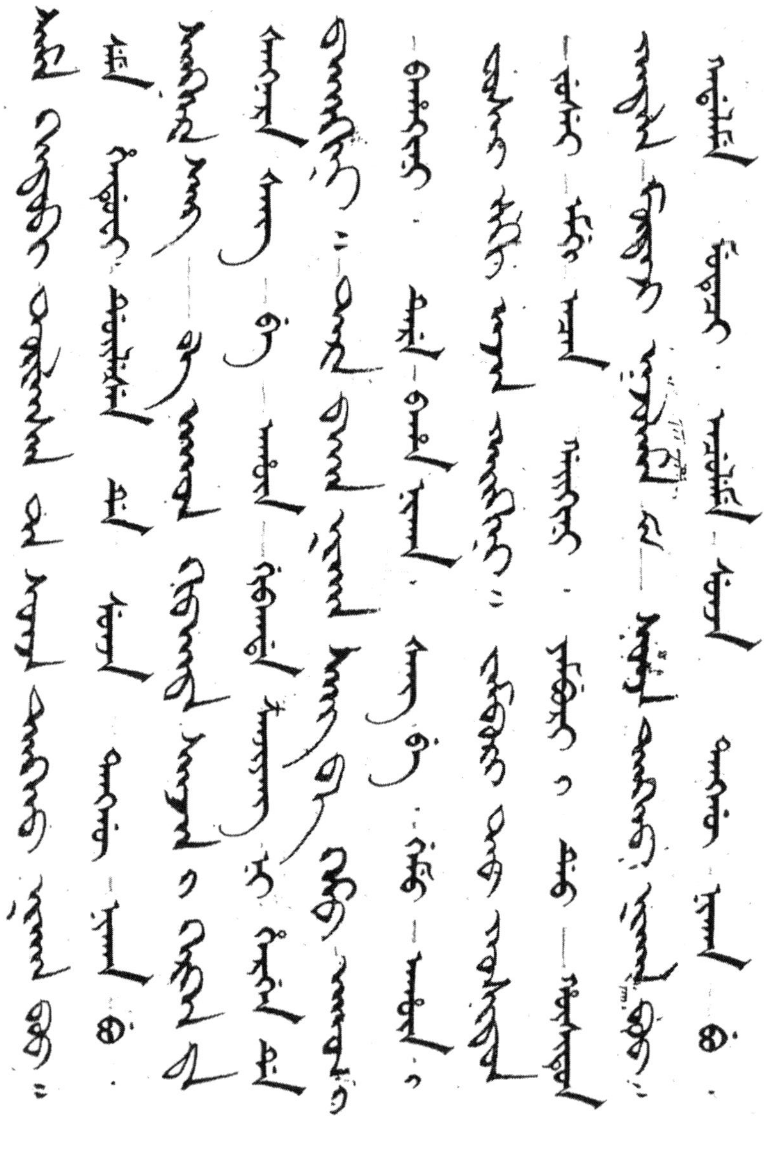

seme hendufi, duilešen de sunja tanggū nikan bu, šangnara šang be ahūn gibkada ts'anjiyang ni hergen de bahakini, tere baha nikan, šang be, gemu ahūn i jusei emgi acan gaikini. yamburi i deo hūsitun kadalame muteci, enculeme sunja tanggū nikan bu,

---

言畢，令賜兌勒申漢人五百名，並賞賜其兄吉布喀達參將之職。其所得漢人及賞賜，皆與其兄子合領。雅木布里之弟胡希吞若能管理，則另給漢人五百名，

言毕，令赐兑勒申汉人五百名，并赏赐其兄吉布喀达参将之职。其所得汉人及赏赐，皆与其兄子合领。雅木布里之弟胡希吞若能管理，则另给汉人五百名，

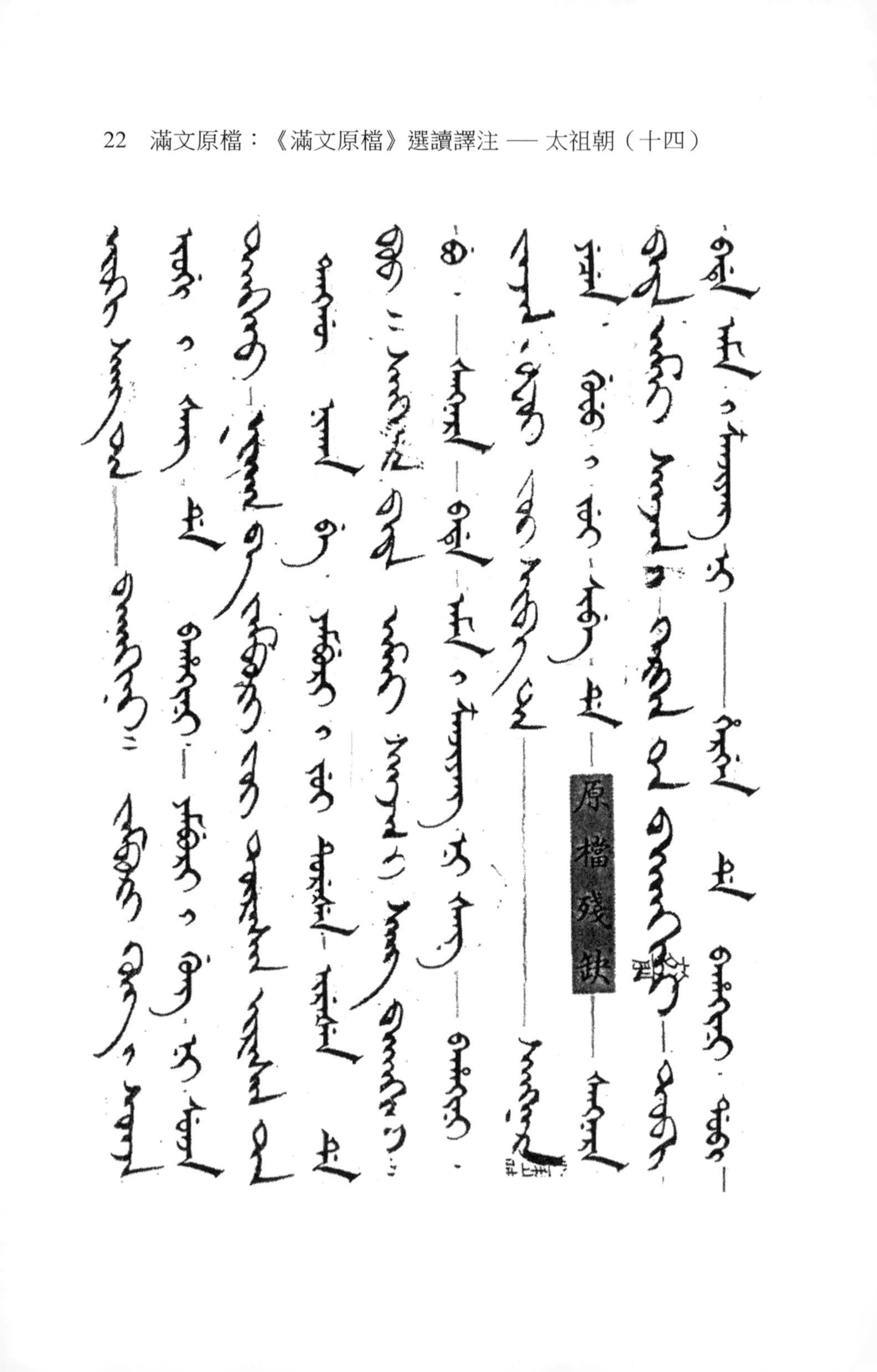

原檔殘缺

iogi i šang de bahakini. yamburi i gung ni sunja tanggū nikan be, yamburi i jui turešen, irešen de bu, šangnara bade ama i ts'anjiyang ni šang bahakini. yecen gufu i jui sibe de [原檔殘缺] šangnara bade, ama i ts'anjiyang ni hergen de bahakini. dobi

---

令受遊擊之賞。雅木布里以功賜漢人五百名，賜雅木布里之子圖勒申、伊勒申受其父參將之賞。葉臣姑夫之子希伯[原檔殘缺]受其父參將之職。

令受游击之赏。雅木布里以功赐汉人五百名，赐雅木布里之子图勒申、伊勒申受其父参将之赏。叶臣姑夫之子希伯[原档残缺]受其父参将之职。

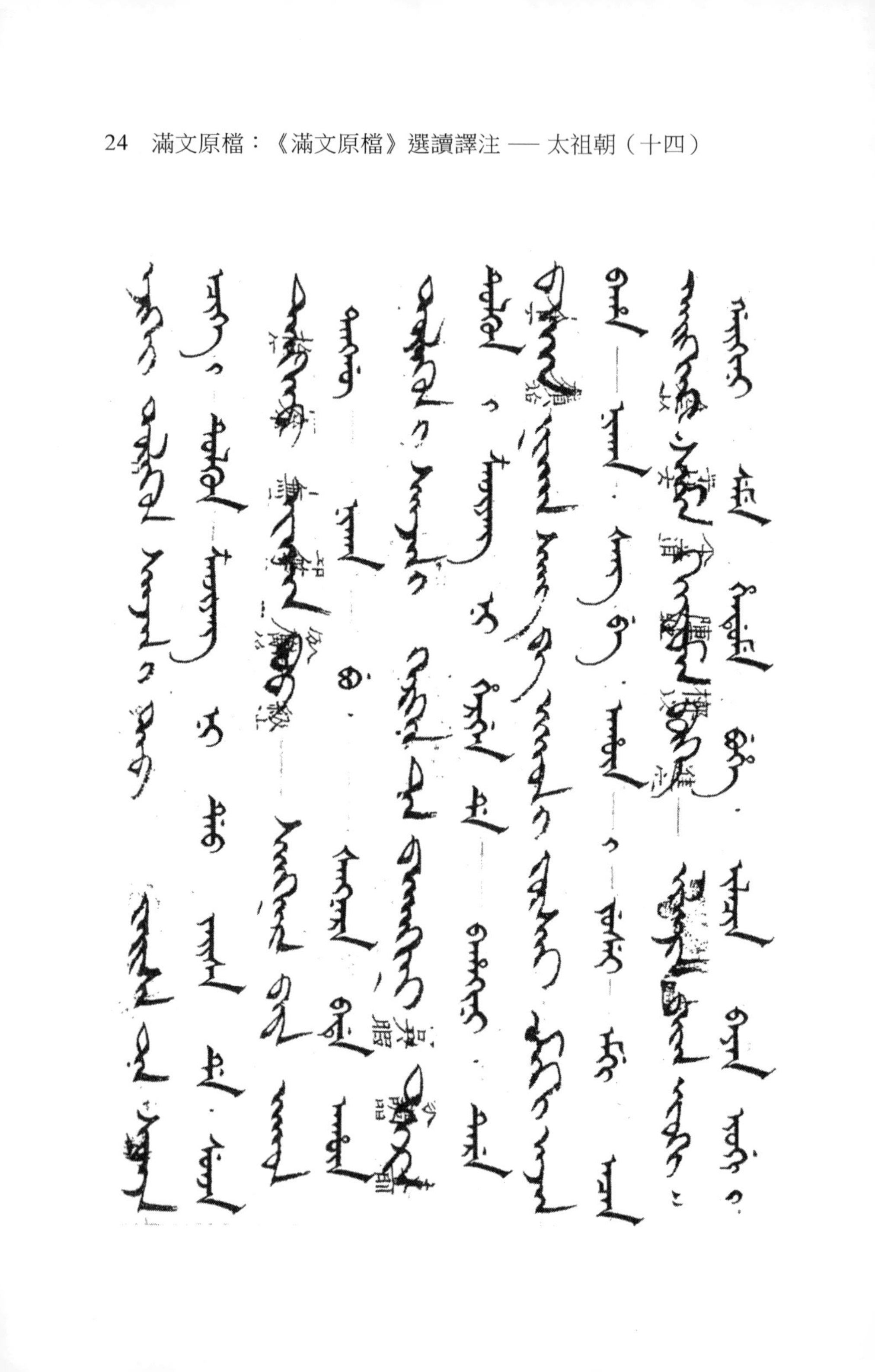

ecike i tulkun ts'anjiyang ni deo jaisa de sunja tanggū nikan bu, šangnara bade ahūn tulkun i ts'anjiyang ni hergen de bahakini. tere baha nikan, šang be, ahūn i jusei emgi acan gaikini seme hendume buhe. ilacin bayan iogi i

---

賜鐸璧叔父屬下圖勒昆參將之弟齋賽漢人五百名，受其兄圖勒昆參將之職。其所得漢人及賞賜，與其兄之子一同合領。言畢，伊拉欽巴彥遊擊之

赐铎璧叔父属下图勒昆参将之弟斋赛汉人五百名，受其兄图勒昆参将之职。其所得汉人及赏赐，与其兄之子一同合领。言毕，伊拉钦巴彦游击之

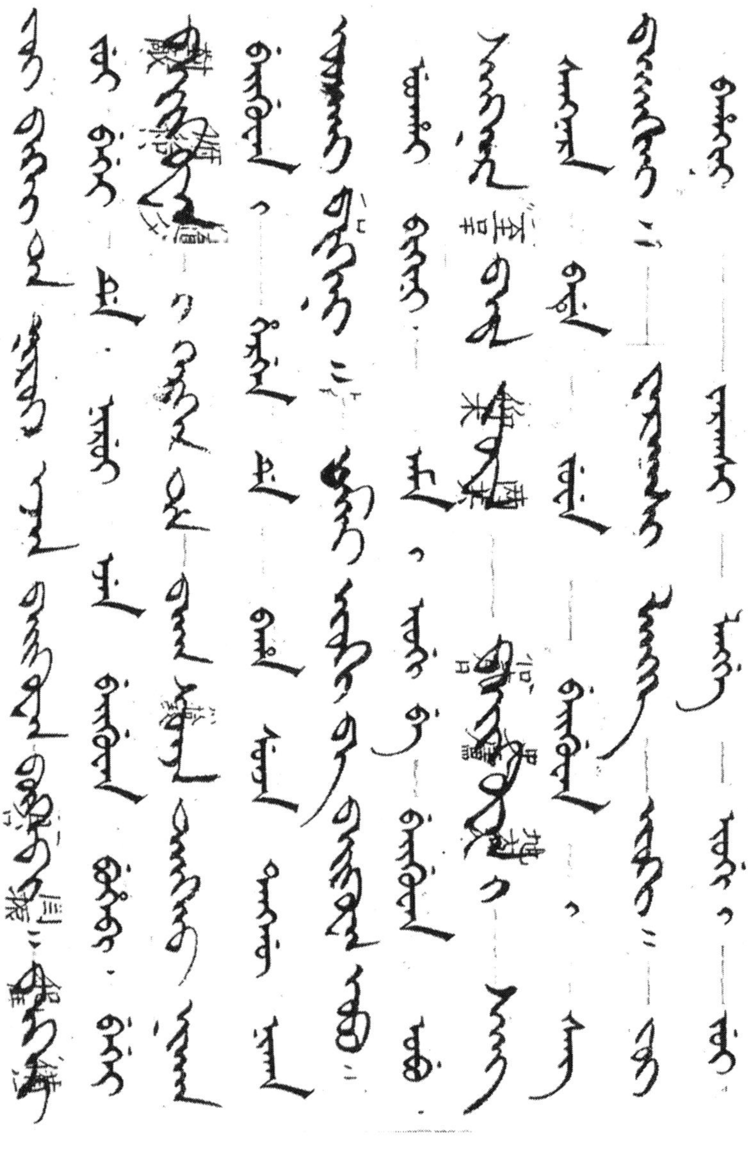

jui begei de, nirui ejen beiguwan buhebi. begei beiguwan i hergen de baha sunja tanggū nikan uthai bikini. ama i iogi be beiguwan obu, šangnara bade juwe beiguwan i šang bahakini. warkasi langge iogi i jui

---

子伯格依，已賜牛彔額真備禦官。伯格依既得備禦官之職，即應有漢人五百名；將其父之遊擊充為備禦官，其所賞之處著令得二備禦官之賞。瓦爾喀什郎格遊擊之子

子伯格依，已赐牛录额真备御官。伯格依既得备御官之职，即应有汉人五百名；将其父之游击充为备御官，其所赏之处着令得二备御官之赏。瓦尔喀什郎格游击之子

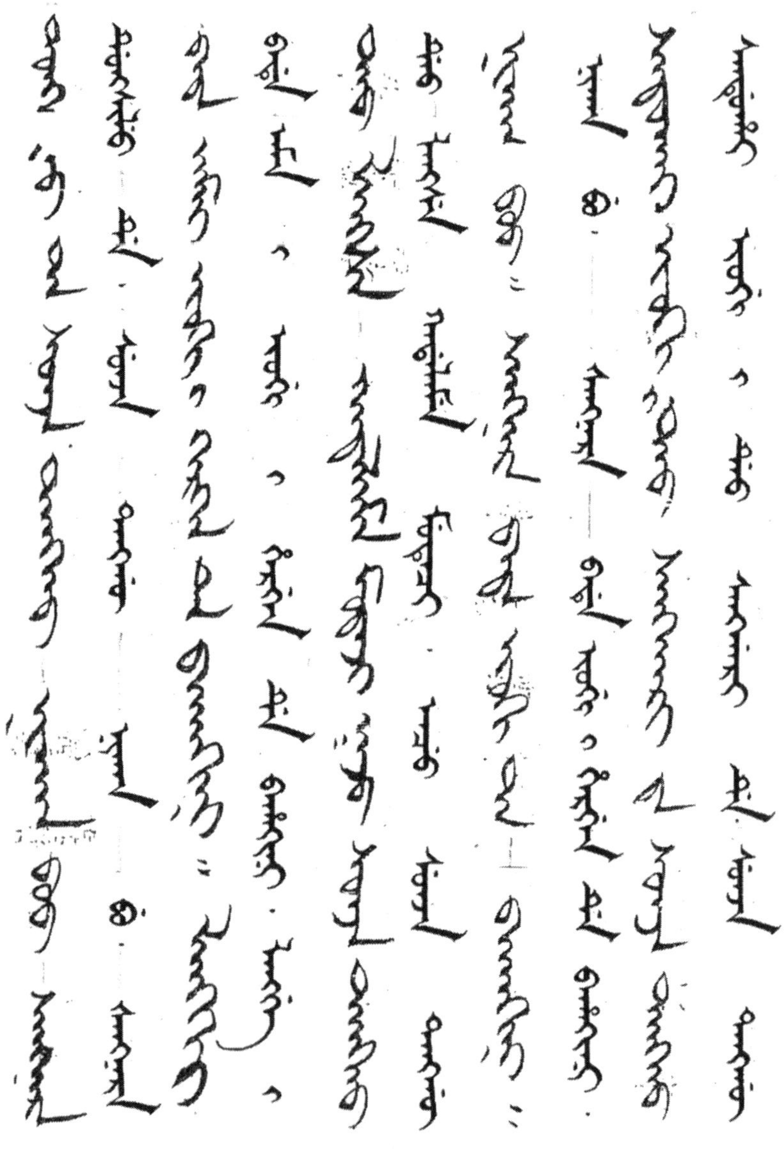

dungsilu de sunja tanggū nikan bu, šangnara bade ama i iogi i hergen de bahakini. langge i deo langse kadalame muteci, encu sunja tanggū nikan bu, šangnara bade iogi i hergen de bahakini. sanduhai iogi i deo sanggari de, sunja tanggū

東希祿，賜漢人五百名，所賞之處著令得其父遊擊之職。郎格之弟郎色若能管理，則另賜漢人五百名，所賞之處令其得遊擊之職。三都海遊擊之弟桑阿里，

东希禄，赐汉人五百名，所赏之处着令得其父游击之职。郎格之弟郎色若能管理，则另赐汉人五百名，所赏之处令其得游击之职。三都海游击之弟桑阿里，

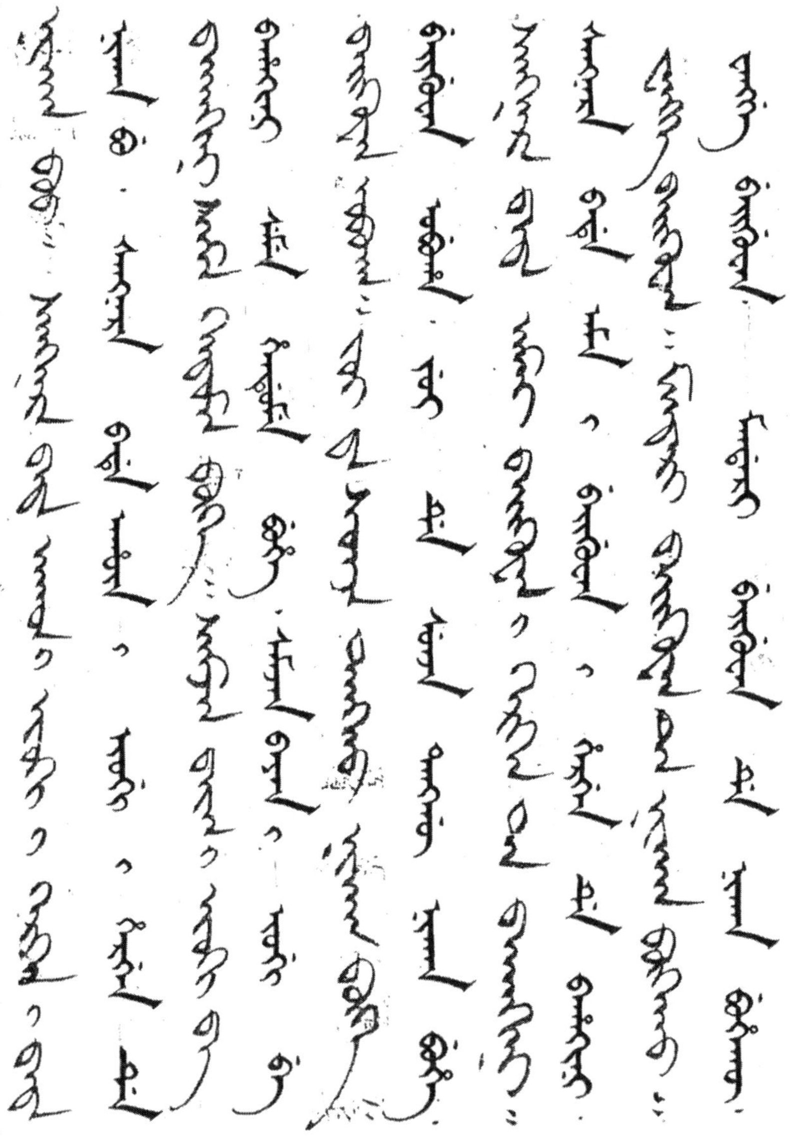

nikan bu, šangnara bade ahūn i iogi i hergen de bahakini seme hendume buhe. samjan bayan i iogi be beiguwan obuha, jui de sunja tanggū nikan buhe, šangnara bade ama i beiguwan i hergen de bahakini. wangge beiguwan, mandari beiguwan de nikan buhekū.

賜漢人五百名，所賞之處著令得其兄遊擊之職。薩木占巴彥遊擊為備禦官，賜其子漢人五百名，所賞之處著令得其父備禦官之職。汪格備禦官、滿達里備禦官未賜漢人，

赐汉人五百名，所赏之处着令得其兄游击之职。萨木占巴彦游击为备御官，赐其子汉人五百名，所赏之处着令得其父备御官之职。汪格备御官、满达里备御官未赐汉人，

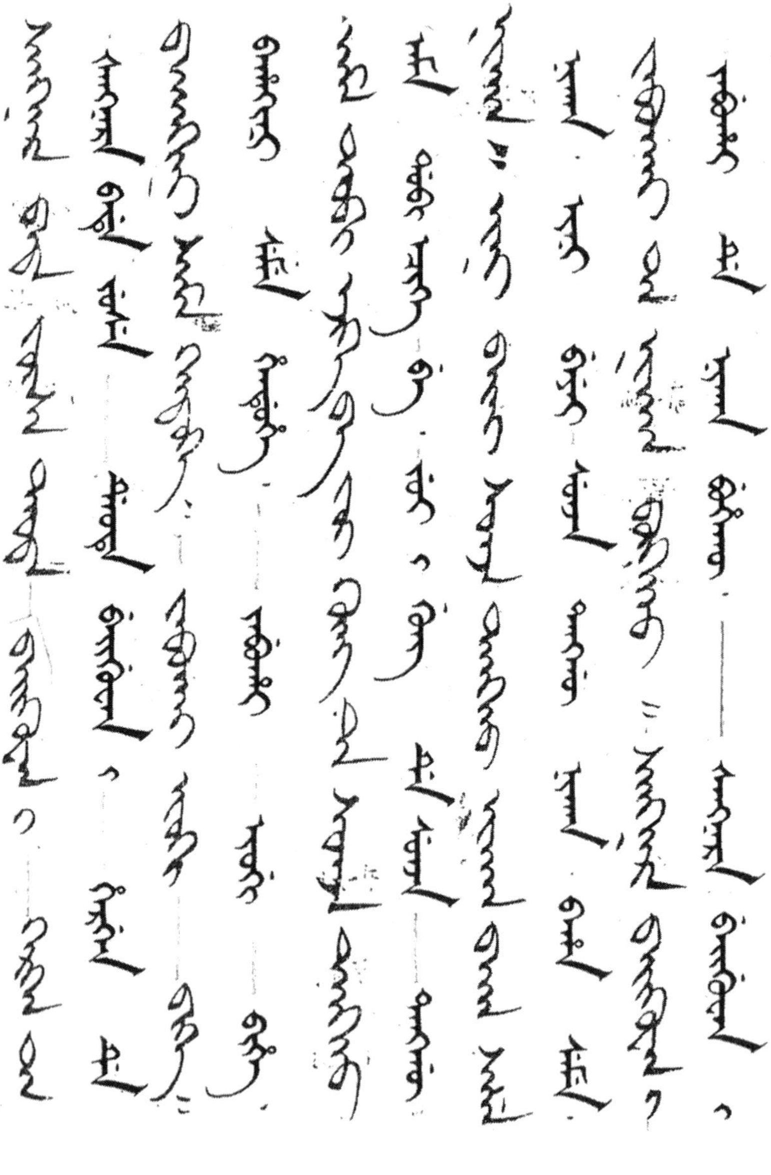

šangnara bade juse deote beiguwan i hergen de bahakini seme henduhe. jabuhai iogi bihe, ama dobi ecike be, jui i gung de sunja tanggū nikan, ini beyei sunja tanggū nikan baha seme, jabuhai de nikan buhekū, šangnara beiguwan i

---

所賞之處著令得其子弟備禦官之職。扎布海原任遊擊，其父鐸璧叔父因子之功曾得漢人五百名，其本人亦得漢人五百名，故未賜扎布海漢人；

所赏之处着令得其子弟备御官之职。扎布海原任游击，其父铎璧叔父因子之功曾得汉人五百名，其本人亦得汉人五百名，故未赐扎布海汉人；

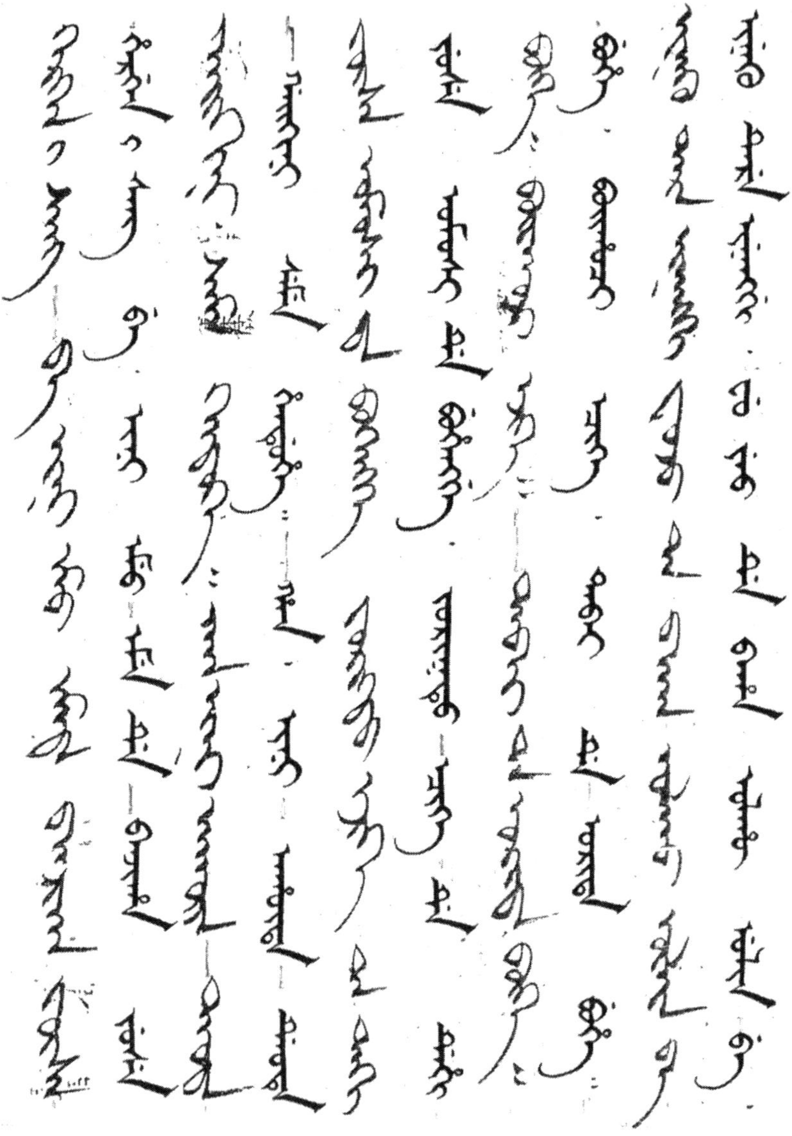

hergen i šang be, ini emu eme de banjiha juse gaikini seme henduhe. han, ini ahūta deote juse omosi de buhengge, joriktu ecike de dehi buhe, boihoci ecike, tabai de orita buhe. ineku tere inenggi, fu jeo de baha olhū ulin be,

---

所賞備禦官之職，著令其同母所生諸子受之。汗賜其兄弟子孫者，賜卓里克圖叔父四十，賜貝和齊叔父、塔拜各二十。是日，復州所獲財物[5]

所赏备御官之职，着令其同母所生诸子受之。汗赐其兄弟子孙者，赐卓里克图叔父四十，赐贝和齐叔父、塔拜各二十。是日，复州所获财物

---

[5] 財物，《滿文原檔》寫作"olko ülin"，《滿文老檔》讀作"olhū ulin"，句中"olhū"，意同滿文"olji"，係蒙文"olǰa"借詞，意即「獲得物、戰利品」。

三、賞罰分明

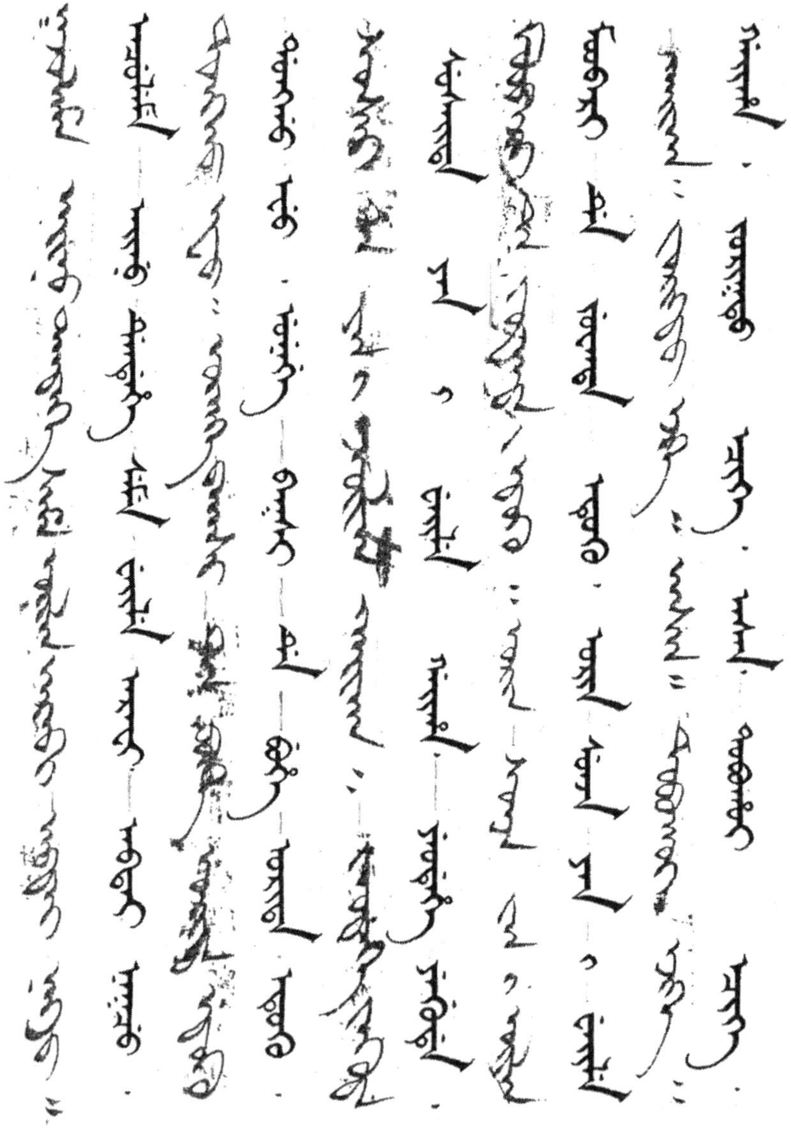

enculeme ainu dendehe seme weile arafi, abtai nakcu, donggo efu, unege baksi de buhe orita etuku, susaita yan i weile gaiha. yeodehe, yegude, moobari de juwanta etuku, orin sunja yan i weile gaiha, joriktu ecike, asan, tobohoi ecike,

---

為何另行分給而擬罪，阿布泰舅舅、棟鄂額駙、烏訥格巴克什各罰所賜衣服二十件、銀各五十兩。尤德赫、葉古德、毛巴里，罰衣服各十件、銀二十五兩。卓里克圖叔父、阿山、托博輝叔父、

为何另行分给而拟罪，阿布泰舅舅、栋鄂额驸、乌讷格巴克什各罚所赐衣服二十件、银各五十两。尤德赫、叶古德、毛巴里，罚衣服各十件、银二十五两。卓里克图叔父、阿山、托博辉叔父、

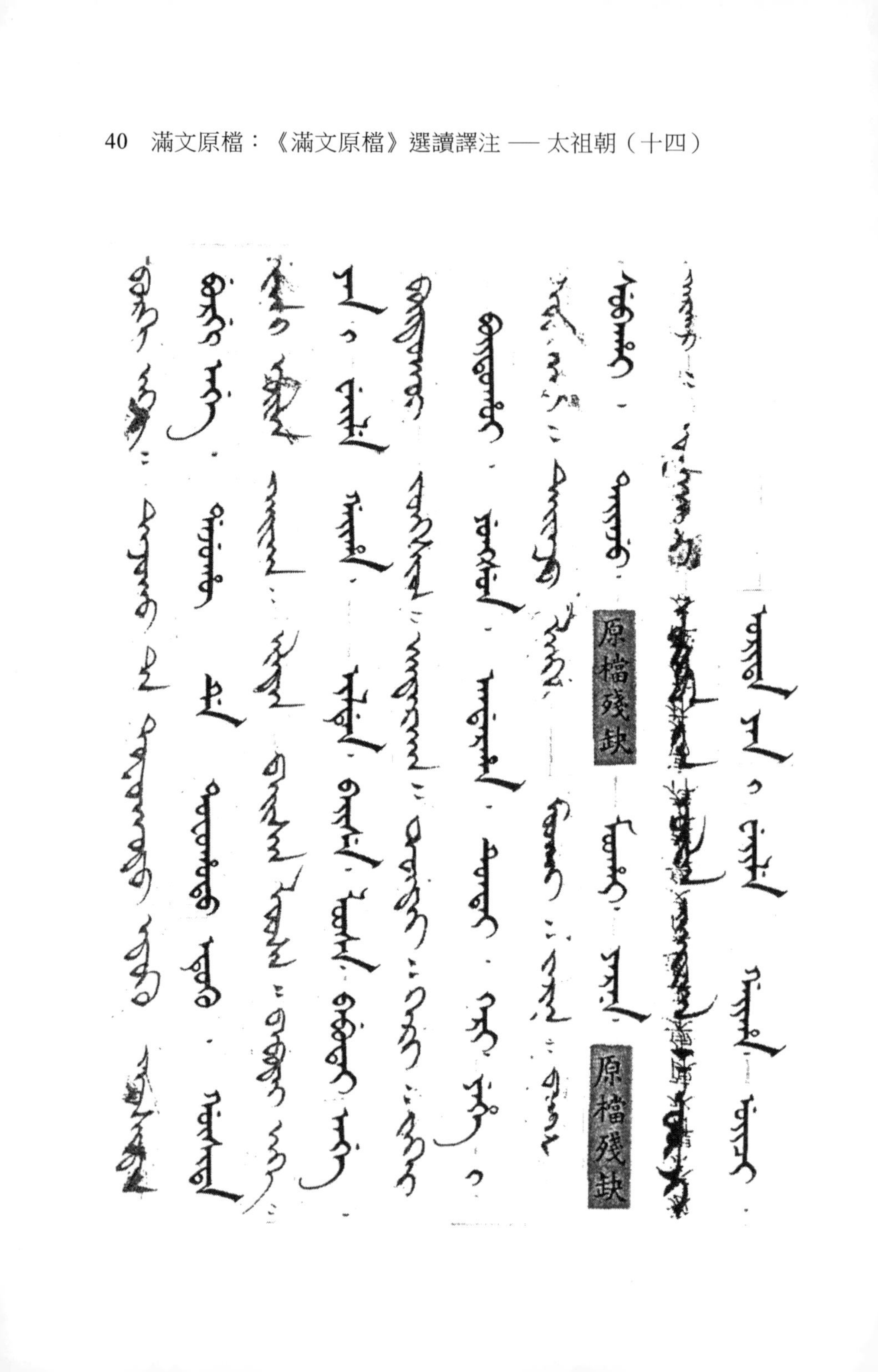

原檔殘缺

原檔殘缺

burgi age, dajuhū de tofohoto etuku, gūsita yan i weile gaiha. ilden, baise, loosa, babutai age, boitohoi, yungšun, andarhan, tuntai, keri, yehe i subahai, tainju, [原檔殘缺], moohai, yarna, [原檔殘缺] orita yan i weile gaiha. uici,

---

布爾吉阿哥、達柱虎，罰衣服各十五件、銀各三十兩。伊勒登、栢色、勞薩、巴布泰阿哥、貝托惠、永順、安達爾漢、屯泰、克里；葉赫之蘇巴海、塔音珠、[原檔殘缺]、毛海、雅爾納、[原檔殘缺]罰銀各二十兩。偉齊、

布尔吉阿哥、达柱虎，罚衣服各十五件、银各三十两。伊勒登、栢色、劳萨、巴布泰阿哥、贝托惠、永顺、安达尔汉、屯泰、克里；叶赫之苏巴海、塔音珠、[原档残缺]、毛海、雅尔纳、[原档残缺]罚银各二十两。伟齐、

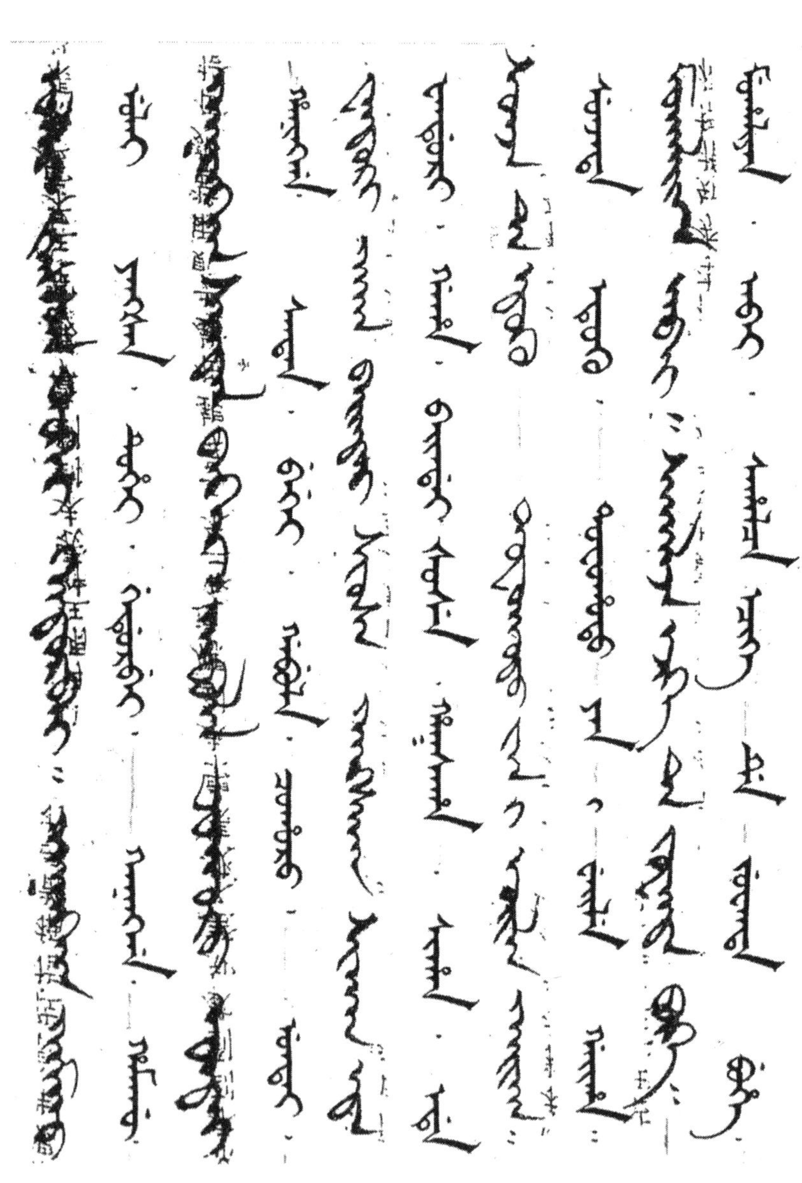

ulai yangšan, tuhei, gedurbei, kanangga, hamgū, haningga, santan, begei, gabula, cohoro, untai, fanduri, gaha, baindai, šose, haksaha, sihan, ede sunjata etuku, tofohoto yan i weile gaiha. muhaliyan, abai, sahalca ecike de juwanta buhe.

烏拉之揚山、圖黑、格都爾貝、喀囊阿、哈木古、哈寧阿、三坦、伯格依、噶布拉、綽豁洛、文泰、凡都里、噶哈、巴音岱、碩色、哈克薩哈、錫翰，罰衣服各五件、銀各十五兩。賜穆哈連、阿拜、薩哈勒察叔父各十人。

乌拉之扬山、图黑、格都尔贝、喀囊阿、哈木古、哈宁阿、三坦、伯格依、噶布拉、绰豁洛、文泰、凡都里、噶哈、巴音岱、硕色、哈克萨哈、锡翰，罚衣服各五件、银各十五两。赐穆哈连、阿拜、萨哈勒察叔父各十人。

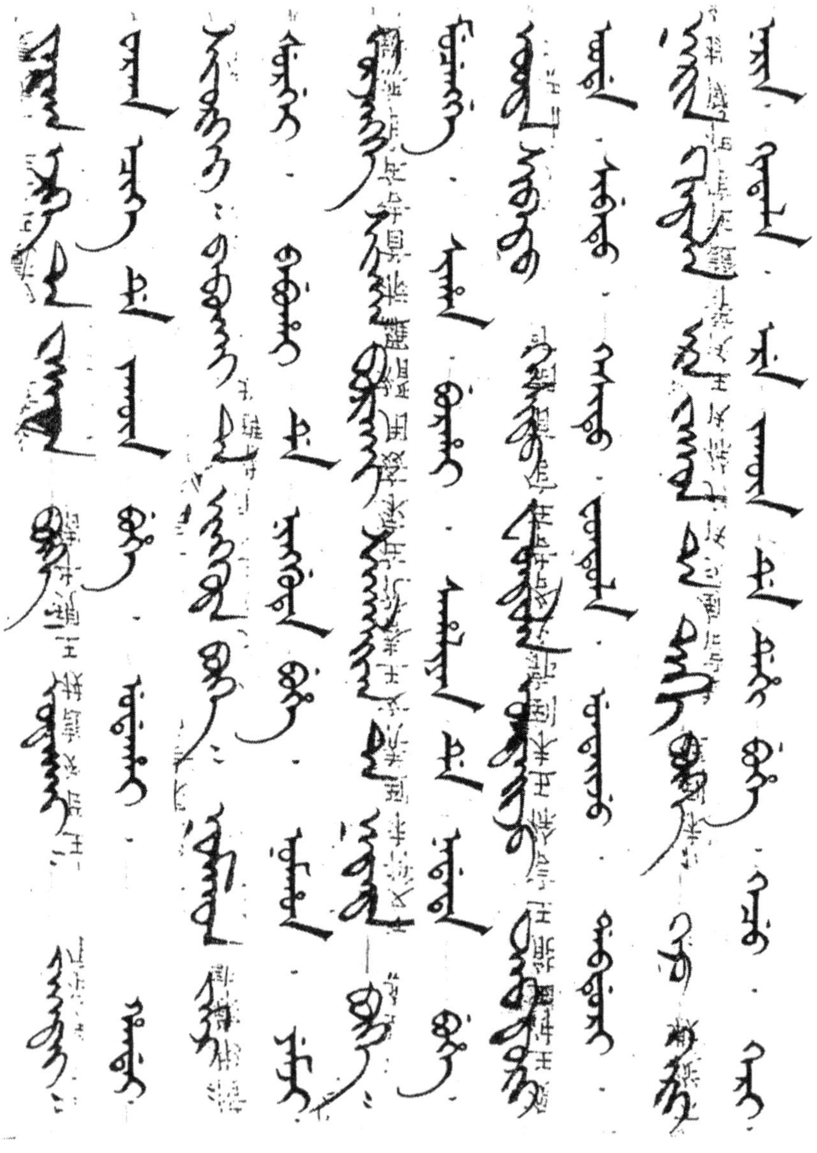

warka ecike de jakūn buhe. udahai, handai, šurgei, babuhai de ninggute buhe. nomhon, yemji, mucengge, sihan, burhai, sahaliyan de nadata buhe. oode, sibetu, kesitu, fontula, untaiju, dabduri, narin, kintala, ere jakūn de dehi buhe. kecu, keri,

---

瓦爾喀叔父八人。賜烏達海、韓岱、舒爾格依、巴布海各六人。賜諾木渾、葉木吉、穆成格、錫翰、布爾海、薩哈廉各七人。賜奧德、希伯圖、克西圖、芬圖拉、文泰柱、達布都里、納林、欽塔拉等八人四十名。賜克楚、克里、

瓦尔喀叔父八人。赐乌达海、韩岱、舒尔格依、巴布海各六人。赐诺木浑、叶木吉、穆成格、锡翰、布尔海、萨哈廉各七人。赐奥德、希伯图、克西图、芬图拉、文泰柱、达布都里、纳林、钦塔拉等八人四十名。赐克楚、克里、

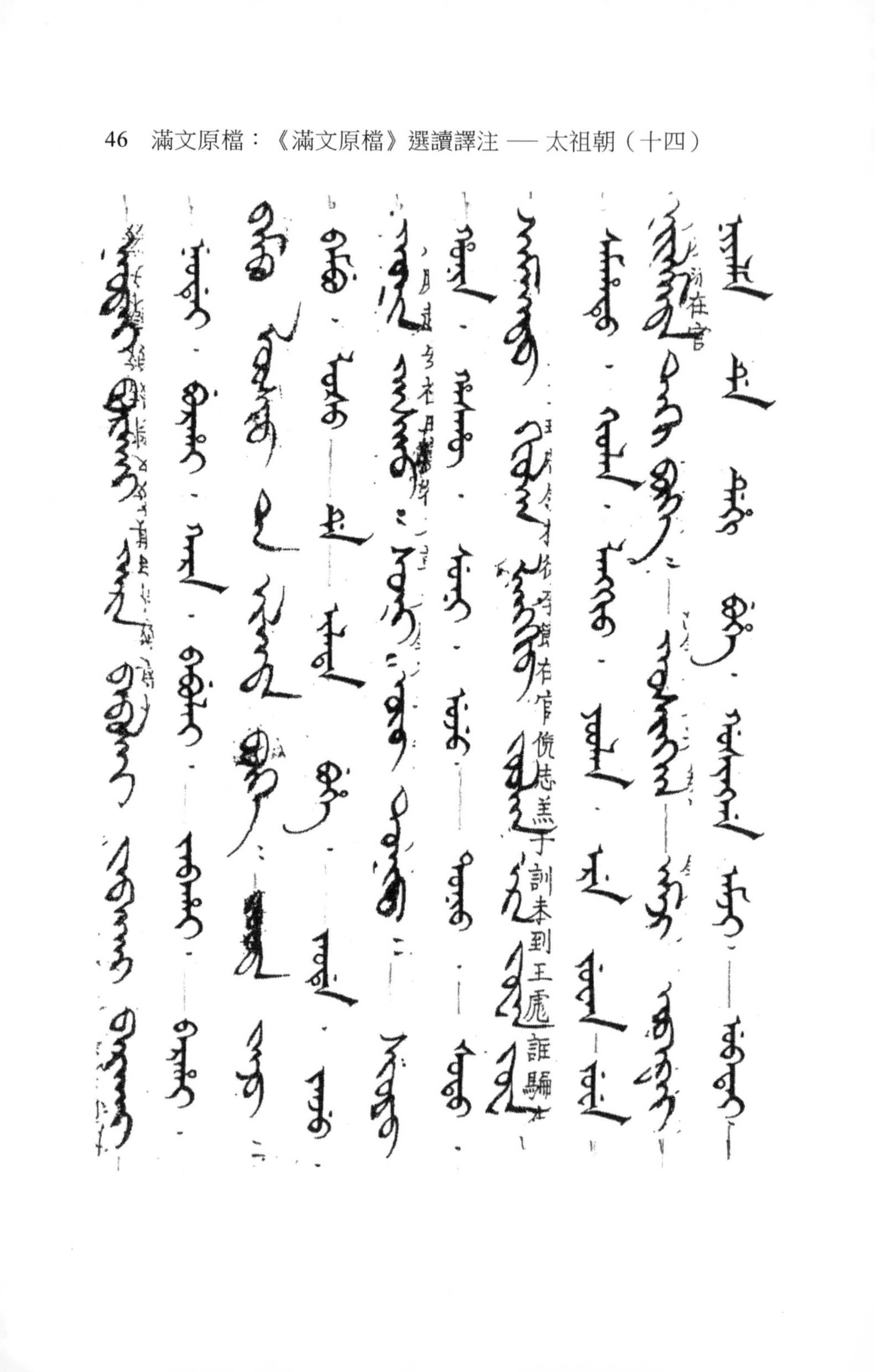

在宮

在官倪志羔于訓未到王虎誆騙

neodei, burhai, kara, babulai, jabahai, barhai, bambu, lošo de ilata buhe. jaode, janju, honin, hashū, suni, uju, tonio, šoto, samhatu, kiolan, langkio, yoolan, ere juwan juwe niyalma de dehi buhe. gosingga, amji, ubatai,

---

紐德依、布爾海、喀拉、巴布賴、扎巴海、巴爾海、巴木布、羅碩各三人。賜兆德、詹柱、霍寧、哈斯虎、蘇尼、烏珠、托牛、碩托、薩木哈圖、丘蘭、郎秋、約蘭等十二人四十名。賜戈興阿、阿木吉、烏巴泰、

纽德依、布尔海、喀拉、巴布赖、扎巴海、巴尔海、巴木布、罗硕各三人。赐兆德、詹柱、霍宁、哈斯虎、苏尼、乌珠、托牛、硕托、萨木哈图、丘兰、郎秋、约兰等十二人四十名。赐戈兴阿、阿木吉、乌巴泰、

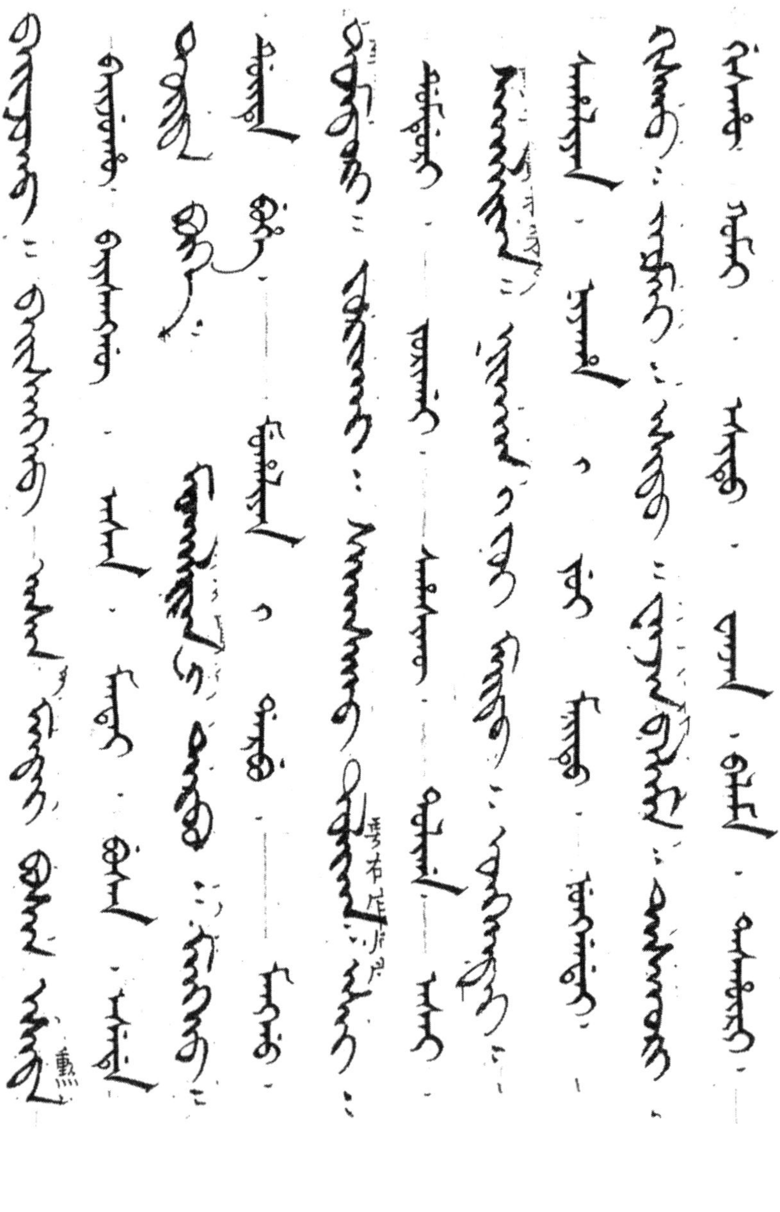

baijuhū, baisanggū, asan, mantai, busan esede duite buhe. muhaliyan i darbu, manggo, dumduri, jorigai, sahasikū, toliga, asai, sahaliyan, niyaha i jui maitu, unggadai, gishū, komai, esitu, wanjan, balama, tashūri,

---

拜珠虎、拜桑古、阿三、滿泰、布三等各四人。賜穆哈連之達爾布、莽古、都木都里、卓里蓋、薩哈西庫、托里噶、阿賽、薩哈連、尼亞哈之子邁圖、翁噶岱、吉斯虎、科邁、額西圖、萬占、巴拉瑪、塔斯呼里、

拜珠虎、拜桑古、阿三、满泰、布三等各四人。赐穆哈连之达尔布、莽古、都木都里、卓里盖、萨哈西库、托里噶、阿赛、萨哈连、尼亚哈之子迈图、翁噶岱、吉斯虎、科迈、额西图、万占、巴拉玛、塔斯呼里、

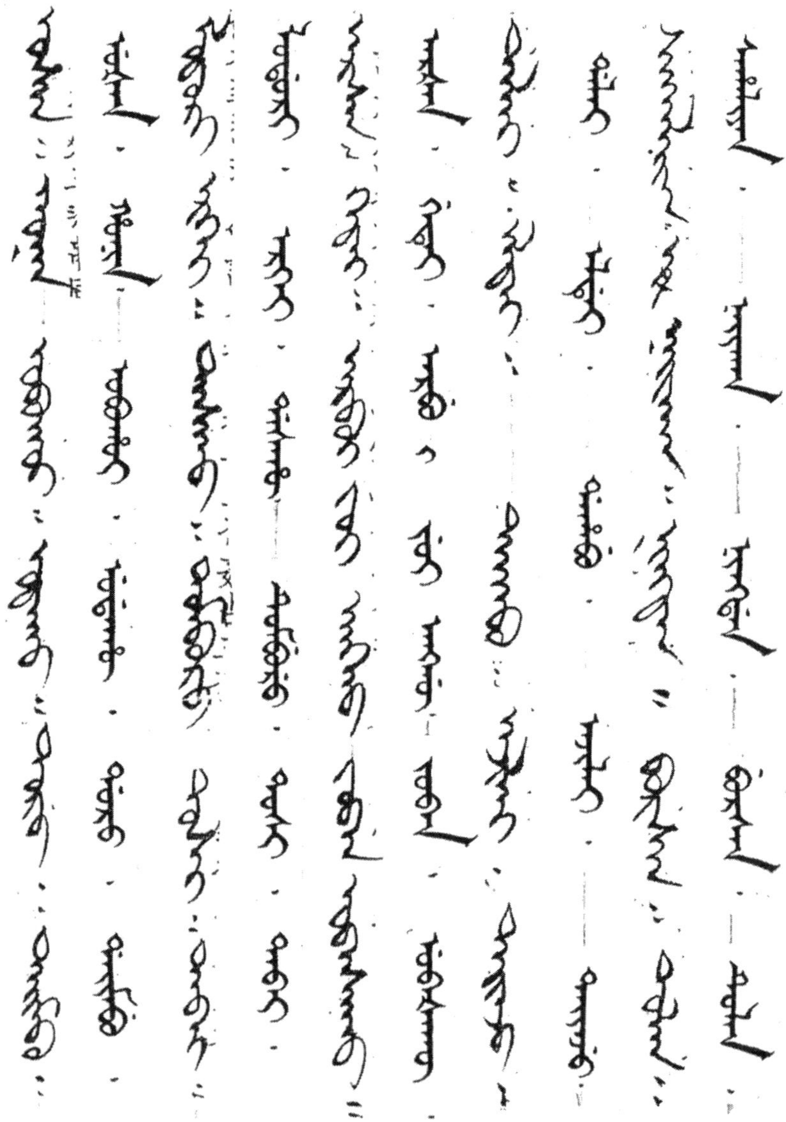

ušan, honin, obohoi, udahū, doro, daimbu, lodori, erkei, dashū, tumburu, tosi, tabai, aršan, getei, arbu i jui anggū, joban, ubašakū, dalai, eldei, dahabu, ajilai, tainju, sahaliyan, naikan, ningdan, bursan, tulan,

---

烏善、霍寧、鄂伯惠、烏達虎、多羅、戴木布、洛多里、額爾克依、達斯虎、土木布魯、托西、塔拜、阿爾善、格特依、阿爾布之子昂古、卓班、烏巴沙庫、達賴、額勒德依、達哈布、阿吉賴、塔音珠、薩哈連、鼐堪、寧丹、布爾三、圖蘭、

乌善、霍宁、鄂伯惠、乌达虎、多罗、戴木布、洛多里、额尔克依、达斯虎、土木布鲁、托西、塔拜、阿尔善、格特依、阿尔布之子昂古、卓班、乌巴沙库、达赖、额勒德依、达哈布、阿吉赖、塔音珠、萨哈连、鼐堪、宁丹、布尔三、图兰、

四、挑撥離間

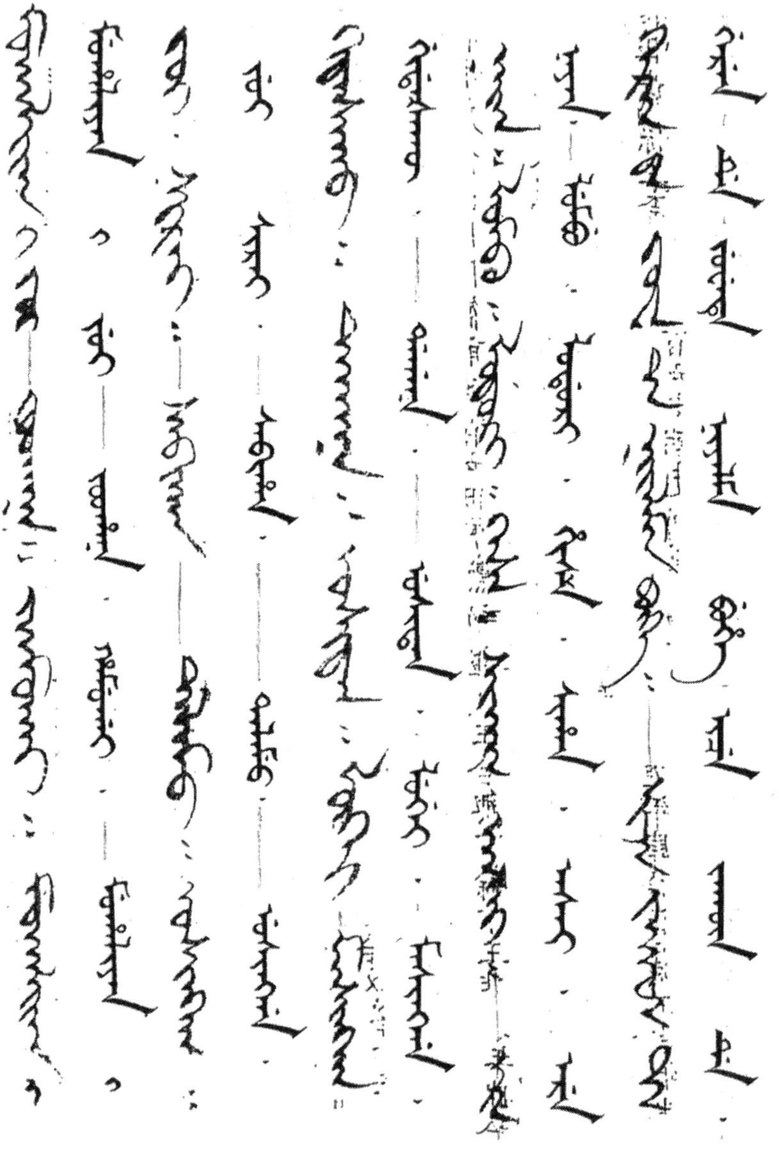

muhaliyan i jui joohana, hamugai, muhaliyan i jui sirai, sabihan, talamu, usingga, gidašakū, dagana, usitan, lugei, masingga, nayan, lumbu, lodori, hisy, sihan, asai, ere geren de juwete niyalma buhe. ice jakūn de,

---

穆哈連之子昭哈納、哈木蓋、穆哈連之子西賴、薩必漢、塔拉木、烏興阿、吉達沙庫、達噶納、烏西坦、魯格依、瑪興阿、納彥、祿木布、洛多裏、希四、錫翰、阿賽等各二人。初八日，

穆哈连之子昭哈纳、哈木盖、穆哈连之子西赖、萨必汉、塔拉木、乌兴阿、吉达沙库、达噶纳、乌西坦、鲁格依、玛兴阿、纳彦、禄木布、洛多里、希四、锡翰、阿赛等各二人。初八日，

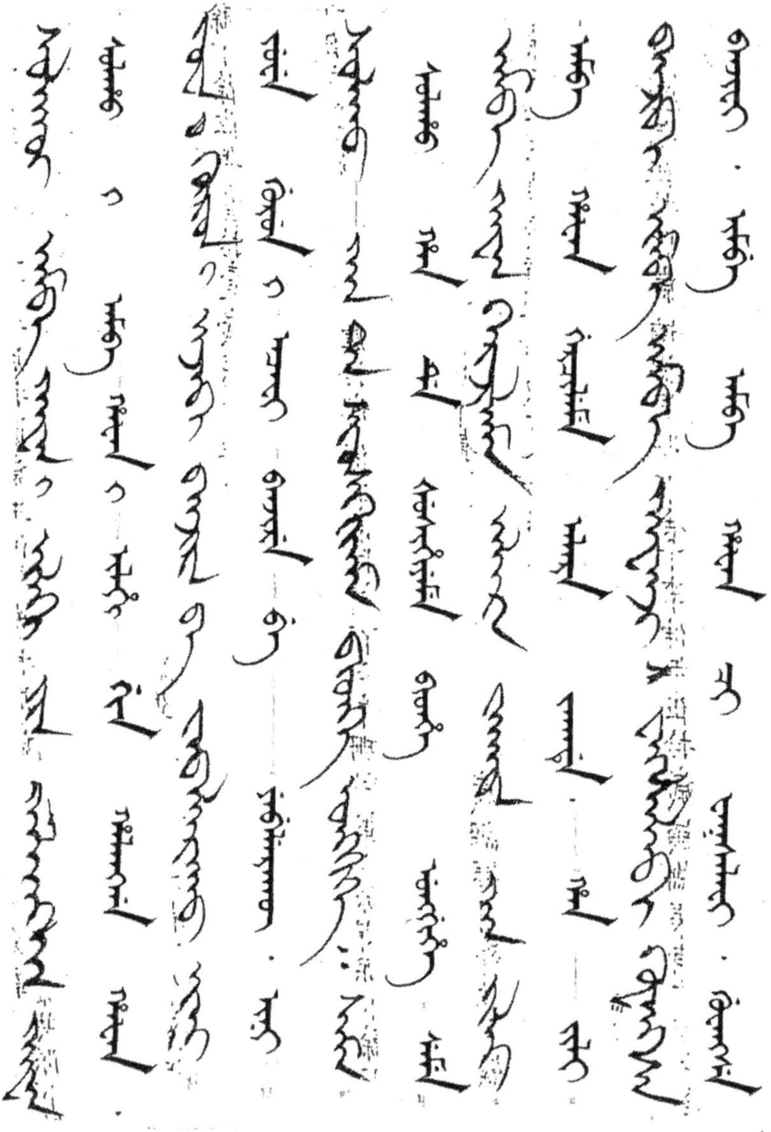

solho i amba hafan i ilhi jin halangga hafan, juwe gurun i acafi banjire be yebelerakū, ini solho han de šusihiyeme bithe unggihe seme amba hafan gercileme alara jakade, han jili banjifi, imbe amba hafan ci faksalafi, guwangse,

---

因朝鮮大員首告其金姓副員不願兩國和好相處，上書其朝鮮王加以挑唆，汗怒，將其與大員分離，

因朝鲜大员首告其金姓副员不愿两国和好相处，上书其朝鲜王加以挑唆，汗怒，将其与大员分离，

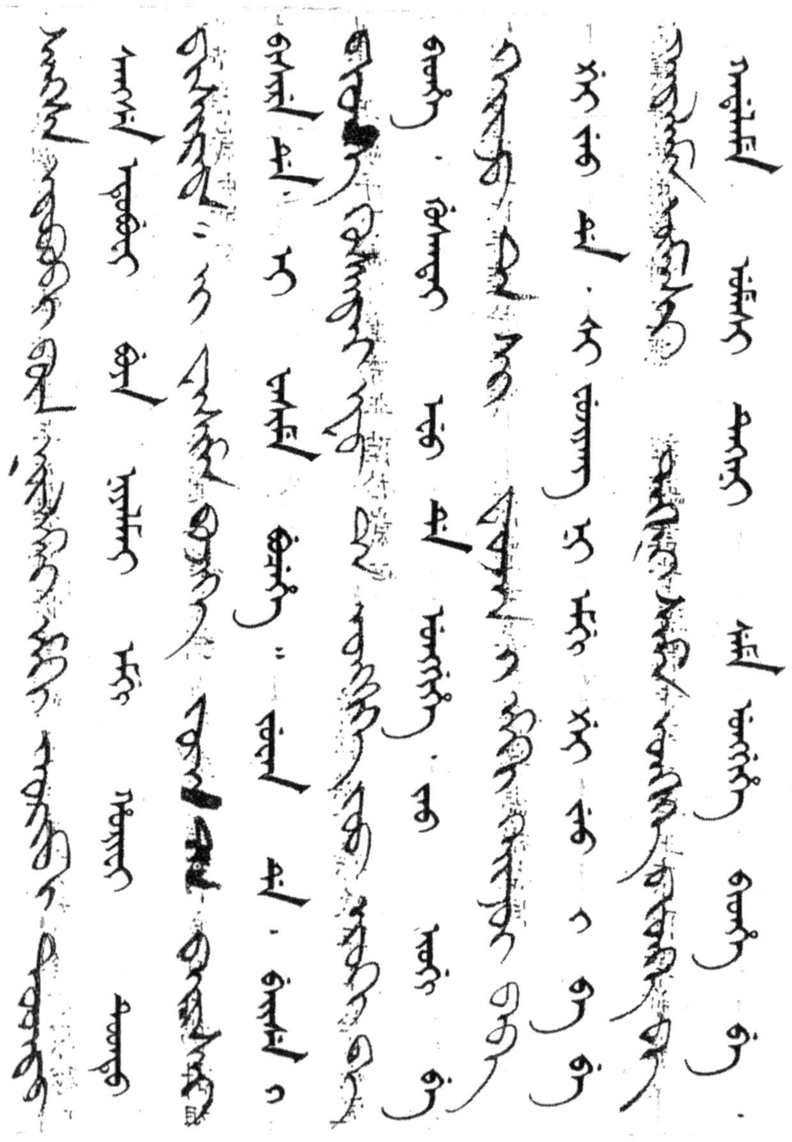

sangse etubufi buya niyalmai emgi horifi tuttu bisire de, i fasime bucehe. juwan de, beise i bithe, gusantai efu de unggihe, jao iogi be g'ai jeo de, ši fujiyang ni emgi g'ai jeo i ba be kadalame umesi tekini seme unggihe bithe be,

戴上手枷、腳鐐，與庶人一同囚禁，遂自縊而死。初十日，諸貝勒致書顧三泰額駙：「命趙遊擊於蓋州偕同石副將長駐蓋州管理地方，

戴上手枷、脚镣，与庶人一同囚禁，遂自缢而死。初十日，诸贝勒致书顾三泰额驸：「命赵游击于盖州偕同石副将长驻盖州管理地方，

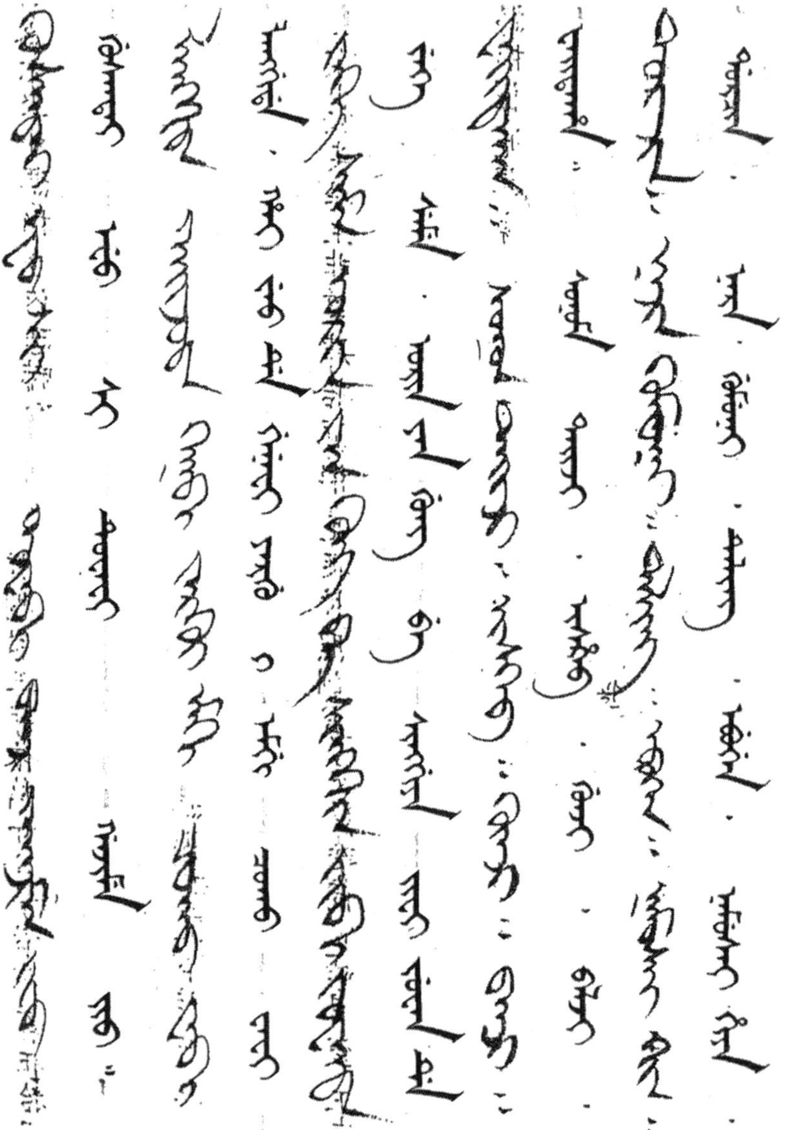

gusantai efu si tuwafi gajime jio. langgida, hai jeo de genefi, yargui i emgi coko wafi jeke seme, orin yan gung be, singgiya jifi juwan de faitaha. sonom taiji, ish'ab, gunji, balji, dorcin, nara, gumunai, teling, ebugen, namusai hiya,

---

著顧三泰額駙閱此書後賫來。郎濟達前往海州，與雅爾古殺雞而食，興嘉前來後，於初十日銷其二十兩之功。賜索諾木台吉、依斯哈布、袞濟、巴勒吉、多爾沁、納拉、古木鼐、特陵、額布根、納木賽侍衛、

着顾三泰额驸阅此书后赍来。郎济达前往海州，与雅尔古杀鸡而食，兴嘉前来后，于初十日销其二十两之功。赐索诺木台吉、依斯哈布、衮济、巴勒吉、多尔沁、纳拉、古木鼐、特陵、额布根、纳木赛侍卫、

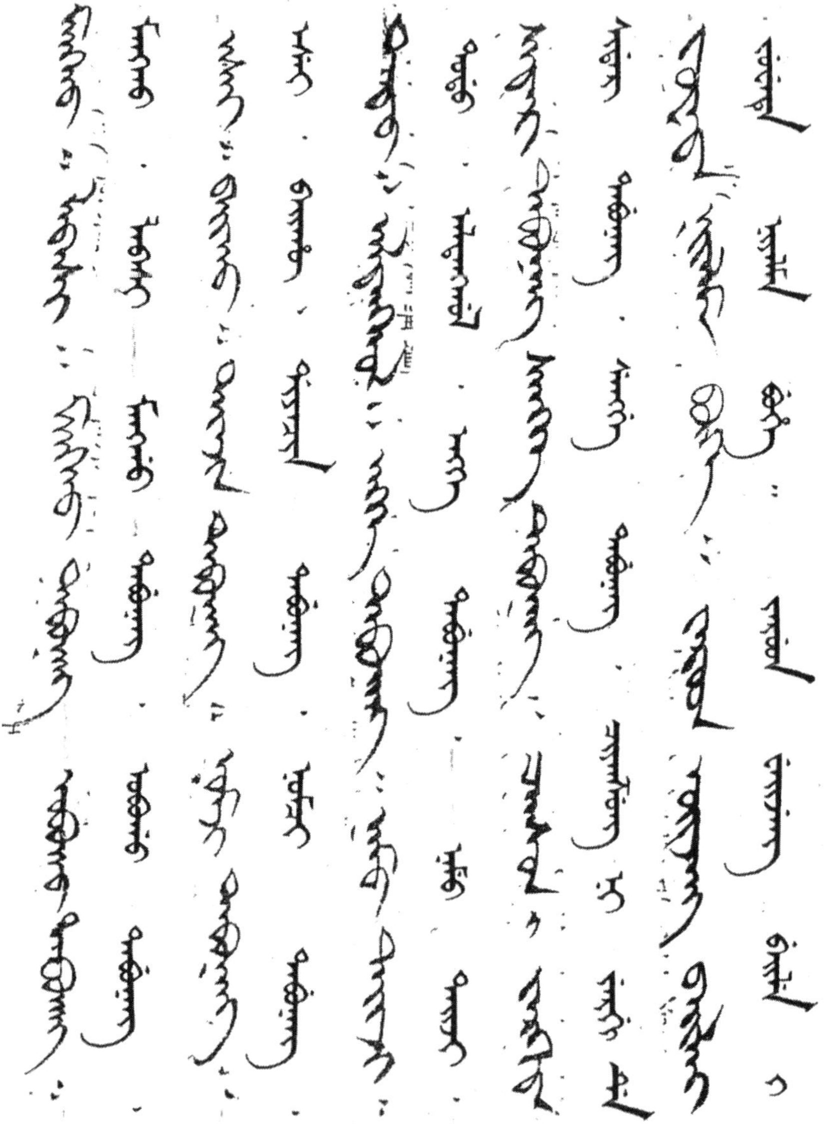

mangko, labasi, manggo tabunang, obogo tabunang, esei, baihū, diyacin tabunang, nomci tabunang, todo, altanggol, engke tabunang, namu taiji, sidar tabunang, sengge tabunang, ciyandzung ni jergi de juwete niyalma buhe. jarut weijeng beile i

---

莽科、拉巴西、莽古塔布囊、鄂博果塔布囊、額色依、拜虎、第雅沁塔布囊、諾木齊塔布囊、托多、阿勒唐郭勒、韓克塔布囊、納木台吉、西達爾塔布囊、僧格塔布囊，千總等各二人。扎魯特衛徵貝勒之

莽科、拉巴西、莽古塔布囊、鄂博果塔布囊、额色依、拜虎、第雅沁塔布囊、诺木齐塔布囊、托多、阿勒唐郭勒、韓克塔布囊、纳木台吉、西达尔塔布囊、僧格塔布囊，千总等各二人。扎鲁特卫征贝勒之

五、編戶散糧

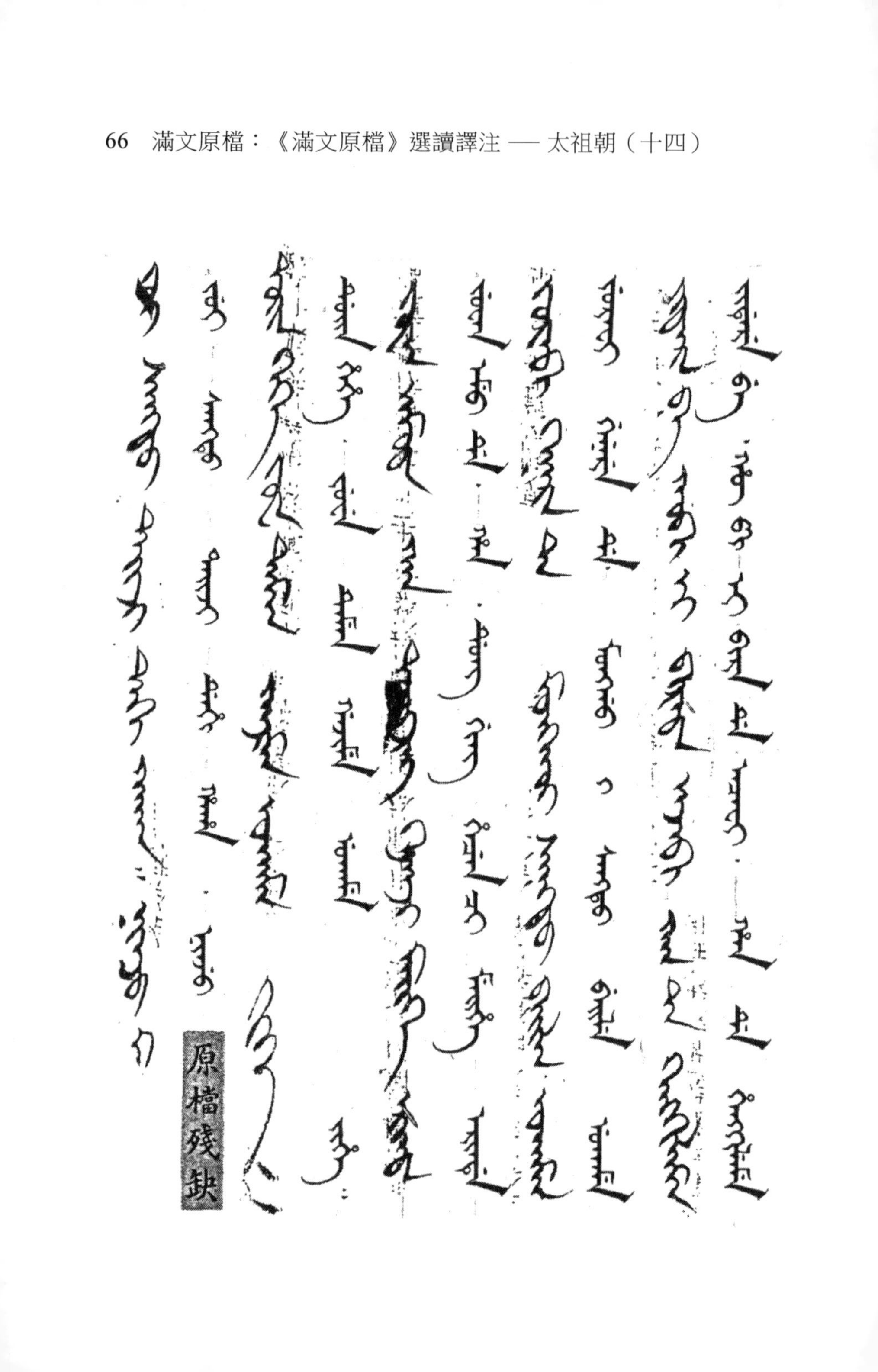

原檔殘缺

jui sangtu taiji, dehi haha, ninju [原檔殘缺] duin hehe, juwe temen gajime ukame jihe. juwan emu de, han dung ging hecen ci meihe erinde jurafi genere de, monggo i sangtu beile ukame jidere be, hū pi i bira de acafi, han de hengkileme

子桑圖台吉，率男丁四十名、[原檔殘缺]六十、婦女四名、駝二隻逃來。十一日巳時，汗由東京城啟程前往時，與逃來之蒙古桑圖貝勒會於虎皮驛河。叩見汗後，

子桑图台吉，率男丁四十名、[原档残缺]六十、妇女四名、驼二只逃来。十一日巳时，汗由东京城启程前往时，与逃来之蒙古桑图贝勒会于虎皮驿河。叩见汗后，

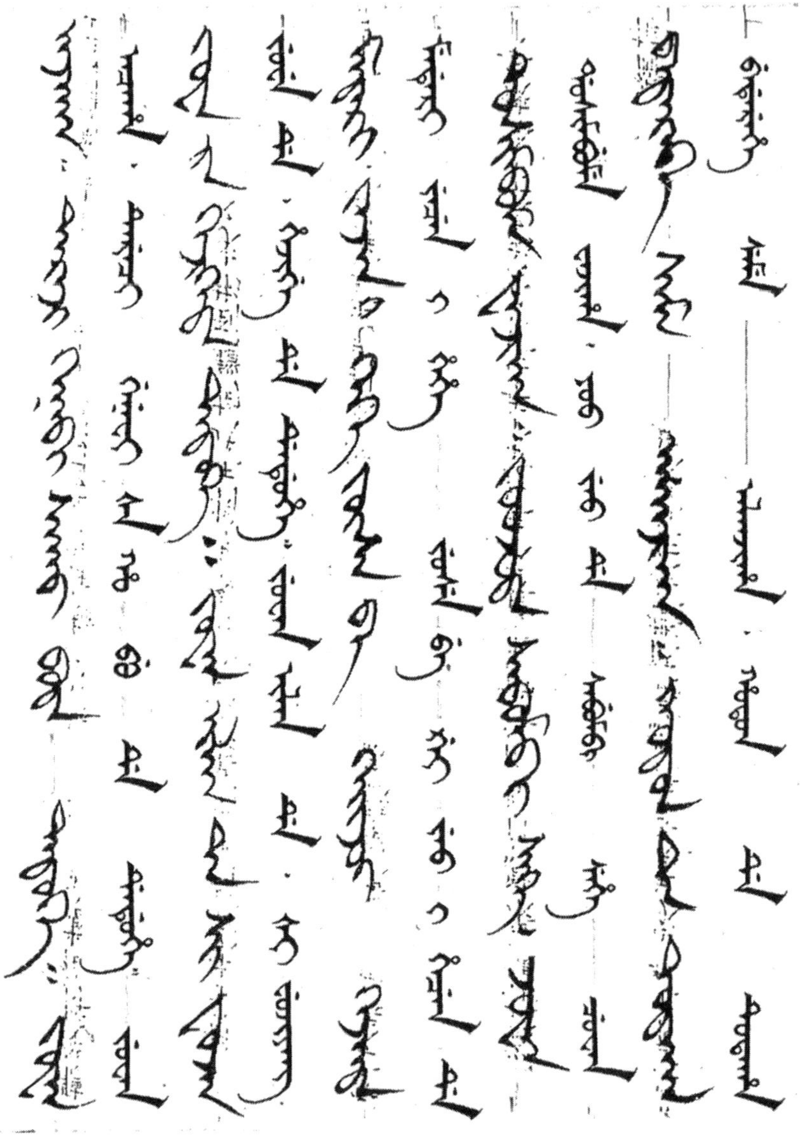

acaha. tereci genefi ša ho pu de deduhe. juwan juwe de, hejige de deduhe. juwan ilan de, ši fujiyang mederi jecen i hehe juse be g'ai jeo i hecen de dosimbume wajiha, yoo jeo de sabumbi sehe cuwan bederehe seme alanjiha. hoton de tutaha

---

前往宿於沙河堡。十二日，宿於赫濟格。十三日，石副將前來告稱：「所收海邊婦孺已進入蓋州城完竣，前報於耀州所見之船已退去。」

前往宿于沙河堡。十二日，宿于赫济格。十三日，石副将前来告称：「所收海边妇孺已进入盖州城完竣，前报于耀州所见之船已退去。」

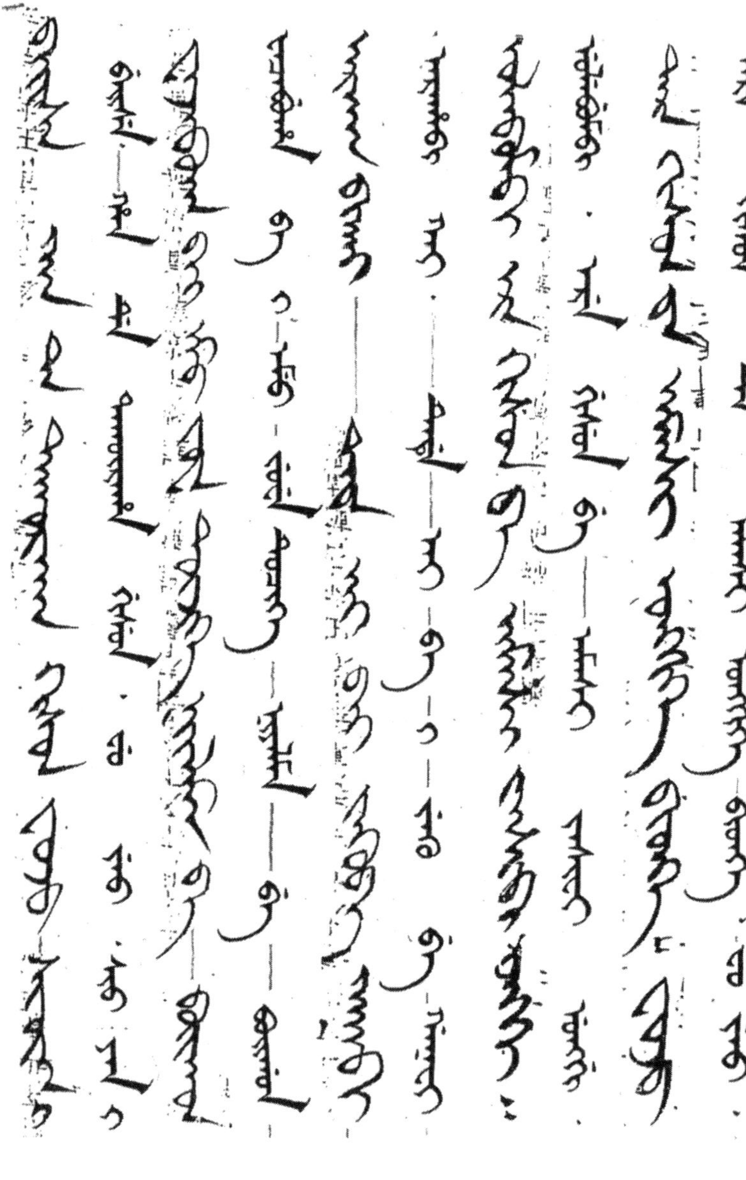

beise, han de takūraha gisun, fu jeo, sio yan i facabuha ba i emu juwe tucike niyalma be boigon arahabi kai. tede ai ba i jeku be ganafi ulebumbi. ere gisun be amasi jasifi unggi. tere gisun de amasi unggihe bithe, fu jeo,

---

留城諸貝勒遣人稟告汗曰：「復州、岫巖所遣散地方出來之一、二人已經編戶也。取當地何處之糧供給食用耶？」令寄信回覆此言。其致書回覆之言云：

留城诸贝勒遣人禀告汗曰：「复州、岫岩所遣散地方出来之一、二人已经编户也。取当地何处之粮供给食用耶？」令寄信回复此言。其致书回复之言云：

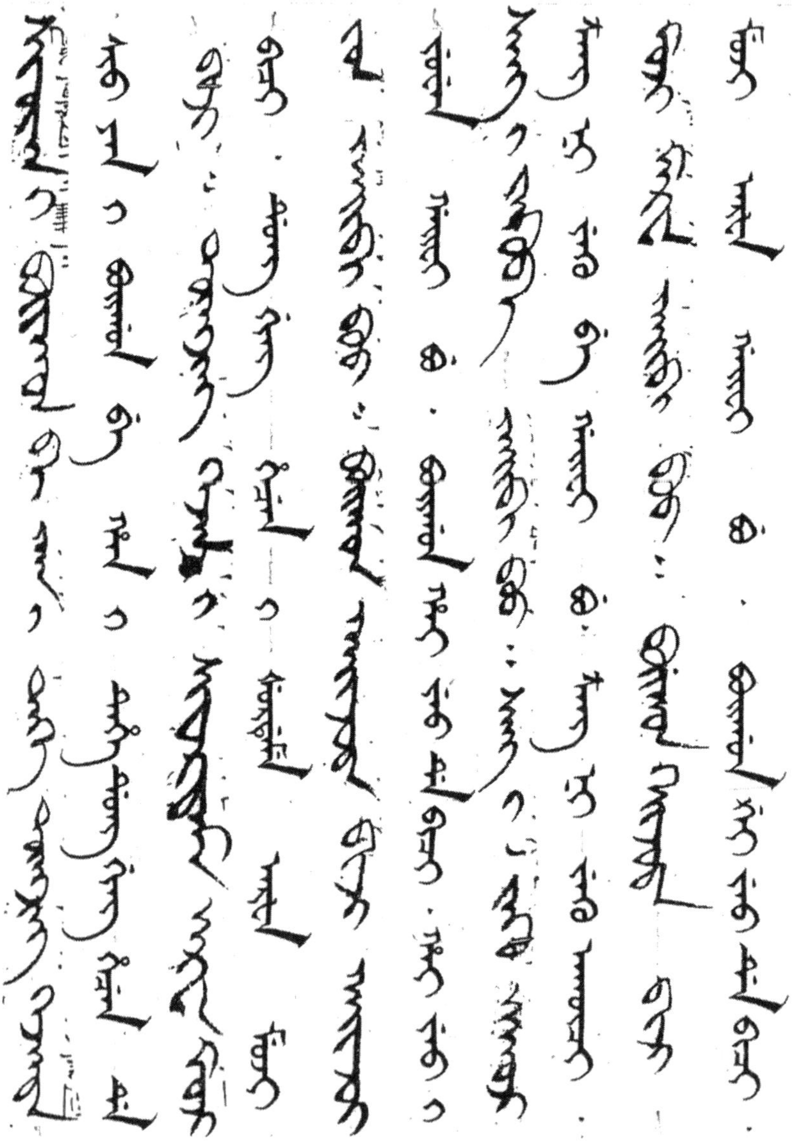

sio yan i boigon be han i tehe dung ging hecen de bici, dung ging hecen i šurdeme arfa muji juwen gaifi bu. boigon hai jeo de bici, hai jeo i ts'ang ni jeku be gaifi bu. ts'ang ni jeku akūci, muji arfa gaifi bu. boigon g'ai jeo de bici,

---

「復州、岫巖之戶，若有在汗所居東京城者，則借取東京城周圍之燕麥、大麥給之。其戶若在海州者，則取海州倉糧給之。若無倉糧，則取大麥、燕麥給之。其戶若在蓋州者，

「复州、岫岩之户，若有在汗所居东京城者，则借取东京城周围之燕麦、大麦给之。其户若在海州者，则取海州仓粮给之。若无仓粮，则取大麦、燕麦给之。其户若在盖州者，

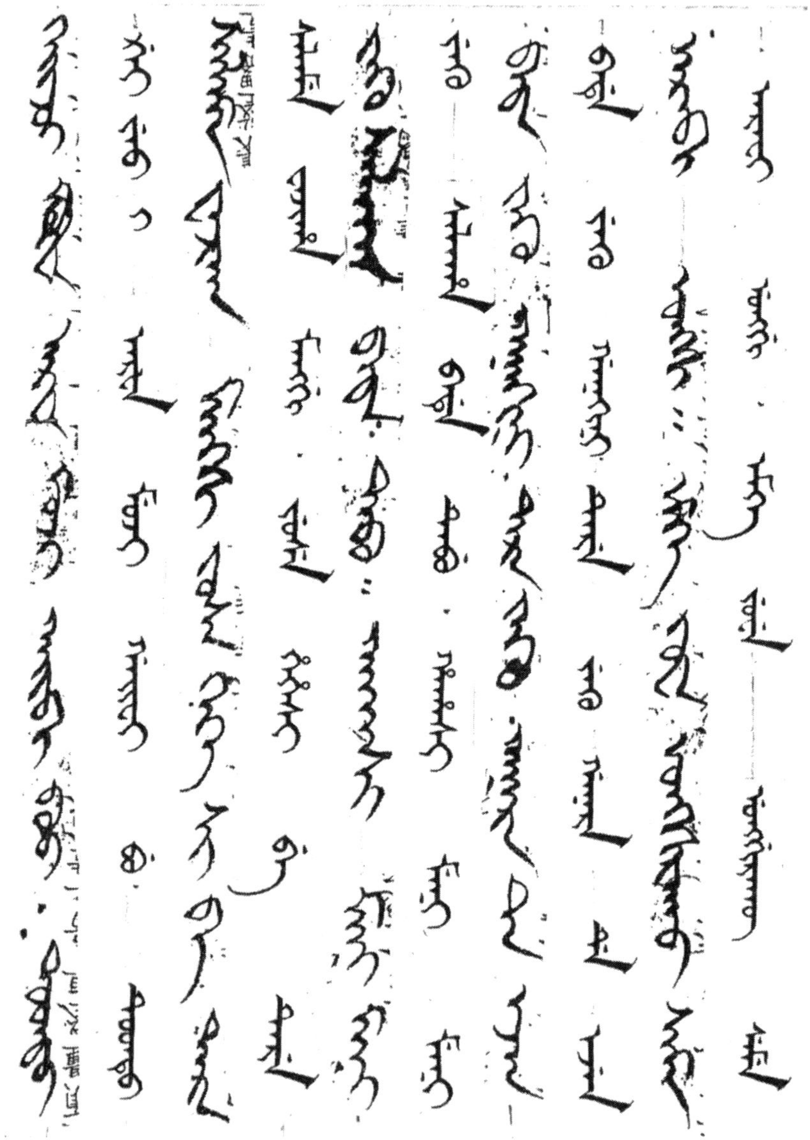

g'ai jeo i arfa muji gaifi bu. tuttu salame wajiha manggi, juse hehesi be tere jeku salaha bade tebu, hahasi meni meni bade jeku ganakini. tere jeku ganara de ejen arafi unggi, emke juwe unggirakū seme

---

則取蓋州燕麥、大麥給之。如此散發完竣後，令婦孺於其散糧地方居住，男丁則往各自地方取糧。彼等前往取糧時，委以額真後遣之，不可以一、二人遣之。」

则取盖州燕麦、大麦给之。如此散发完竣后，令妇孺于其散粮地方居住，男丁则往各自地方取粮。彼等前往取粮时，委以额真后遣之，不可以一、二人遣之。」

六、踐踏良田

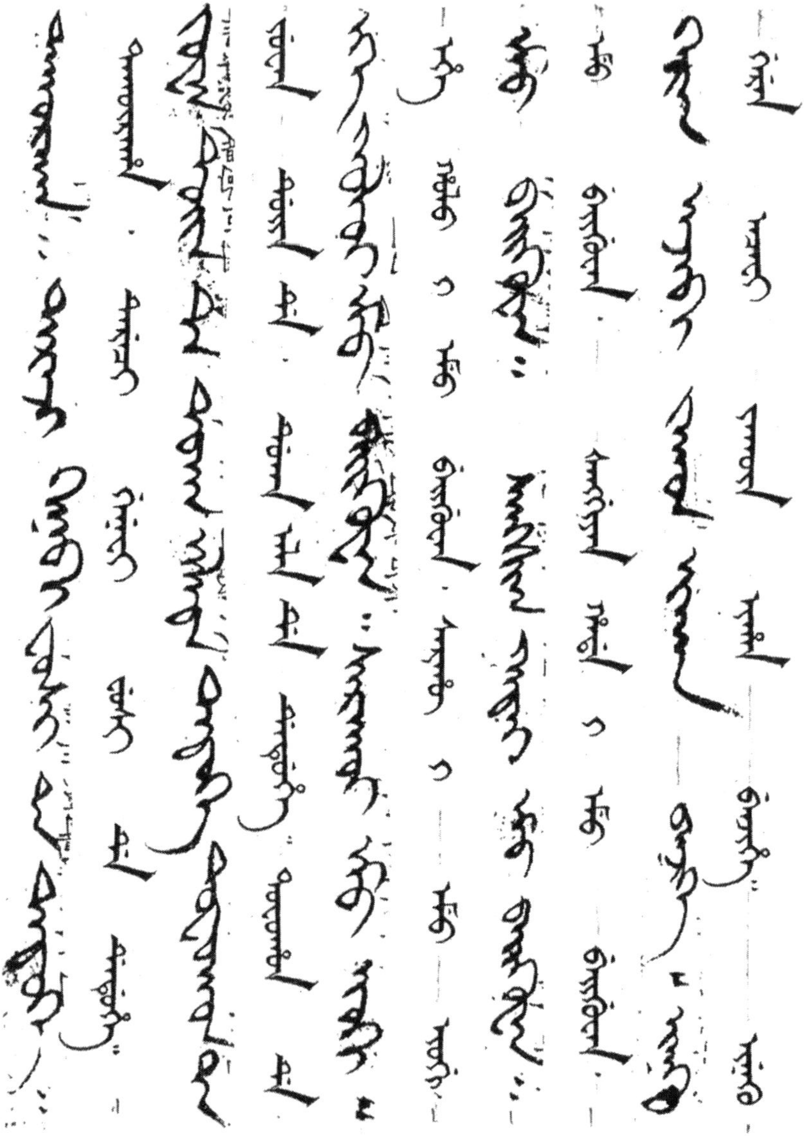

takūraha. tereci genefi fusi de deduhe. juwan duin de, duka ala de deduhe. tofohon de, ehe holo i emu beiguwan, sarhū i emu iogi, emu beiguwan, šanggiyan hada i emu beiguwan, geren acafi jakūn ihan benjihe. ineku

---

由此前往，宿於撫順。十四日，宿於都喀阿拉。十五日，額赫霍洛之一備禦官，薩爾滸之一遊擊、一備禦官，尚間崖之一備禦官，眾人合併送來牛八頭。

由此前往，宿于抚顺。十四日，宿于都喀阿拉。十五日，额赫霍洛之一备御官，萨尔浒之一游击、一备御官，尚间崖之一备御官，众人合并送来牛八头。

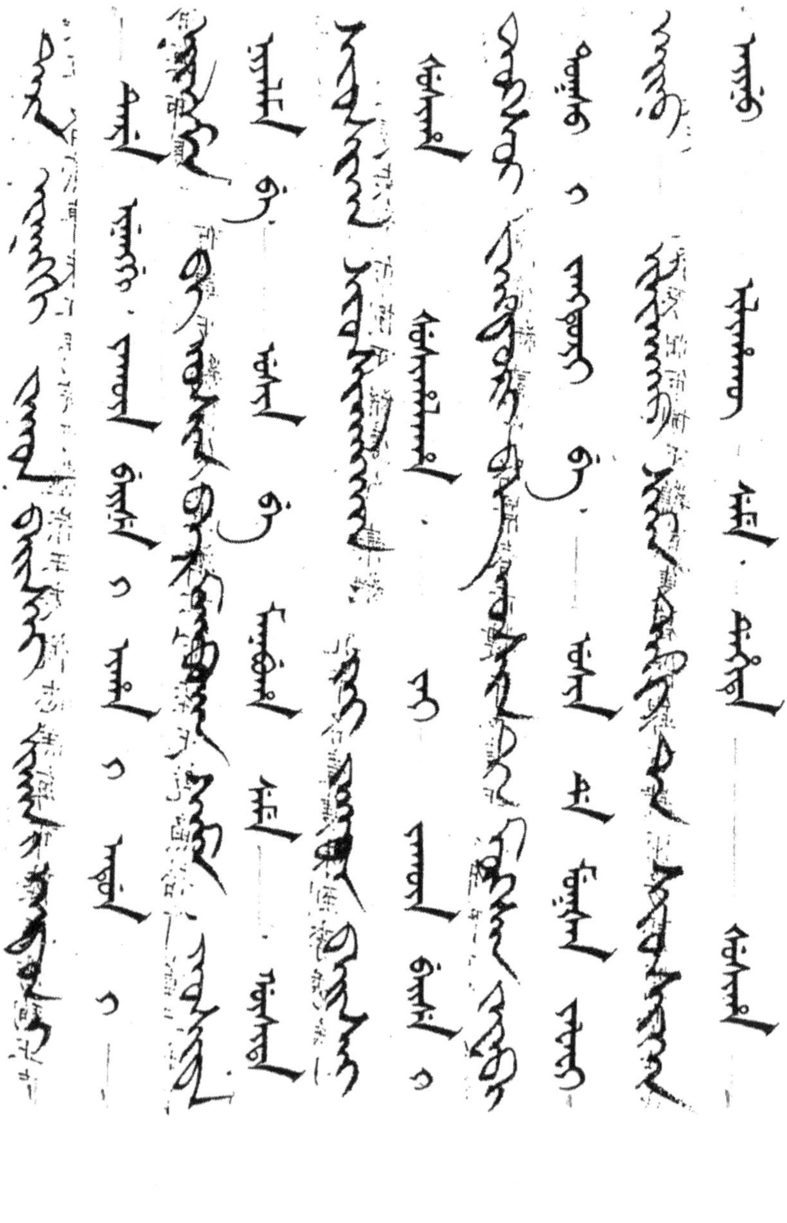

tere inenggi, jakūn beise i ihan i adun i niyalma be, usin be manabuha seme, gūsita šusiha šusihalaha. jai jakūn beise i tokso i jangturi be, usin de mukšan jafafi ainu ilihakū seme, dehite šusiha

---

是日，因八貝勒之牧牛人破壞田地，各鞭打三十鞭。再者，因八貝勒莊園之莊頭持棍在田，為何不加制止，鞭打各四十鞭。

是日，因八贝勒之牧牛人破坏田地，各鞭打三十鞭。再者，因八贝勒庄园之庄头持棍在田，为何不加制止，鞭打各四十鞭。

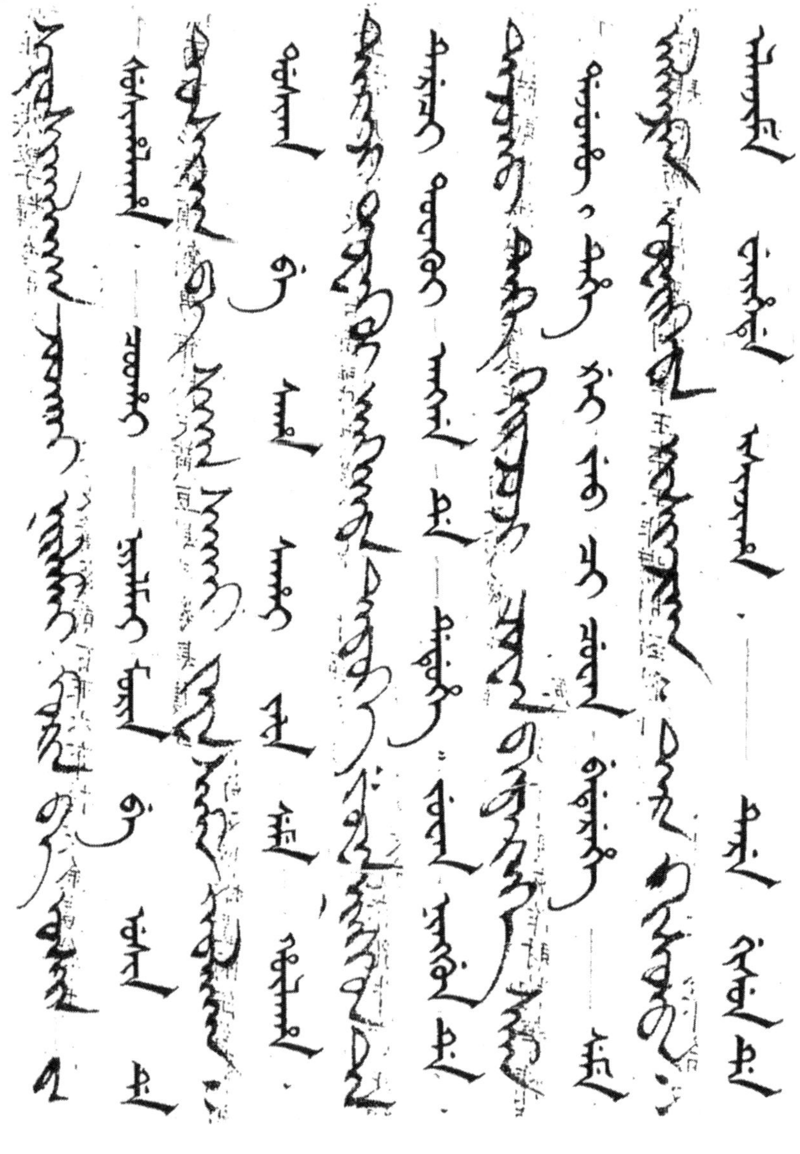

šusihalaha, coohai niyalmai morin be usin de dosika be saha sahai jafa seme hūlaha, tereci towakui angga de deduhe. juwan ninggun de, dajuhū i tehe g'ai jeo ci cuwan bederehe seme alanjime weihede isinjiha. tere gisun de

---

並宣稱：「凡遇兵丁之馬匹進入田地，即行捕捉。」由此前行，宿於托瓦奎昂阿。十六日，魏赫德來報：船已由達柱虎所駐之蓋州退回。

并宣称：「凡遇兵丁之马匹进入田地，即行捕捉。」由此前行，宿于托瓦奎昂阿。十六日，魏赫德来报：船已由达柱虎所驻之盖州退回。

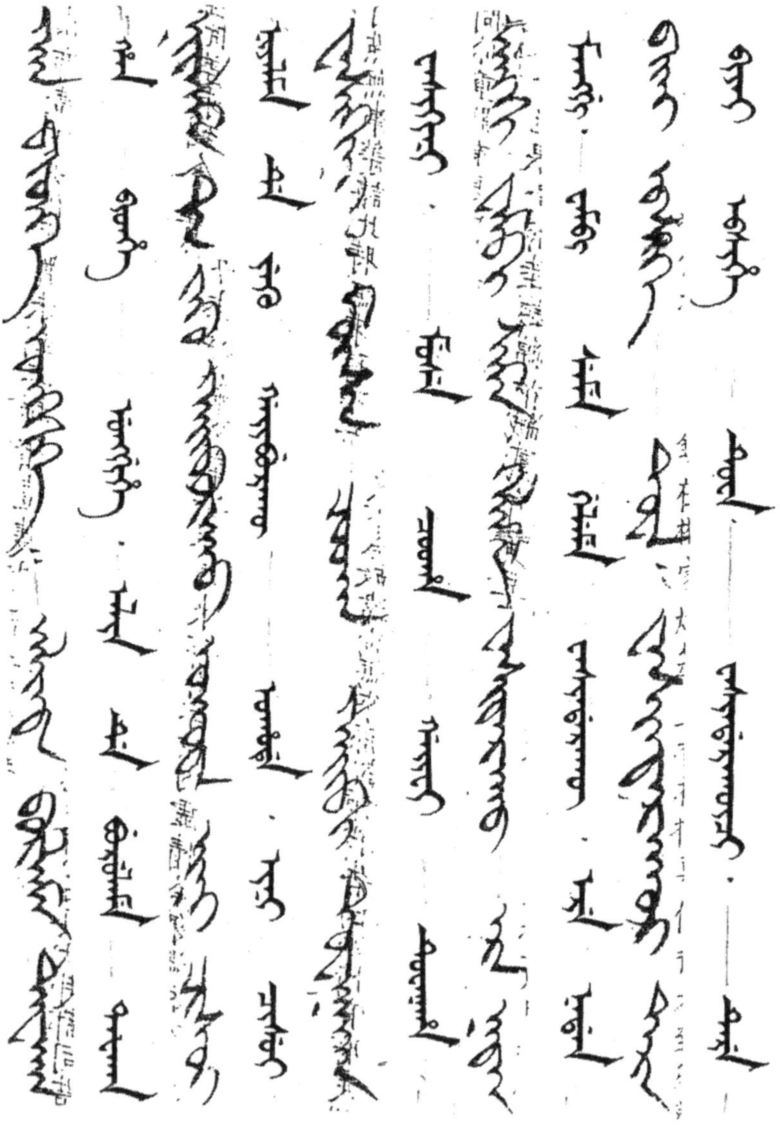

han bithe unggihe, alin de burulame tafaka niyalma de jeku gaiburakū ohode, ini cisui wasikini. muse cooha gaifi tuwanaha manggi, wambi seme geleme wasindarakū. ere nadan biyai ebsihe tuwa, wasindarakūci, tere

---

汗就其所報致書曰：「若不令敗逃登山之人獲得糧食，則其人自然下山。我等率兵前往查看後，彼等因懼被殺而不下山。可觀至七月底，若仍不下山，

汗就其所报致书曰：「若不令败逃登山之人获得粮食，则其人自然下山。我等率兵前往查看后，彼等因惧被杀而不下山。可观至七月底，若仍不下山，

，

fonde waki, musei cooha tuwanara be naka. warakū mejige be donjiha de, ini cisui wasimbi kai seme takūrafi unggihe. tereci genefi giyamuhū de isinafi, amasi bedereme jifi, kobolon i tun de deduhe. juwan nadan de,

---

此時則可殺之。我軍不必前往監視。彼等聞不殺之信息時，則自然下山矣。」由此前往，至嘉穆瑚，返回後宿於科波倫屯[6]。十七日，

此时则可杀之。我军不必前往监视。彼等闻不杀之信息时，则自然下山矣。」由此前往，至嘉穆瑚，返回后宿于科波伦屯。十七日，

---

[6] 科波倫屯，《滿文原檔》、《滿文老檔》俱讀作“kobolon i tun”。按《盛京輿圖》（原名《盛京吉林黑龍江等處標注戰蹟輿圖》），乾隆四十三年(1778)銅版印本，滿文讀作“kobolon tun”，漢文讀作「科博欒屯」。

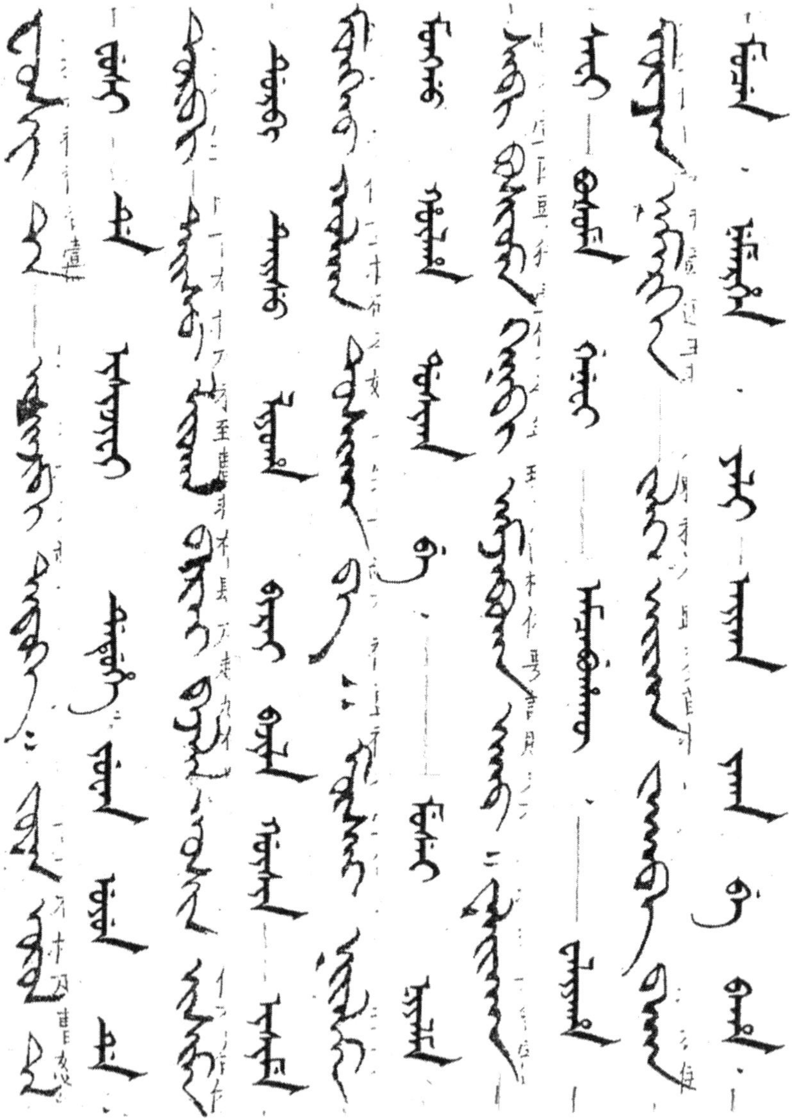

fusi de isinjifi deduhe. juwan uyun de, durbi teisu liyoha birai bajila gūsin isime monggo hūlha dosika be, musei niyalma safi bošome genefi amcabuhakū, waliyaha mucen, nemerhen, yali aika jaka be baha.

至撫順駐宿。十九日，都爾鼻一帶遼河對岸，有近三十名蒙古賊進入，我人見後前往驅逐，未追上，僅獲所棄之鍋、簑衣、肉等物。

至抚顺驻宿。十九日，都尔鼻一带辽河对岸，有近三十名蒙古贼进入，我人见后前往驱逐，未追上，仅获所弃之锅、蓑衣、肉等物。

七、築城夫役

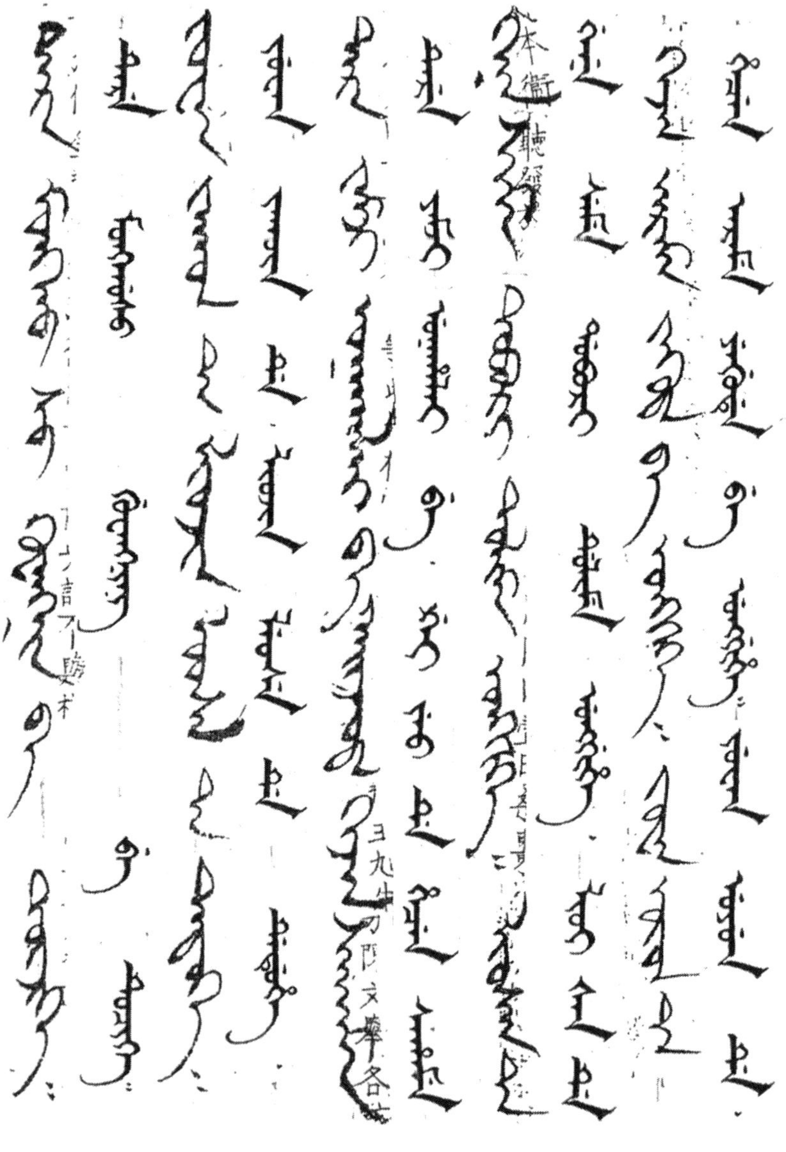

tere monggoso guwangning be tucike. juwan jakūn de, liojin leose de deduhe. tere yamji unahalai be, g'ai jeo de hecen sahame gene seme dobori dulime unggihe. lioi šan de hecen arame yegude be unggihe. juwan uyun de,

---

該蒙古們已出廣寧。十八日，宿於鎏金樓。是夜，連夜遣烏納哈賴往蓋州築城，遣葉古德於閭山築城。十九日，

该蒙古们已出广宁。十八日，宿于鎏金楼。是夜，连夜遣乌纳哈赖往盖州筑城，遣叶古德于闾山筑城。十九日，

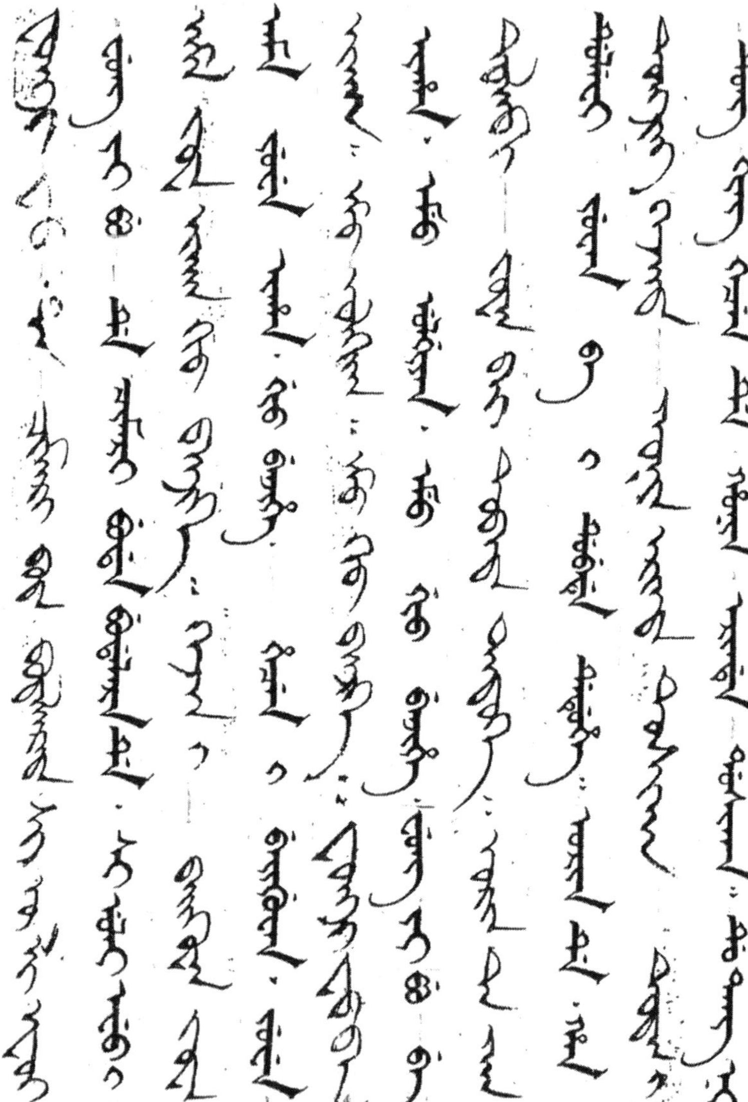

fung ji pu de cimari buda budalara de, si uli efu i ama juwe ihan, gio benjihe. hecen i beiguwan juwe ihan, emu ulgiyan, emu gio benjihe. fung ji pu be dulefi juwan ba i dubede deduhe. orin de, han dung ging hecen de honin erinde dosika. du tang ni

---

於奉集堡早膳時，西烏里額駙之父送來牛二頭及麅子。城之備禦官送來牛二頭、豬一隻、麅子一隻。過奉集堡，宿於十里外。二十日未時，汗入東京城。

于奉集堡早膳时，西乌里额驸之父送来牛二头及狍子。城之备御官送来牛二头、猪一只、狍子一只。过奉集堡，宿于十里外。二十日未时，汗入东京城。

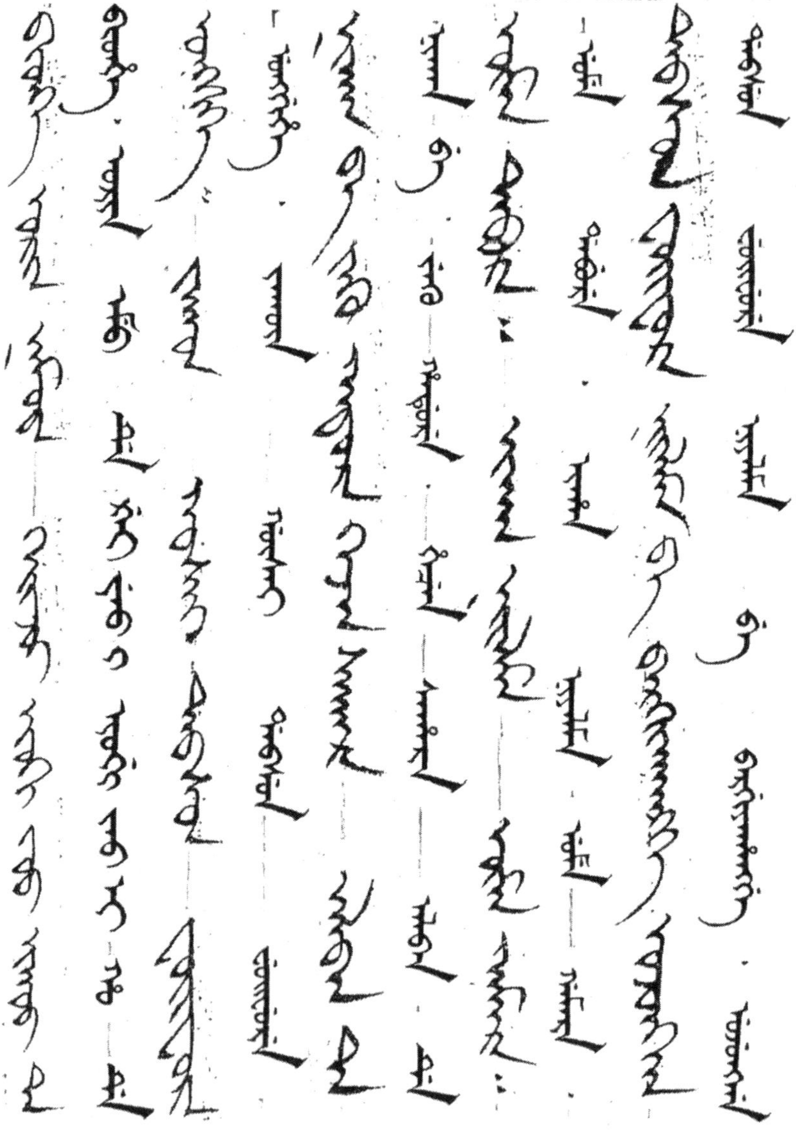

bithe, orin emu de g'ai jeo i iogi jao i ho de unggihe, jakūn gūsai dabsun fuifure nikan be, jeku hadure, hecen sahara alban de ume dabure, ihan niyalma ume gamara. dabsun fuifure niyalma be bargiyahangge, ujungga

---

二十一日，都堂致書蓋州遊擊趙義和曰：「八旗熬鹽之漢人，勿充割糧、築城之役，放牛之人不得徵用。其已收熬鹽之人者，

二十一日，都堂致书盖州游击赵义和曰：「八旗熬盐之汉人，勿充割粮、筑城之役，放牛之人不得征用。其已收熬盐之人者，

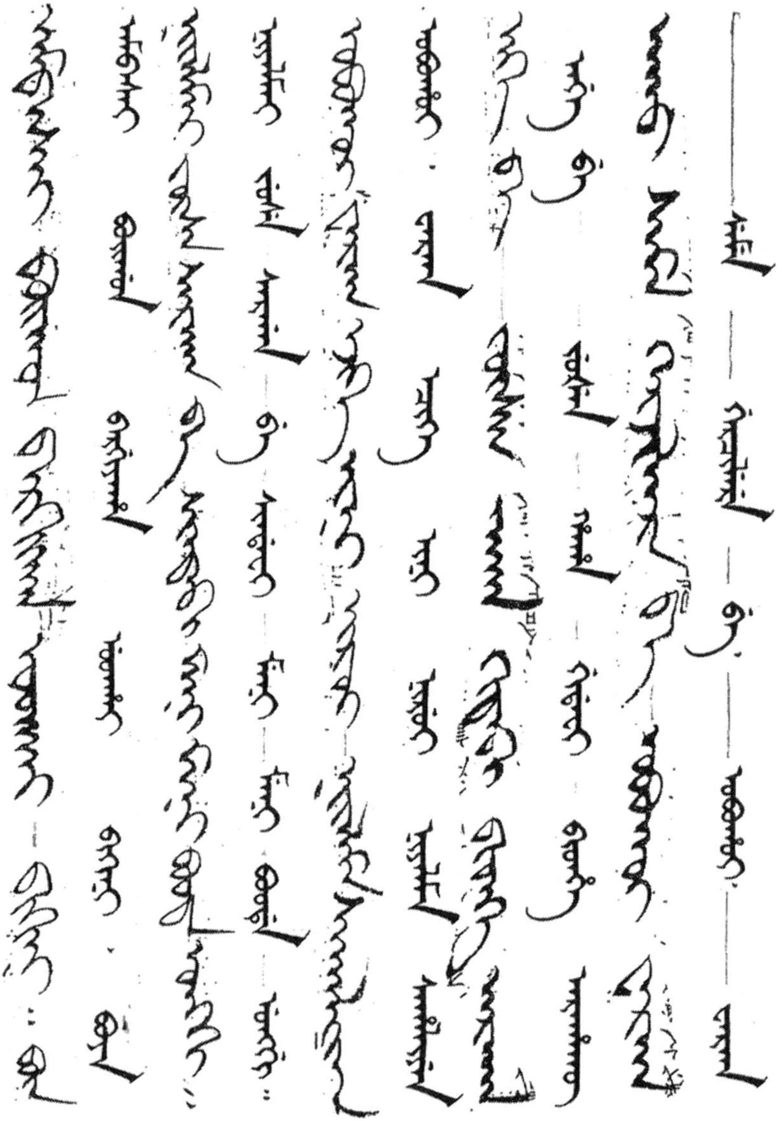

ambasai boigon bargiyaha uthai bikini. buya niyalmai juse sargan be sindafi, meni meni boode unggi. obohoi, warka ecike ini nirui niyalma sahaliyen age be jušen haha gidafi bithe arahakū seme gercilere be, obohoi, warka

---

若為首大臣之戶所收著即留之；釋放庶人之妻孺，遣往其各自之家。鄂博惠、瓦爾喀叔父因阻止其牛彔之人首告薩哈廉阿哥隱匿諸申男丁，未曾具文，鄂博惠、瓦爾喀叔父

若为首大臣之户所收着即留之；释放庶人之妻孺，遣往其各自之家。鄂博惠、瓦尔喀叔父因阻止其牛彔之人首告萨哈廉阿哥隐匿诸申男丁，未曾具文，鄂博惠、瓦尔喀叔父

八、誣陷首告

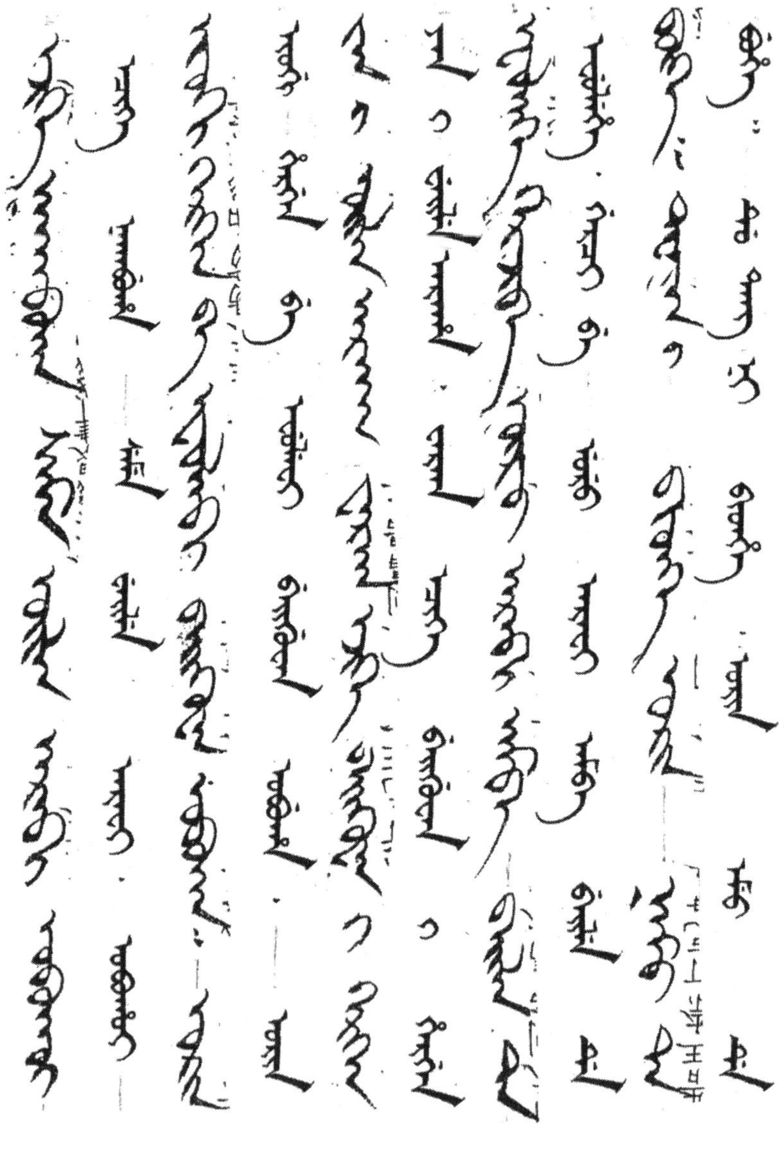

ecike nakabuha seme weile arafi, obohoi iogi hergen be efulefi beiguwan obuha, orin yan i weile araha. warka ecike i beiguwan i hergen efulehe. gerci be uru arafi amba beile de buhe. du tang ni bithe, orin emu de

---

被革職治罪。革鄂博惠遊擊之職，為備禦官，罰銀二十兩。革瓦爾喀叔父備禦官之職。以首告者為是，賜大貝勒。二十一日，都堂頒書曰：

被革职治罪。革鄂博惠游击之职，为备御官，罚银二十两。革瓦尔喀叔父备御官之职。以首告者为是，赐大贝勒。二十一日，都堂颁书曰：

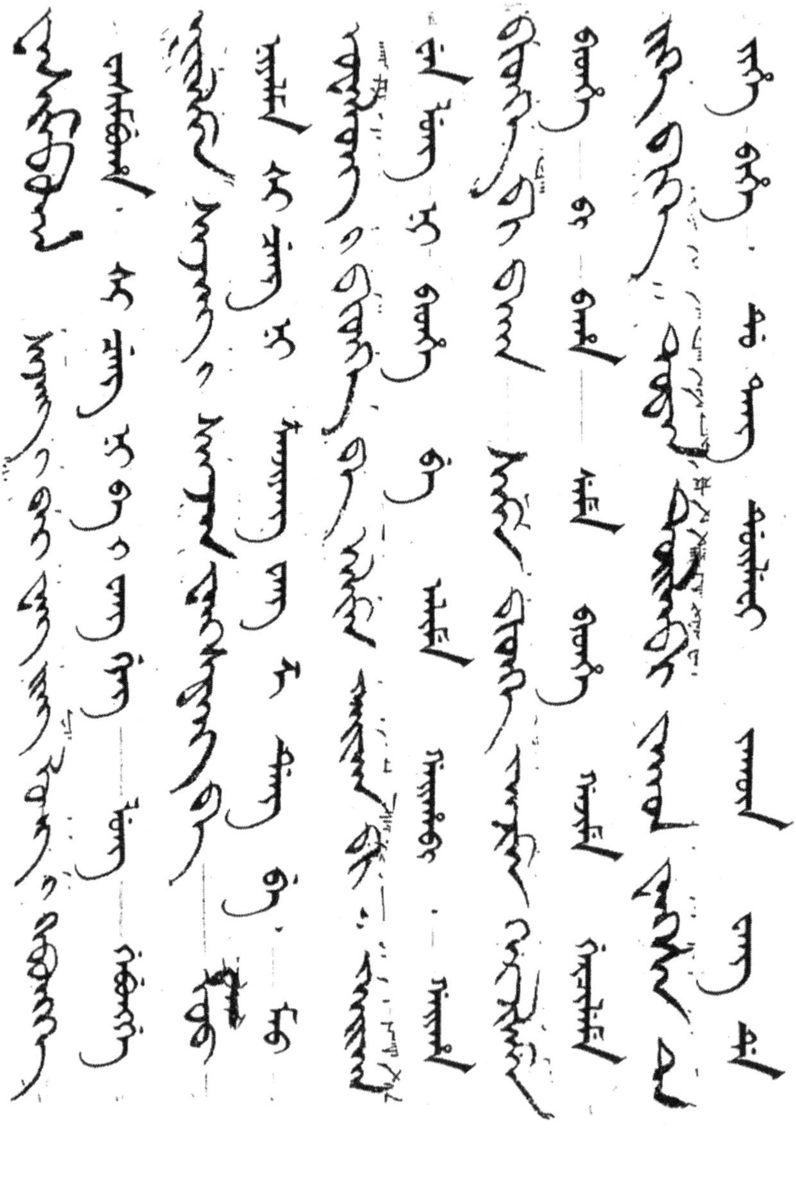

wasimbuha, ši ceng ni ba i wang ging lung gebungge niyalma, ši ceng ni ts'anjiyang wang dzi deng be, mao wen lung ni bithe be alime gaihabi. gaiha bithe bi baha seme bithe gajime gercileme jihe bihe. du tang duilefi jakūn wang de

---

石城地方名叫王景隆之人，首告石城参將王子登接受毛文龍之書。其所受之書我已獲得，遂攜書前來首告。經都堂審理後，奏於八王。

石城地方名叫王景隆之人，首告石城参将王子登接受毛文龙之书。其所受之书我已获得，遂携书前来首告。经都堂审理后，奏于八王。

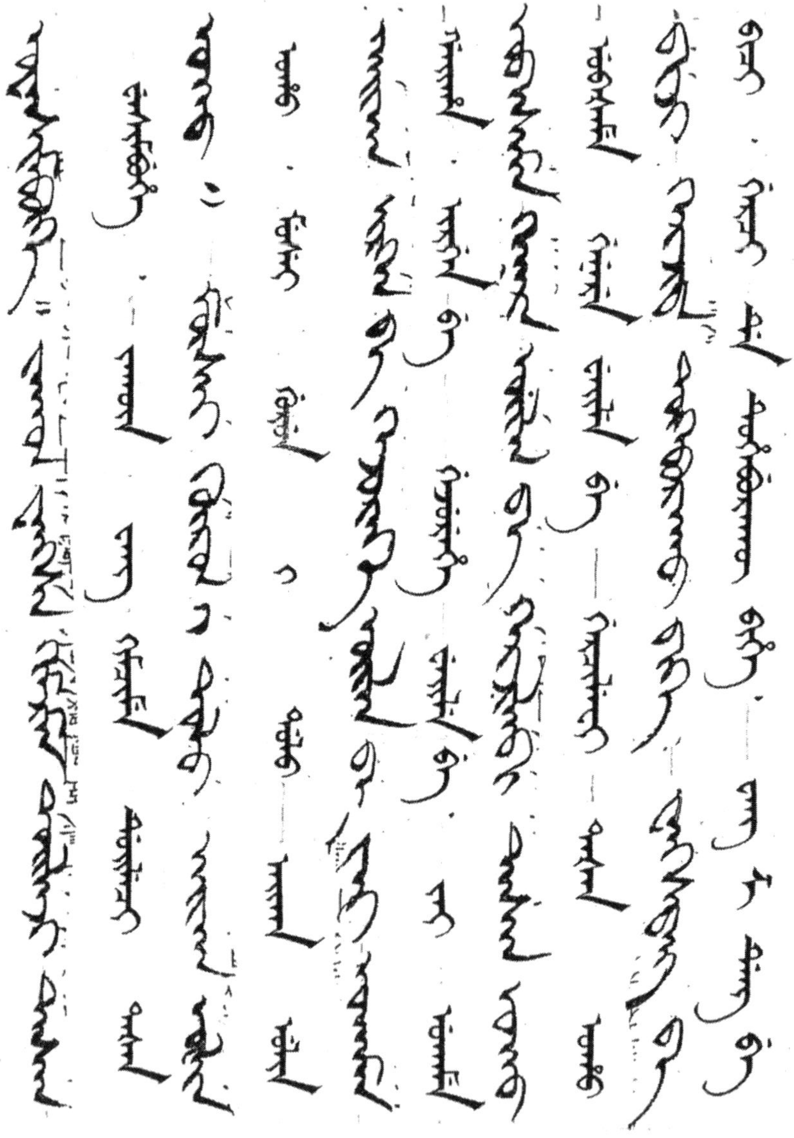

wesimbuhe. jakūn wang kimcime duileci tašan oho. musei gurun i dolo aika ulin gaiha, irgen be gejurehe weile be, jai ukame ubašame genere weile be gercilefi tašan oho bici, gerci de tuheburakū bihe. wang dzi deng be

---

經八王詳審，其事虛也。我國之內，若是首告取財、需索民人之罪及叛逃之罪；縱有虛假，首告之人亦不坐罪。王子登

经八王详审，其事虚也。我国之内，若是首告取财、需索民人之罪及叛逃之罪；纵有虚假，首告之人亦不坐罪。王子登

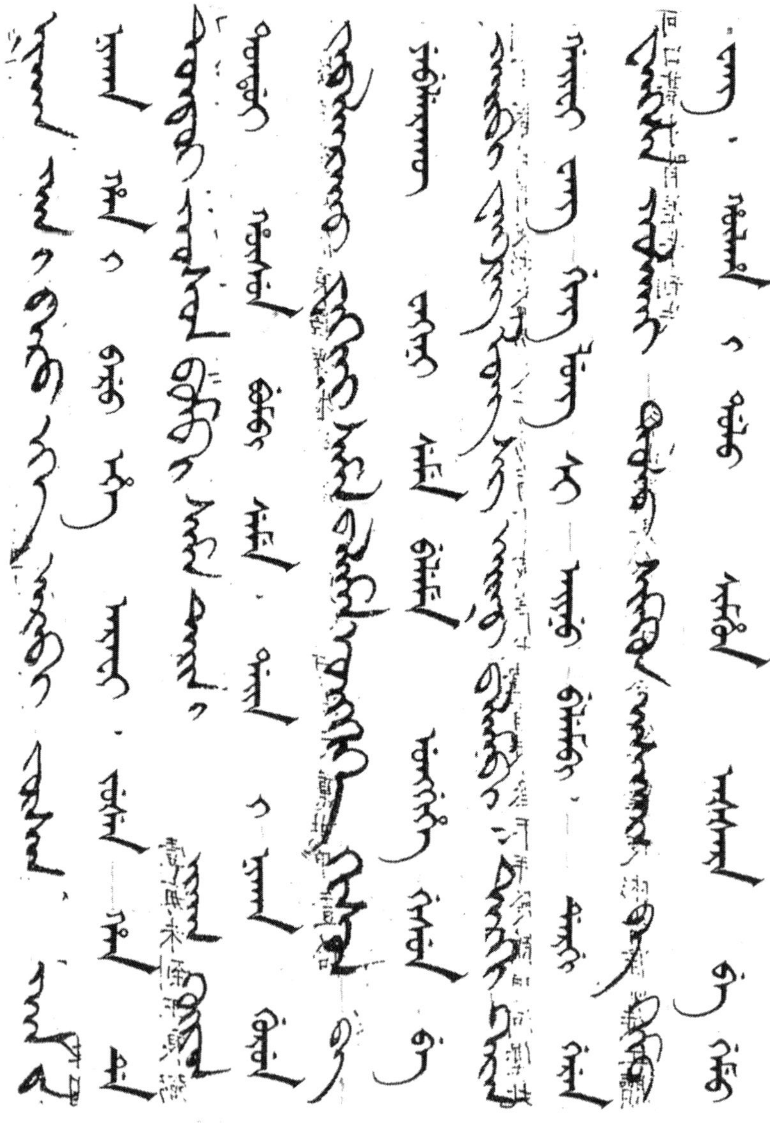

nikan han i baru ehe arafi, jušen han de tondoi hūsun bumbi seme, dain i nikan gurun yebelerakū wakini seme beleme unggihe gisun be gaifi, wang ging lung si ainu belembi. dergi geren wang, hūlha i dolo simhun aššara be gemu

---

與明帝交惡，效忠於諸申汗，因敵方明朝不悅欲殺之，故受此誣陷之言。王景隆爾為何誣陷之？上司諸王，賊中彈指皆知之人，

与明帝交恶，效忠于诸申汗，因敌方明朝不悦欲杀之，故受此诬陷之言。王景隆尔为何诬陷之？上司诸王，贼中弹指皆知之人，

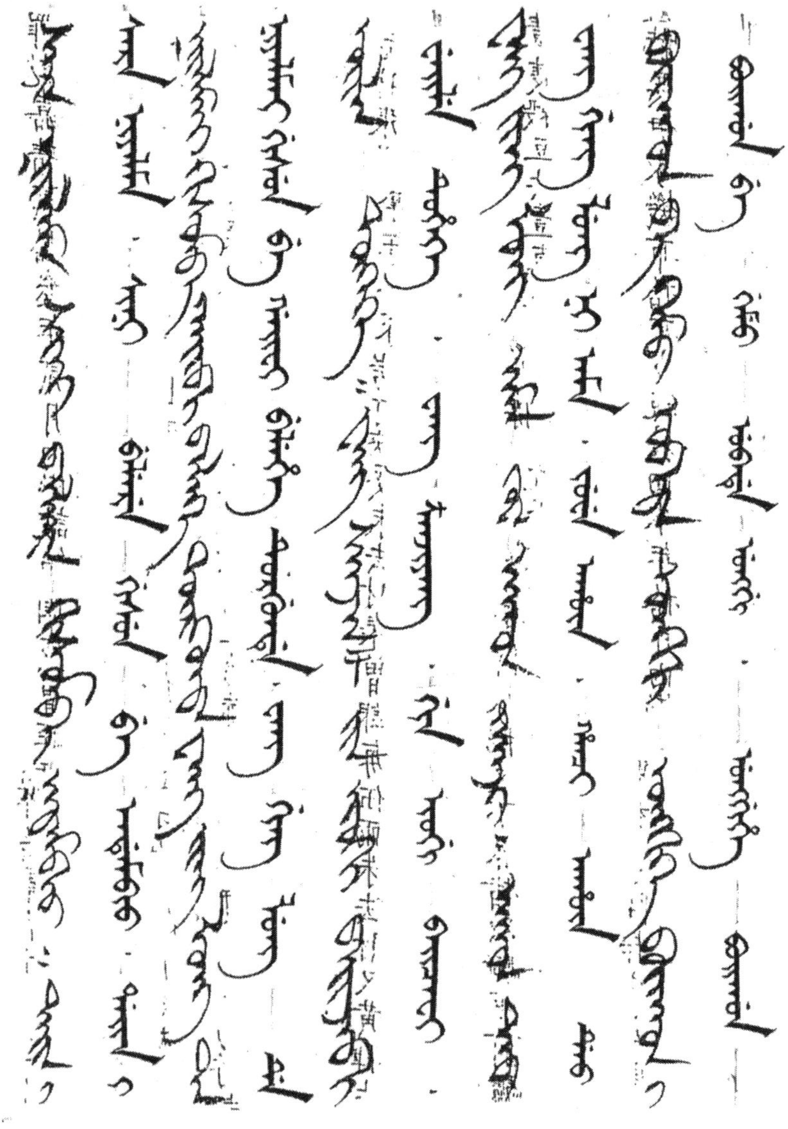

sara niyalma, sini belere gisun be endembio. dain i niyalmai gisun be gaifi belehe turgunde, wang ging lung de weile tuheke. wang ts'anjiyang, gin iogi baicafi, wang ging lung ni ama, juwe ahūn, hanci ahūn deo boigon be gemu ubade unggi. unggihe boigon

---

爾誣陷之言瞞得過耶？由於以敵人之言誣陷之，故將王景隆坐罪。王參將、金遊擊查明後，將王景隆之父、二兄、近旗兄弟之戶口，皆遣至此處。所遣戶口之糧食，

尔诬陷之言瞒得过耶？由于以敌人之言诬陷之，故将王景隆坐罪。王参将、金游击查明后，将王景隆之父、二兄、近旗兄弟之户口，皆遣至此处。所遣户口之粮食，

九、遣戶口糧

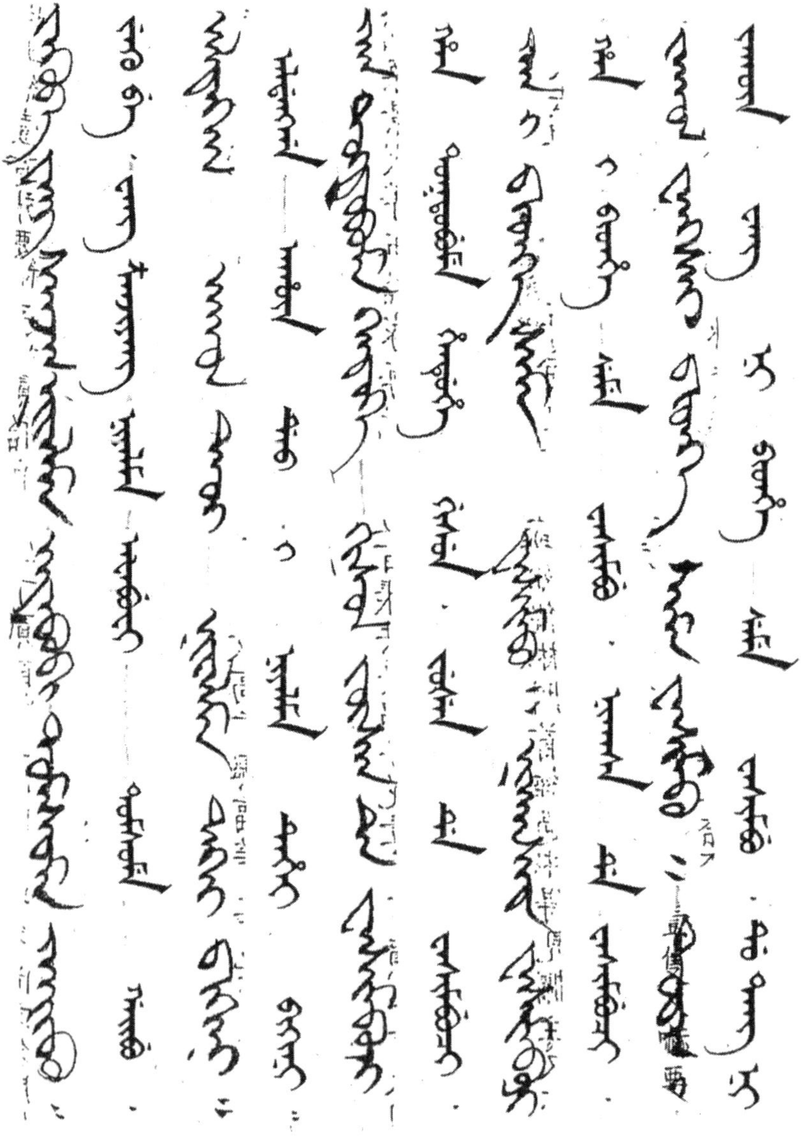

jeku be, wang ts'anjiyang niyalma afabufi tomsome gaibu, aldangga ahūn deo i niyalma tehei bikini. han toktobume henduhe gisun, jušen de wasimbuci, han i bithe seme wasimbu. nikasa de wasimbuci, jakūn wang ni bithe seme wasimbu. du tang ni

---

由王參將委員收取，其遠旗兄弟之人則令留之。汗定諭曰：「若頒書於諸申，著以汗之書頒發，若頒書於漢人，則以八王之書頒發；

由王参将委员收取，其远旗兄弟之人则令留之。汗定谕曰：「若颁书于诸申，着以汗之书颁发，若颁书于汉人，则以八王之书颁发；

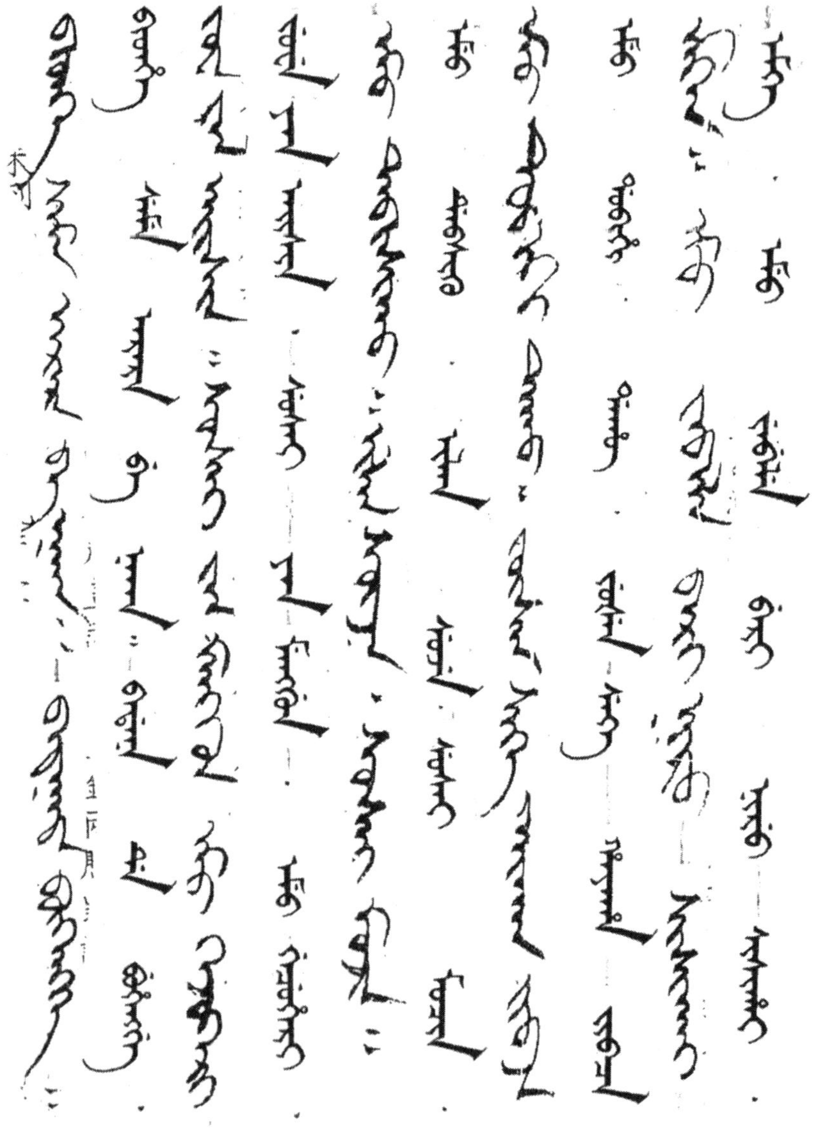

bithe seme arara be naka. badana de buhengge, juwe yan aisin, susai yan menggun, emu gecuheri, emu debsiku, ilan suje, susai mocin, emu dobihi dahū, jušen seke hayaha jibca emke, emu jebele beri niru sisihai,

---

停止以都堂繕寫之書頒發。」賜巴達納者：金二兩、銀五十兩、蟒緞一疋、翎扇[7]一把、緞三疋、毛青布五十疋、狐皮端罩一件、諸申貂鑲皮襖一件、撒袋插弓箭一副、

停止以都堂缮写之书颁发。」赐巴达纳者：金二两、银五十两、蟒缎一疋、翎扇一把、缎三疋、毛青布五十疋、狐皮端罩一件、诸申貂镶皮袄一件、撒袋插弓箭一副、

---

[7] 翎扇，《滿文原檔》寫作“tebisiko”，《滿文老檔》讀作“debsiku”。按滿文“debsimbi”與蒙文“debikü”係同源詞(根詞“debsi-”與“debi-”相仿)，意即「簸揚、扇動」。

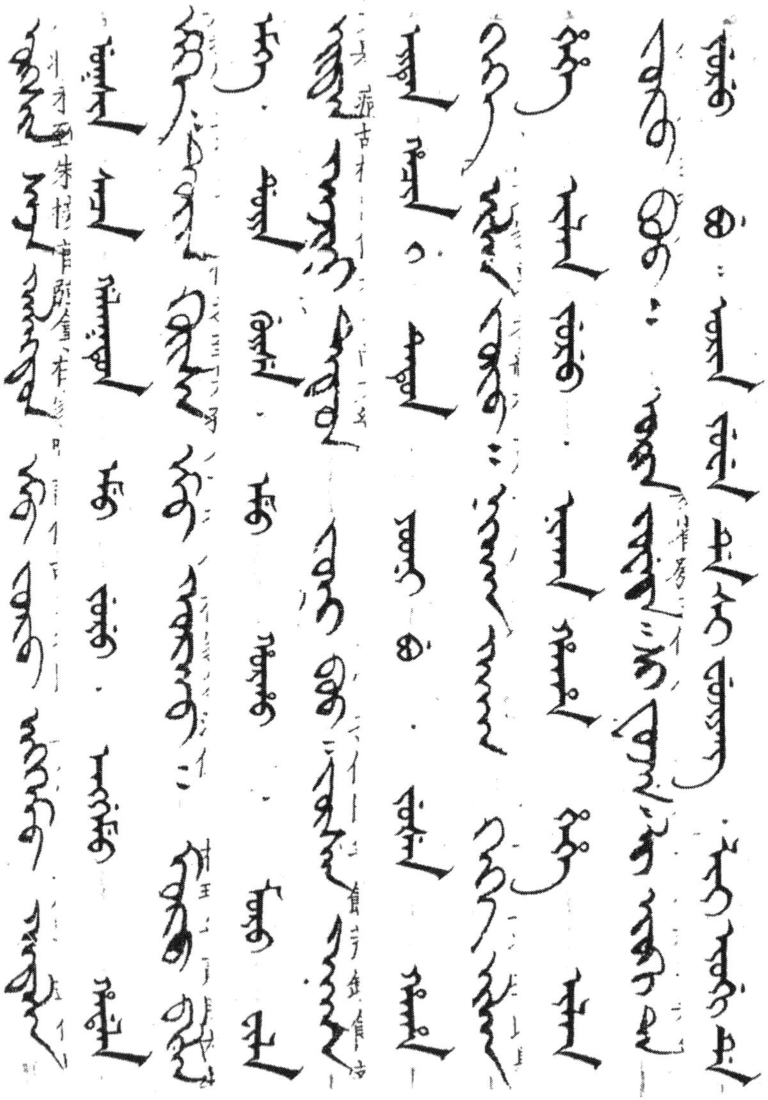

uksin saca galaktun emu juru, enggemu hadala emke, duin guise, emu horho, moro fila eiten hacin i tetun yooni bu. jušen haha hehe ilan juru, nikan haha hehe ilan juru bu. orin juwe de, ši fujiyang, lii iogi de

---

盔甲及亮袖一對、鞍轡一副、櫃四個、豎櫃一個、碗碟等諸項器皿俱行賞給。又賞給諸申男婦三對、漢人男婦三對。二十二日，致書石副將、李遊擊曰：

盔甲及亮袖一对、鞍辔一副、柜四个、竖柜一个、碗碟等诸项器皿俱行赏给。又赏给诸申男妇三对、汉人男妇三对。二十二日，致书石副将、李游击曰：

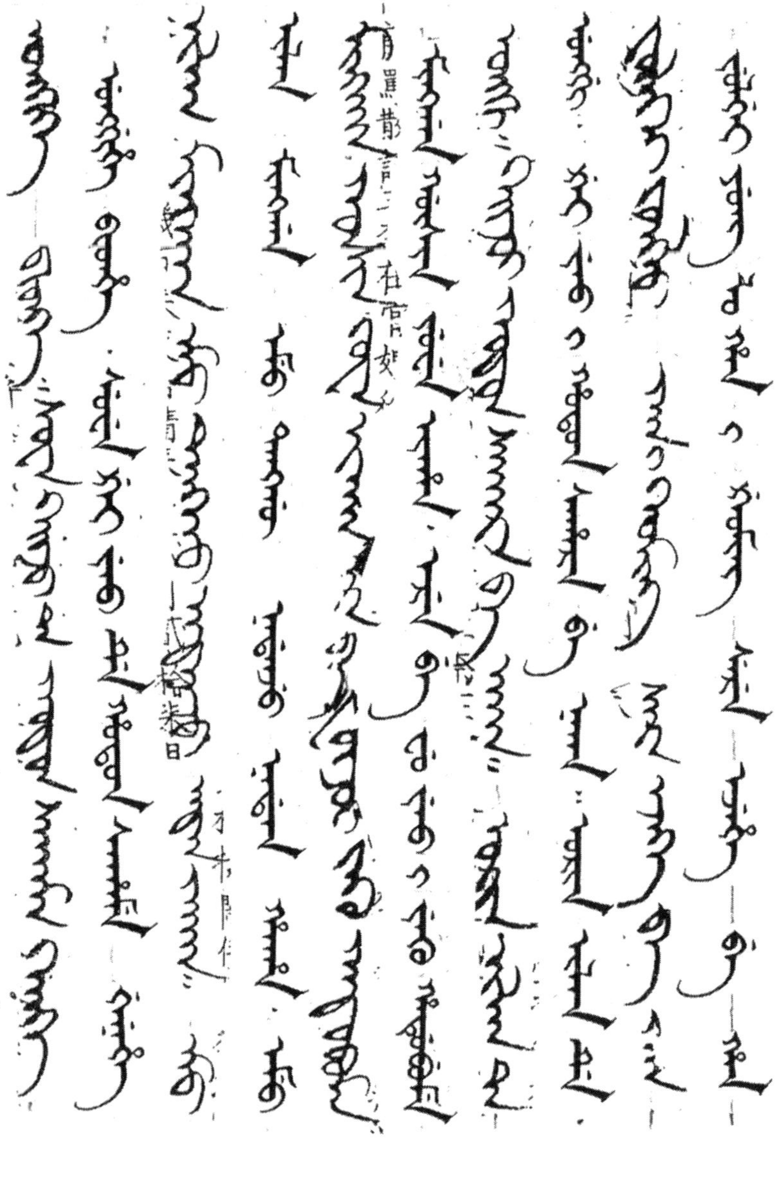

unggihe bithe, suwe g'ai jeo de hoton sahame genehe ilan minggan emu tanggū nadanju nadan haha, emu minggan gūsin juwe ihan, ere be fu jeo i jeku hadubume unggi, g'ai jeo i hoton sahara be naka. orin ilan de, julgei yung lo han i g'aoming sere ejehe be, han

---

「著爾等將前往蓋州築城之男丁三千一百七十七名、牛一千零三十二頭，遣往復州收割糧食，停止修築蓋州城。」二十三日，汗閱畢古時永樂帝之誥命敕書曰：

「着尔等将前往盖州筑城之男丁三千一百七十七名、牛一千零三十二头，遣往复州收割粮食，停止修筑盖州城。」二十三日，汗阅毕古时永乐帝之诰命敕书曰：

十、誥命敕書

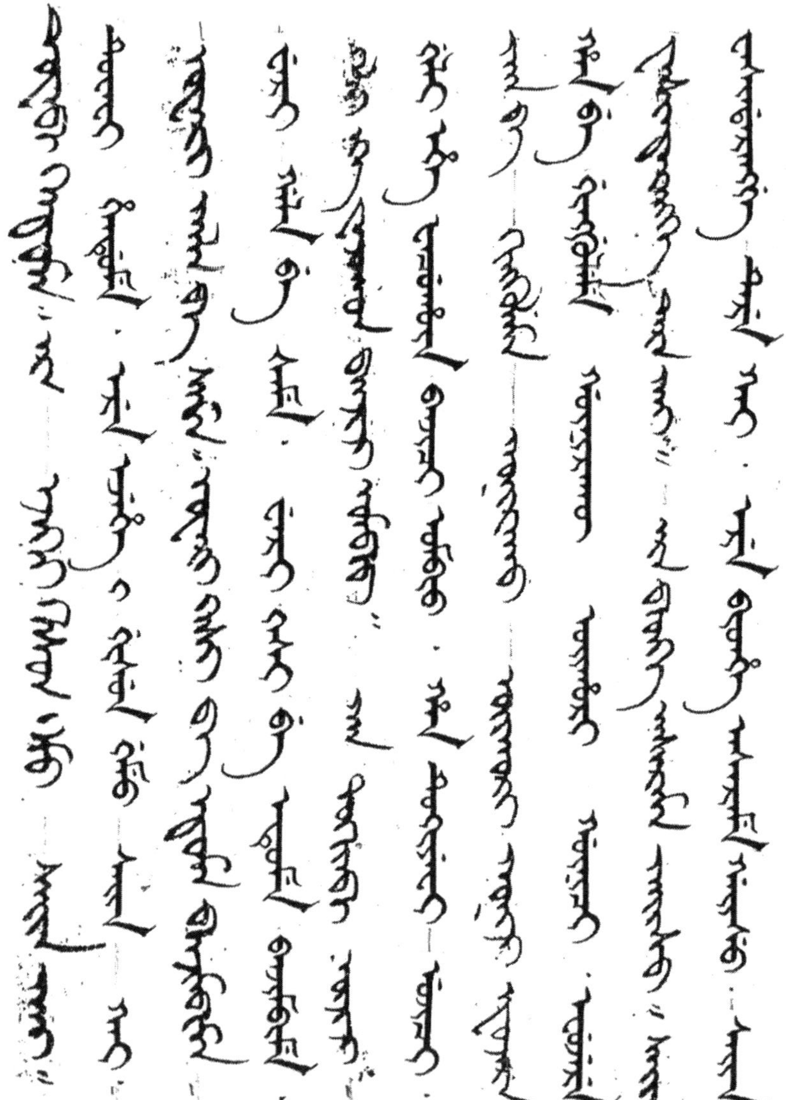

tuwafi hendume, ere ejehe i gisun gemu sain kai. weri gala be šame, weri kesi be etume banjimbime, geli ehe facuhūn banjici ombio. han tukiyefi ujici, han be gingguleme gūnirakū oihori gūnici, efujere wasindarangge tere kai, ere bithe asarame gaisu, sain

---

此敕書之言皆善也。既賴他人之手，受他人之恩度日，豈可又圖暴亂而生耶？汗舉而養之，卻不思恭敬而思輕忽汗，其身必敗者此也。此書妥加收藏，

此敕书之言皆善也。既赖他人之手，受他人之恩度日，岂可又图暴乱而生耶？汗举而养之，却不思恭敬而思轻忽汗，其身必败者此也。此书妥加收藏，

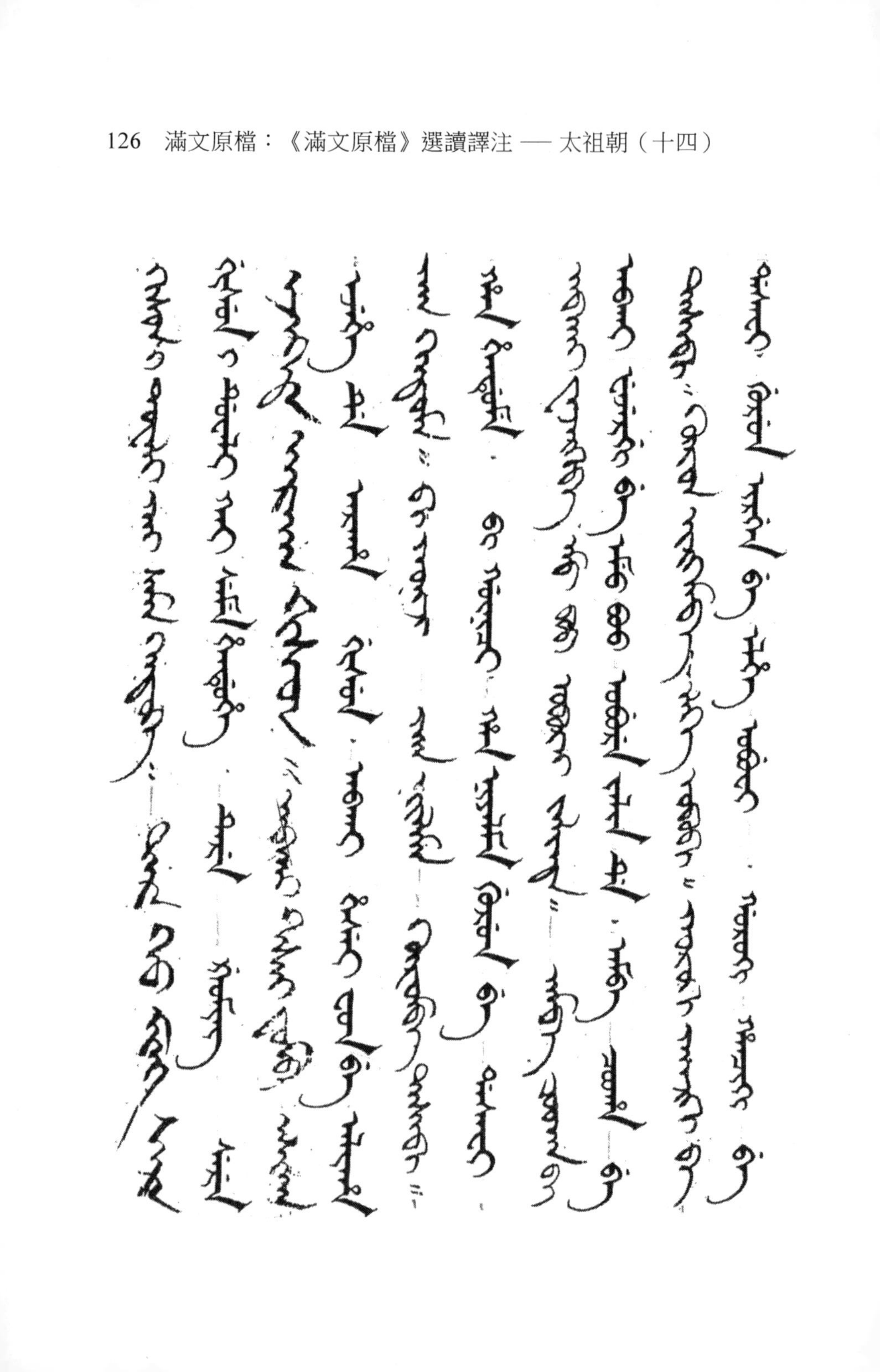

gisun i duwali kai seme henduhe. tere g'aoming sere ejehe de araha gisun, abkai hesei fon be aliha han hendume, bi gūnici, han niyalma gurun be dasafi abkai fejergi be emu boo obure jalin de, amba cooha be dasafi, gurun irgen be elhe obufi, goroki hanciki be

---

乃善言之類也。」該誥命敕書所載之言云：「奉天承運皇帝詔曰：朕思帝者治國安邦，統馭天下，整備大軍，撫慰國民，無分遐邇，

乃善言之类也。」该诰命敕书所载之言云：「奉天承运皇帝诏曰：朕思帝者治国安邦，统驭天下，整备大军，抚慰国民，无分遐迩，

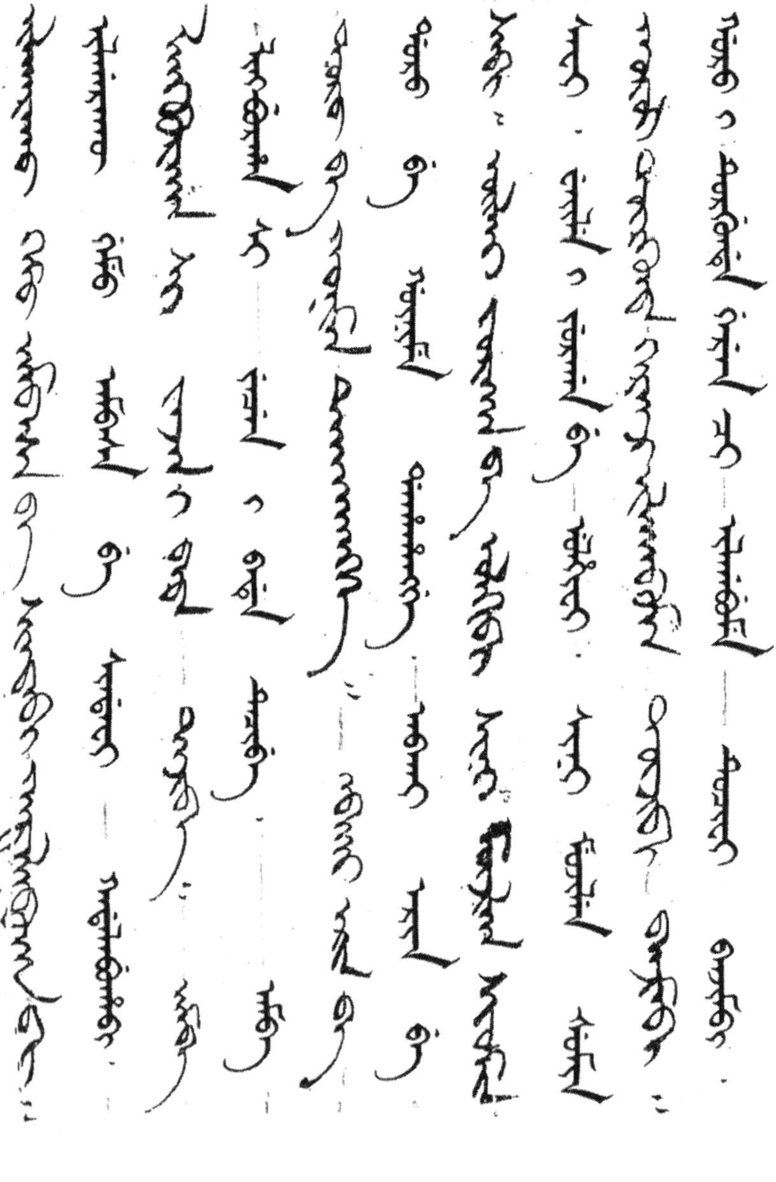

ilgarakū gemu ambasa be sindafi kadalabuhabi. lingburhan si jecen i bade tecibe, amba doro be gūnime dahahangge, abkai erin be safi, weile i jurgan be ulhifi, sini mujilen šumin goro i turgunde, geren ci ilgabume tucifi banjimbi,

---

皆設大臣，加以管理。爾梁布爾汗，雖駐邊地，猶秉大義而來歸，乃知天時，曉事之理。以爾心邃遠，故有別於眾。

皆设大臣，加以管理。尔梁布尔汗，虽驻边地，犹秉大义而来归，乃知天时，晓事之理。以尔心邃远，故有别于众。

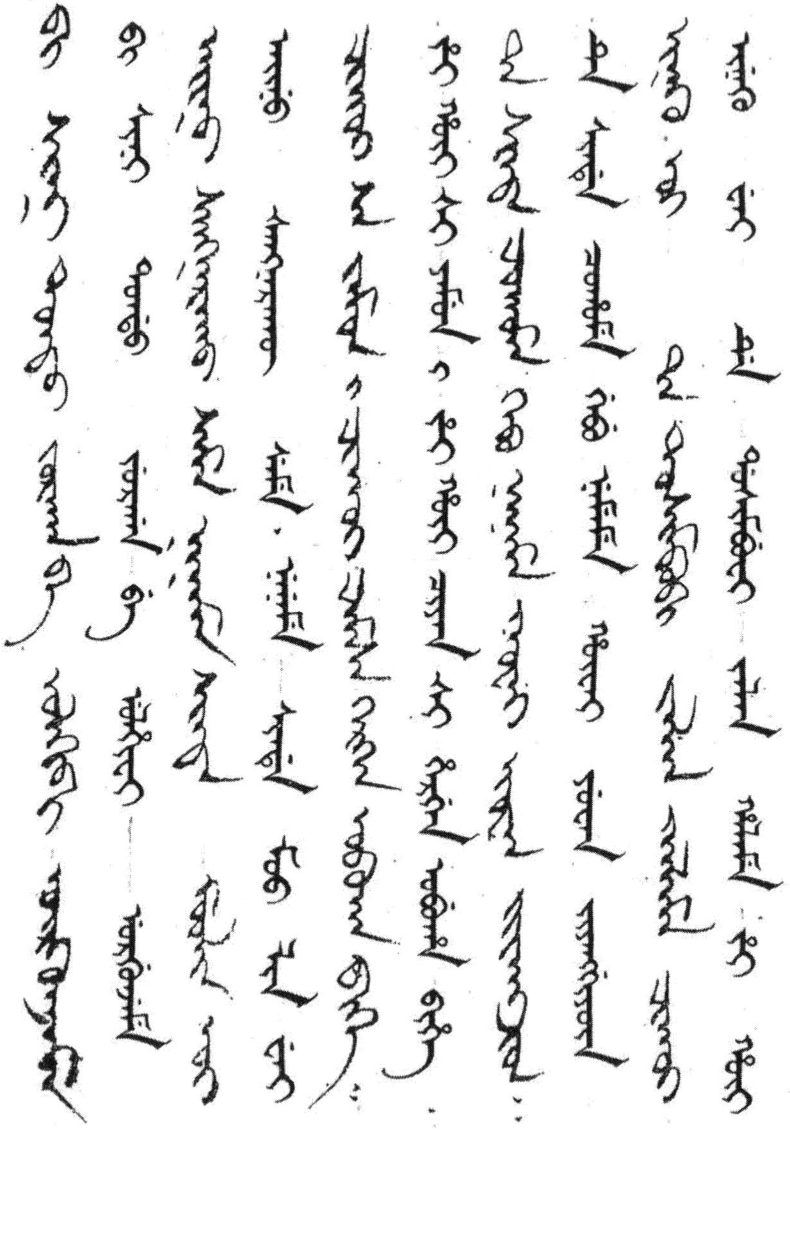

bi sini tondo jurgan be ulhifi urgunjeme ainu šangnarakū seme, neneme sinde moolin wei jy hūi ši yamun i jy hūi ciyan ši hergen obuha bihe. te sinde cohome gebu nememe hūwai yuwan jiyanggiyūn ineku wei de dosimbufi, jalan halame jy hūi

---

朕知爾之忠義，焉不欣然賞賚？故先前曾授爾為毛憐衛指揮使司指揮僉事之職。今特加爾為懷遠將軍，進入本衛，世襲指揮同知。

朕知尔之忠义，焉不欣然赏赉？故先前曾授尔为毛怜卫指挥使司指挥佥事之职。今特加尔为怀远将军，进入本卫，世袭指挥同知。

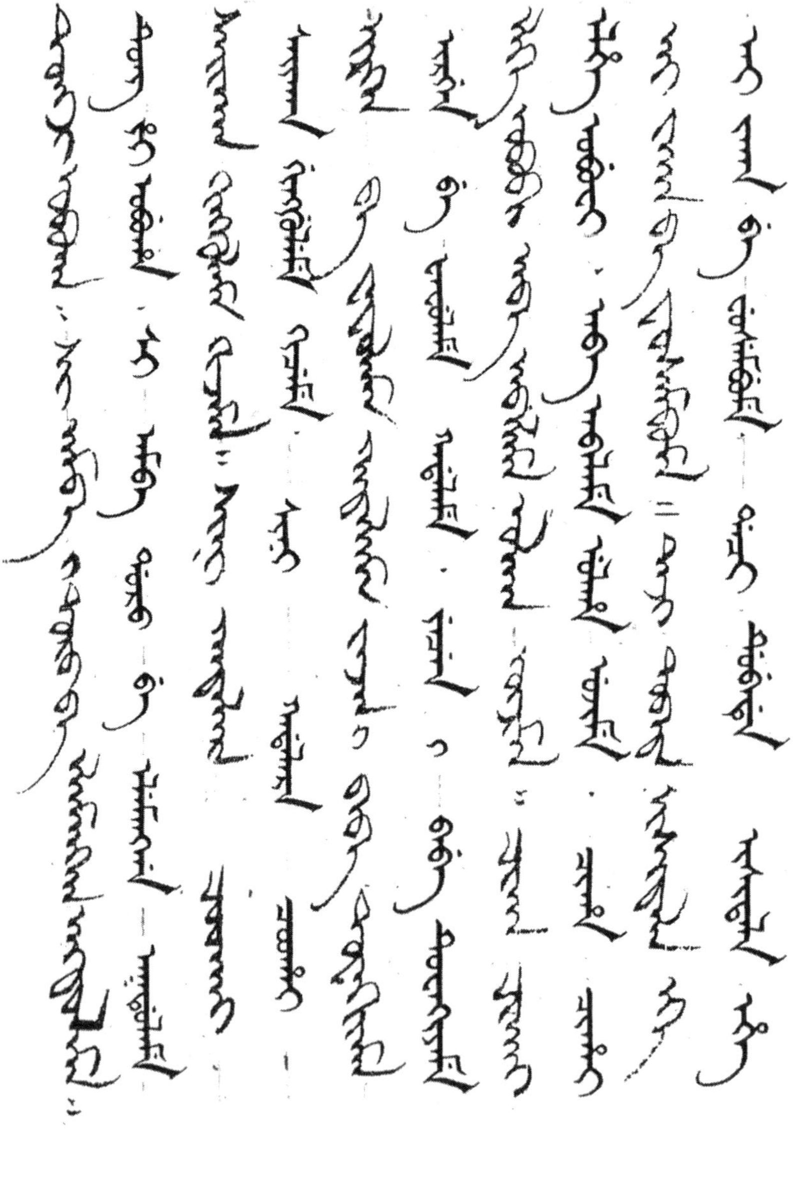

tung jy obuha. si amba doro be elemangga akdulame saikan gingguleme kiceme, sini kadalara coohai irgen be fafulame kadalame, jecen i babe tuwakiyame elhe obufi, aba abalame ulha ujime, ciha cihai ai jaka be fusembume, daci dubede isitala ehe

---

爾當信守大義，妥善敬謹勤修，管束爾所轄兵民，固守邊地，使之安逸，行圍養牲，繁衍萬物，自始至終，

尔当信守大义，妥善敬谨勤修，管束尔所辖兵民，固守边地，使之安逸，行围养牲，繁衍万物，自始至终，

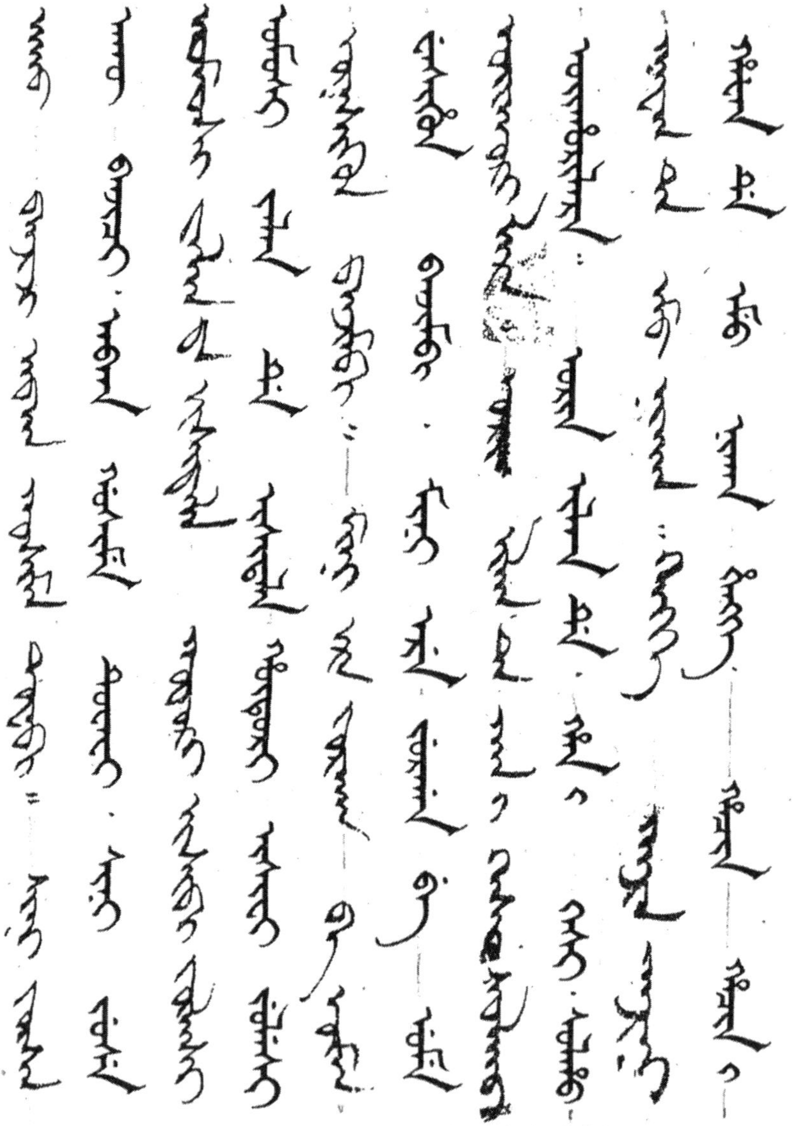

akū banjici, abka gosime tuwafi, sini juse omosi jalan de isitala hūturi isifi julesi wesihun banjimbi. mini ere jurgan be ume oihorilara. orin ilan de, han i kesi, solho hafan de emu nikan hengke, hacin hacin i

---

並無劣蹟，則上天眷顧，爾之後代子孫必享福貴。勿輕忽朕言之義。」二十三日，汗施恩，賜朝鮮官員漢瓜一個、

并无劣迹，则上天眷顾，尔之后代子孙必享福贵。勿轻忽朕言之义。」二十三日，汗施恩，赐朝鲜官员汉瓜一个、

十一、軍紀嚴明

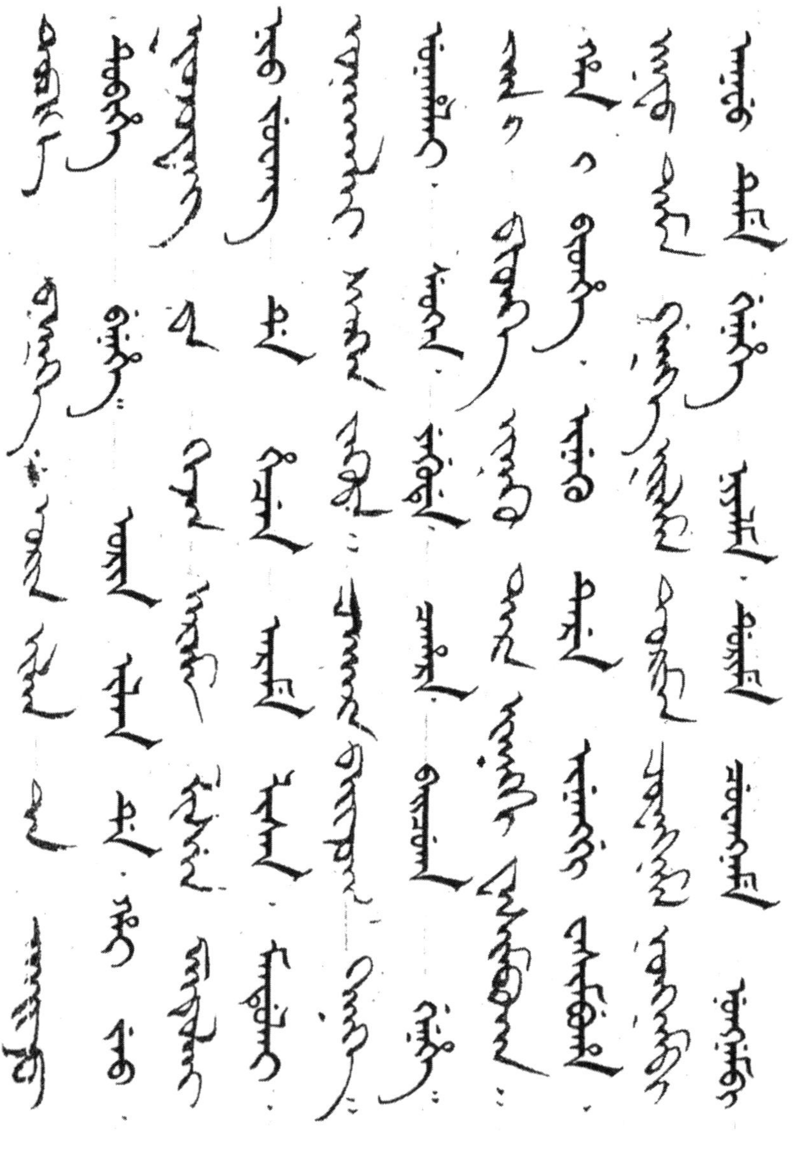

tubihe benehe. orin ilan de, hai jeo, nio juwang de hecen arame, lisan, mandulai, unahalai, seoken, yegude, cahara, baicuka genehe. han i bithe, ineku tere inenggi wasimbuha, anafu teme genehe niyalma, durime cuwangname nungnembi

---

各類果品。二十三日，為於海州、牛莊築城，令李三、滿都賴、烏納哈賴、叟肯、葉古德、察哈拉、拜楚喀等前往。是日，汗頒書諭曰：「據聞前往戍守之人，肆行掠奪侵害；

各类果品。二十三日，为于海州、牛庄筑城，令李三、满都赖、乌纳哈赖、叟肯、叶古德、察哈拉、拜楚喀等前往。是日，汗颁书谕曰：「据闻前往戍守之人，肆行掠夺侵害；

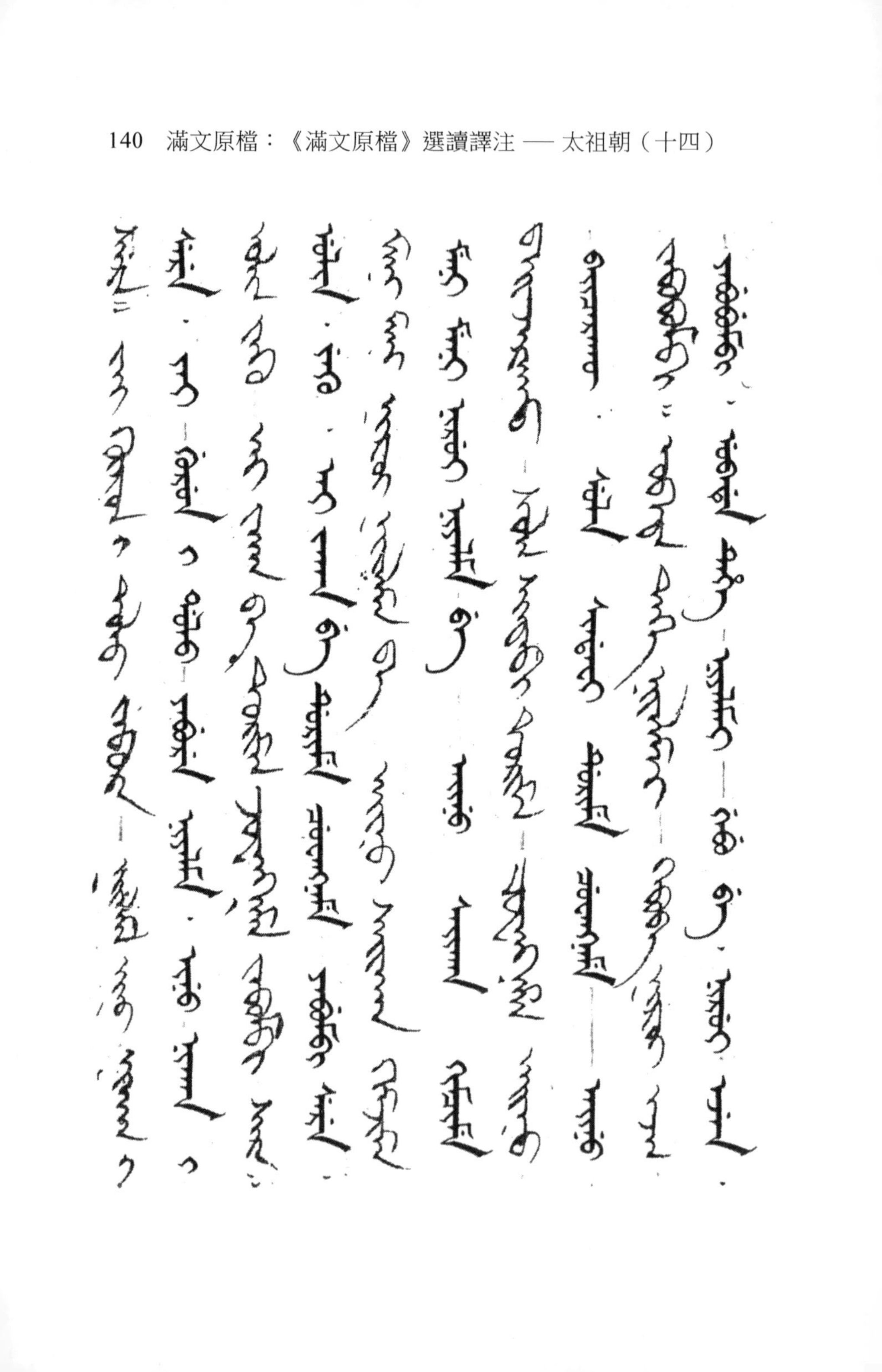

sere. jai gurun i dolo yabure niyalma, inu nikan i ulin, jeku, ai jaka be durime cuwangname yabumbi sere. meni meni nirui niyalma be ainu saikan kimcime baicarakū, sula sindafi durime cuwangname ainu yabubumbi. ubade tehe niyalmai gebu be, nirui ejen,

---

又聞國內行走之人，亦肆行搶奪漢人財貨、糧食諸物。為何不妥善詳查各牛彔之人，放縱其妄行掠奪？著牛彔額真、

又闻国内行走之人，亦肆行抢夺汉人财货、粮食诸物。为何不妥善详查各牛彔之人，放纵其妄行掠夺？着牛彔额真、

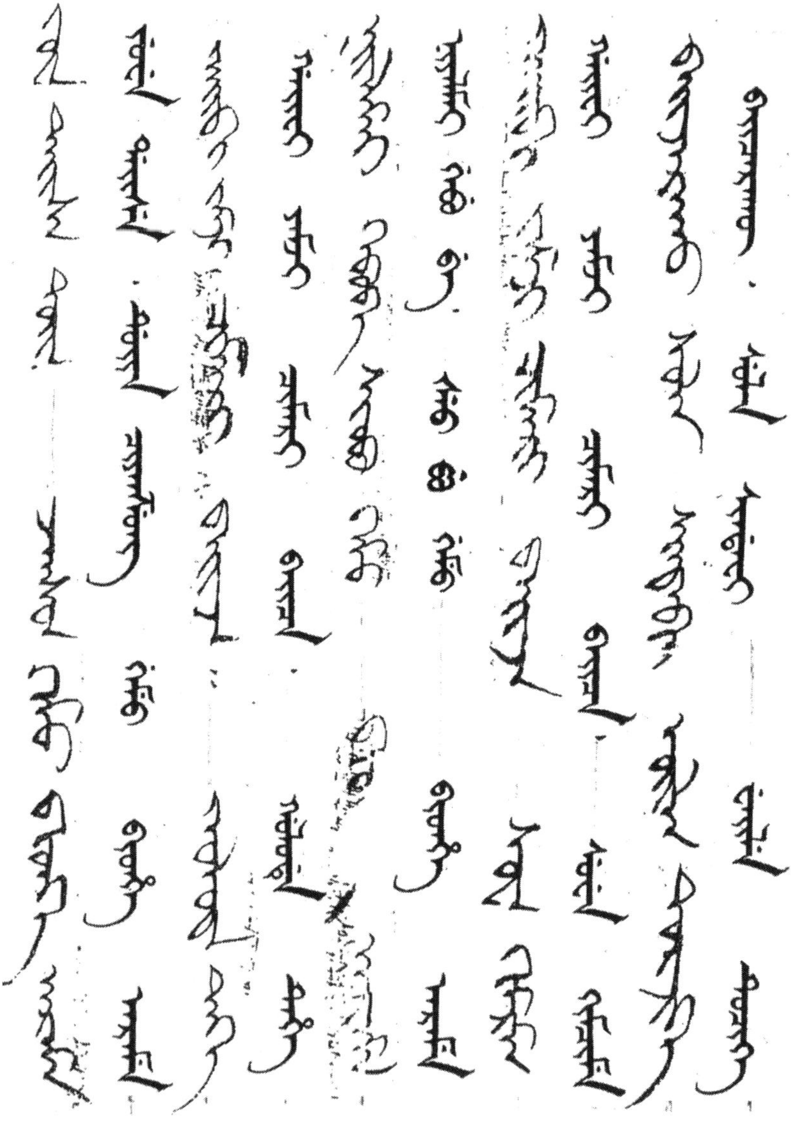

juwe daise, duin ciyandzung gemu bithe arame gaifi yamji cimari baica. golode tehe niyalmai gebu be, šeo pu gemu bithe arame gaifi yamji cimari baica. suwe kimcime baicarakū, sula sindafi weile tucike

---

代子二名、千總四名，將該處居住之人名皆造冊攜帶，早晚查點。守堡將居住該路之人名皆造冊攜帶，早晚查點。倘若爾等不加詳查，縱放出事後，

代子二名、千总四名，将该处居住之人名皆造册携带，早晚查点。守堡将居住该路之人名皆造册携带，早晚查点。倘若尔等不加详查，纵放出事后，

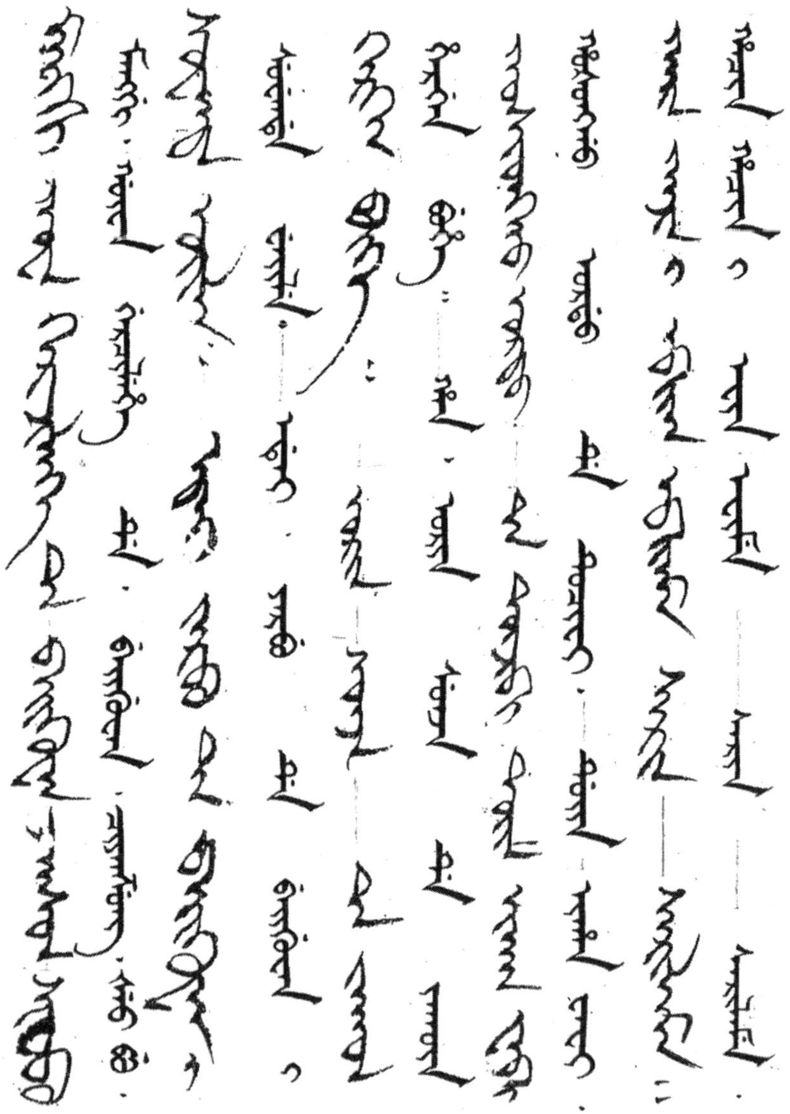

manggi, gūwa gercilehe de, beiguwan, ciyandzung, šeo pu, suwende weile. edei, yarbu de beiguwan i hergen buhe. han, orin sunja de jakūn hošonggo ordo de tucifi, duin ihan wafi, hacin hacin i efin efime sarin sarilame,

---

為他人首告時，即將爾等備禦官、千總、守堡等治罪。」賜額德依、雅爾布備禦官之職。二十五日，汗御八角殿，殺牛四頭，演百戲，設筵宴之。

为他人首告时，即将尔等备御官、千总、守堡等治罪。」赐额德依、雅尔布备御官之职。二十五日，汗御八角殿，杀牛四头，演百戏，设筵宴之。

十二、嚴禁竊盜

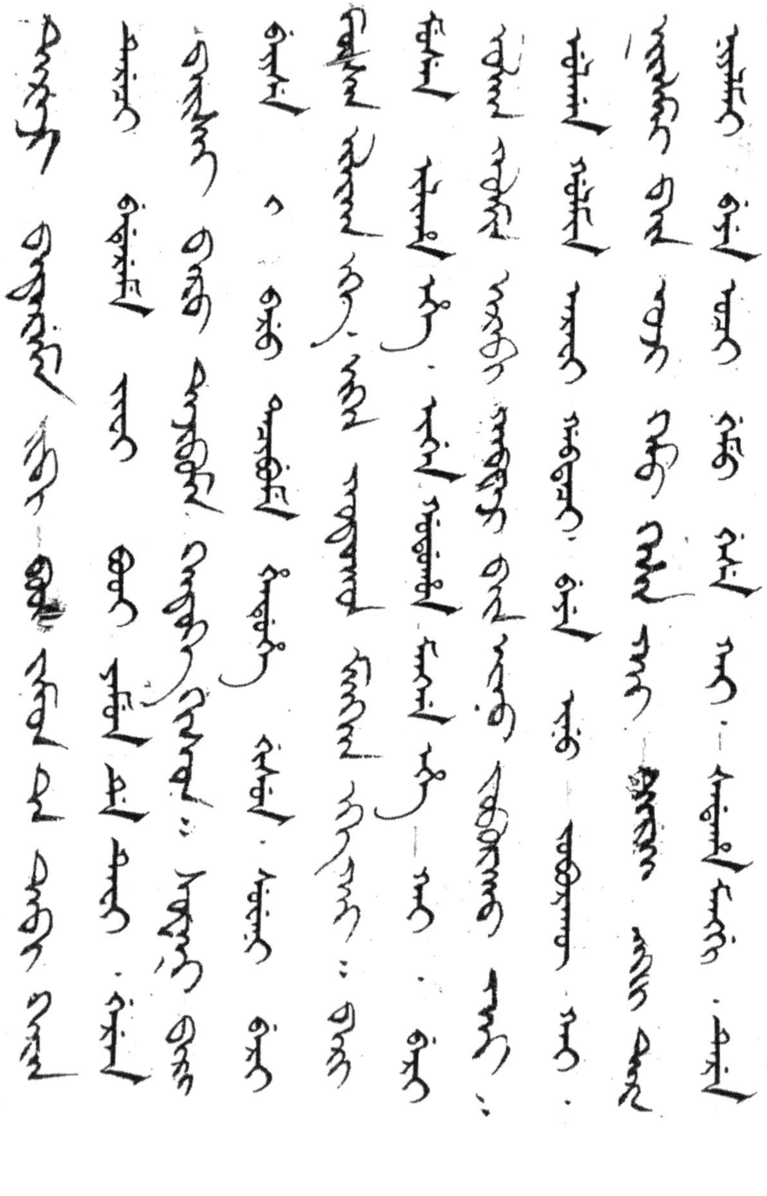

tereci bedereme jifi booi yamun de tefi, geren beise i baru tacibume henduhe gisun, suweni beri musen iliha ehe, igen godohon mangga ehe kai. beri ulgan golmin arafi gabtaci, beye inu joborakū kai. niyalmai beye oci gemu gese kai, šadaha manggi, tere

---

由此歸來，御內廷，訓諭諸貝勒曰：「爾等之弓，摺身立之不良，弓弰高硬，不良也。所造之弓若精巧而長射之，則身不勞也。人之身體皆相似也，疲憊之時，

由此归来，御内廷，训谕诸贝勒曰：「尔等之弓，折身立之不良，弓弰高硬，不良也。所造之弓若精巧而长射之，则身不劳也。人之身体皆相似也，疲惫之时，

原檔殘缺

beri be gabtaci ojorakū kai. orin ninggun de, bahūn [原檔殘缺] emu morin gajime han de hengkileme jihe, temen morin be gaihakū amasi bederebuhe. orin ninggun de, geren niru niru de sarin sarilame buhe bithe, han hendume, musei ajige

---

不可以此弓射箭也。」二十六日，巴琿攜[原檔殘缺]馬一匹前來叩汗，未受其駝、馬而遣回。二十六日，筵宴各牛彔並頒書。汗曰：「我等乃小國，

不可以此弓射箭也。」二十六日，巴珲携[原档残缺]马一匹前来叩汗，未受其驼、马而遣回。二十六日，筵宴各牛彔并颁书。汗曰：「我等乃小国，

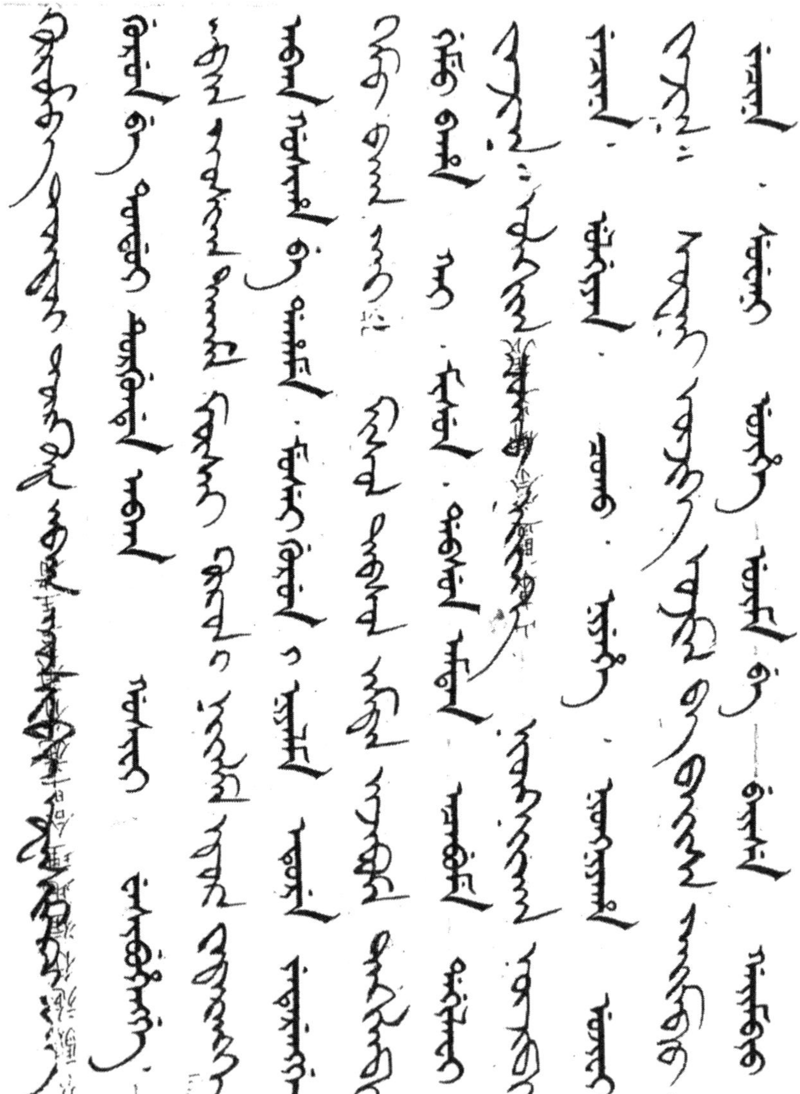

gurun be tondoi turgunde, abka gosifi wesibuhengge, abka gosiha be dahame, musei gurun i niyalma eture jeterengge gemu baha kai. misun, dabsun amtan acabume dagilafi jecina, ulgiyan, coko, niyehe, niongniyaha ujifi jecina. suweni ujihe ujima be beise gaimbio.

因以忠義而蒙天眷佑。因蒙天眷佑，我國之人皆獲衣食也。備醬、鹽以調味，飼豬、雞、鴨、鵝以備食。爾等所養之牲畜，諸貝勒曾取之乎？

因以忠义而蒙天眷佑。因蒙天眷佑，我国之人皆获衣食也。备酱、盐以调味，饲猪、鸡、鸭、鹅以备食。尔等所养之牲畜，诸贝勒曾取之乎？

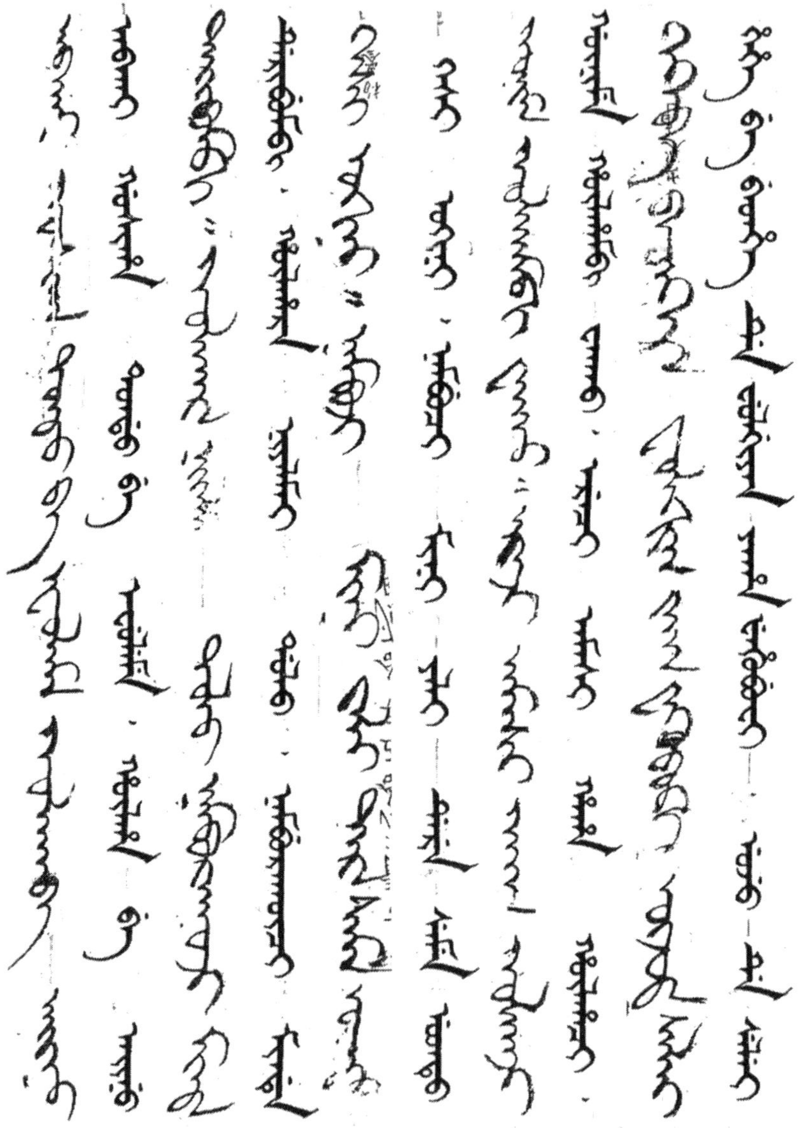

abkai gosiha tondo be efuleme, hūlha be ainu deribumbi. hūlhara niyalmai dolo, namburakūci minde kesi okini. nambuci, mini yali dere seme uttu gūnime hūlhambi wakao. ereci amasi haha hūlhaci, hehe be bethe de fulgiyan yaha fehubufi, uju de selei

---

為何毀壞天眷忠義而行竊盜耶？凡竊盜之人心，若不遭捕拏，則以為我有造化。若遭捕拏，則以為我隻身而已，故而行竊乎？嗣後，男丁竊盜，則令其婦足熾炭，

为何毁坏天眷忠义而行窃盗耶？凡窃盗之人心，若不遭捕拏，则以为我有造化。若遭捕拏，则以为我只身而已，故而行窃乎？嗣后，男丁窃盗，则令其妇足炽炭，

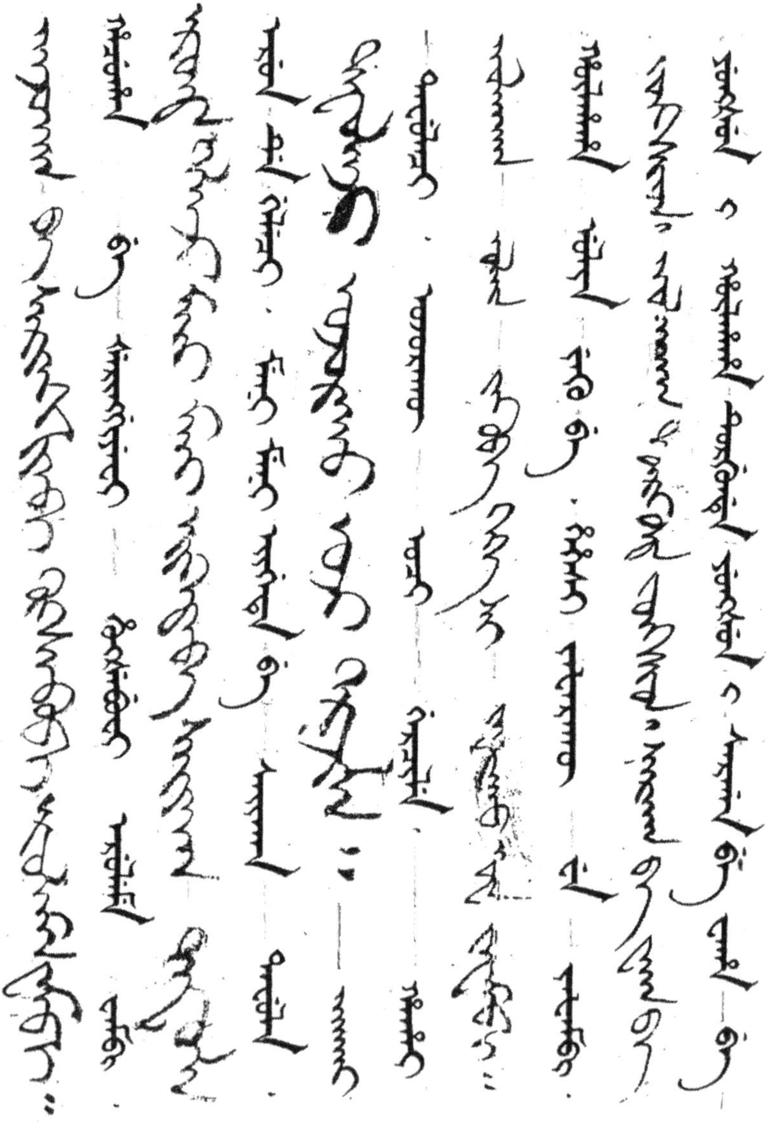

hacuhan be šeringgiyefi hukšebufi eruleme wambi, erun de geleci, meni meni eigete be saikan tafula, tafulaci ojorakū oci gercile. hahai hūlhaha ulin jeku be, hehesi jafarakū we jafambi. yungšun i hūlhaha turgunde, yungšun i sargan be waha be [原檔殘缺]

頭頂燃燒小鐵鍋，用刑殺之[8]。若懼此刑，則妥善各勸其夫，若不聽勸，即首告之。男人所竊之財物糧食，婦人不拿取，有誰取之？因永順竊盜，故殺永順之妻 [原檔殘缺]。

头顶燃烧小铁锅，用刑杀之。若惧此刑，则妥善各劝其夫，若不听劝，即首告之。男人所窃之财物粮食，妇人不拿取，有谁取之？因永顺窃盗，故杀永顺之妻 [原档残缺]。

---

[8] 用刑殺之，《滿文原檔》、《滿文老檔》俱讀作 "eruleme wambi"，句中 "eruleme" 動詞原形 "erulembi"，係蒙文"eregülekü"借詞（根詞 "erule-" 與 "eregüle-"相同），意即「施刑」。

十三、元旦拜年

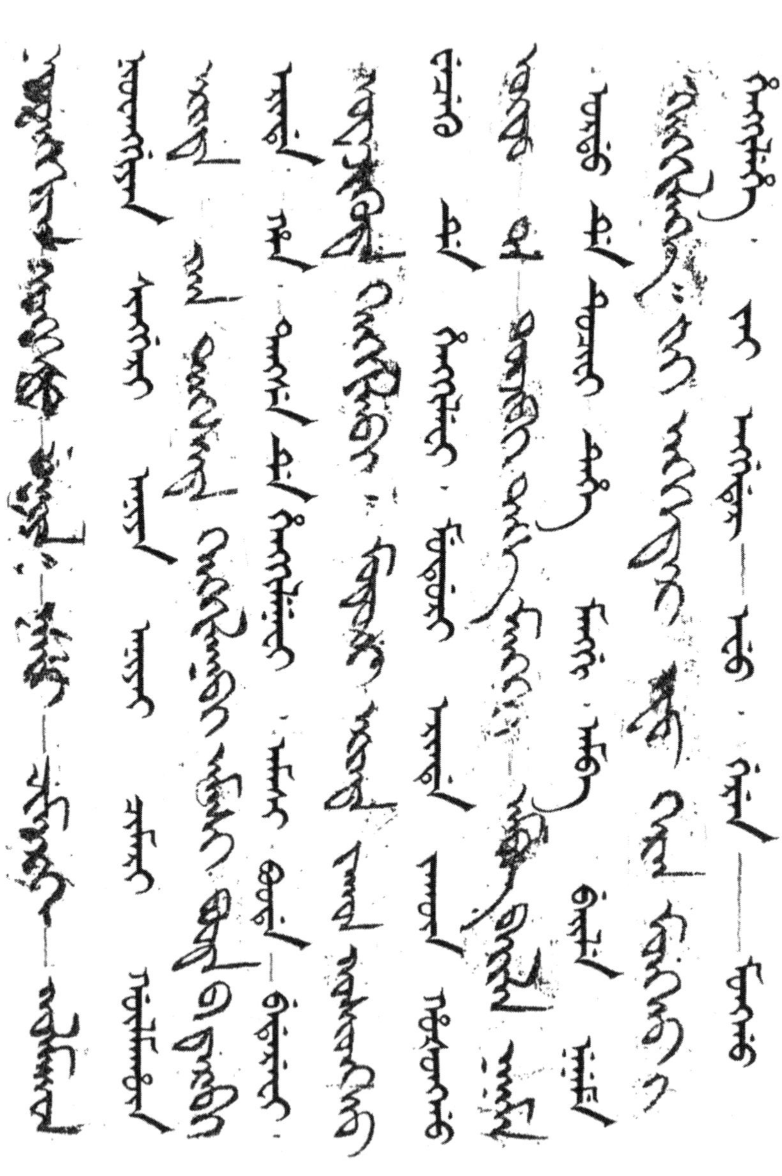

niowanggiyan singgeri aniya aniyai cimari gūlmahūn erinde, han, tangse de hengkilenefi, amasi boode bederefi, weceku de hengkilefi, muduri erinde jakūn hošonggo ordo de tucifi tehe manggi, amba beile neneme hengkilehe. jai enggeder efu, geren monggo

---

甲子年元旦晨卯時，汗叩拜堂子後返家叩拜神主。辰時御八角殿，坐定後，大貝勒先叩頭，其次恩格德爾額駙率諸蒙古貝勒

甲子年元旦晨卯时，汗叩拜堂子后返家叩拜神主。辰时御八角殿，坐定后，大贝勒先叩头，其次恩格德尔额驸率诸蒙古贝勒

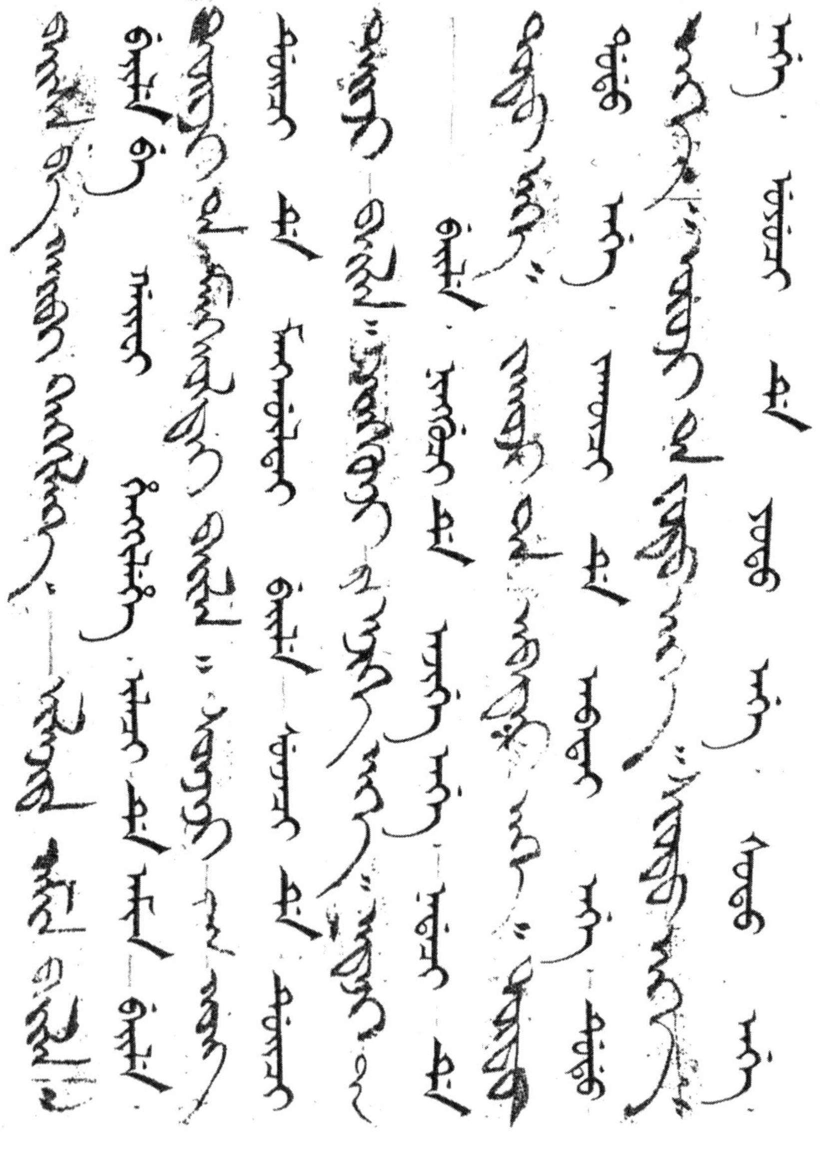

beile be gaifi hengkilehe. ilaci de amin beile, duici de manggūltai beile, sunjaci de hong taiji beile, ningguci de ajige age, nadaci de dodo age, jakūci de abatai age, dudu age, uyuci de yoto age, šoto age,

---

叩頭，第三阿敏貝勒，第四莽古勒泰貝勒，第五洪台吉貝勒，第六阿濟格阿哥，第七多鐸阿哥，第八阿巴泰阿哥、杜度阿哥，第九岳托阿哥、碩托阿哥，

叩头，第三阿敏贝勒，第四莽古勒泰贝勒，第五洪台吉贝勒，第六阿济格阿哥，第七多铎阿哥，第八阿巴泰阿哥、杜度阿哥，第九岳托阿哥、硕托阿哥，

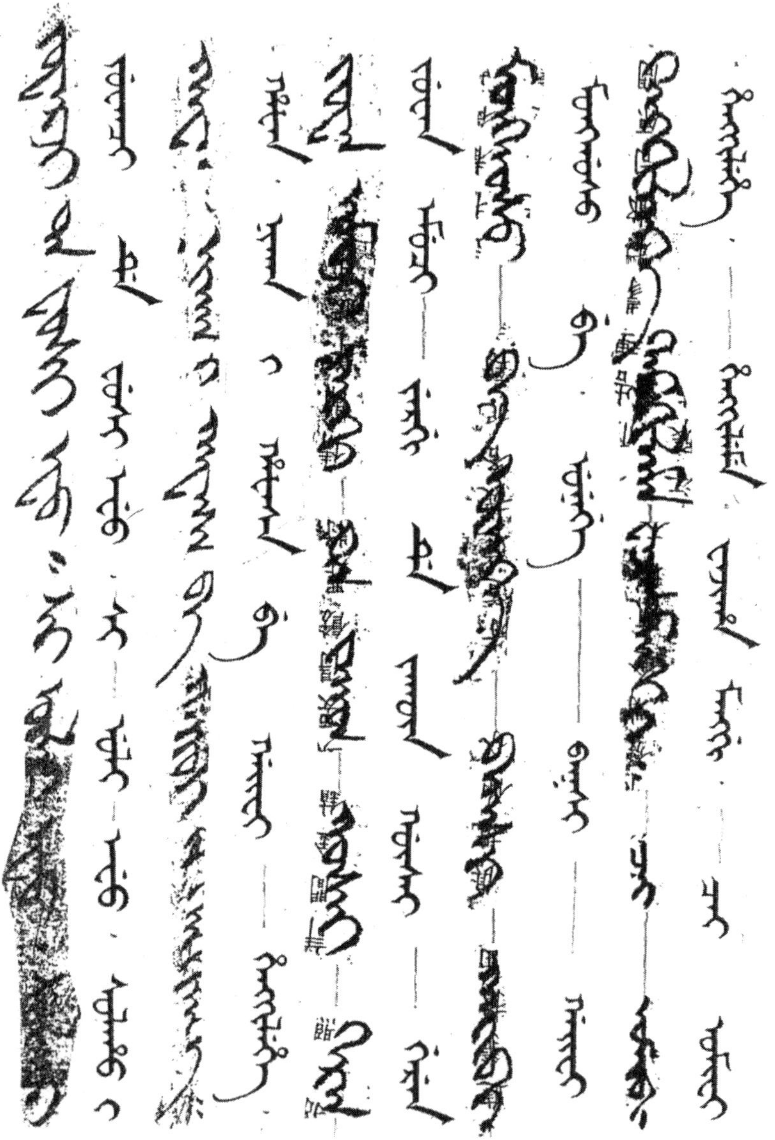

juwanci de fusi efu, si uli efu, solho i hafan, nikan i hafasa be gaifi hengkilehe. juwan emuci jergi de jakūn gūsai geren monggoso be, unege baksi gaifi hengkilehe. hengkeleme wajiha manggi, cai omifi

---

第十撫順額駙、西烏里額駙率朝鮮官員及漢官員叩頭，第十一次烏訥格巴克什率八旗眾蒙古叩頭。叩頭畢，飲茶後，

第十抚顺额驸、西乌里额驸率朝鲜官员及汉官员叩头，第十一次乌讷格巴克什率八旗众蒙古叩头。叩头毕，饮茶后，

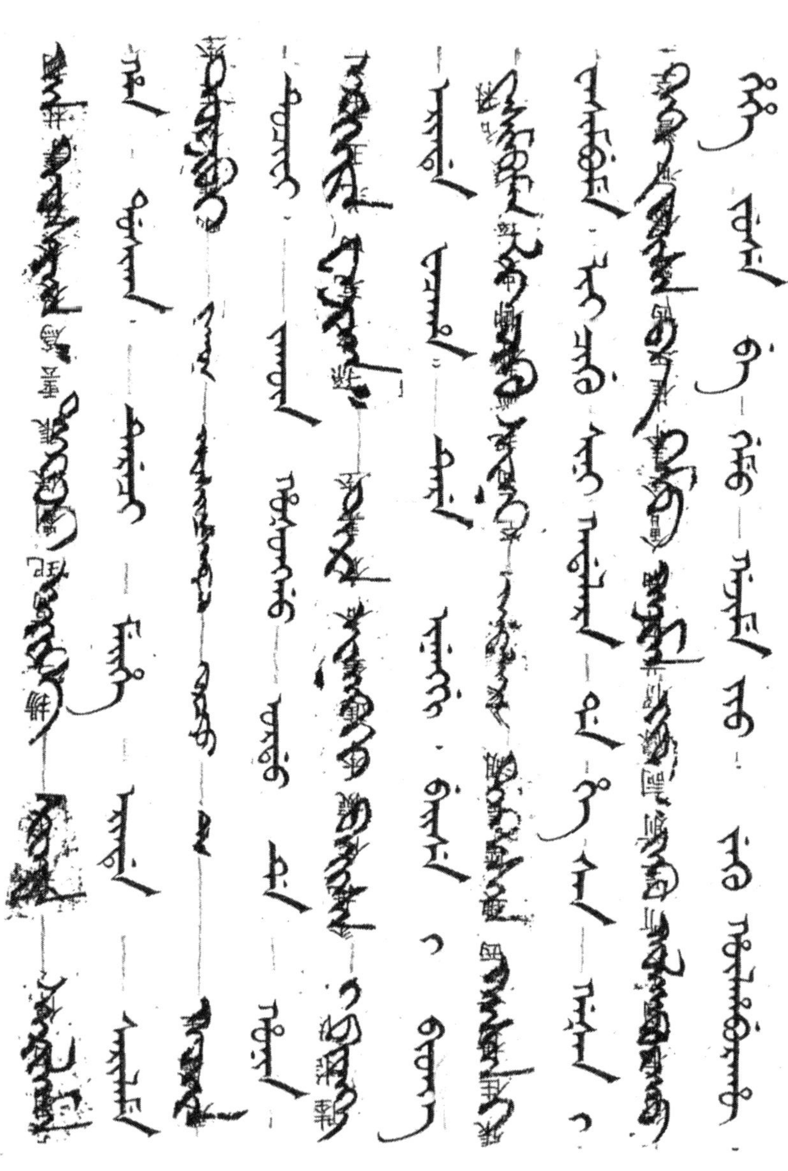

han dosika, tereci meihe erinde sarilame tucifi, jakūn hošonggo ordo de honin erinde facaha. tere inenggi, beise i bithe wasimbume, lii cigu sini kadalara da he šan gašan i hehe juse be gemu gajime jio. jeku hūlhaburahū,

汗入。隨後於巳時出，宴於八角殿，未時散。是日，眾貝勒頒書曰：「著李旗鼓將爾所轄大黑山屯之婦孺皆攜來。恐糧食被偷，

汗入。随后于巳时出，宴于八角殿，未时散。是日，众贝勒颁书曰：「着李旗鼓将尔所辖大黑山屯之妇孺皆携来。恐粮食被偷，

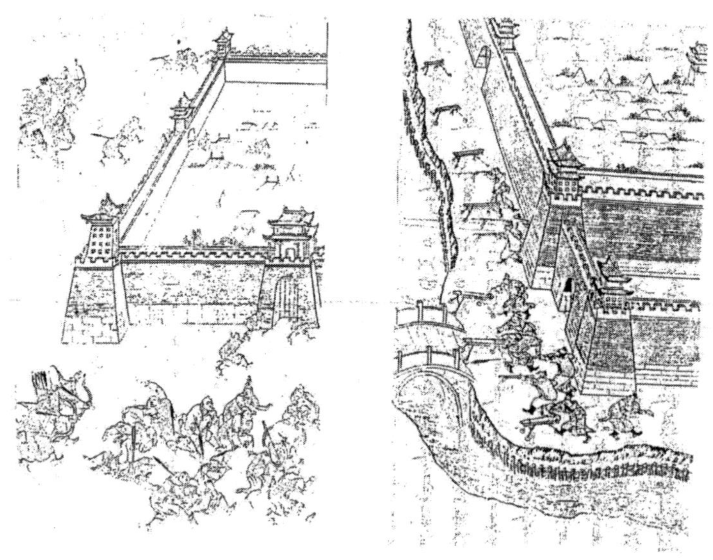

十四、演放爆竹

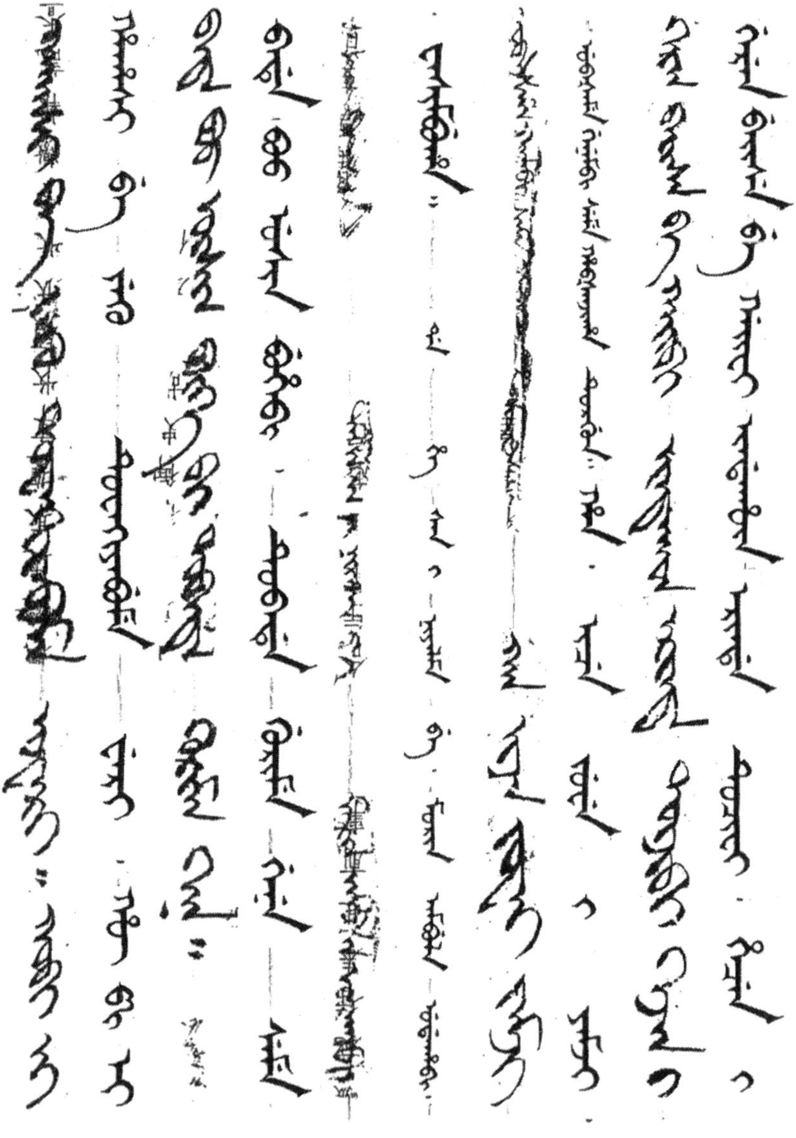

hahasi be jeku tuwakiyabume weri, hū pi i bade boo usin buhebi, tubade gurime gene seme wasimbuha. (da he šan i niyalma be, morin ambula udahabi, ubašame genembi seme habšanjiha turgun.) han ice juwe i yamji, geren beise be gaifi indahūn erinde tucifi, hecen i

---

留男丁看守糧食，已於虎皮驛地方撥給房屋田地，著遷住彼處。（小字原注：因有人來告大黑山之人大量購買馬匹，意欲叛去。）初二日晚戌時，汗率眾貝勒出去，

留男丁看守粮食，已于虎皮驿地方拨给房屋田地，着迁住彼处。（小字原注：因有人来告大黑山之人大量购买马匹，意欲叛去。）初二日晚戌时，汗率众贝勒出去，

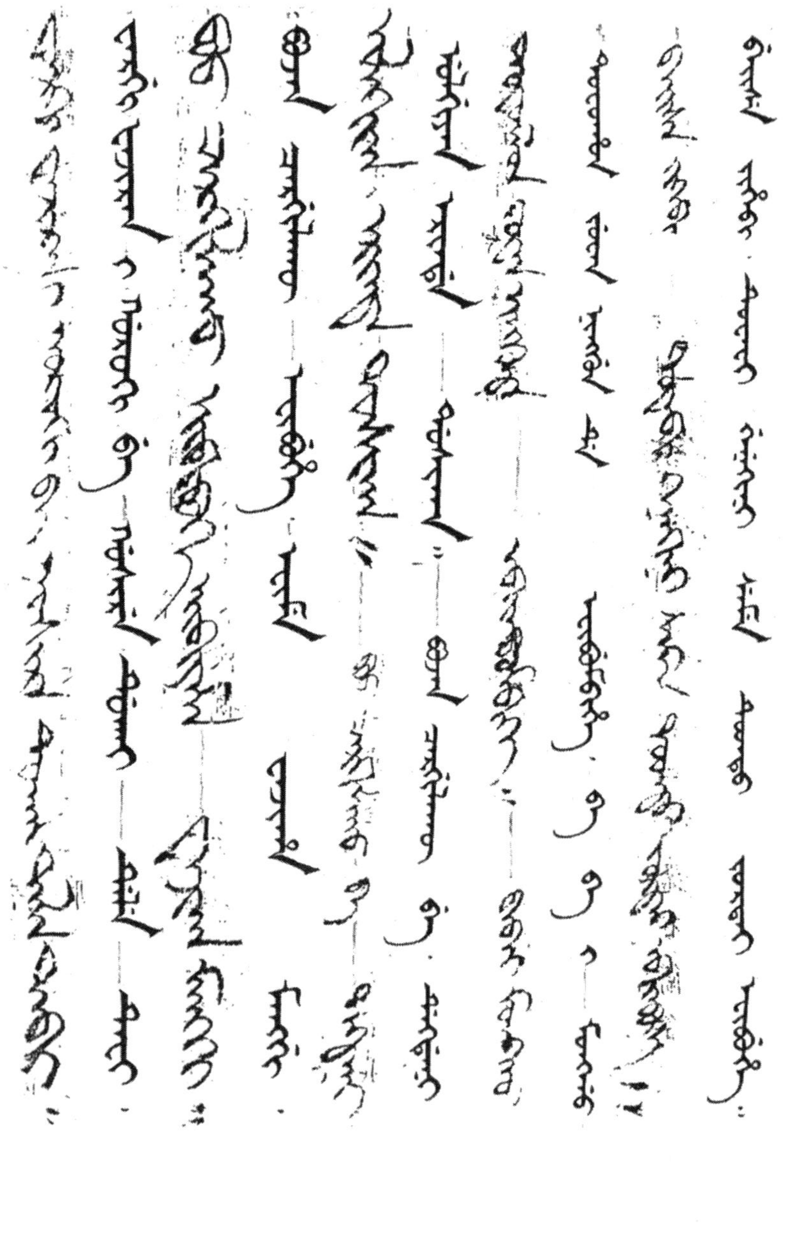

wargi fajiran i goroki be gosire dukai dele tefi, pojan cargilakū efibuhe. efime wajiha manggi, ulgiyan erinde dosika. (pojan cargilakū be, dekdeni tofohon, juwan ninggun de efibumbihe, ba ba i monggo beise jihebi. tuwafi genekini seme tuttu jortai efibuhe.)

坐於城西墻之懷遠門上，命放花筒、爆竹。放畢，於亥時進入。（小字原注：尋常於十五、十六日演放花筒爆竹，因各地蒙古諸貝勒前來，欲令觀後回去，是以故意演放。）

坐于城西墙之怀远门上，命放花筒、爆竹。放毕，于亥时进入。（小字原注：寻常于十五、十六日演放花筒爆竹，因各地蒙古诸贝勒前来，欲令观后回去，是以故意演放。）

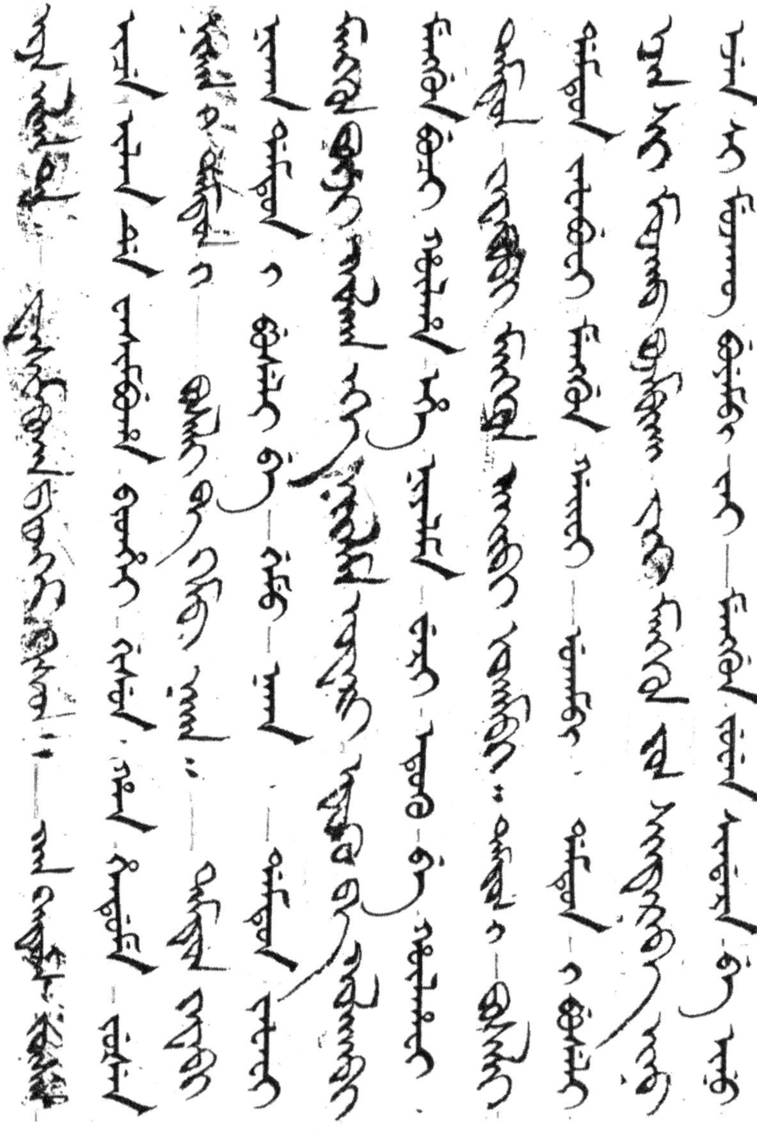

ice ilan de wasimbuha bithei gisun, han hendume, jušen, nikan damtun i puseli be gemu naka. damtun jafafi menggun buci, hūlha ehe niyalma weri etuku be hūlhafi, damtun jafabufi menggun gaifi ukambi, damtun i puseli ejen si mujakū buyembi kai. jai menggun juwen sindara be inu

---

初三日，頒書曰：「奉汗諭：令諸申、漢人將當鋪皆關閉。拿典當物給銀，必使盜賊惡人偷竊他人之衣服，令人拿典當物取銀後逃走，著實非爾當鋪店主所願也。再者，以銀放債亦皆停止。

初三日，颁书曰：「奉汗谕：令诸申、汉人将当铺皆关闭。拿典当物给银，必使盗贼恶人偷窃他人之衣服，令人拿典当物取银后逃走，着实非尔当铺店主所愿也。再者，以银放债亦皆停止。

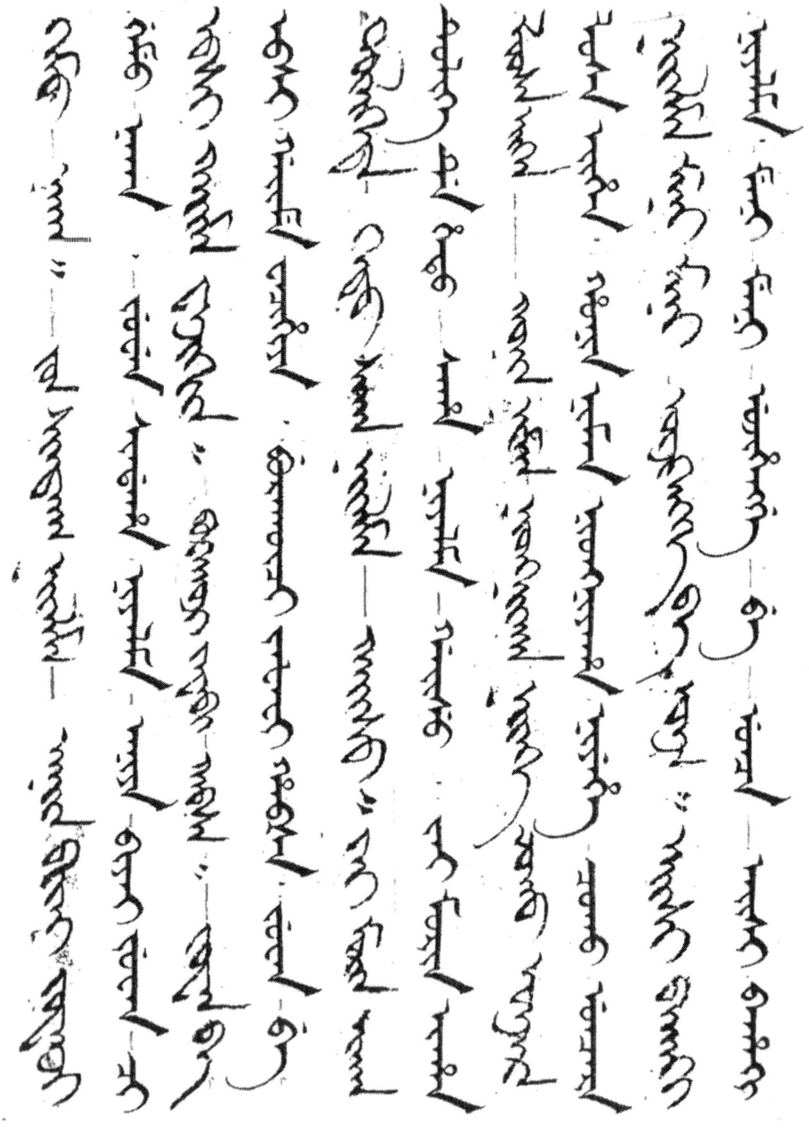

gemu naka. juwen sindaha niyalma aniya biyai juwan ci ebsi gaime wacihiya, burakūci jafafi habša. juwan be tulike de, hetu saha niyalma gaisu. jai morin, ihan, losa, eihen, honin, niman, niongniyaha, niyehe, coko uncara niyalma, meni meni ujihengge be unca. aisi bahaki

---

放債人限於正月初十日內收完，倘若不給，則執拏而告之。逾十日，則由知情之旁人收取之。再者，凡賣馬、牛、騾、驢、羊、山羊、鵝、鴨、雞之人，以各自所養者販售。

放债人限于正月初十日内收完，倘若不给，则执拏而告之。逾十日，则由知情之旁人收取之。再者，凡卖马、牛、骡、驴、羊、山羊、鹅、鸭、鸡之人，以各自所养者贩卖。

十五、苛徵重稅

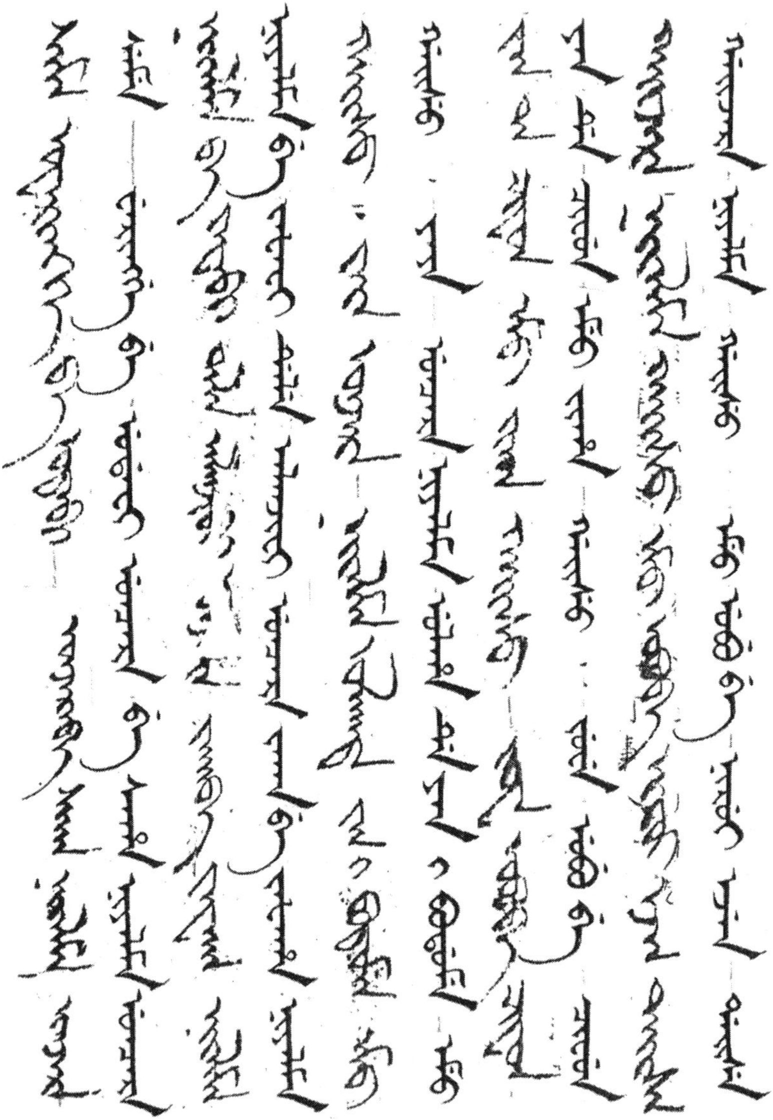

seme weringge be udafi uncara be saha niyalma, uncara niyalma be jafafi dele alanjifi, uncara jaka be jafaha niyalma gaisu. yaya uncara niyalma ulha de yan i bodome, emu yan de cifun emu jiha gaisu, juwe ubu be cifun gaijara niyalma gaisu, emu ubu be nirui ejen daise

---

欲謀利而售他人者，知販售之人，執拏販售之人前來稟告上司，所售之物由執拏之人取之。凡出售之人，其牲畜以兩計，一兩收稅一錢，徵稅人取二份，牛彔額真、代理章京取一份。

欲谋利而售他人者，知贩卖之人，执拏贩卖之人前来禀告上司，所售之物由执拏之人取之。凡出售之人，其牲畜以两计，一两收税一钱，征税人取二份，牛彔额真、代理章京取一份。

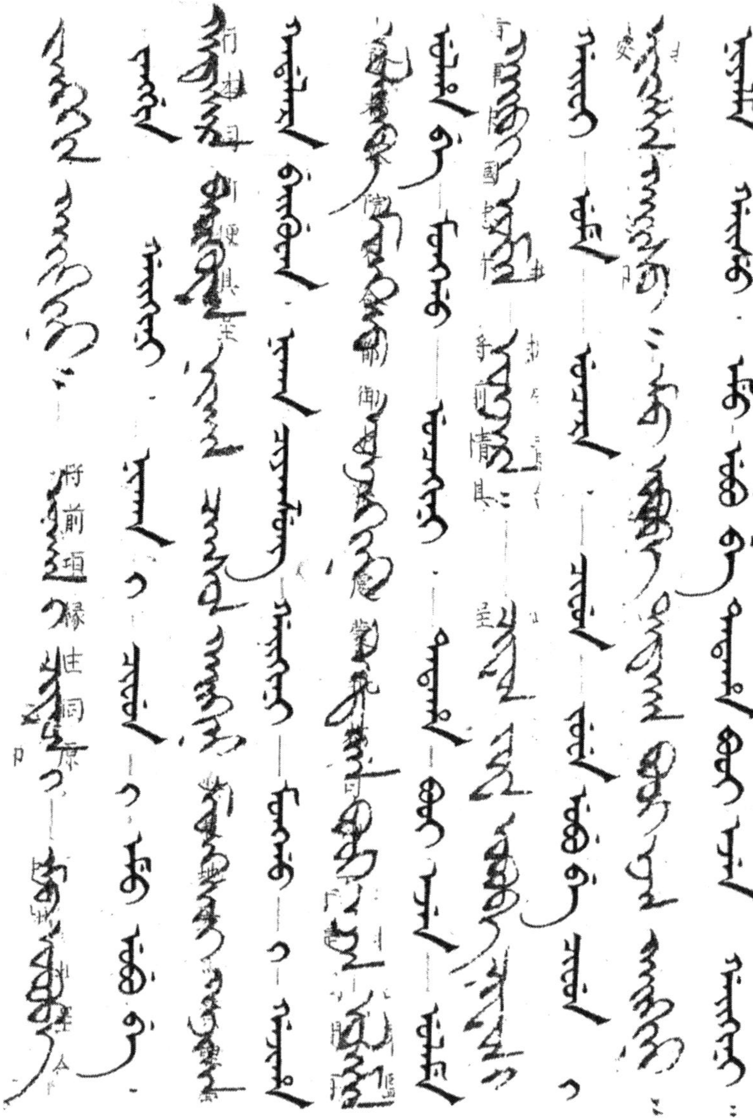

janggin gaikini. nikan i cifun i emu ubu be, kadalara beiguwan, nikan ciyandzung gaikini. monggo i gajiha ulha be monggo uncakini, tataha booi ejen ulame gaifi ume uncara, cifun juwe ubu be cifun i niyalma gaisu, emu ubu be tataha booi ejen gaikini.

漢人之稅，由管轄之備禦官、漢人千總取一份。蒙古人攜來之牲畜，由蒙古人販售，店主不得轉售，由徵稅之人取二份，店主取一份。

汉人之税，由管辖之备御官、汉人千总取一份。蒙古人携来之牲畜，由蒙古人贩卖，店主不得转售，由征税之人取二份，店主取一份。

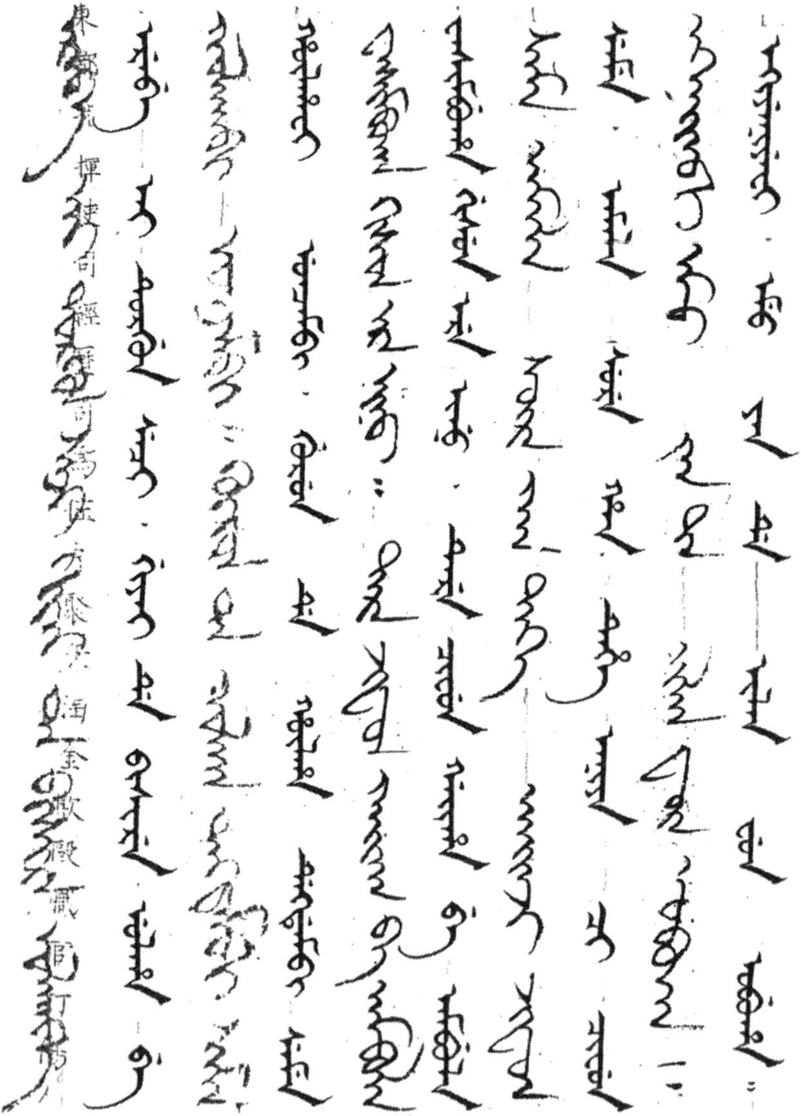

erebe ai turgun seci, giyai de bisire ulha be hūlhafi uncambi, gurun de hūlha dekdembi seme wasimbuha gisun ere inu. tere cifun gaiha be ambula seme, amala sure han tehe aniya ci cifun ekiyeniyefi, emu yan de ilan fun obuha.

若問此為何故？蓋因街道有盜賣牲畜，國中滋生盜賊。」所諭此也。因所徵之稅過重，其後自天聰汗即位之年起減少，一兩取三分。

若问此为何故？盖因街道有盗卖牲畜，国中滋生盗贼。」所谕此也。因所征之税过重，其后自天聪汗即位之年起减少，一两取三分。

十六、漢人造冊

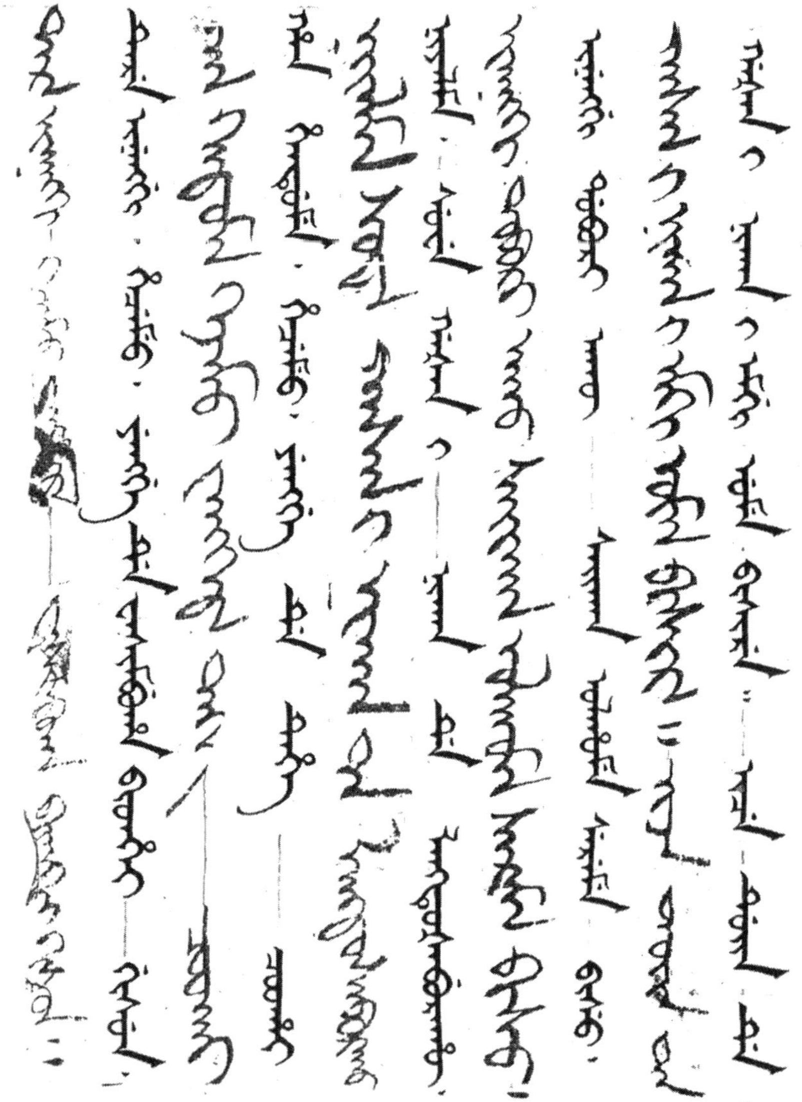

tere inenggi, hecemu, yengge de wasimbuha bithei gisun, han hendume, hecemu, yengge de tehe coohai niyalma, suwe gašan i nikan de langtušaburahū, inenggi dobori akū saikan olhome sereme bisu, gašan i nikan i emgi ume bisire. ice duin de,

---

是日，頒書於赫徹穆、英額曰：「奉汗諭：因恐駐赫徹穆、英額之兵丁被爾等鄉屯之漢人襲擾，務須日夜妥慎防護，勿與鄉屯中之漢人同在一處。」初四日，

是日，颁书于赫彻穆、英额曰：「奉汗谕：因恐驻赫彻穆、英额之兵丁被尔等乡屯之汉人袭扰，务须日夜妥慎防护，勿与乡屯中之汉人同在一处。」初四日，

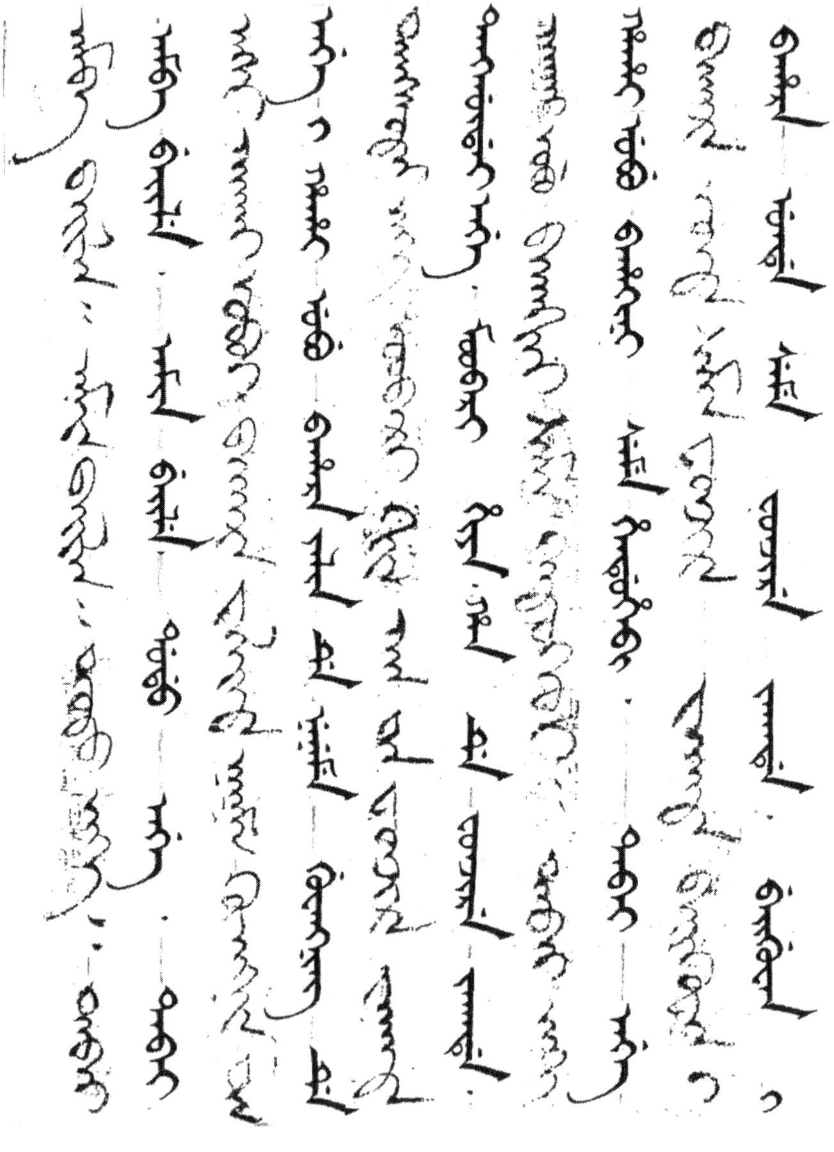

amba beile. amin beile, dodo age, tabai age i hahai ubu bahara jalin de, neneme guwangning de tanggūdai age, moobari hiya, han de fonjire jakade, hahai ubu bahakini seme henduhebi. tabai age bahara unde seme fonjire jakade, beiguwan i

---

為得大貝勒、阿敏貝勒、多鐸阿哥、塔拜阿哥之男丁份，湯古岱阿哥、毛巴里侍衛先於廣寧請示於汗，汗諭准其得男丁之份。因塔拜阿哥尚未獲得，故請示之，

为得大贝勒、阿敏贝勒、多铎阿哥、塔拜阿哥之男丁份，汤古岱阿哥、毛巴里侍卫先于广宁请示于汗，汗谕准其得男丁之份。因塔拜阿哥尚未获得，故请示之，

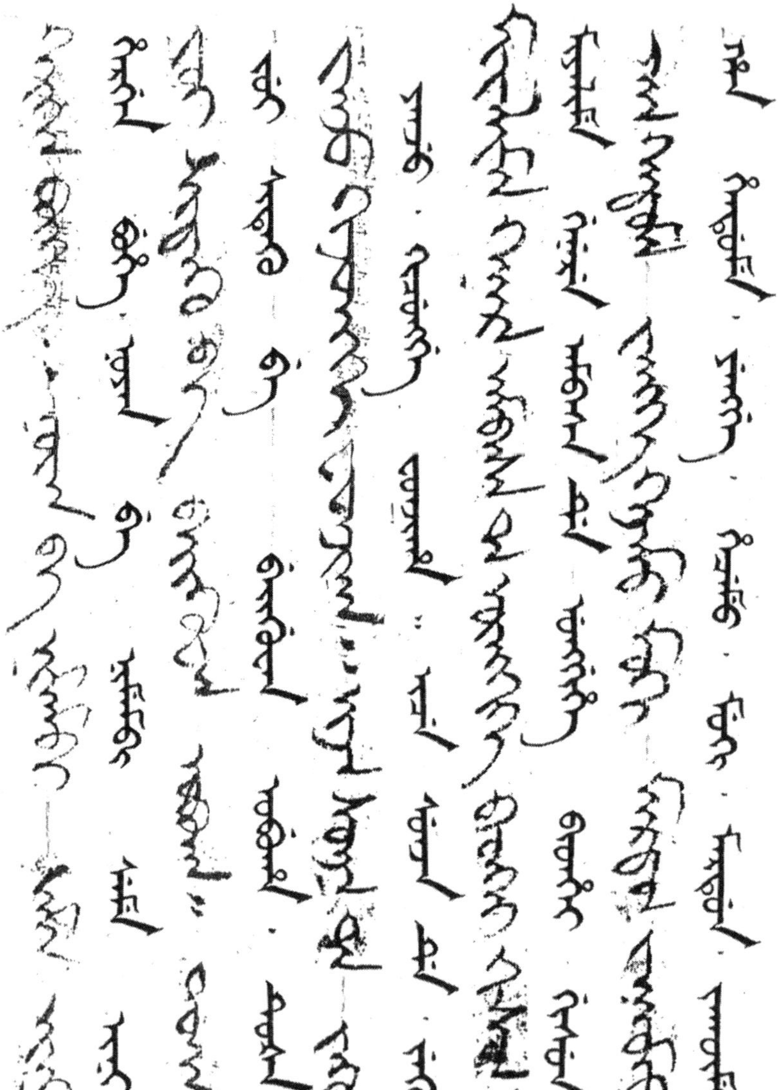

hergen buhe. noyan be nimembi seme ini jui siteku be beiguwan obuha, tuša, yanju, kicungge fonjiha. ice sunja de, jeku miyalime genere ambasa de unggihe bithei gisun, han hendume, yengge, hecemu, muki, mardun, jakūmu,

---

賜備禦官之職。諾延患病，經圖沙、顏珠、祁充格請示，令其子席特庫為備禦官。初五日，致書前往稱量糧食之諸大臣曰：「奉汗諭：前往英額、赫徹穆、穆奇、瑪爾頓、扎庫穆、

赐备御官之职。诺延患病，经图沙、颜珠、祁充格请示，令其子席特库为备御官。初五日，致书前往称量粮食之诸大臣曰：「奉汗谕：前往英额、赫彻穆、穆奇、玛尔顿、扎库穆、

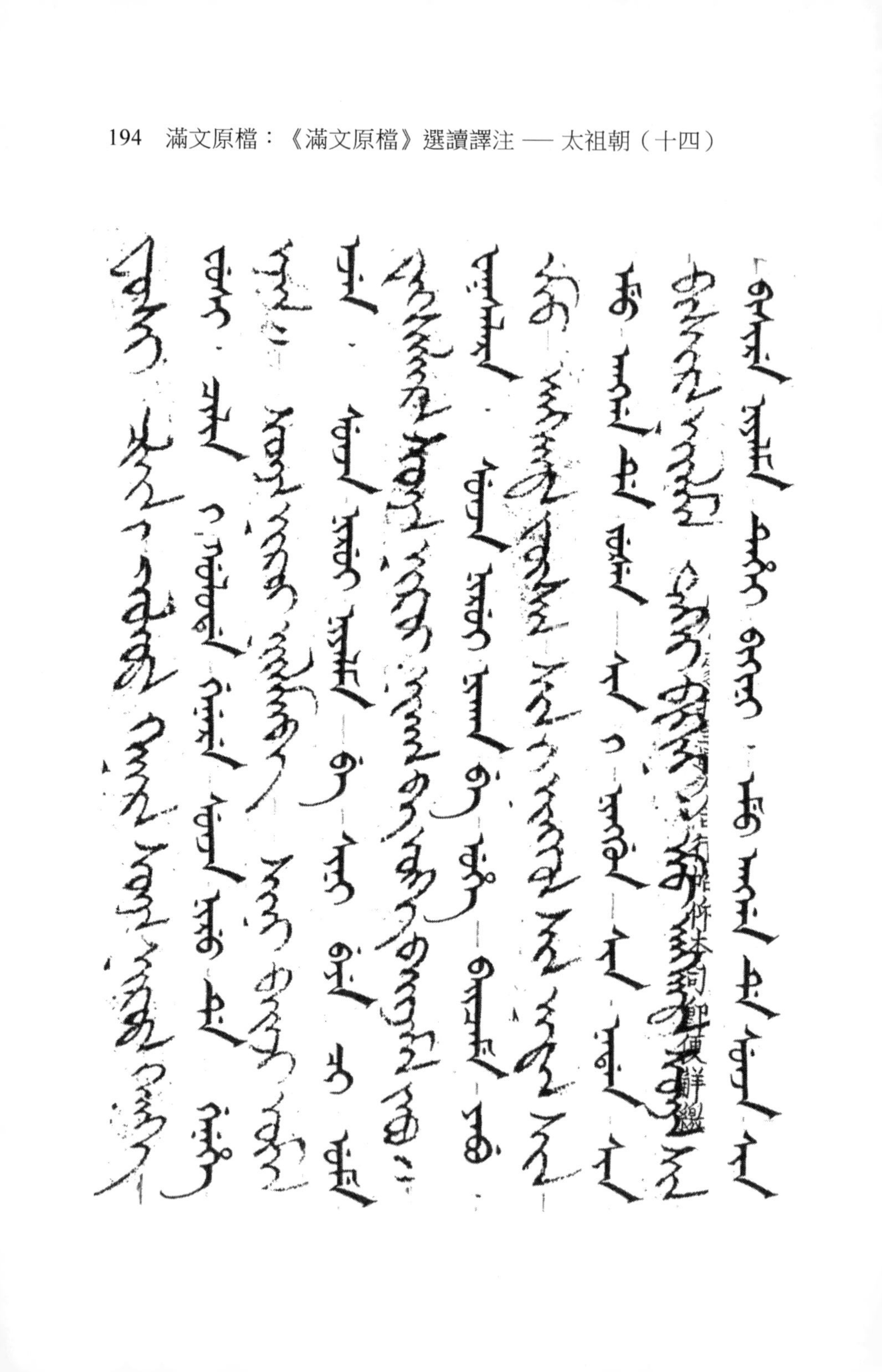

fusi, cilin i golode genere sunja niru de genehe ejen, sunja nirui niyalma be sini beye ci ume faksalara, sunja nirui nikan be uhe baicame yabu. emu angga de jušen sin i ninggun sin, nadan sin bisire niyalma tehei bikini. emu angga de sunja sin

---

撫順、鐵嶺諸路之五牛彔額真，爾等自身不得與五牛彔之人分離，將五牛彔之漢人共同查明行走。一口有諸申斗六斗、七斗之人，准其居住；一口有五斗之人，

抚顺、铁岭诸路之五牛彔额真，尔等自身不得与五牛彔之人分离，将五牛彔之汉人共同查明行走。一口有诸申斗六斗、七斗之人，准其居住；一口有五斗之人，

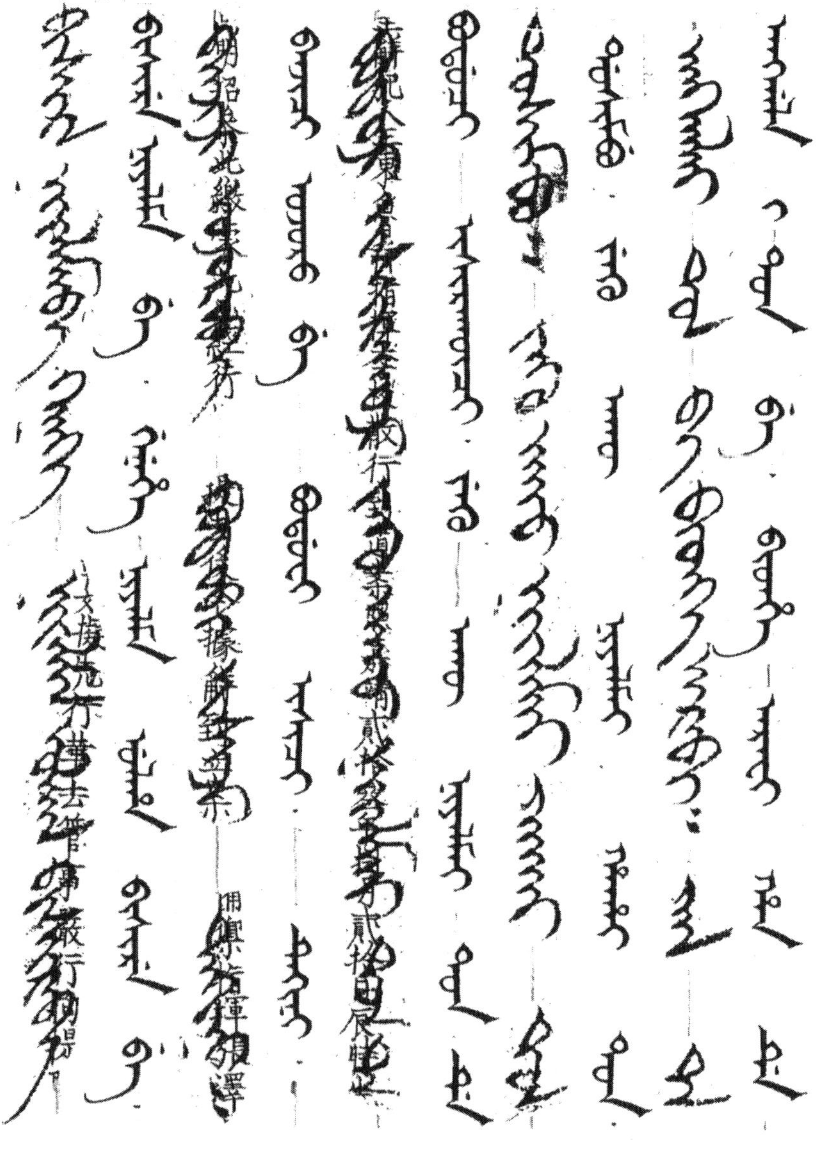

bisire niyalma be, genehe niyalma ulha bisire be, banjici ojoro be bodofi isici, tekini. bodoci isirakūci, jeku akū niyalmai ton de dosimbu, jeku akū niyalmai hahai ton, anggala i ton be, bithe arafi han de

---

或前往之人有牲畜，計算可以維生，則准居住；計算不敷時，其入無糧人數，將無糧人内男丁數、口數，造冊奏呈於汗，

或前往之人有牲畜，计算可以维生，则准居住；计算不敷时，其入无粮人数，将无粮人内男丁数、口数，造册奏呈于汗，

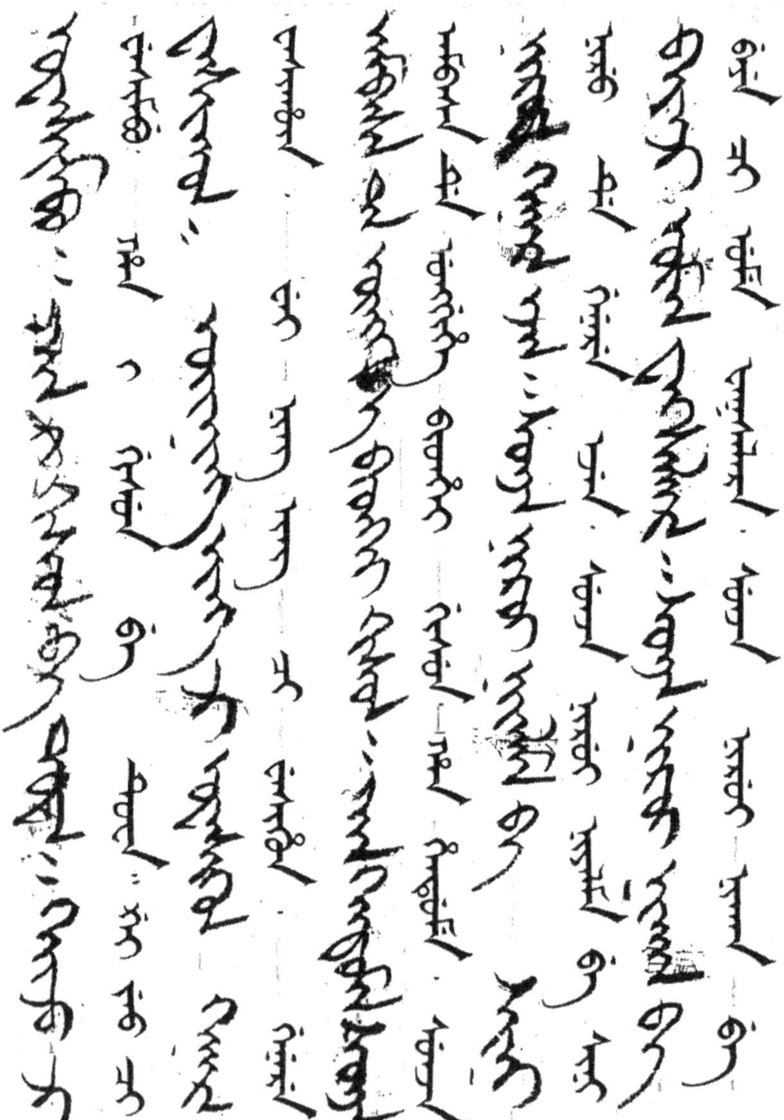

wesimbu, han i gisun be tuwa. g'ai jeo ci wasihūn, wei ning ing ci wesihun, genere ambasa de unggihe bithei gisun, han hendume, sunja niru de genere ejen, sunja nirui niyalma be sini beyeci ume faksalara, sunja nirui nikan be

---

聽候汗諭。」致書前往蓋州以西、威寧營以東諸大臣曰：「奉汗諭：著五牛彔前往之額真，爾自身不得與五牛彔之人分離，將五牛彔之漢人

听候汗谕。」致书前往盖州以西、威宁营以东诸大臣曰：「奉汗谕：着五牛彔前往之额真，尔自身不得与五牛彔之人分离，将五牛彔之汉人

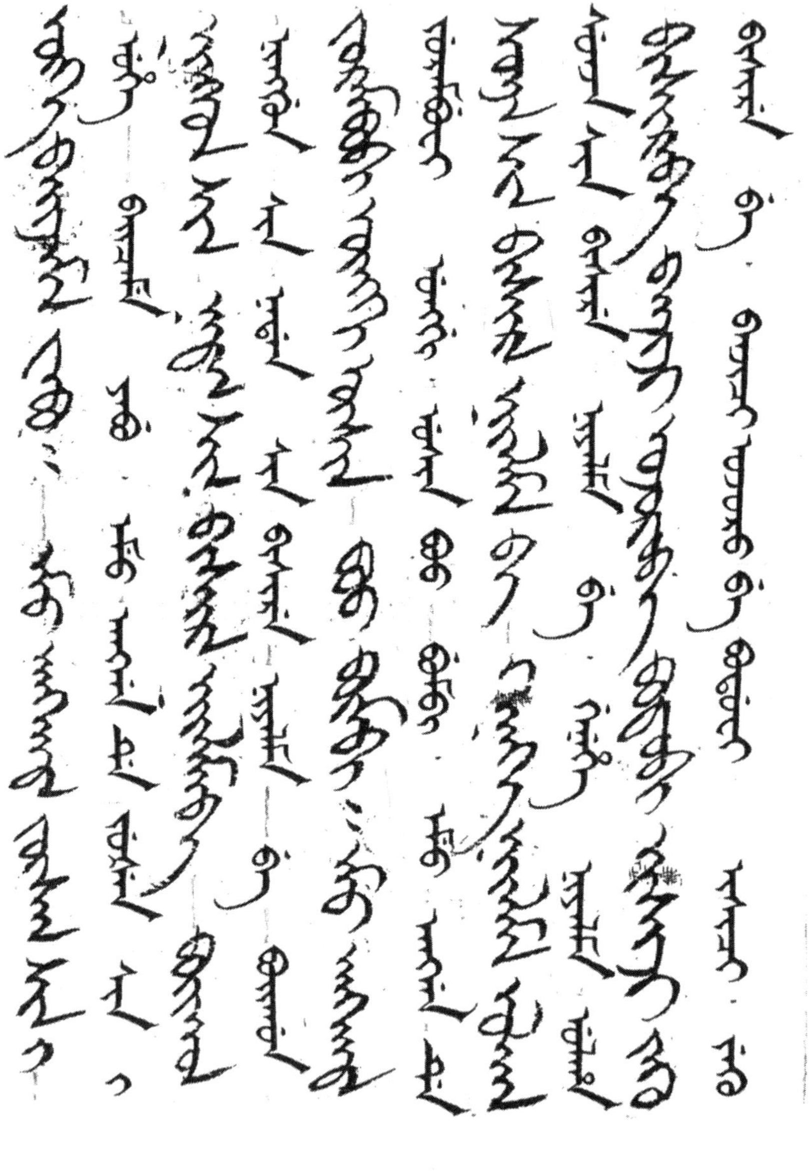

uhe baicame yabu. emu angga de jušen sin i ninggun sin, nadan sin bisire niyalma be boigon jurambufi unggi, usin, boo bumbi. emu angga de sunja sin bisire niyalma be. genehe niyalma ulha bisire be, banjici ojoro be bodofi isici, jeku

---

共同查明行走。一口有諸申斗六斗、七斗之人，令該戶啟程遣之，給以田地房屋。一口有五斗之人及前往之人有牲畜，計算若可以維生時，

共同查明行走。一口有诸申斗六斗、七斗之人，令该户启程遣之，给以田地房屋。一口有五斗之人及前往之人有牲畜，计算若可以维生时，

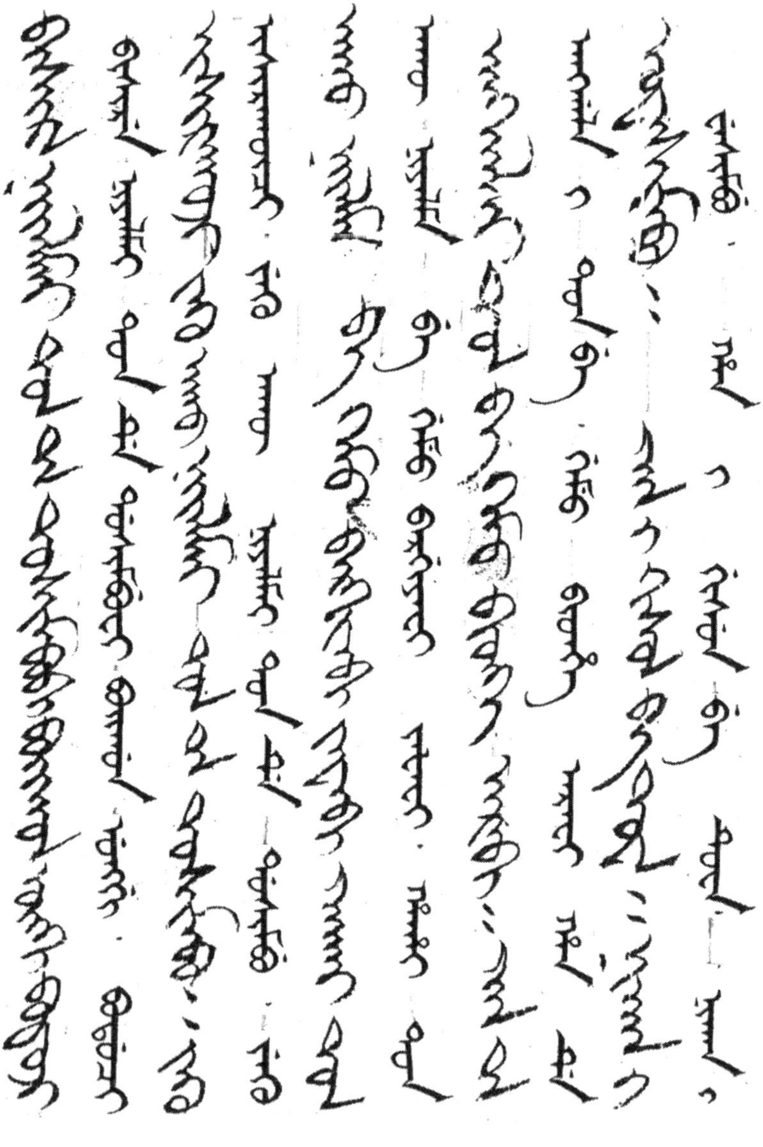

bisire niyalmai ton de dosimbufi boigon unggi. bodoci isirakūci, jeku akū niyalmai ton de dosimbu. jeku akū niyalma be gemu bargiyafi jafafi, hahai ton anggala i ton be, gemu bithe arafi han de wesimbu, han i gisun be tuwa. nikan i

---

則入有糧人數之內，以遣其戶。若計算不敷時，則入無糧人數之內。無糧之人皆收拏，並將其男丁數、口數皆造冊奏呈汗，以聽候汗諭。

则入有粮人数之内，以遣其户。若计算不敷时，则入无粮人数之内。无粮之人皆收拏，并将其男丁数、口数皆造册奏呈汗，以听候汗谕。

十七、額駙公主

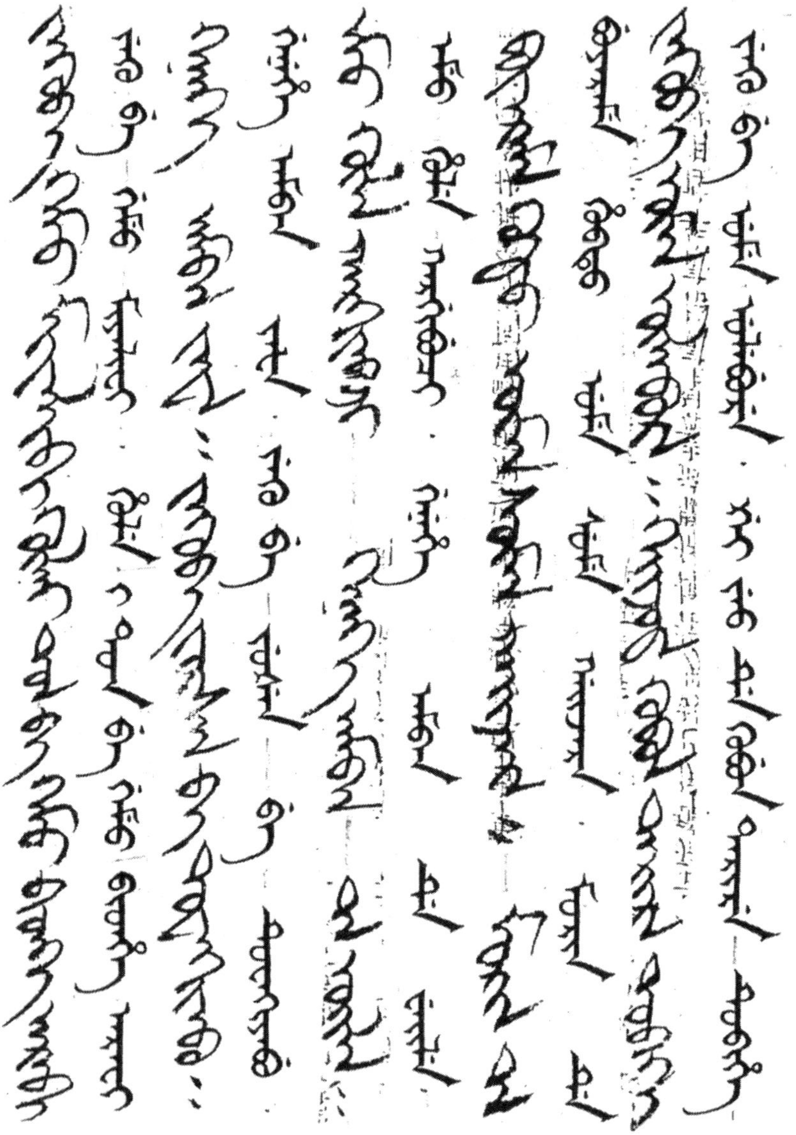

jeku be gemu miyalifi, hule i ton be gemu bithe arafi genehe amban jafa. jeku be jušen be tuwakiyabu, emu hule kargibuci, genehe amban de weile. buyarame hubtu ume sume gaijara, morin de jeku be ume ulebure. g'ai jeo de kubun tarire tubihe

---

漢人之糧食皆稱量，其石數皆造冊，由前往之大臣掌之。著諸申看守糧食，倘若失去一石，即由前往大臣罪之。勿剝取他人棉袍，勿以糧食餵馬。在蓋州種棉、

汉人之粮食皆称量，其石数皆造册，由前往之大臣掌之。着诸申看守粮食，倘若失去一石，即由前往大臣罪之。勿剥取他人棉袍，勿以粮食喂马。在盖州种棉、

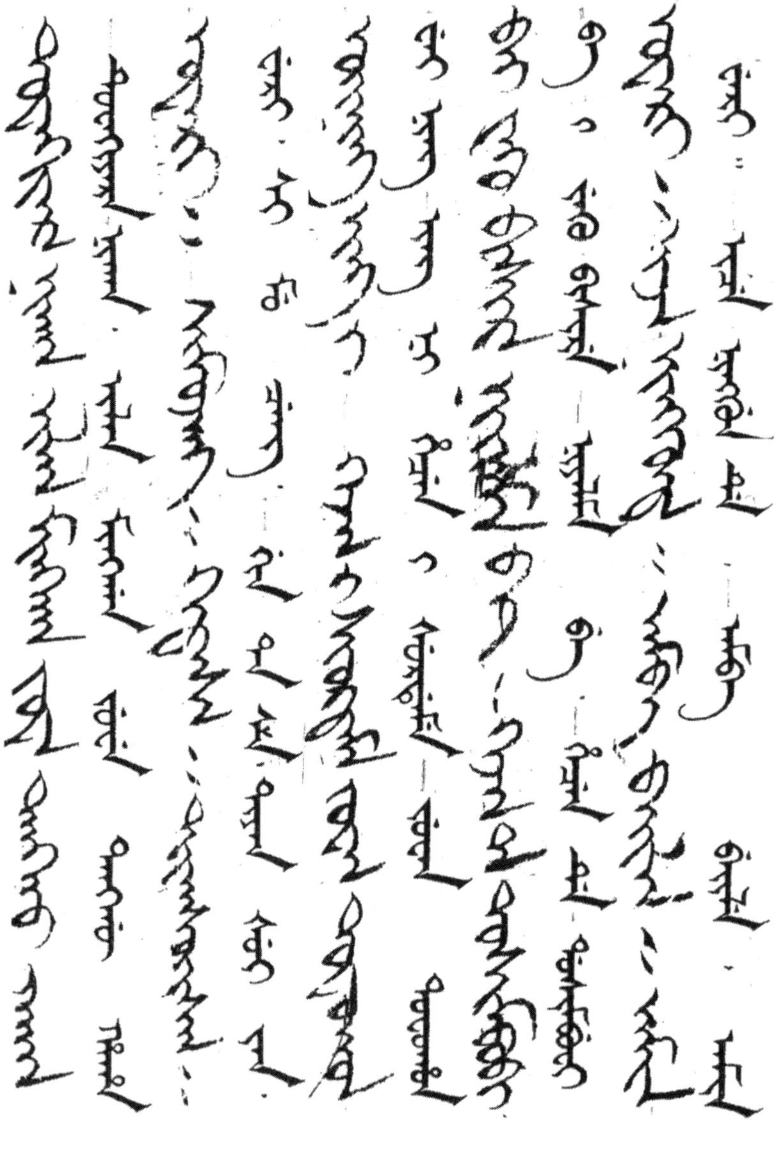

tuwakiyara nikan, ilan minggan juwe tanggū haha weri. si mu ceng, gin ta sy, tiyan šui jan, wei ning ing ni hecen i šurdeme juwan, tofohon ba i jeku bisire niyalma be, hecen de dosimbufi weri. ice ninggun de, amba beile, amin

---

看守果樹之漢人，著留男丁三千二百名。析木城、金塔寺、甜水站、威寧營等城周圍十里、十五里地方有糧之人，著入城留下。」初六日，大貝勒、

看守果树之汉人，着留男丁三千二百名。析木城、金塔寺、甜水站、威宁营等城周围十里、十五里地方有粮之人，着入城留下。」初六日，大贝勒、

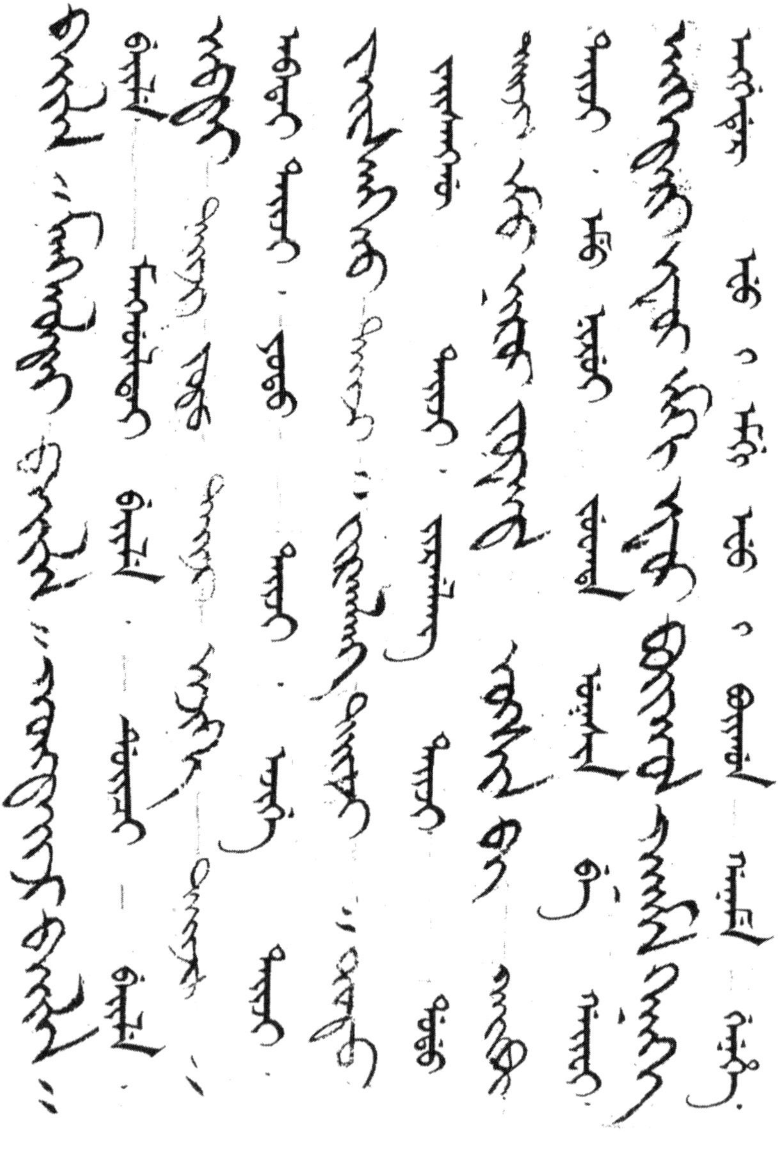

beile, manggūltai beile, hongtaiji beile, abatai taiji, yoto taiji, ajige taiji, jaisanggū taiji, jirgalang taiji, dodo taiji emu nirui juwanta uksin be gaifi, enggeder efu i emgi efu i boigon ganame genehe.

阿敏貝勒、莽古勒泰貝勒、洪台吉貝勒、阿巴泰台吉、岳托台吉、阿濟格台吉、齋桑古台吉、濟爾哈郎台吉、多鐸台吉率每牛彔甲兵各十名,同恩格德爾額駙往取額駙之戶口。

阿敏贝勒、莽古勒泰贝勒、洪台吉贝勒、阿巴泰台吉、岳托台吉、阿济格台吉、斋桑古台吉、济尔哈郎台吉、多铎台吉率每牛彔甲兵各十名,同恩格德尔额驸往取额驸之户口。

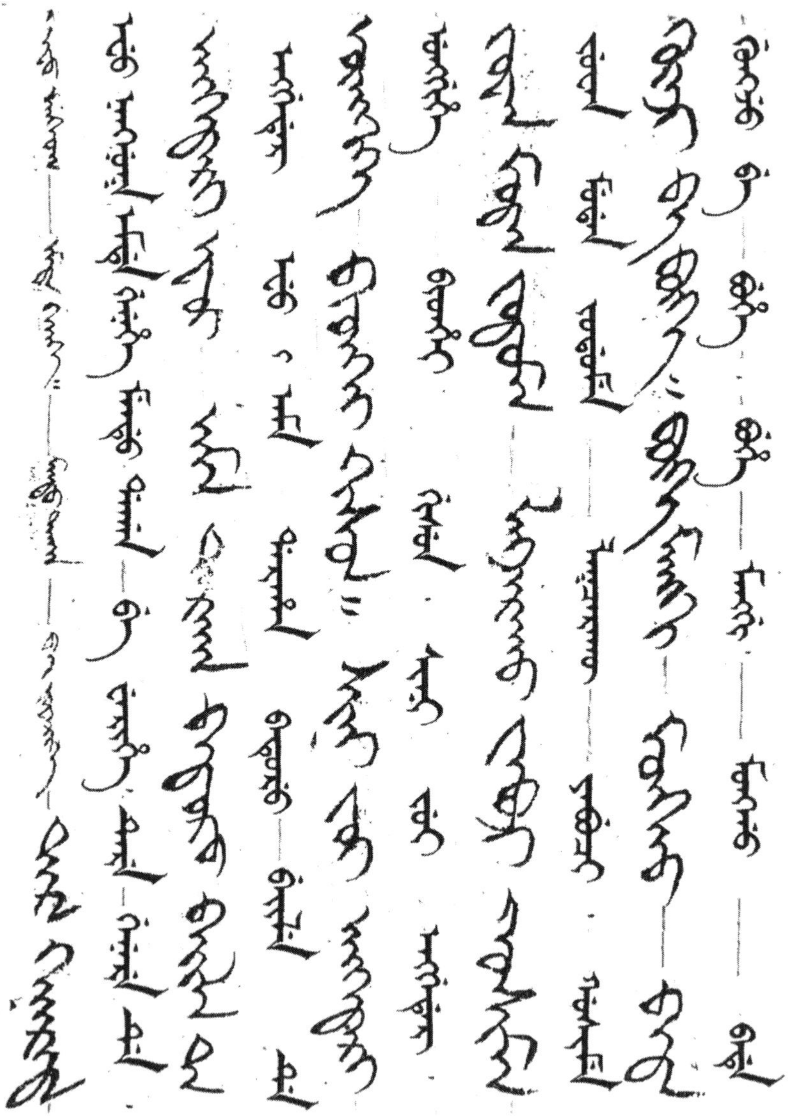

efu, nangnuk emde genehe, mendu dagan be werihe. tere genere de, enggeder efu i ama darhan baturu beile de unggihe bithei gisun, sini jui enggeder, juwan mudan jodome lakcarakū yabuci, gosime gungju be buhe, buhe manggi, monggo bade

---

額駙與囊努克同往，門都達漢留下。前往時，致恩格德爾額駙之父達爾漢巴圖魯貝勒書曰：「爾之子恩格德爾，不時往來十次，行走不斷，因憐愛而妻以公主。婚後，

额驸与囊努克同往，门都达汉留下。前往时，致恩格德尔额驸之父达尔汉巴图鲁贝勒书曰：「尔之子恩格德尔，不时往来十次，行走不断，因怜爱而妻以公主。婚后，

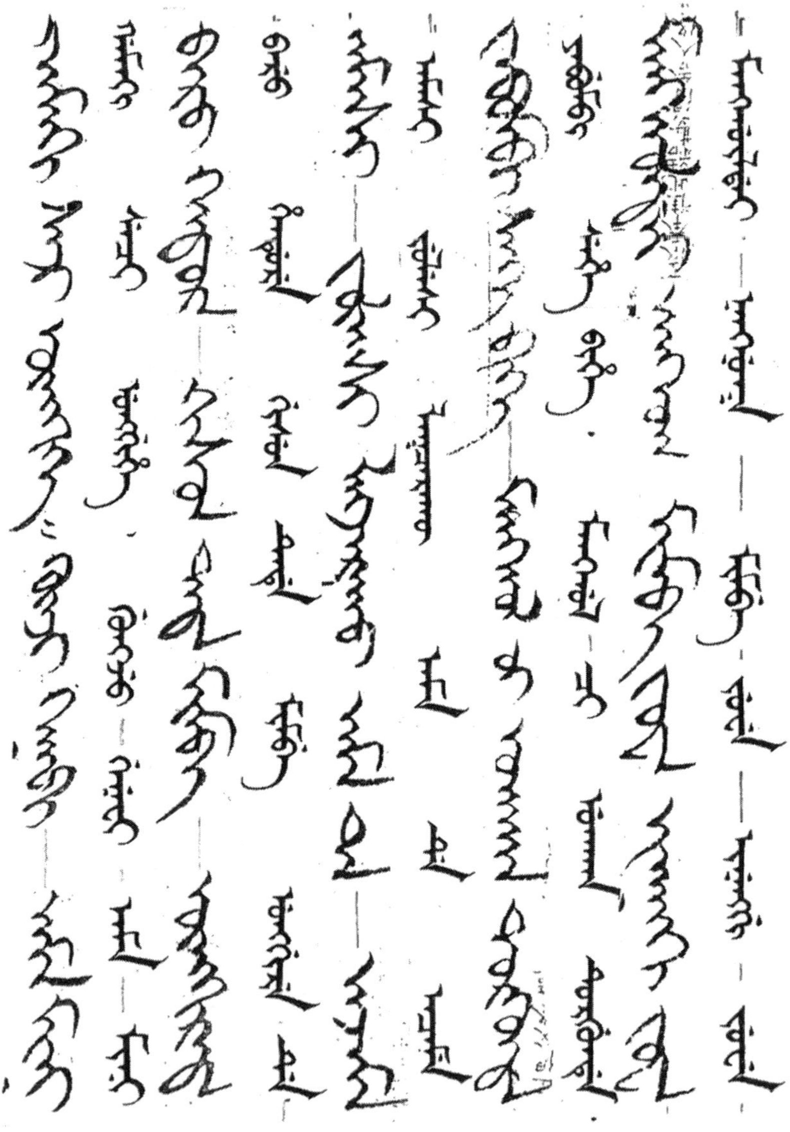

gamaki seci unggihe. gungju genefi ama mini baru hendure gisun, tede mimbe unggire de, amasi julesi lakcarakū ama de acame yabumbi sehe bihe. manggol ci ukaka turgunde, manggūldai, nangnuk mimbe juwe inenggi juwe

欲帶往蒙古，則遣之。公主前往後，曾對為父我言：『遣我至彼處時，曾云可不斷往來會見我父。因由莽古勒處逃走之故，莽古勒岱、囊努克帶我

欲带往蒙古，则遣之。公主前往后，曾对为父我言：『遣我至彼处时，曾云可不断往来会见我父。因由莽古勒处逃走之故，莽古勒岱、囊努克带我

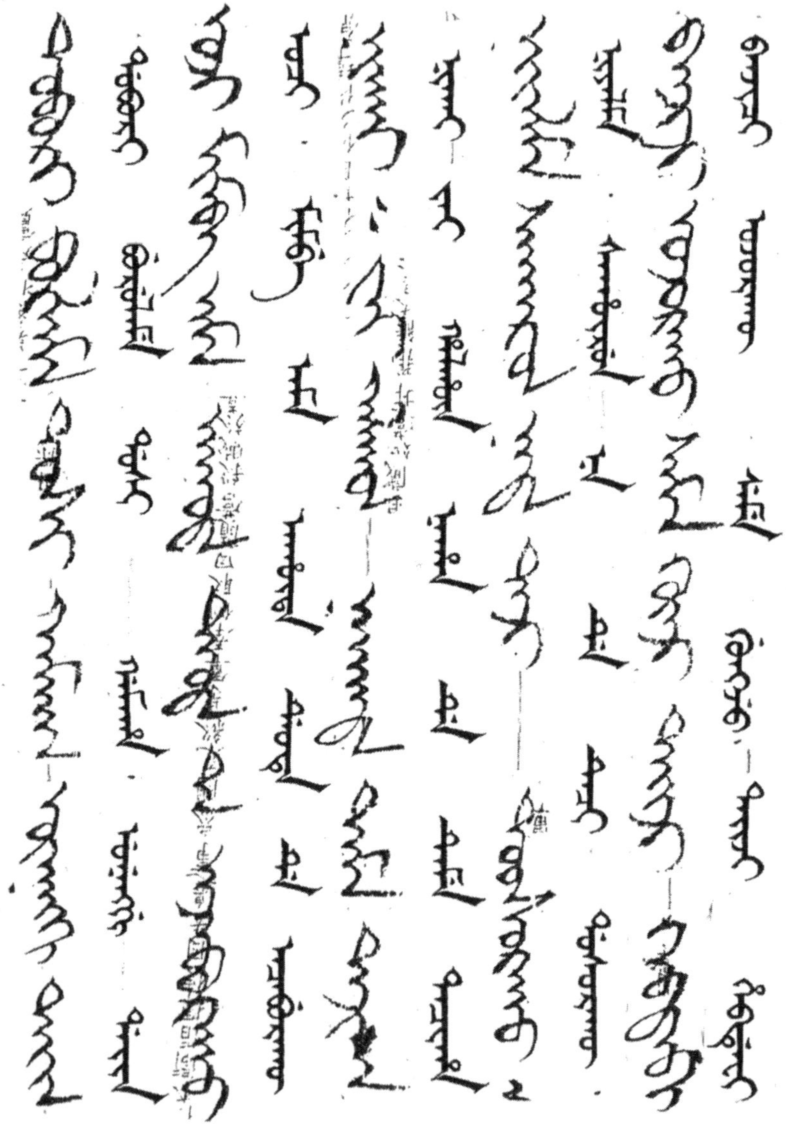

dobori burulame dosi gamaha. unenggi dain oci, mimbe ama ahūta deote de acaburakū nikai. jai halhūn nahan de teme taciha niyalma, šahūrun na de teci dosorakū, banjici ojorakū seme gungju, taiji hebdefi

---

逃奔兩日兩夜方令帶入。若果真遇敵，恐已不能使我與父兄弟相見矣。再者，慣居熱炕之人，不耐居寒地，不可度日。』故公主與台吉商議後，

逃奔两日两夜方令带入。若果真遇敌，恐已不能使我与父兄弟相见矣。再者，惯居热炕之人，不耐居寒地，不可度日。』故公主与台吉商议后，

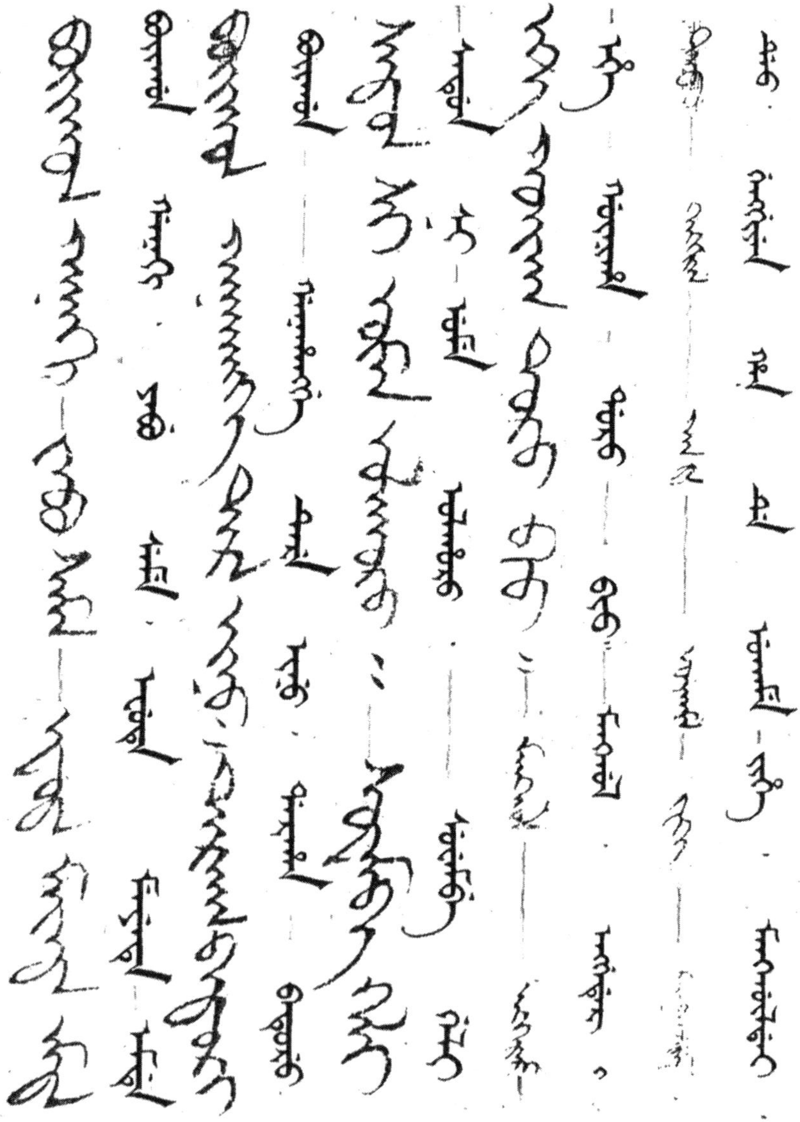

boigon ganaki, yabu seme, efute, meyete emde boigon ganahangge tere inu. darhan baturu sadun si ume olhoro, suwembe geli ehe gūniha doro bio. (manggol, enggeder i deo, genggiyen han de ukame jihe, manggūldai,

---

往取戶口。乃命各姐夫、各妹夫同行前往取戶口者此也。望親家達爾漢巴圖魯爾勿畏懼，我於爾等豈有懷惡念之理耶？」（原注：莽古勒乃恩格德爾之弟，逃來投英明汗之莽古勒岱，

往取户口。乃命各姐夫、各妹夫同行前往取户口者此也。望亲家达尔汉巴图鲁尔勿畏惧，我于尔等岂有怀恶念之理耶？」（原注：莽古勒乃恩格德尔之弟，逃来投英明汗之莽古勒岱，

十八、送客禮儀

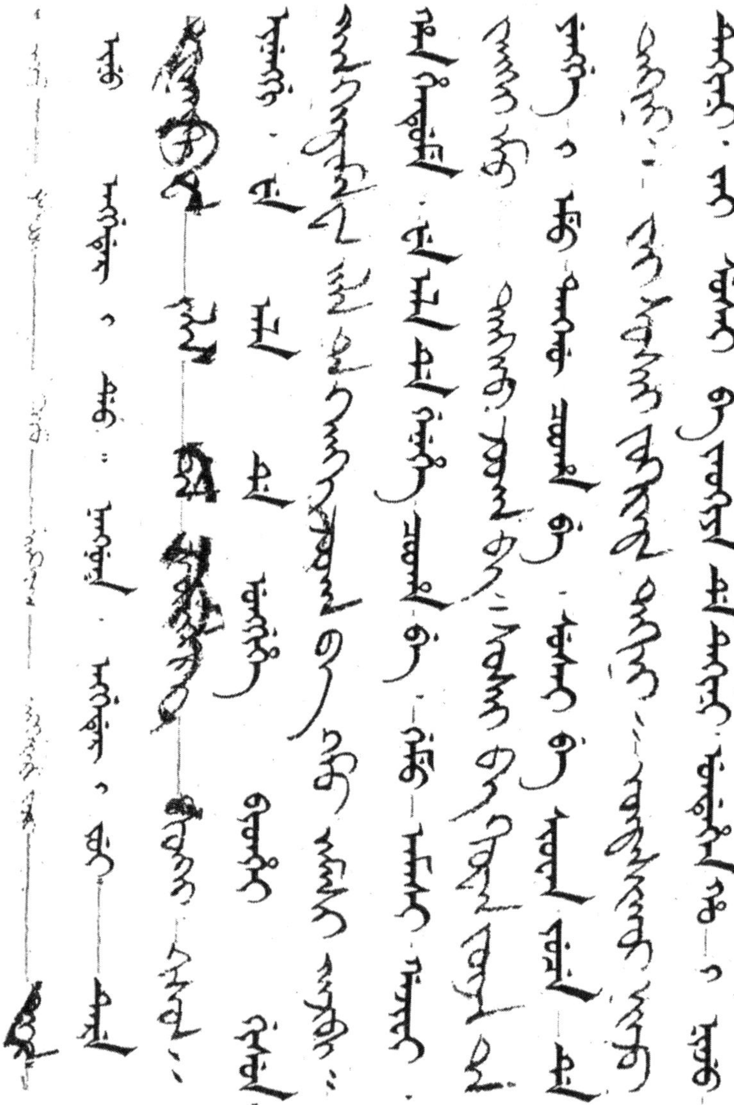

inu enggeder i deo, nangnuk, enggeder i jui.) tere inenggi, fe ala de unggihe bithei gisun, han hendume, fe ala de genehe cooha be, gemu amasi gajifi, yengge i emu tanggū cooha be, susai be siowan juce de tekini, jai susai be jaogiya de tekini. undehen ho i ninju

---

亦係恩格德爾之弟，囊努克乃恩格德爾之子。）是日，致書於費阿拉曰：「奉汗諭：前往費阿拉之兵皆撤回，英額之一百名兵，五十名坐宣堆子，另五十名駐兆嘉。溫德痕河之六十名

亦系恩格德尔之弟，囊努克乃恩格德尔之子。）是日，致书于费阿拉曰：「奉汗谕：前往费阿拉之兵皆撤回，英额之一百名兵，五十名坐宣堆子，另五十名驻兆嘉。温德痕河之六十名

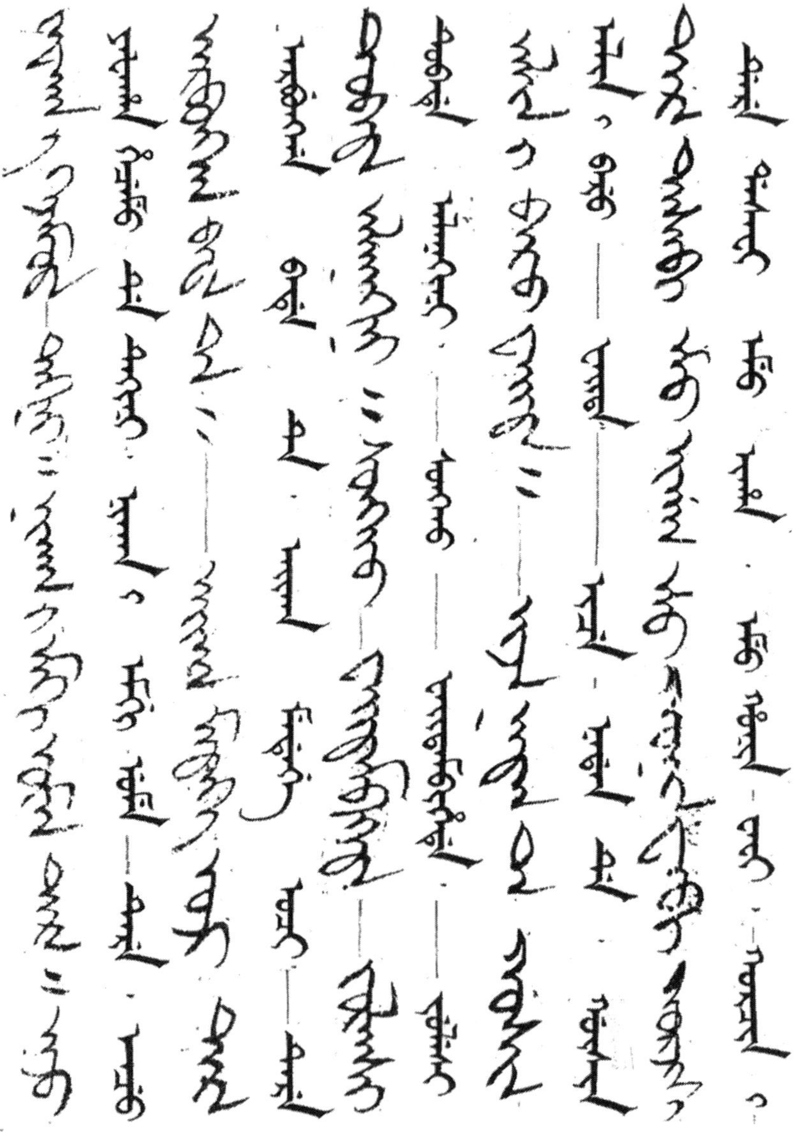

yafahan hecemu de tekini, nikan i emgi ume tere, encu arbungga bade te. aika medege oci, tere tubade alanakini. songko faitambihede, julesi alin i baru faita. ice nadan de, gūsin dere dasafi, emu ihan, emu honin wafi, korcin i

---

步兵駐赫徹穆，勿與漢人同駐，另擇形勝之地駐之。若是有信息，即往該處告之；跟蹤時，則向南山方向追蹤。初七日，置三十桌，殺一牛、一羊，

步兵驻赫彻穆，勿与汉人同驻，另择形胜之地驻之。若是有信息，即往该处告之；跟踪时，则向南山方向追踪。初七日，置三十桌，杀一牛、一羊，

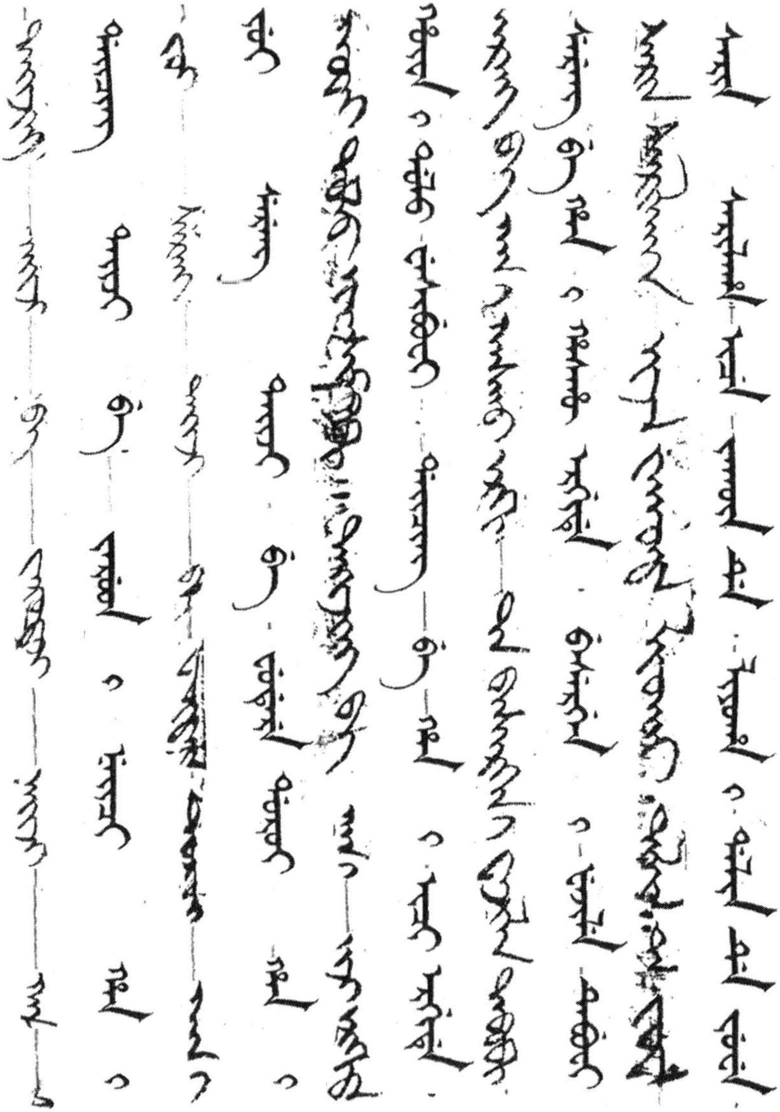

daicing taiji be, jarut i neici han i jui sereng taiji be fudere doroi han i hūwa i dolo wesibufi, daicing be han i ici ergide, sereng be han i hashū ergide, besergen i fejile tebufi sarin sarilaha. ice jakūn de, liyoha i dalin de juwe

---

以行送客禮，請科爾沁岱青台吉、扎魯特內齊汗之子色楞台吉入汗之院內，岱青於汗之右方、色楞於汗之左方，坐於牀下，設筵宴之。初八日，遼河岸有蒙古二人

以行送客礼，请科尔沁岱青台吉、扎鲁特内齐汗之子色楞台吉入汗之院内，岱青于汗之右方、色楞于汗之左方，坐于床下，设筵宴之。初八日，辽河岸有蒙古二人

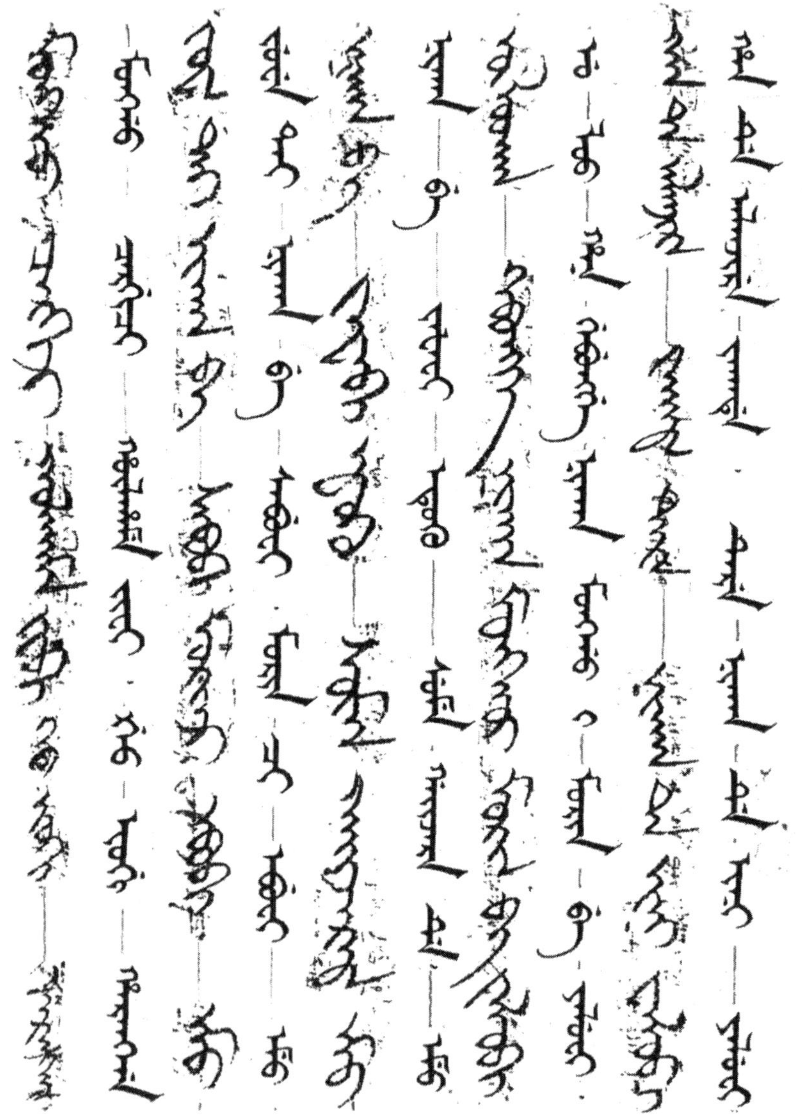

monggo cargici hūlhame jifi, g'ao iogi harangga juwe tai nikan be sabufi, morin ci ebufi emu nikan be jafafi, etuku sume gaijara de, emu u loo haṉ gebungge nikan, monggo i morin be yalufi, han de alanjire jakade, tere nikan de ini yalufi

---

由那邊偷越而來，見高遊擊所屬二台漢人，遂下馬，拏一漢人，脫取其衣時，因有一名叫吳老漢之漢人乘騎蒙古人之馬前來稟告汗，故以其所乘騎之馬賜之，

由那边偷越而来，见高游击所属二台汉人，遂下马，拏一汉人，脱取其衣时，因有一名叫吴老汉之汉人乘骑蒙古人之马前来禀告汗，故以其所乘骑之马赐之，

十九、竊取官糧

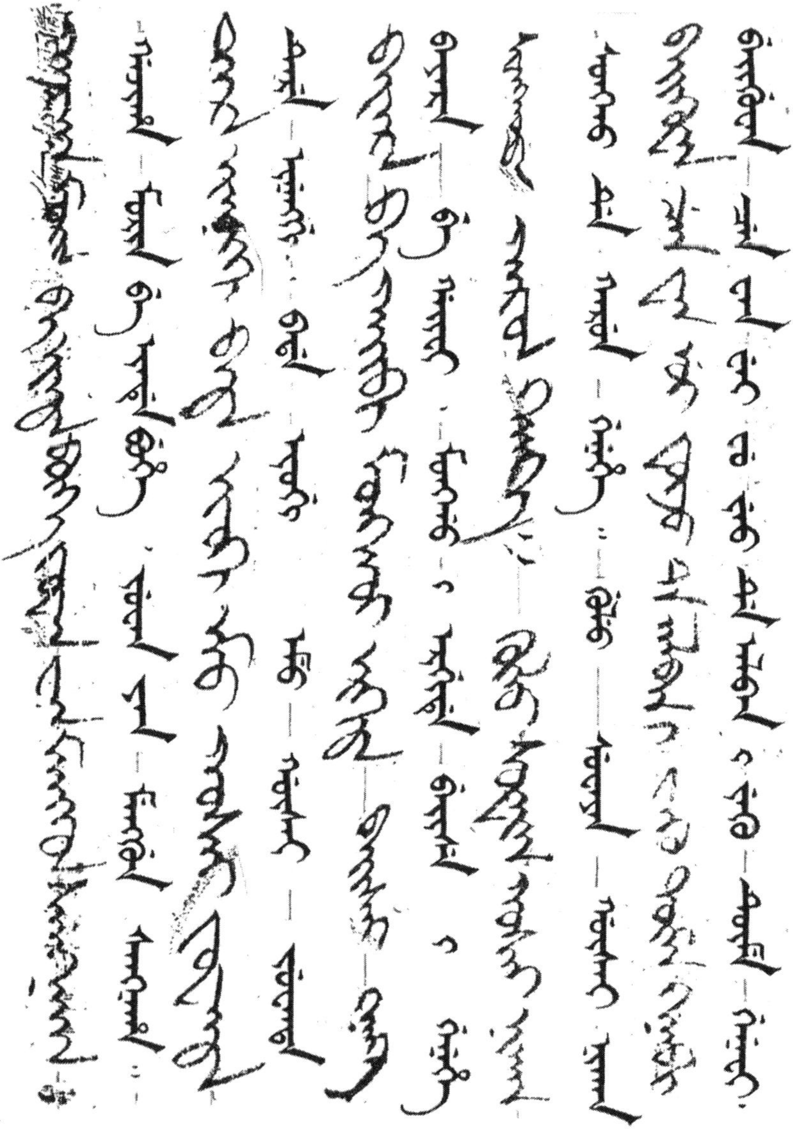

gajiha morin be inde buhe, juwan yan menggun šangnaha. tere inenggi, bada iogi emu gūsai juwanta bayara be gaifi, monggo i ergide beise i genehe songko de karun genehe. gulu suwayan gūsai nikan beiguwan cen wan wei, fu jeo de alban i jeku tūme genefi,

---

賞銀十兩。是日，命巴達遊擊率每旗巴牙喇各十名至蒙古邊上，偵探眾貝勒所往之踪跡。正黃旗漢人備禦官陳萬衛前往復州收打官糧時，

赏银十两。是日，命巴达游击率每旗巴牙喇各十名至蒙古边上，侦探众贝勒所往之踪迹。正黄旗汉人备御官陈万卫前往复州收打官粮时，

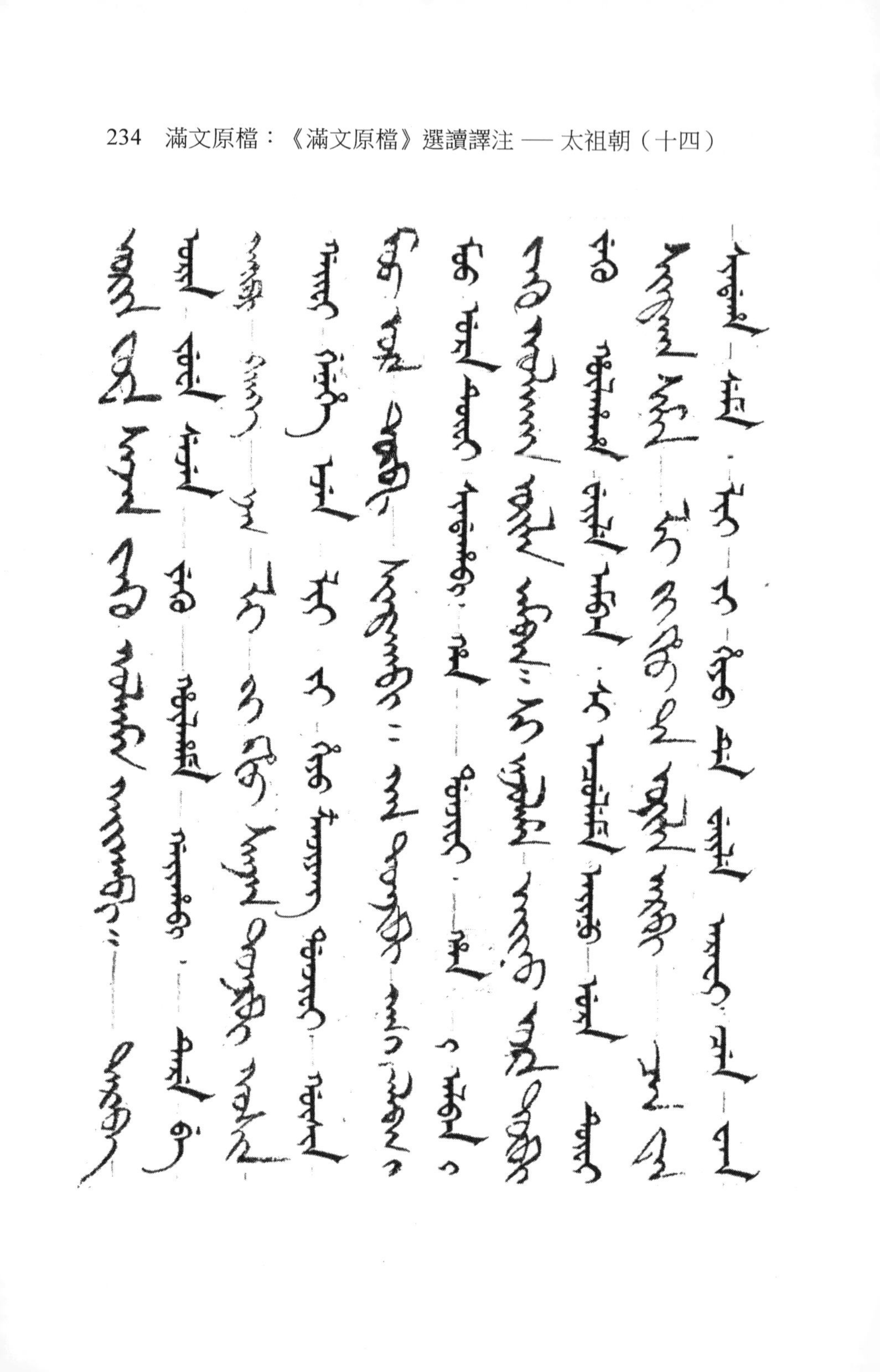

orin juwe sejen jeku hūlhame gaihabi. tere be gaifi genehe ejen lii ji hiyo ts'anjiyang donjifi, gūsin moo ura tūfi sindahabi. han donjifi, han i alban i jeku hūlhaha weile amban, si enculeme ainu ura tūfi sindaha seme, lii ji hiyo de weile arafi, cen wan

---

竊取糧二十二車。率其前往之額真李繼孝參將聞之，責打屁股三十棍後釋放。汗聞之曰：「偷竊汗之官糧，其罪重大，爾為何異之打屁股釋放？著將李繼孝治罪，

窃取粮二十二车。率其前往之额真李继孝参将闻之，责打屁股三十棍后释放。汗闻之曰：「偷窃汗之官粮，其罪重大，尔为何异之打屁股释放？着将李继孝治罪，

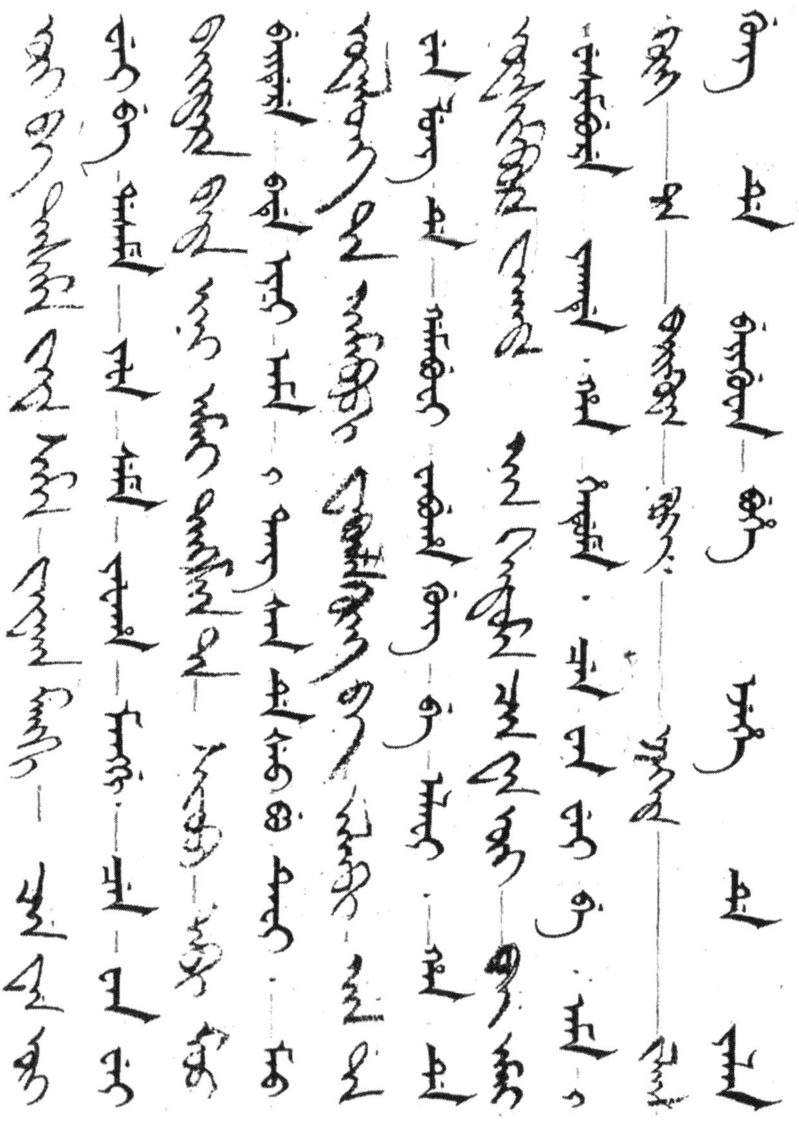

wei be dasame jafa seme jafaha manggi, cen wan wei beidere bade ini ama i tang šan de šeo pu tefi, mao wen lung de gamabufi wabuha gung be alafi, han de wesimbure jakade, han hendume, cen wan wei be, ama i gung de beiguwan buhe ejehe de jalan

---

再逮捕陳萬衛。」逮捕後，審擬陳萬衛，其父原駐湯山守堡，因被毛文龍擒殺，有功，遂奏汗。汗曰：「陳萬衛因父之功，賜備禦官

再逮捕陈万卫。」逮捕后，审拟陈万卫，其父原驻汤山守堡，因被毛文龙擒杀，有功，遂奏汗。汗曰：「陈万卫因父之功，赐备御官

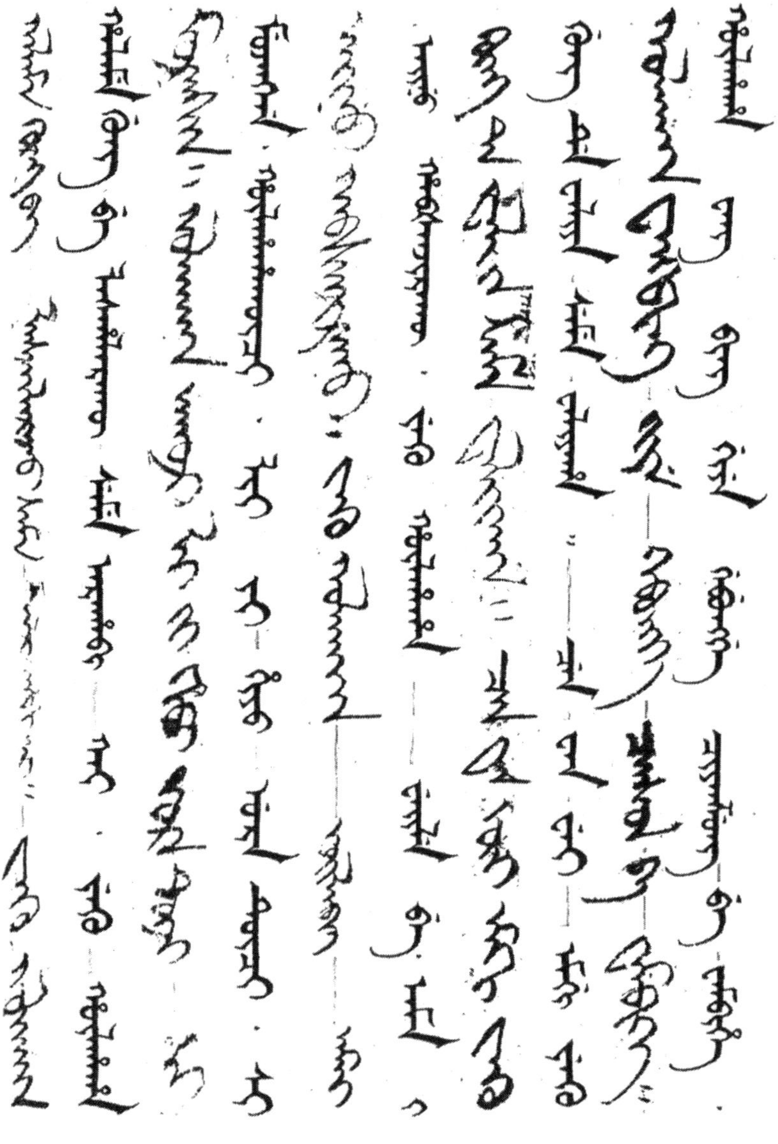

halame gung be lashalarakū seme arahabi kai. jeku hūlhaha mujangga, hūlhahakūci lii ji hiyo ura tūci, si ainu habšanjirakū. jeku hūlhaha weile be, ama i gung de waliya seme waliyaha. cen wan wei emgi jeku hūlhaha wang bing giye gebungge ciyandzung be wambihe,

---

敕書記載世代不絕其功。今盜糧屬實，倘若未曾竊盜，李繼孝打屁股，爾為何不來上訴？著以爾父之功抵盜糧之罪。」故赦之。與陳萬衛一同盜糧名叫王炳傑之千總，則殺之；

敕书记载世代不绝其功。今盗粮属实，倘若未曾窃盗，李继孝打屁股，尔为何不来上诉？着以尔父之功抵盗粮之罪。」故赦之。与陈万卫一同盗粮名叫王炳杰之千总，则杀之；

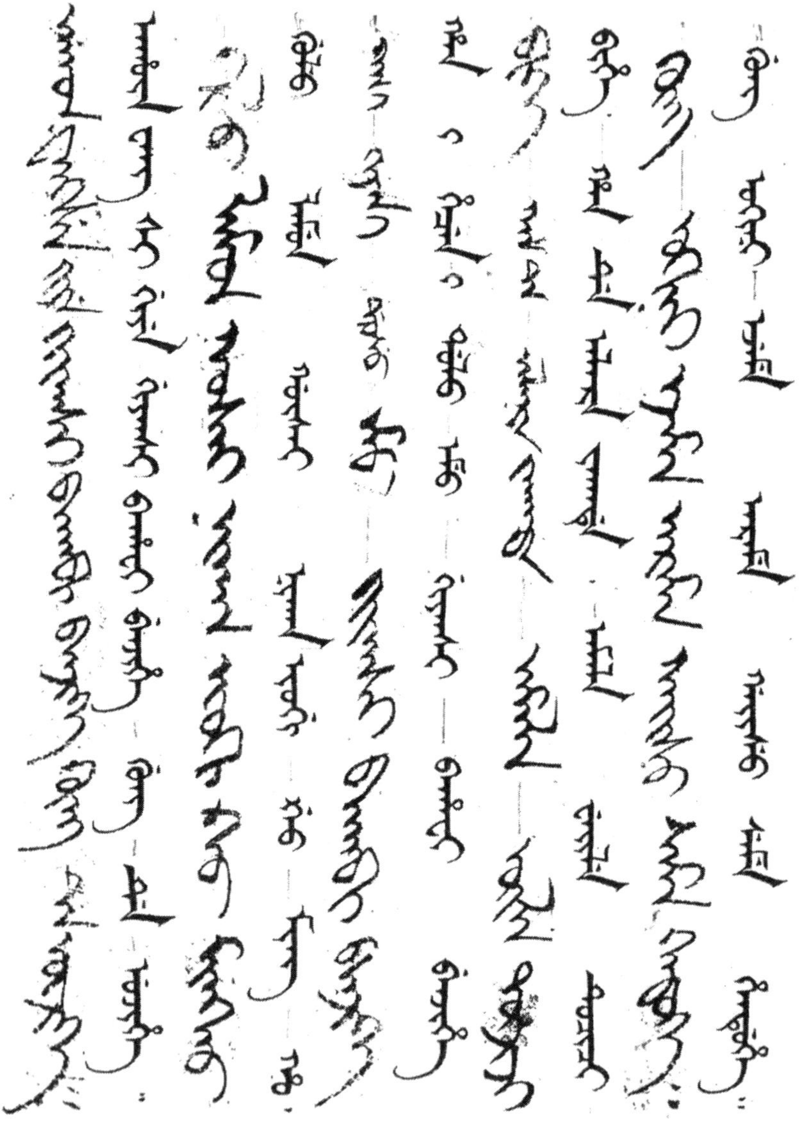

ahūn wang ši giye giyansi bahafi benjihe gung de ujihe. gulu lamun gūsai nikan iogi g'ao ming ho, han i hecen i dolo emu giyansi bahafi benjihe bihe, han de alara jakade, amala weile tucici gung okini, ejeme arame gaisu seme henduhe.

其兄王世傑因曾拏獲奸細送來有功，故豢養之。正藍旗漢遊擊高明和曾於汗城內拏獲奸細一名送來稟報汗。汗曰：「倘若今後有罪，著以此為功，可記錄之。」

其兄王世杰因曾拏获奸细送来有功，故豢养之。正蓝旗汉游击高明和曾于汗城内拏获奸细一名送来禀报汗。汗曰：「倘若今后有罪，着以此为功，可记录之。」

二十、戍兵警戒

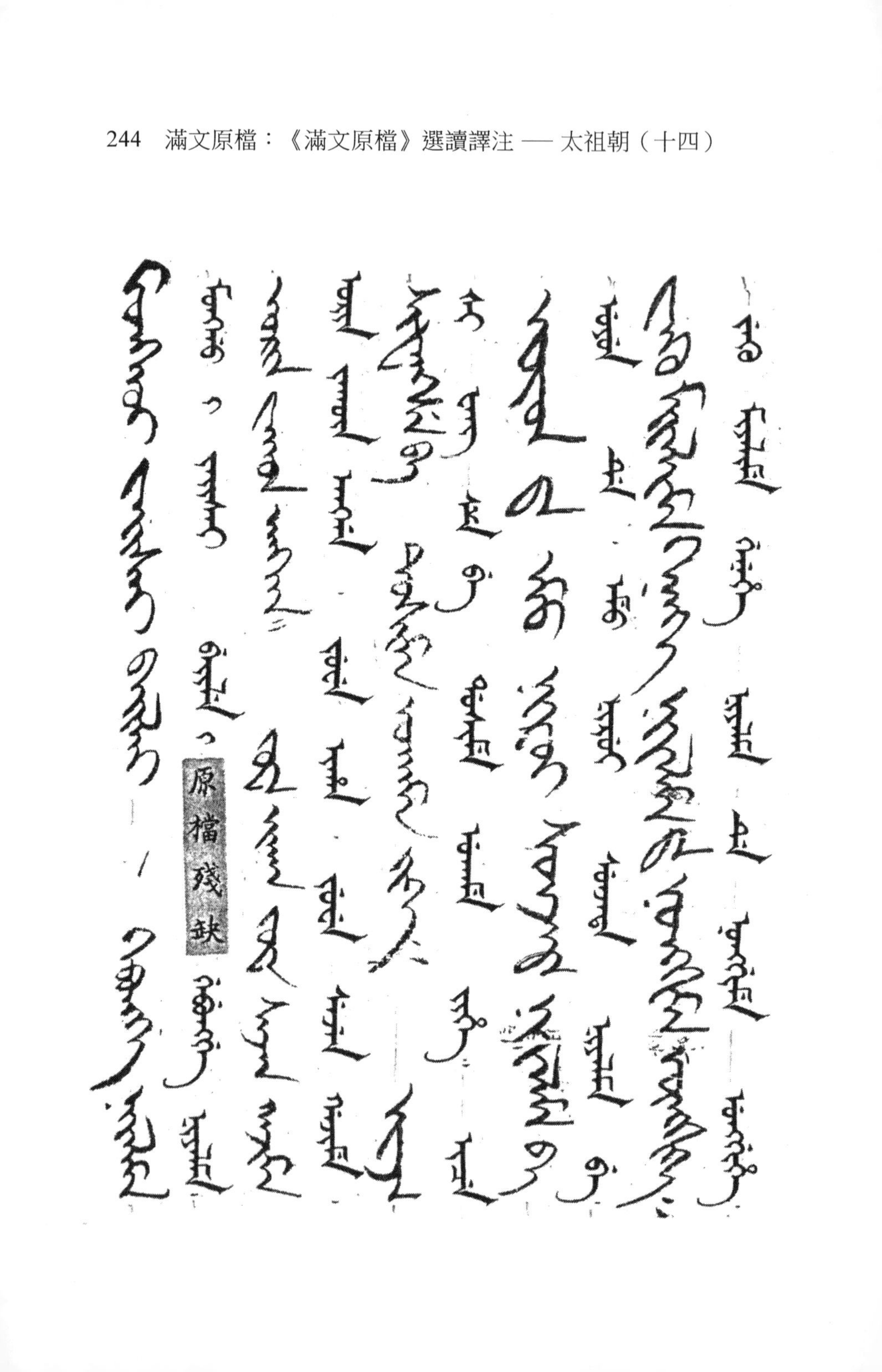

原檔殘缺

monggo i jaisai beile i [原檔殘缺] gebungge niyalma, orin jakūn angga, juwe ihan, juwe sejen gajime, ši fang sy be dosime ukame jihe. ice uyun de, emu nirui sunjata niyalma be, jeku miyalime genehe niyalma de nonggime unggihe,

---

蒙古齋賽貝勒之名叫[原檔殘缺]之人，攜人二十八口、牛二頭、車二輛，進十方寺逃來。初九日，每牛彔遣各五人前往增援稱量糧食之人。

蒙古斋赛贝勒之名叫[原档残缺]之人，携人二十八口、牛二头、车二辆，进十方寺逃来。初九日，每牛彔遣各五人前往增援称量粮食之人。

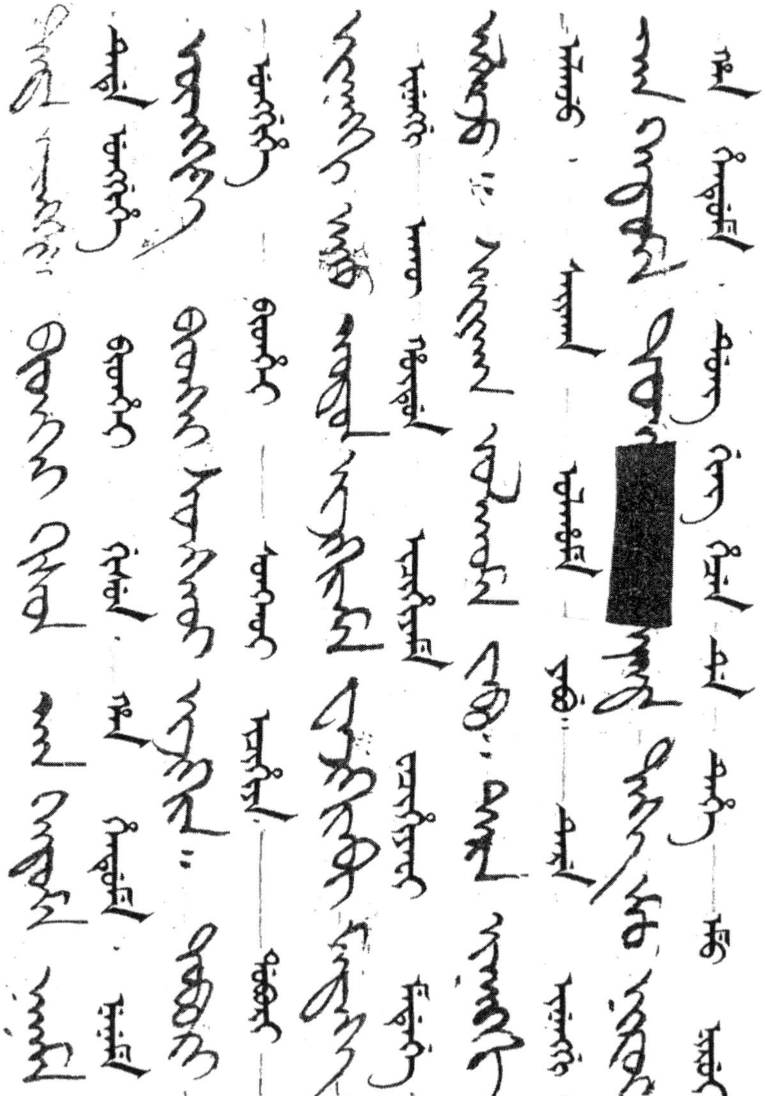

tede unggihe bithei gisun, han hendume, neneme unggihe bithei songkoi icihiya, dobori inenggi akū hūdun icihiyame wacihiyafi medege alanju, saikan olhome yabu. tere inenggi, han hendume, dung ging hecen de tehe emu nirui

---

並致書該處曰：「奉汗諭：著照先前行文辦理，日夜加速辦理，完竣後即來報信息，務必妥慎行事。」是日，汗曰：「駐東京城之每牛彔

并致书该处曰：「奉汗谕：着照先前行文办理，日夜加速办理，完竣后即来报信息，务必妥慎行事。」是日，汗曰：「驻东京城之每牛彔

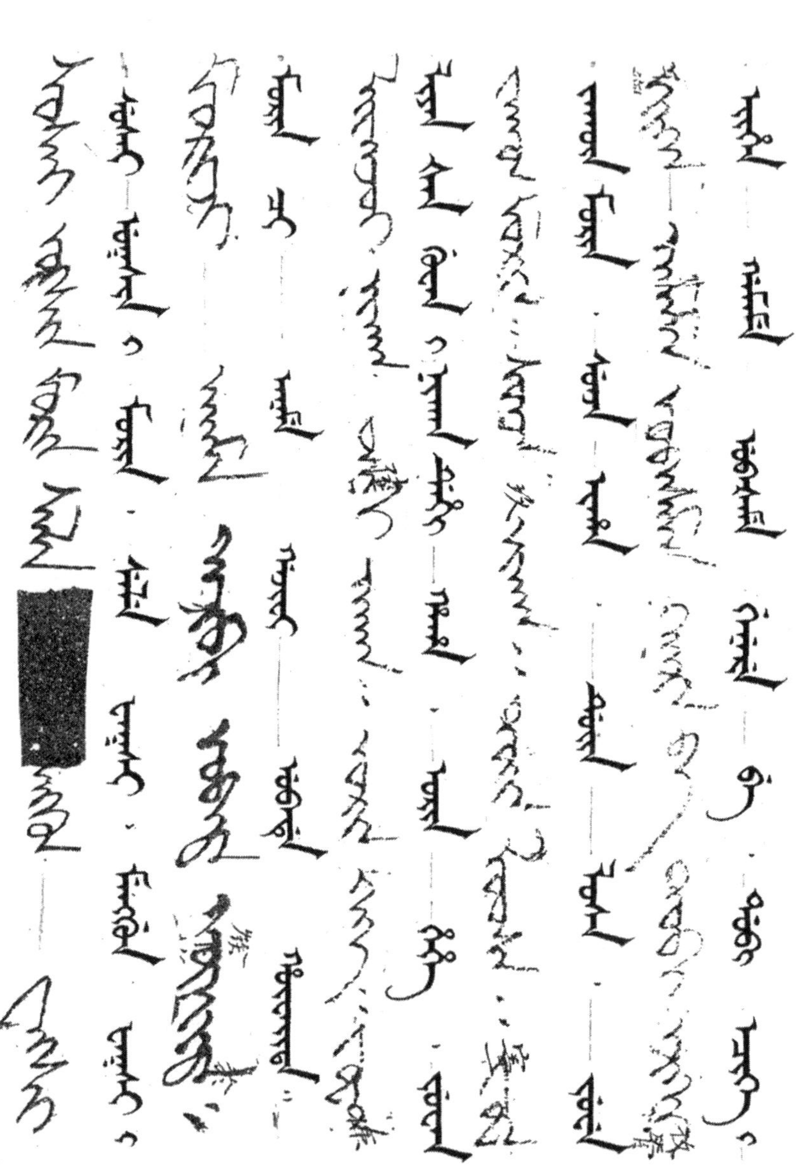

susai uksin i morin, sele faksi, menggun faksi i morin ci aname gajifi ubade hūwaita. liyan šan guwan i nikan dehi haha, orin hehe, juwan jakūn morin, sunja ihan, duin losa, juwe eihen gamame ubašame genere be, dobi ecike i

---

五十名披甲之馬匹與鐵匠、銀匠之馬匹挨次牽來，拴於此處。」連山關之漢人男丁四十人、婦女二十人，牽馬十八匹、牛五頭、騾四隻、驢二隻叛去，

五十名披甲之马匹与铁匠、银匠之马匹挨次牵来，拴于此处。」连山关之汉人男丁四十人、妇女二十人，牵马十八匹、牛五头、骡四只、驴二只叛去，

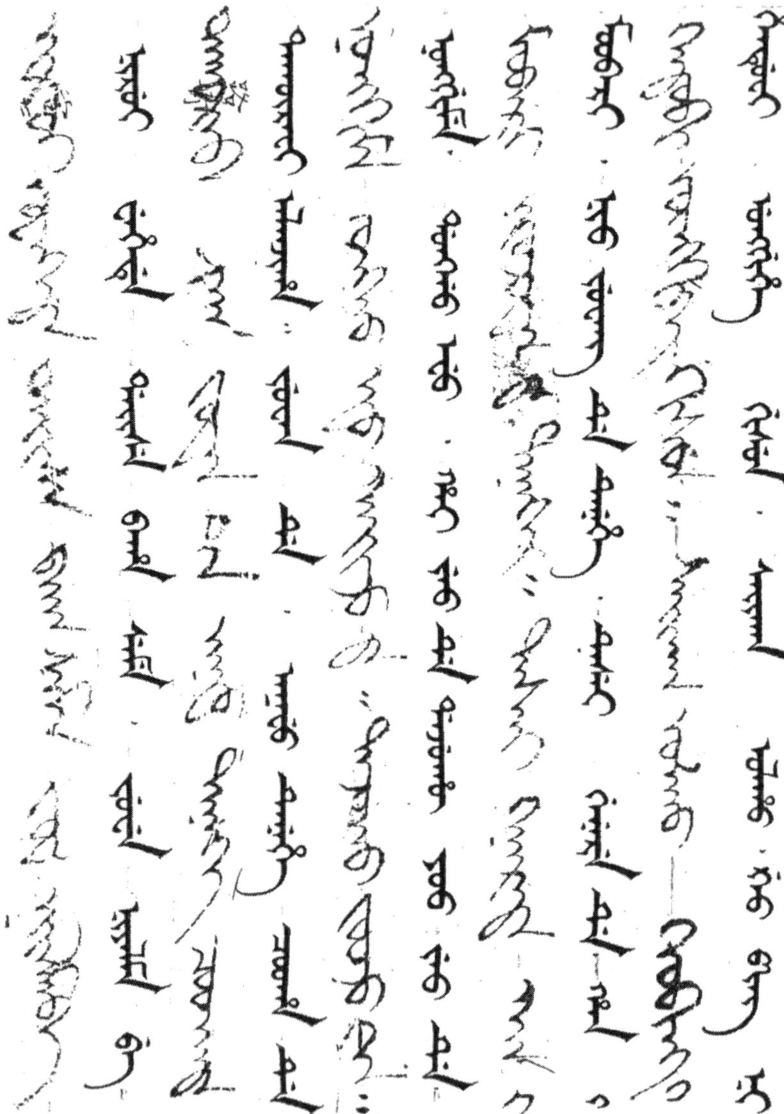

nirui wehede daise baha seme, juwe niyalma be takūrafi alanjiha. juwan de, anafu tenehe cooha de nonggime, donggo efu hai jeo de, dajuhū yoo jeo de, moobari nio juwang de tenehe. tesei genere de, han i hendufi unggihe gisun, saikan olho, g'ao ping ni

---

被鐸璧叔父牛彔之窩赫德代子拏獲，遣人來報。初十日，增派戍守之兵，棟鄂額駙駐海州，達柱虎駐耀州，毛巴里駐牛莊。彼等臨行時，汗諭以妥善謹慎，

被铎璧叔父牛彔之窝赫德代子拏获，遣人来报。初十日，增派戍守之兵，栋鄂额驸驻海州，达柱虎驻耀州，毛巴里驻牛庄。彼等临行时，汗谕以妥善谨慎，

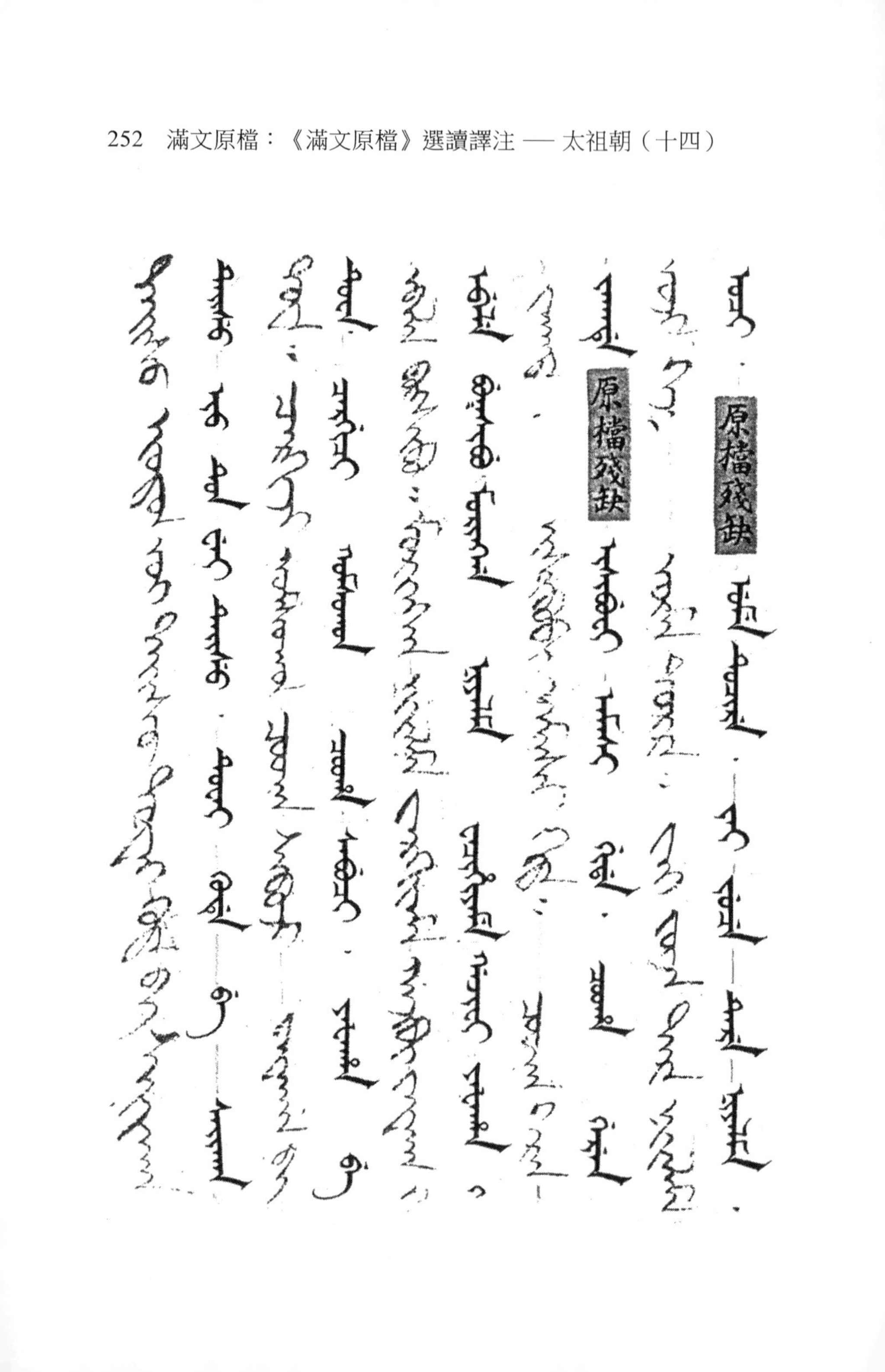

原檔殘缺

原檔殘缺

teisu, io tun wei teisu, tuwai kude be saikan tuwa. cargici komsokon cooha sabuci, yafahan be ebele buksibu, moringga niyalma wacihiyame gajifi, yafahan i jakade [原檔殘缺] isibufi amasi gida. cooha geren oci, [原檔殘缺] ume tucire. jai juce tere niyalma,

---

高平汛地、右屯衛汛地，妥善看守火器。若見彼處兵少，則令步兵埋伏於這邊，率全部馬兵，向步兵處[原檔殘缺]回擊之。倘若兵眾，[原檔殘缺]，則勿出。再者，駐堆子之人，

高平汛地、右屯卫汛地，妥善看守火器。若见彼处兵少，则令步兵埋伏于这边，率全部马兵，向步兵处[原档残缺]回击之。倘若兵众，[原档残缺]，则勿出。再者，驻堆子之人，

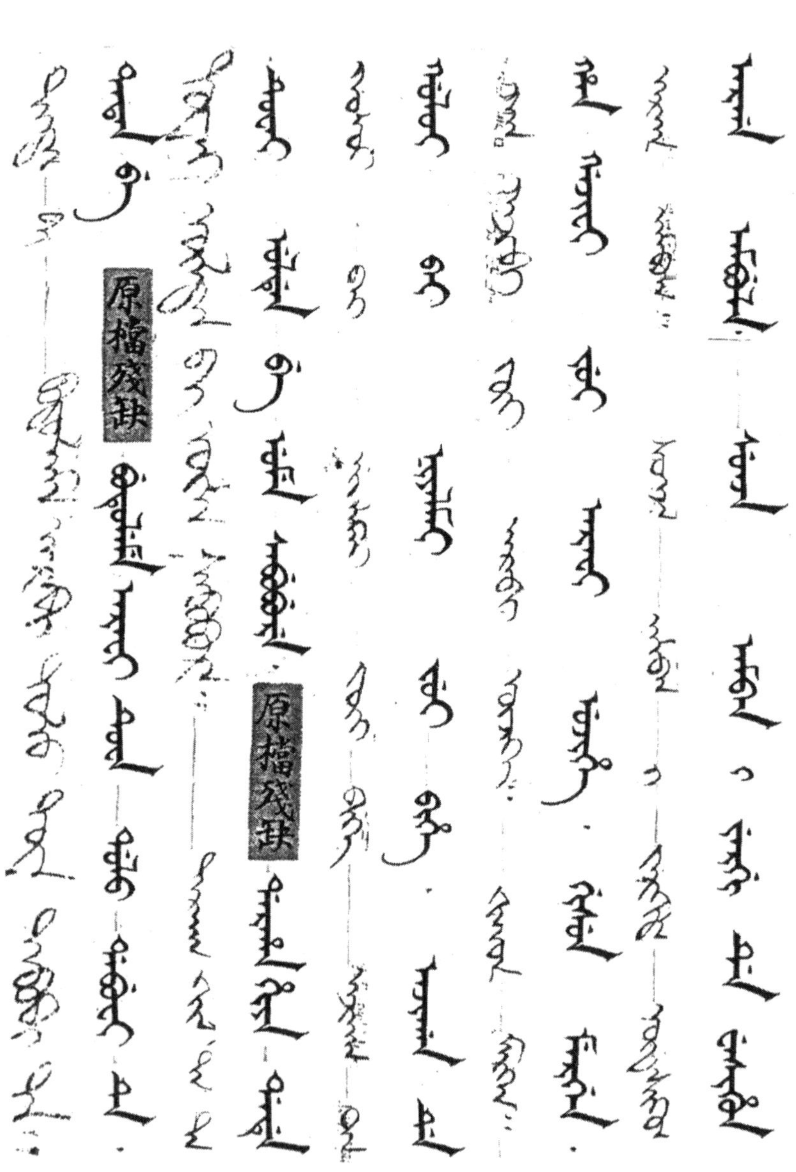
原檔殘缺
原檔殘缺

tatan be [原檔殘缺] butuleme arafi dolo tuwa dabufi te, tuwai ulden be ume sabubure, [原檔殘缺]. darhan hiya, dade goloi bai niyalmai jui bihe, ajigan de han gajifi jui arafi ujihe, gisun mergen, arga ambula, sunja amban i jergi de wesihun

---

將窩鋪[原檔殘缺]堵塞後，於內點火居住，勿令外面看見火光，[原檔殘缺]。達爾漢侍衛原係路人之子，幼時經汗收養為子。因其能言聰智多計，貴為五大臣等級。

将窝铺[原档残缺]堵塞后，于内点火居住，勿令外面看见火光，[原档残缺]。达尔汉侍卫原系路人之子，幼时经汗收养为子。因其能言聪智多计，贵为五大臣等级。

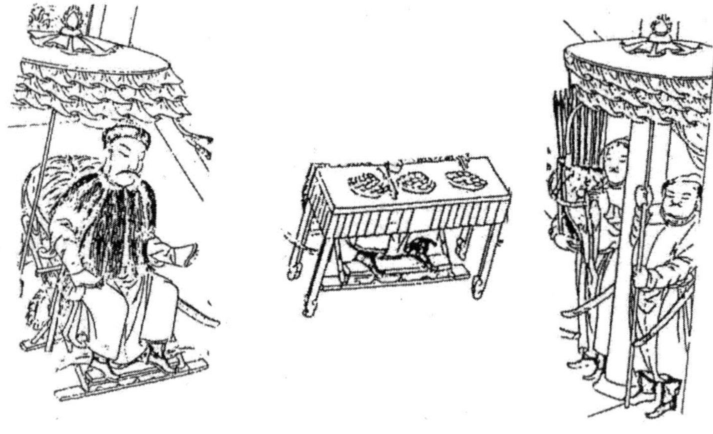

二十一、格格盛饌

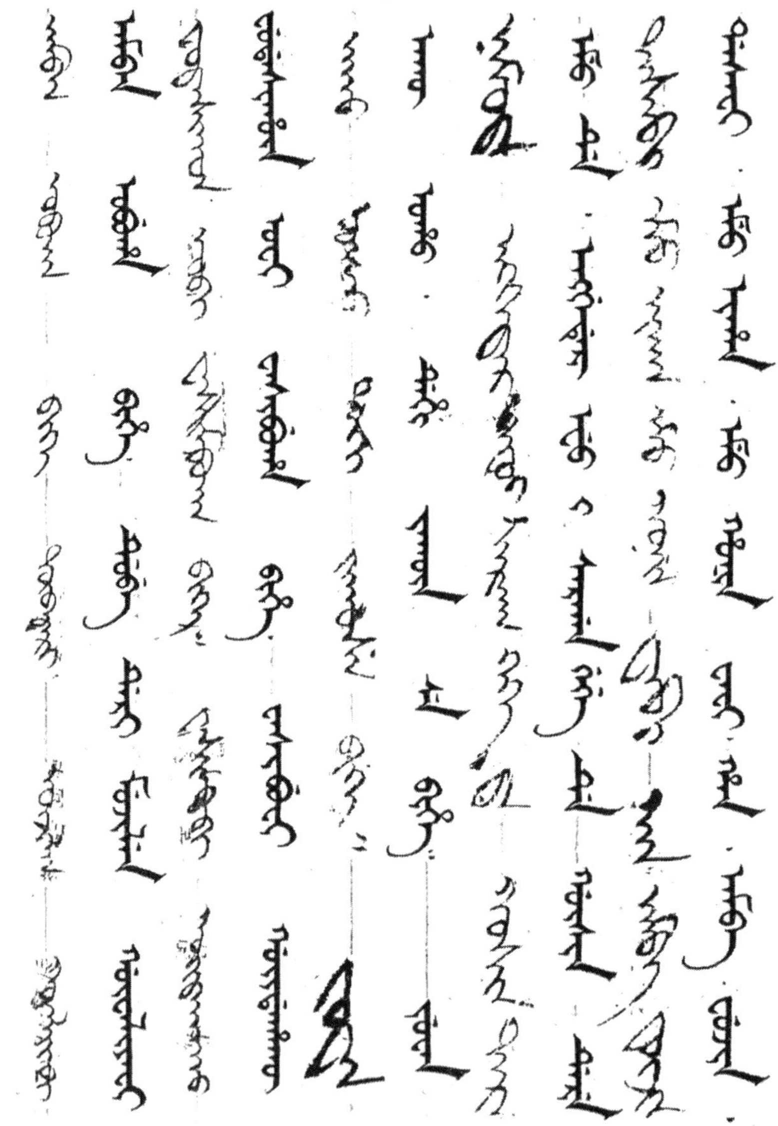

amban obuha bihe. dube deri mujilen gūwaliyafi fudasihūn ofi wasibuha bihe, wasibufi goidahakū akū oho, dehi jakūn se bihe. juwan emu de, enggeder efu i sargan gege de gūsin dere dasafi, emu ihan, emu honin wafi, han, amba fujin,

---

晚年心變，因悖逆而降職，降職後不久卒，時年四十八歲。十一日，恩格德爾額駙之妻格格設三十桌，殺牛一頭、羊一隻，汗與大福晉

晚年心变，因悖逆而降职，降职后不久卒，时年四十八岁。十一日，恩格德尔额驸之妻格格设三十桌，杀牛一头、羊一只，汗与大福晋

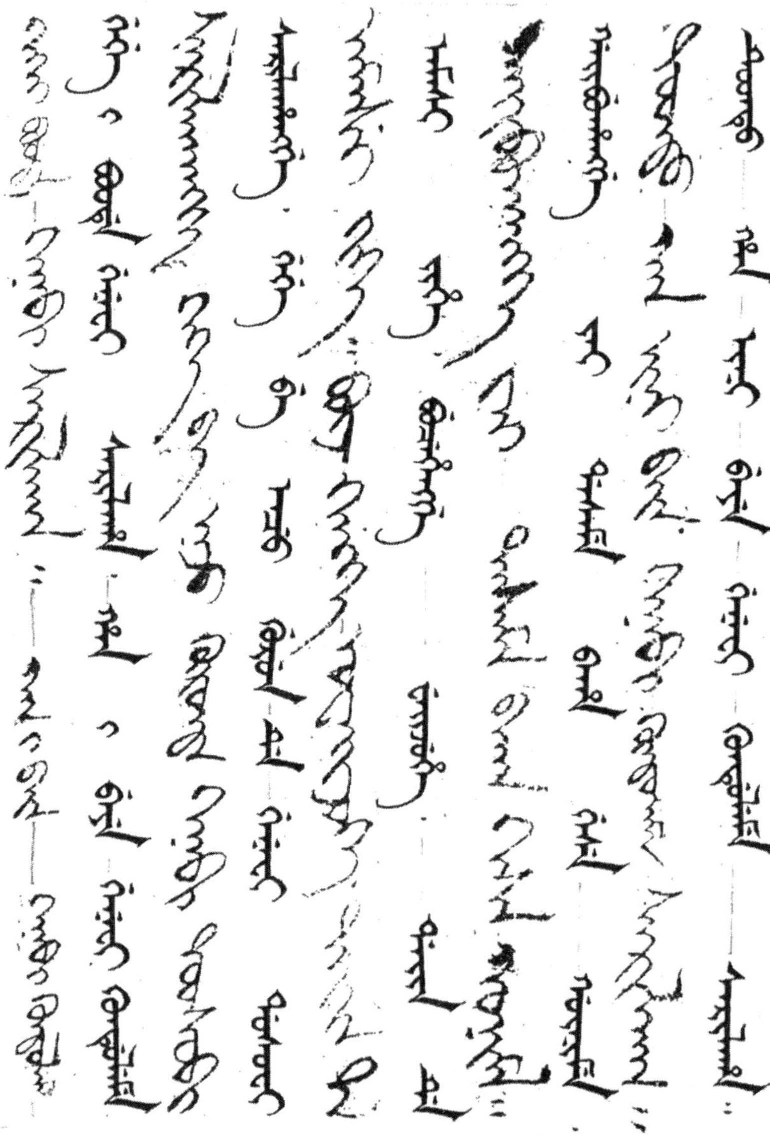

gege i boode genefi sarilaha. han i beye genefi kunduleme sarilahangge, gege be encu gurun de genefi dosofi amasi jihe, bucehengge weijuhe, dain de gaibuhangge jai dasame baha gese gūnime, tuttu han, ini beye genefi kunduleme sarilaha.

前往格格家赴宴。汗之躬親敬謹[9]赴宴者，乃念格格前往異國受苦回來，死而復生，如同被掠於陣而復得者。因此，汗躬親前往赴宴。

前往格格家赴宴。汗之躬亲敬谨赴宴者，乃念格格前往异国受苦回来，死而复生，如同被掠于阵而复得者。因此，汗躬亲前往赴宴。

---

9 敬謹，《滿文原檔》寫作“kuntuleme”，《滿文老檔》讀作“kunduleme”。按滿文“kundulembi”，係蒙文“kündülekü”借詞（根詞“kundule-”與“kündüle-”相同），意即「尊敬、敬重」。

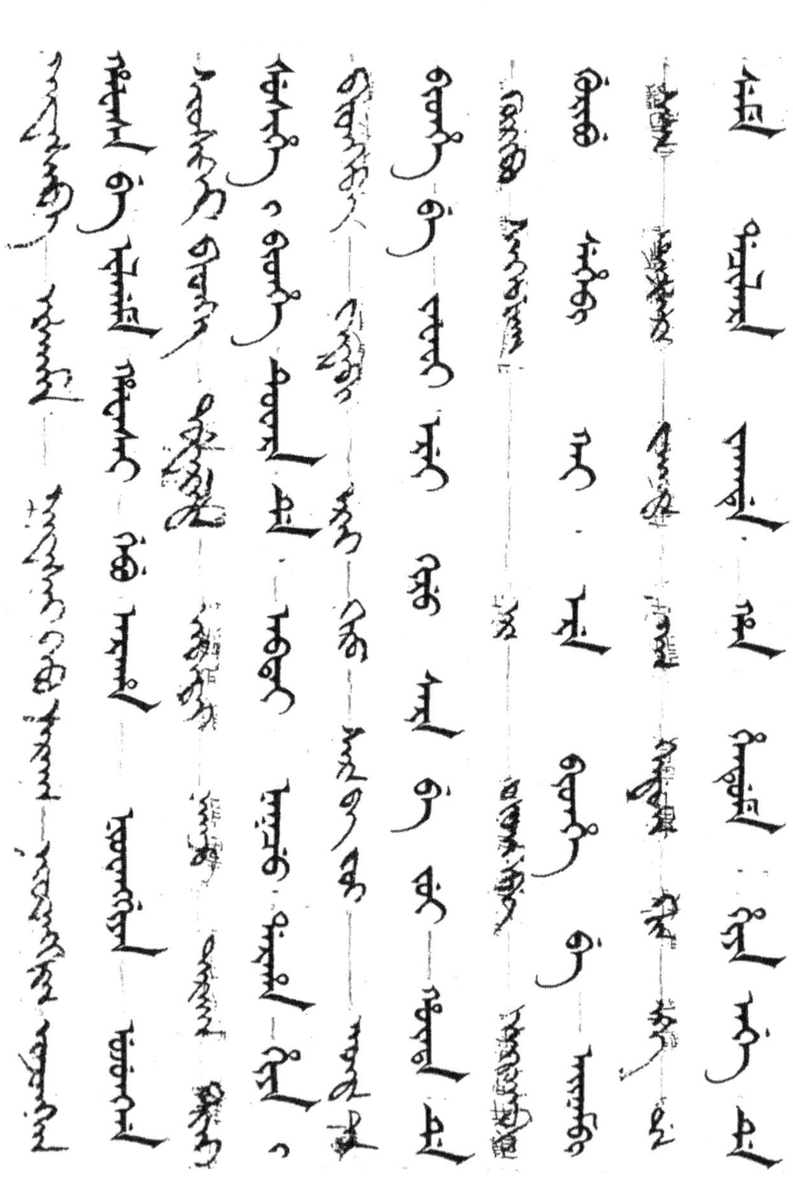

hafasa be ilgame hafasai gebu araha niowanggiyan ujungga šusihe i bithe tuwara de, abtai nakcu, darhan hiya i bithe be jafafi, erei kiru sara be jui hūnta de guribu sehebi kai. ere bithe be ainambi seme dacilara jakade, han hendume, hiya age de

---

甄別眾官，覽其書有眾官名字之綠頭牌時，阿布泰舅舅持達爾漢侍衛之牌文問曰：「已命將其旗傘移於其子琿塔名下矣。請示此文如何處之？」汗曰：

甄别众官，览其书有众官名字之绿头牌时，阿布泰舅舅持达尔汉侍卫之牌文问曰：「已命将其旗伞移于其子珲塔名下矣。请示此文如何处之？」汗曰：

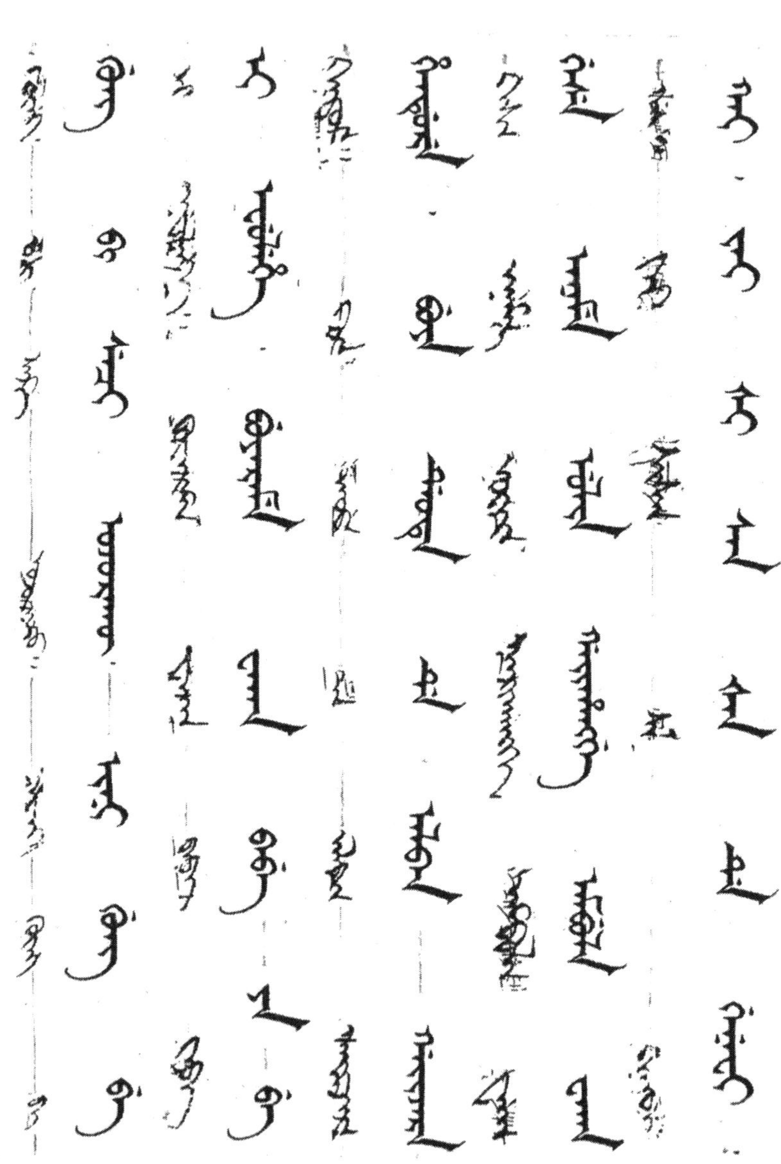

gung bi seci ojorakū, ini gung be i efulehe, buyarame waka babe ya be hendure, buya deote de alban gaijara gese aname ulin gaihangge ambula waka kai. jai ši san šan de genefi,

---

不可說侍衛阿哥有功，其功已被他自己毀壞矣，小過有何可說？其他如對諸小弟徵收官賦、挨次奪取財物者，乃大過也。再者，前往十三山，

不可说侍卫阿哥有功，其功已被他自己毁坏矣，小过有何可说？其它如对诸小弟征收官赋、挨次夺取财物者，乃大过也。再者，前往十三山，

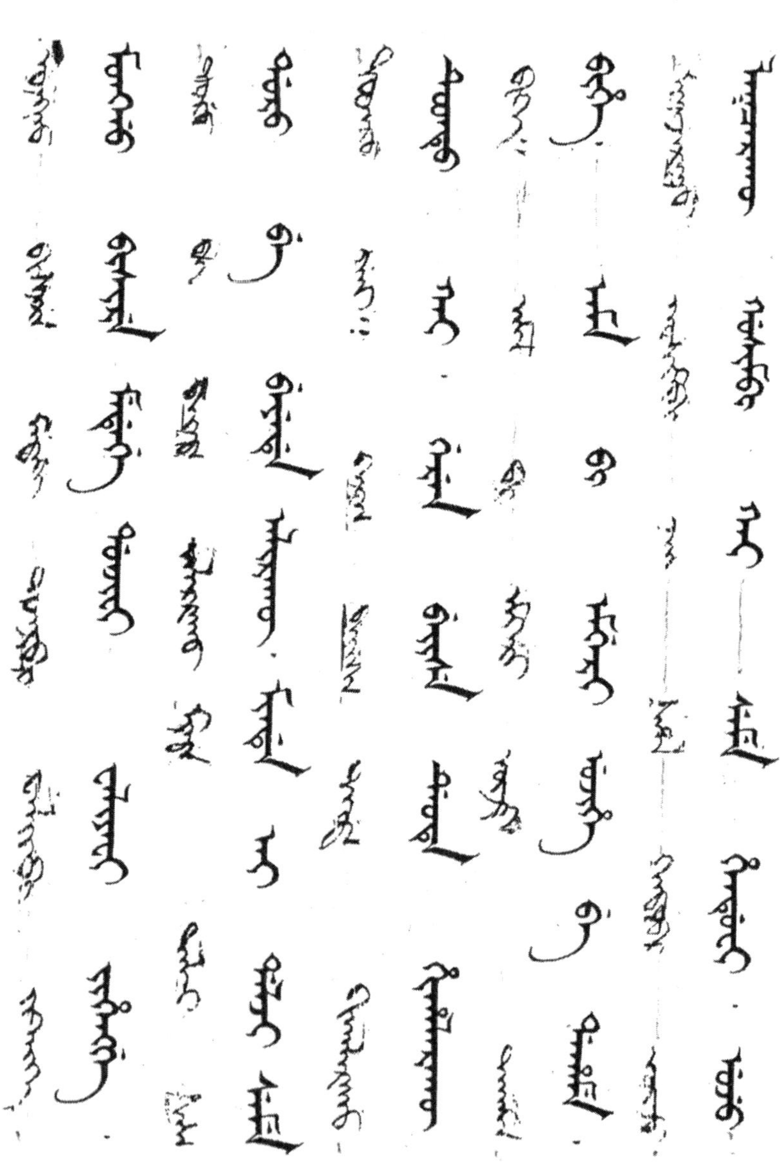

monggo bisire medege donjifi waliyafi jihengge, doro be beyede alirakū, minde ai dalji seme tuttu kai. geren beise deote hihalarakū bihe, ama bi emgeri ujihe be dahame, lakcarakū gosimbi kai seme hendufi, uju

---

一聞有蒙古人，即棄地回來，自稱身不當政，與我何干？因此，眾貝勒諸弟皆不愛之，然為父我不能絕其愛而恕之也。」

一闻有蒙古人，即弃地回来，自称身不当政，与我何干？因此，众贝勒诸弟皆不爱之，然为父我不能绝其爱而恕之也。」

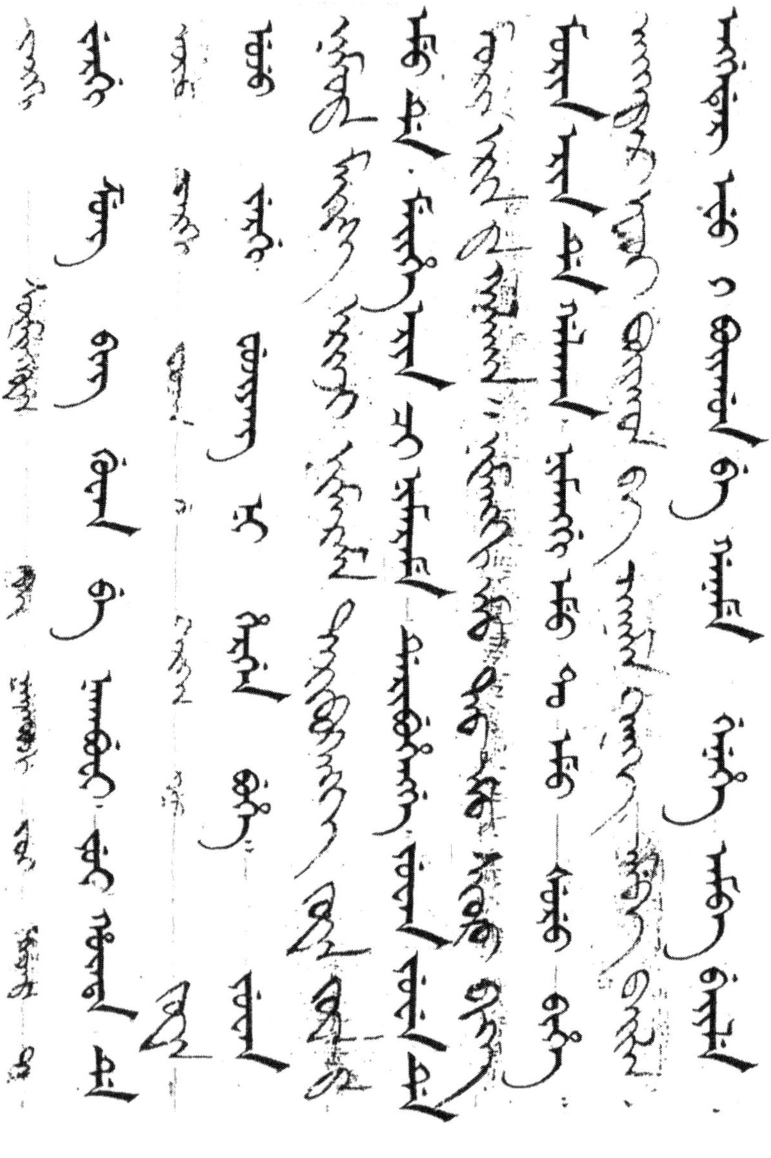

jergi dzung bing guwan be nakabufi, jui hūnta de uju jergi fujiyang ni hergen buhe. juwan emu de, meihe erin ci nimarame deribuhengge, juwan juwe de, morin erin de galaka. nimanggi emu to emu šuru bihe. enggeder efu i boigon be ganame genehe amba beile,

---

革其頭等總兵官，賜其子琿塔頭等副將之職。十一日，自巳時開始下雪。十二日，午時天晴。雪一扎一虎口。往取恩格德爾額駙戶口之大貝勒、

革其头等总兵官，赐其子珲塔头等副将之职。十一日，自巳时开始下雪。十二日，午时天晴。雪一扎一虎口。往取恩格德尔额驸户口之大贝勒、

amin beile, manggūltai beile, hong taiji beile, abatai taiji, degelei taiji, ajige taiji, jaisanggū taiji, jirgalang taiji, dodo taiji, yoto taiji, enggeder efu i tehe bade ice uyun i dobori dulifi, juwan de

---

阿敏貝勒、莽古勒泰貝勒、洪台吉貝勒、阿巴泰台吉、德格類台吉、阿濟格台吉、齋桑古台吉、濟爾哈朗台吉、多鐸台吉、岳托台吉，初九日於恩格德爾額駙駐地過夜，初十日，

阿敏贝勒、莽古勒泰贝勒、洪台吉贝勒、阿巴泰台吉、德格类台吉、阿济格台吉、斋桑古台吉、济尔哈朗台吉、多铎台吉、岳托台吉，初九日于恩格德尔额驸驻地过夜，初十日，

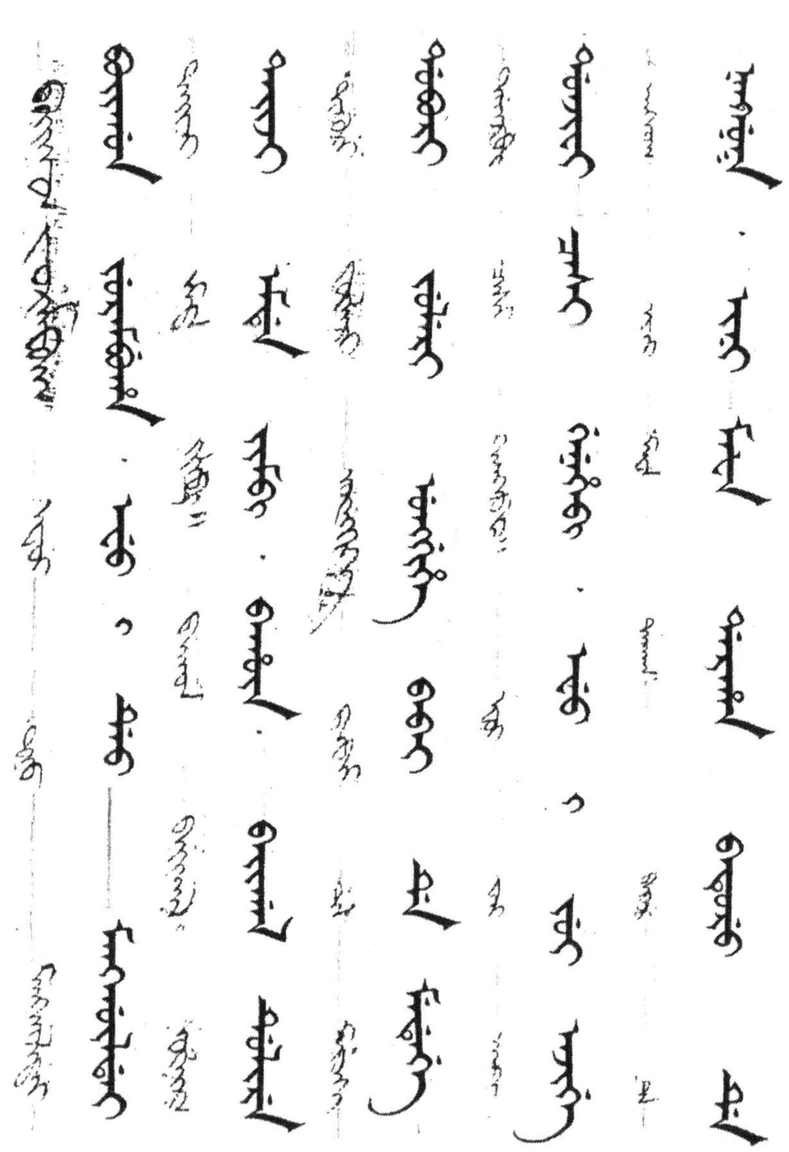

boigon jurambuha, efu i deo manggūldai taiji emde jimbi. bahūn, baigal dulire dobori juleri unggihe babai de medege donjifi casi genehebi. efu i jui ajige nangnuk, ini mafa darhan baturu de

---

攜戶口啟程。額駙之弟莽古勒岱同來。巴琿、拜噶勒已連夜前往先前遣往之巴拜處打聽信息。

携户口启程。额驸之弟莽古勒岱同来。巴珲、拜噶勒已连夜前往先前遣往之巴拜处打听信息。

二十二、散糧贍養

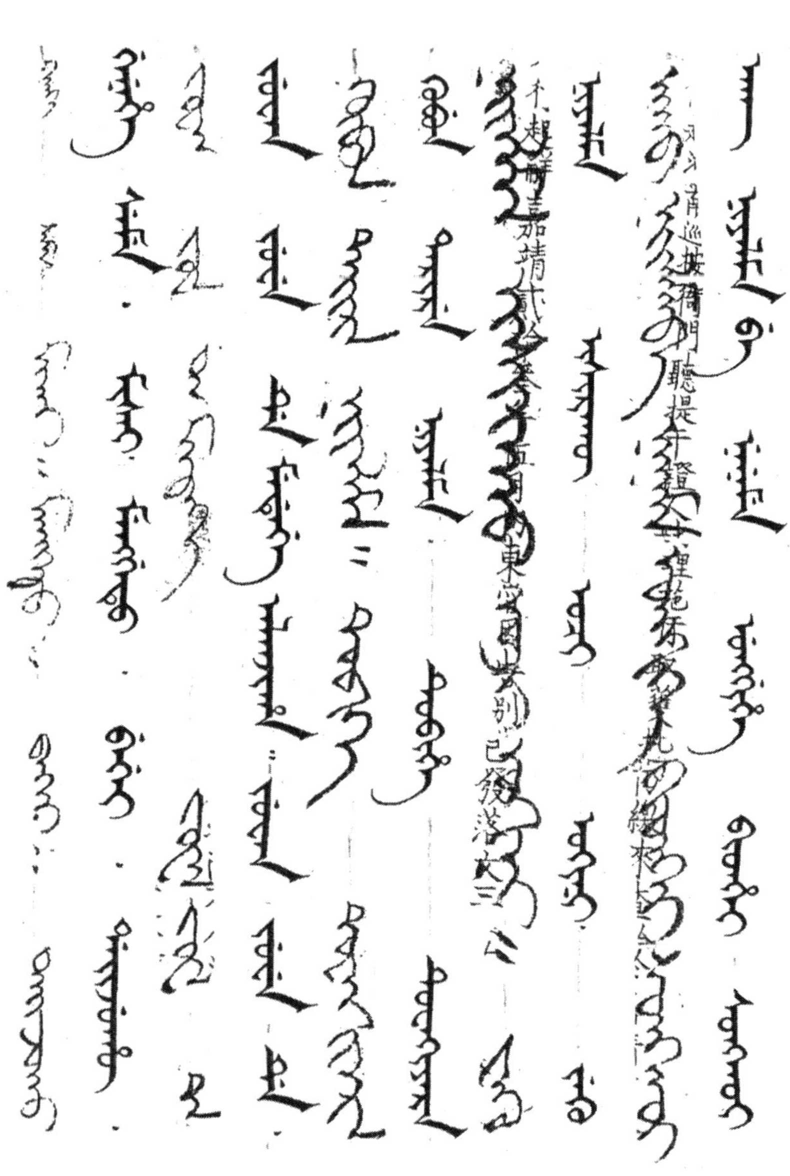

genehe seme, misai, menggetu, begei, daijuhū, juwan juwe de medege alanjiha. juwan juwe de, kubun tarire niyalma, tubihe tuwakiyara niyalma isirakū oci okini. jeku akū niyalma be neneme unggihe bithei songkoi

---

十二日，米賽、孟格圖、伯格依、戴珠虎來報：額駙之子小囊努克已前往其祖父達爾漢巴圖魯處信息。十二日，種棉之人、看守果樹之人若不敷，則聽憑之。無糧之人，按照先前發去之文辦理；

十二日，米赛、孟格图、伯格依、戴珠虎来报：额驸之子小囊努克已前往其祖父达尔汉巴图鲁处信息。十二日，种棉之人、看守果树之人若不敷，则听凭之。无粮之人，按照先前发去之文办理；

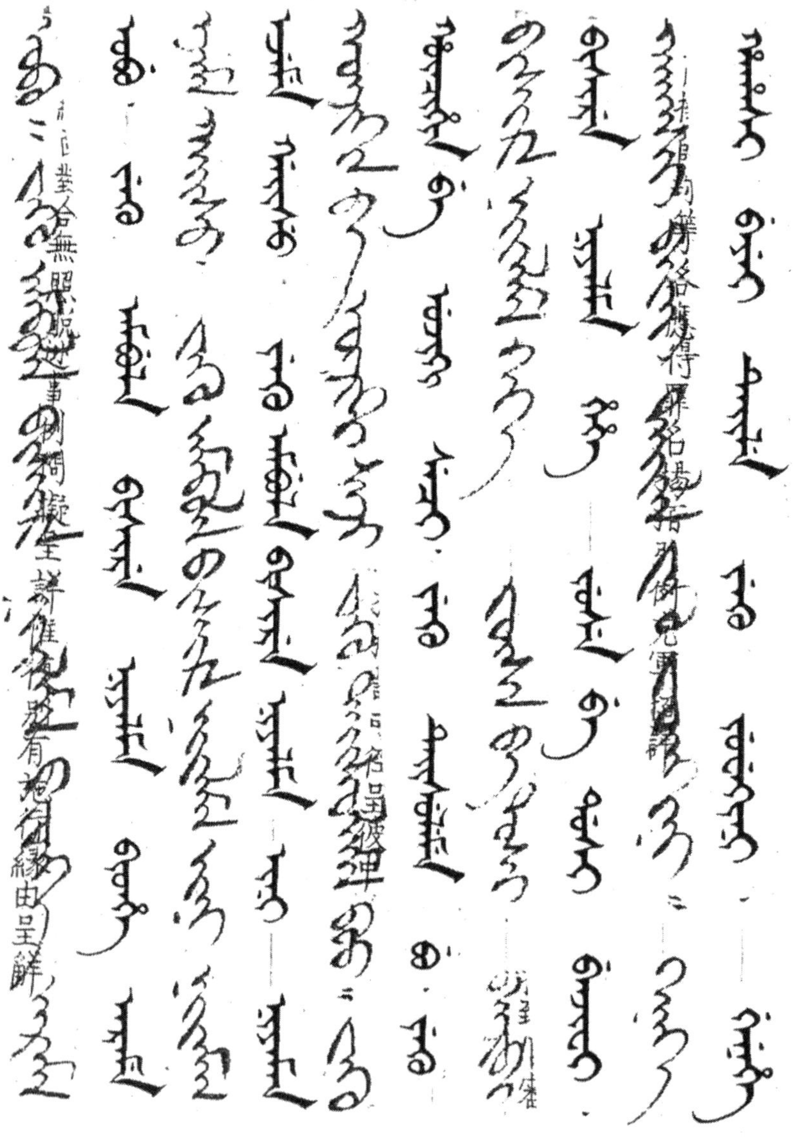

obu, jeku ambula bisire niyalma bithe arame ejeme gaisu. jeku ambula bisire niyalma ini niyaman hūncihin be ujiki seci, jeku teisuleme bu. jeku bisire niyalma hehe juse be dosi benjifi, hahasi beyei teile jeku juwekini. genehe

---

糧多之人，造具清冊徵收。糧多之人倘若欲贍養其親戚，則相稱給糧。有糧之人將其婦孺送入界內，僅以眾男丁運糧，

粮多之人，造具清册征收。粮多之人倘若欲赡养其亲戚，则相称给粮。有粮之人将其妇孺送入界内，仅以众男丁运粮，

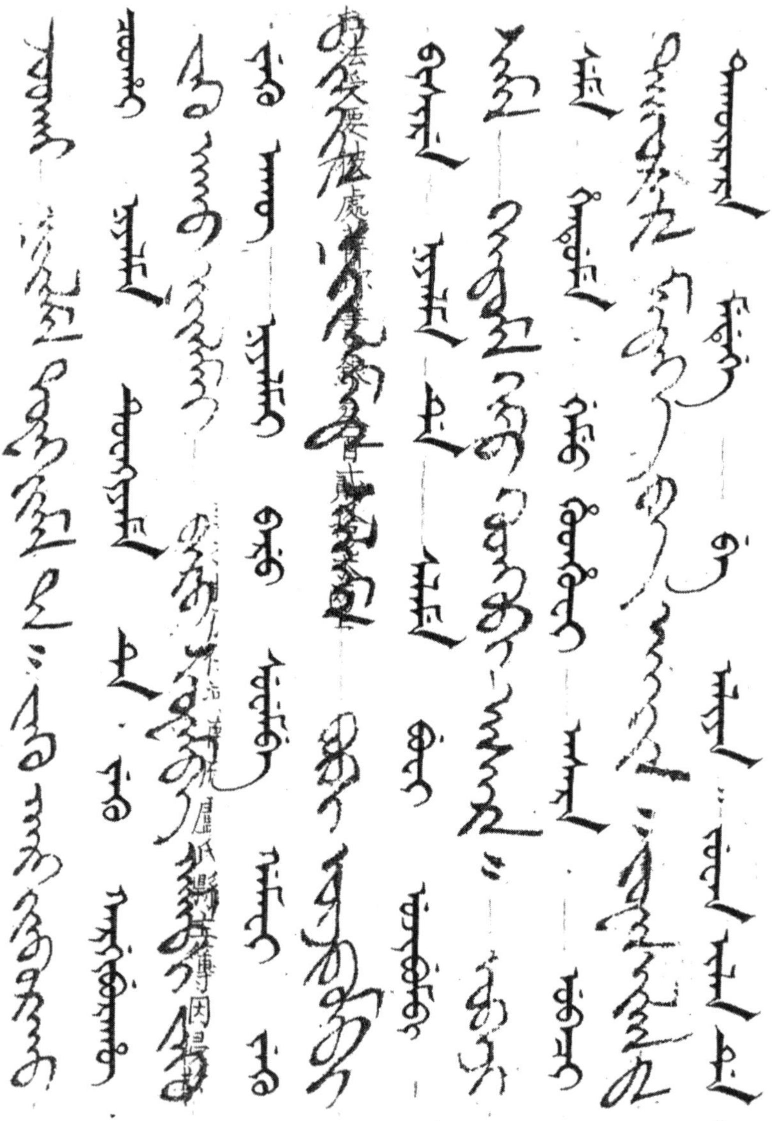

coohai niyalma tuwakiyame te. jeku kargiburahū, jeku akū niyalmai baru suwembe gamafi jeku bisire niyalma de salame bufi ujibumbi seme hendume, gemu huthufi asara, ubaci takūrara medege be aliya. juwan ilan de,

---

令前往兵丁駐守。恐糧被劫，特曉諭無糧之人，將爾等執拏散給有糧之人贍養，皆綑綁拘留，以待此地所發信息。十三日，

令前往兵丁驻守。恐粮被劫，特晓谕无粮之人，将尔等执拏散给有粮之人赡养，皆捆绑拘留，以待此地所发信息。十三日，

han hendume, jeku akū niyalma be bata kimun seme gūnicina. tere muse de ai gucu. nikari, dainju, burantai, suwe g'ai jeo de kubun tarire, tubihe ujire ilan minggan juwe tanggū haha isirakū seme jasihabi. suweni

---

汗曰：「以無糧之人為仇敵也，彼等與我等為何友？尼喀里、達音珠、布蘭泰，爾等寄信稱蓋州種棉、養果樹之男丁不敷三千二百人。

汗曰：「以无粮之人为仇敌也，彼等与我等为何友？尼喀里、达音珠、布兰泰，尔等寄信称盖州种棉、养果树之男丁不敷三千二百人。

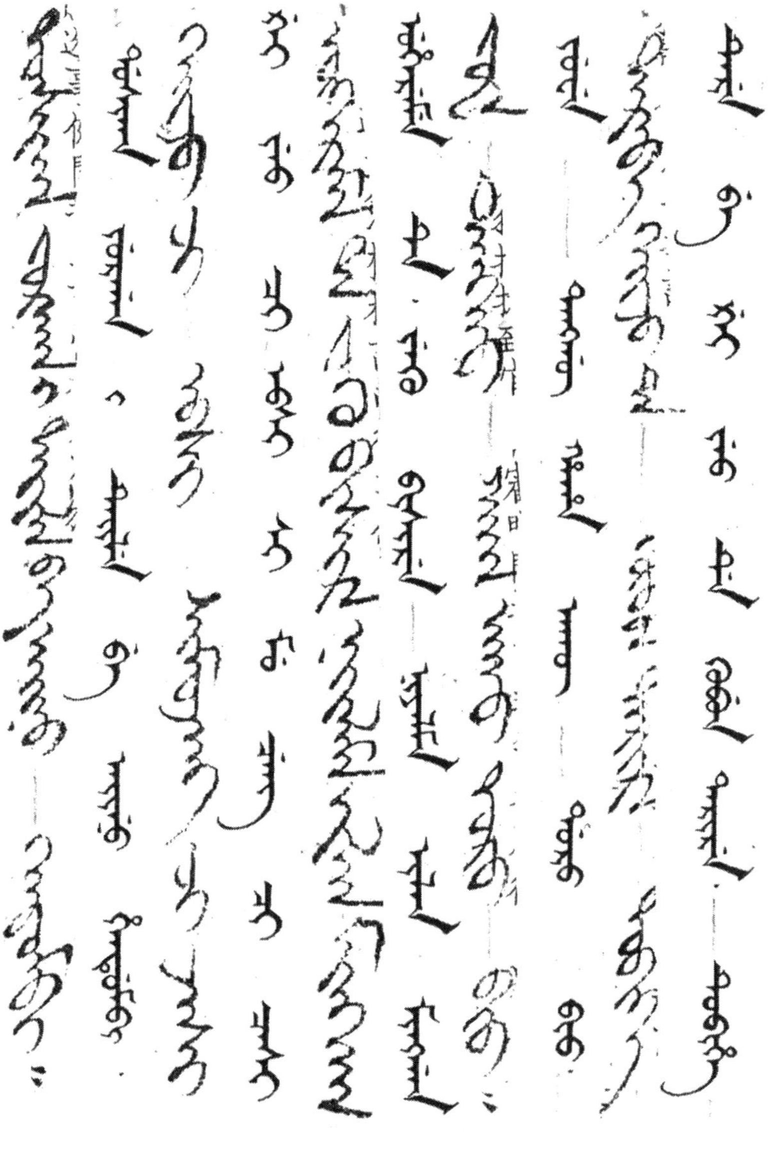

dosika jurgan i teile be ainu hendumbi. g'ai jeo ci ebsi si mu ceng ci casi uhereme te, jeku bisire niyalma ilan minggan juwe tanggū haha akū doro bio. tere be g'ai jeo de kubun tarire, tubihe

---

為何只說爾等任內之事？自蓋州至此，自析木城至彼所有居住有糧之人，豈有不敷三千二百男丁之理耶？當令彼等進入蓋州種棉、看守果木。」

为何只说尔等任内之事？自盖州至此，自析木城至彼所有居住有粮之人，岂有不敷三千二百男丁之理耶？当令彼等进入盖州种棉、看守果木。」

二十三、捕魚耕田

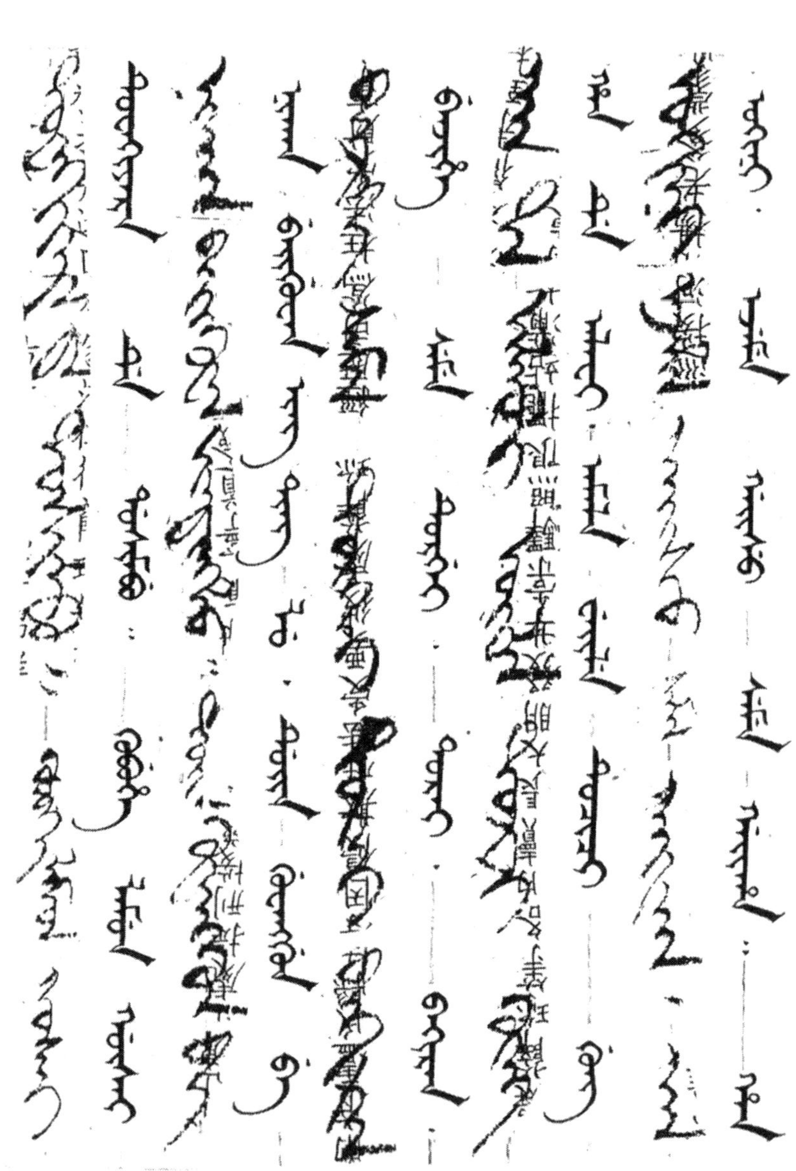

tuwakiyara de dosimbu. kubuhe lamun gūsai nikan beiguwan ing ting lu, duin guwanggun be benjihe seme turgei, torai, bakiran, han de alafi, amala weile tucici gung okini, ejeme gaisu seme gaiha. han

---

鑲藍旗漢備禦官嬴廷祿送來光棍四名，由圖爾格依、托賴、巴齊蘭稟報汗。汗曰：「日後有罪，則注銷此功。」遂記錄之。

镶蓝旗汉备御官嬴廷禄送来光棍四名，由图尔格依、托赖、巴齐兰禀报汗。汗曰：「日后有罪，则注销此功。」遂记录之。

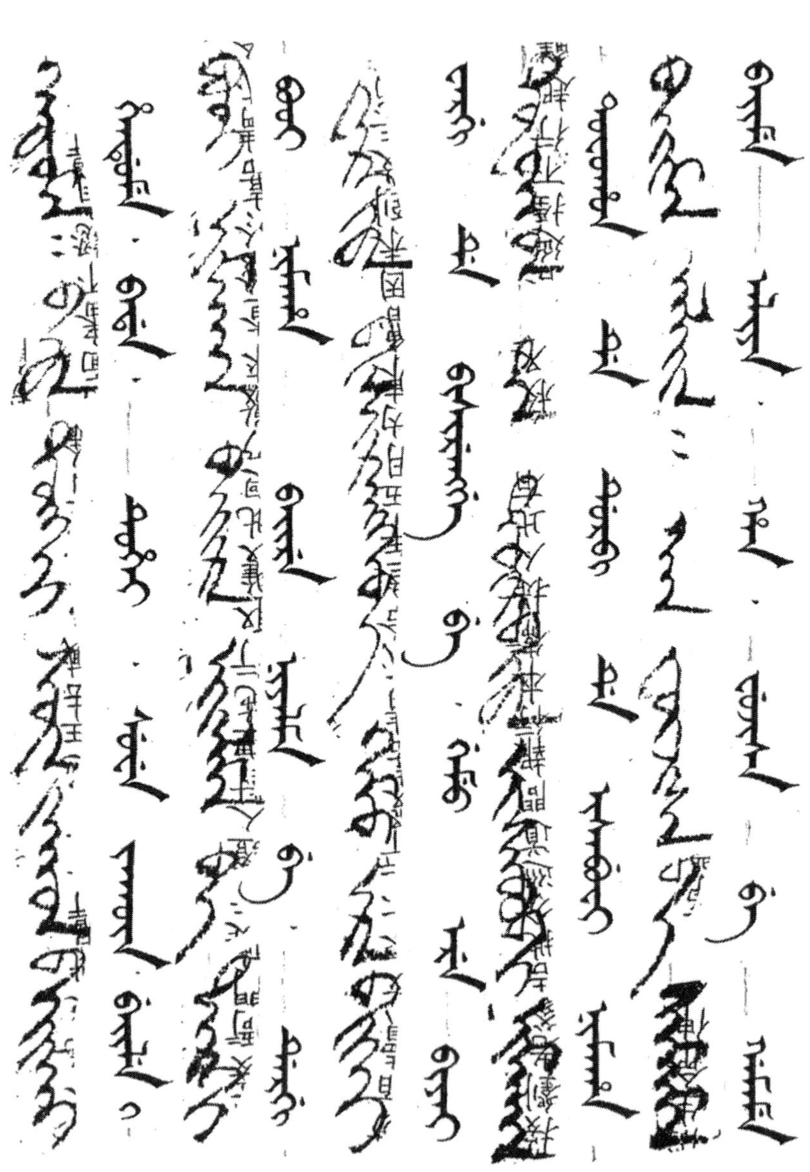

hendume, bada, tuhei suwe jakūn beile i booi nimaha baire niyalma be, dergi wargi de bisirengge be, gemu ere biyai tofohon de durbi de isabufi nimaha baime aliya. han, fujisa be gamame

---

汗曰：「巴達、圖黑，著爾等將八貝勒之捕魚人，不論在東在西所有之人，皆於本月十五日聚集在都爾鼻，以待捕魚。」汗將攜眾福晉前往。

汗曰：「巴达、图黑，着尔等将八贝勒之捕鱼人，不论在东在西所有之人，皆于本月十五日聚集在都尔鼻，以待捕鱼。」汗将携众福晋前往。

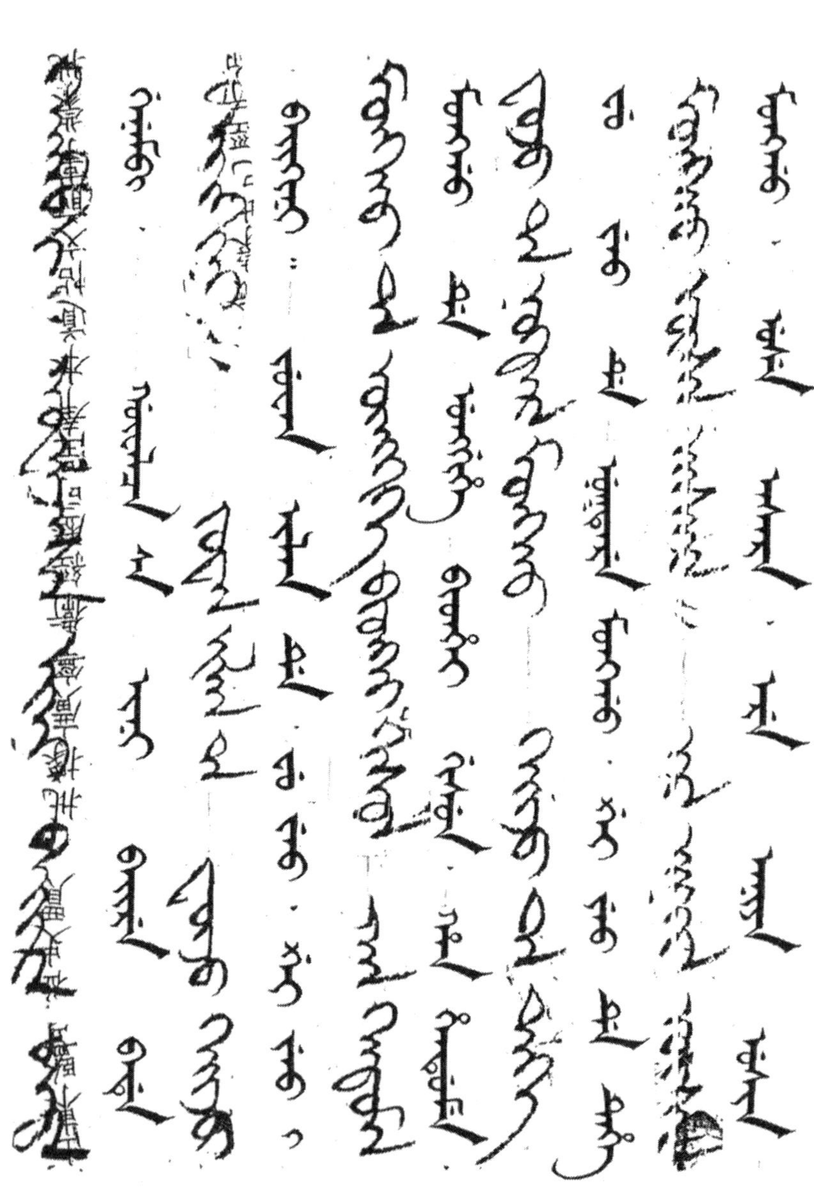

genembi. gūwalca sa ini baire bade baikini. juwan ilan de, fu jeo, g’ai jeo i monggo de unggihe bithei gisun, han hendume, fu jeo de nuktere monggo, g’ai jeo de tehe monggo, use asara, ere aniya usin

---

著卦勒察等於其捕魚處捕之。十三日，致書復州、蓋州之蒙古曰：「奉汗諭：著遊牧於復州之蒙古及居住於蓋州之蒙古，須收貯種子[10]，以備本年耕種，

着卦勒察等于其捕鱼处捕之。十三日，致书复州、盖州之蒙古曰：「奉汗谕：着游牧于复州之蒙古及居住于盖州之蒙古，须收贮种子，以备本年耕种，

---

10 種子，《滿文原檔》寫作“üsa(e)”，《滿文老檔》讀作“use”。按滿文“use”與蒙文“üres”係同源詞，意即「種子」。其演變過程：“üres”（蒙文，複數形）→“ürs”（口語）→“use”（滿文，r 輔音脫落，補充元音 e）。

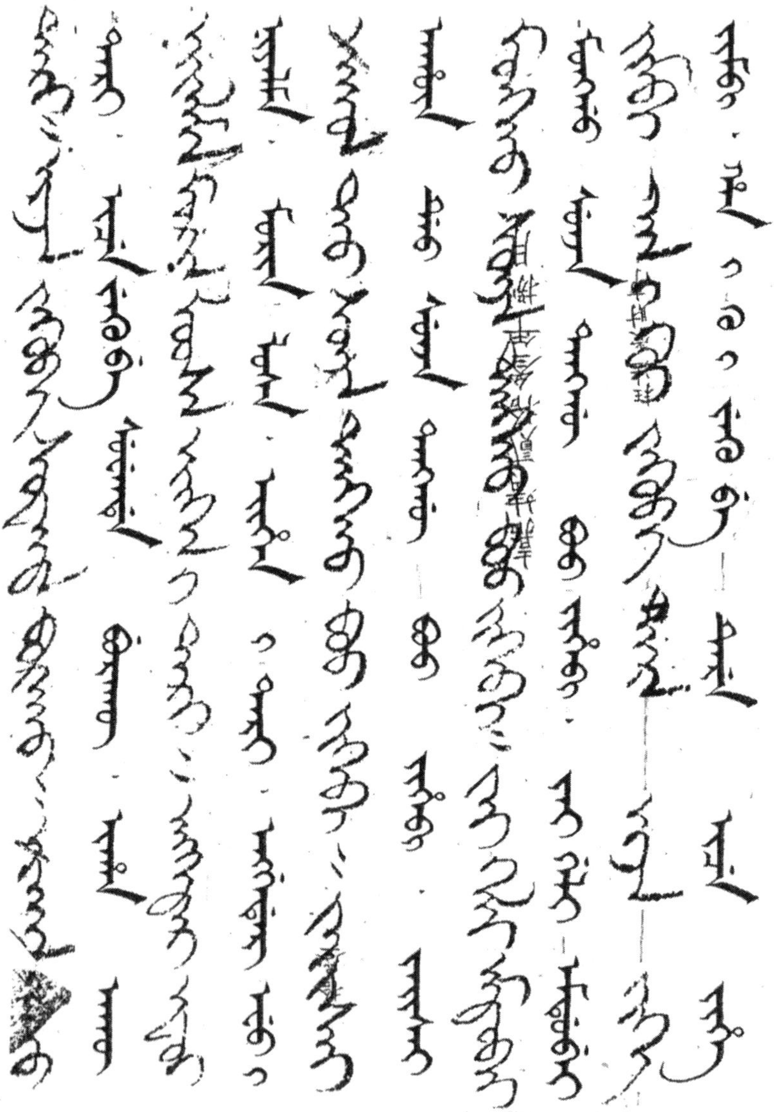

tari, ice jeku be suwende burakū, ihan akū niyalma, morin, losa, eihen i tari. enggeder efu i ahūn deo sunja tanggū boo jihebi. jaisai monggo sunja tanggū boo jihebi. jai geli emdubei jimbi. han i ku i jeku be tere ice jihe

---

不發給爾等新糧。無牛之人，以馬、騾、驢耕種。恩格德爾額駙之兄弟五百家已來，齋賽蒙古五百家已來，再者，又將有頻頻前來之人。汗庫之糧，

不发给尔等新粮。无牛之人，以马、骡、驴耕种。恩格德尔额驸之兄弟五百家已来，斋赛蒙古五百家已来，再者，又将有频频前来之人。汗库之粮，

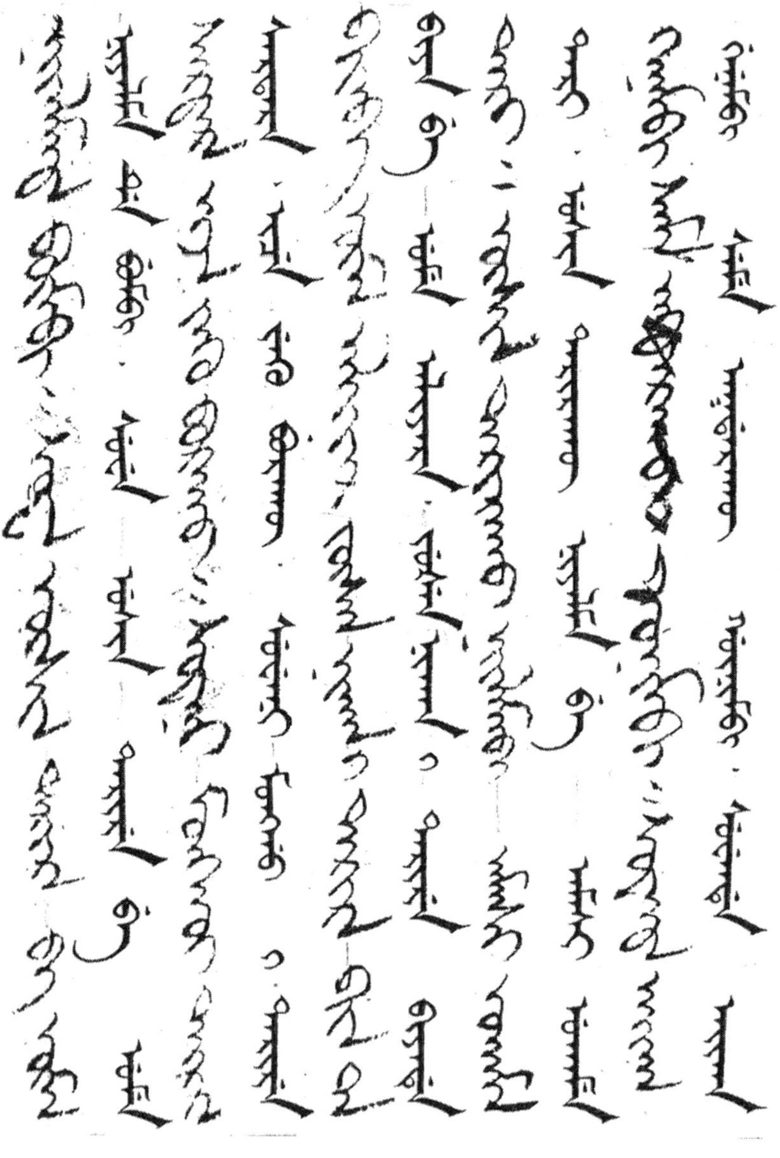

niyalma de bumbi. suwe usin tarire be ume sartara, ice jeku burakū, suweni monggo i tarire biya be ume aliyara, jušen nikan i tarire biyade tari. usin tarirakū niyalma be amasi ukame genembi seme akdarakū gūnimbi. suwende aika

---

將給與新來之人。爾等勿誤農時。不給新糧。勿候爾等蒙古之耕種月份，當按諸申、漢人之耕種月份耕種。不耕田之人，被認為意欲逃回而不予信任。

将给与新来之人。尔等勿误农时。不给新粮。勿候尔等蒙古之耕种月份，当按诸申、汉人之耕种月份耕种。不耕田之人，被认为意欲逃回而不予信任。

二十四、迎接額駙

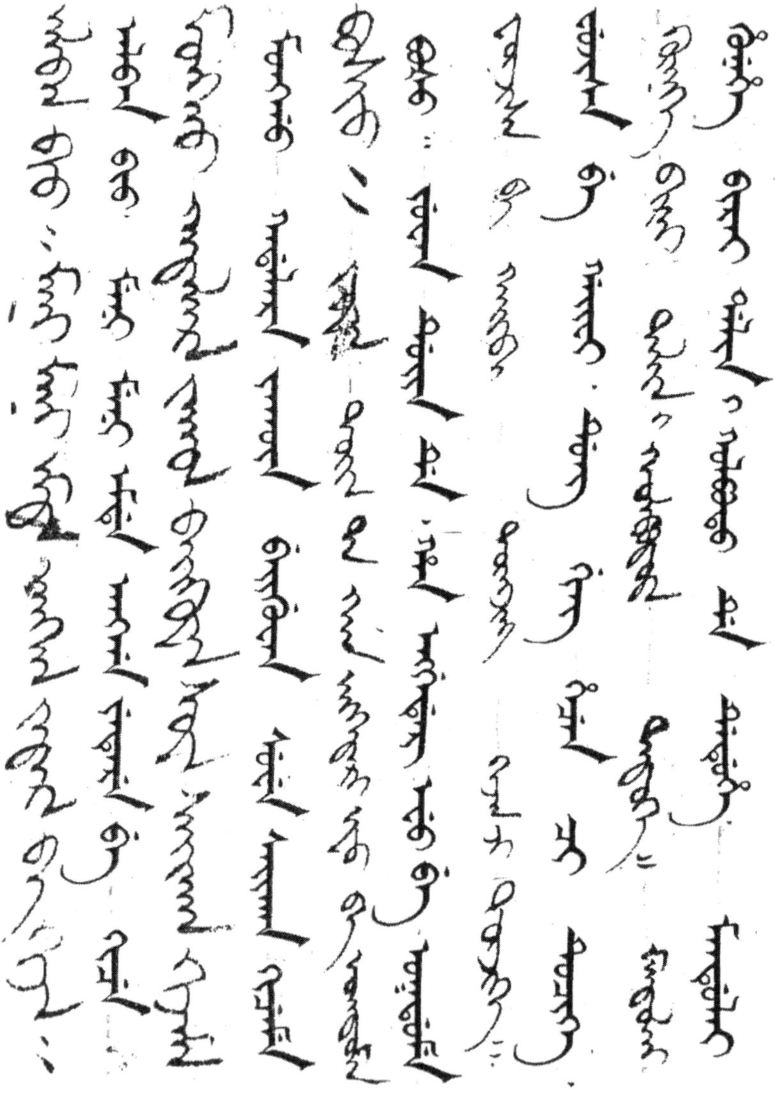

alban bio. meni meni emde angga jetere be kice. monggo kadalara jakūn beiguwan suwe saikan kiceme bošo. juwan duin de, han, enggeder efu be okdome fujisa be gaifi, dung ging hecen ci tucike, hunehe birai dalin i kolpoto de deduhe. mandulai

---

爾等有何正賦？爾等各自當勤於糊口之食。蒙古所轄八備禦官，爾等當妥善勤於督催。」十四日，汗率眾福晉出東京城，往迎恩格德爾額駙，宿於渾河岸之科勒坡托。

尔等有何正赋？尔等各自当勤于糊口之食。蒙古所辖八备御官，尔等当妥善勤于督催。」十四日，汗率众福晋出东京城，往迎恩格德尔额驸，宿于浑河岸之科勒坡托。

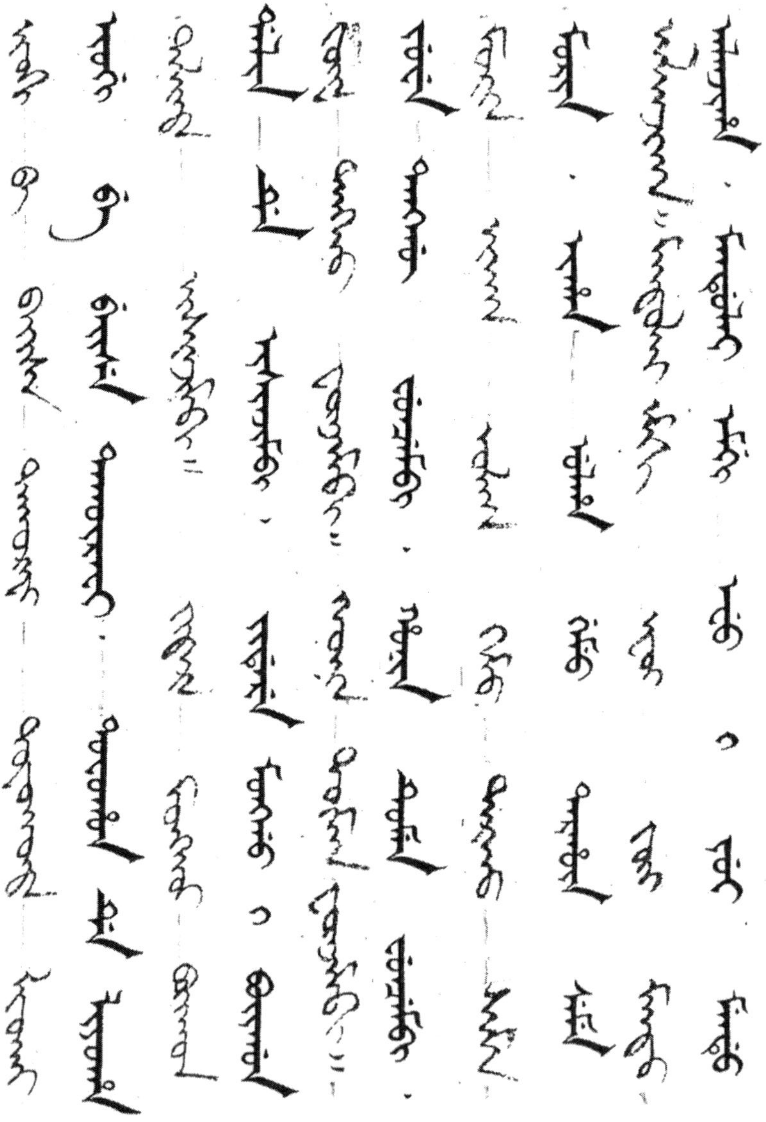

iogi be beise takūrafi, tofohon de liyoha dalin de isinjimbi. jidere monggo i boigon juwe tanggū funcembi, honin tumen funcembi, morin, ihan, ulha gemu tarhūn seme alanjiha. mandulai emgi efu i jui mendu

---

諸貝勒遣滿都賴遊擊來報：「十五日，抵達遼河岸。前來之蒙古有二百餘戶，羊萬餘隻，馬、牛、牲畜皆肥壯。」

诸贝勒遣满都赖游击来报：「十五日，抵达辽河岸。前来之蒙古有二百余户，羊万余只，马、牛、牲畜皆肥壮。」

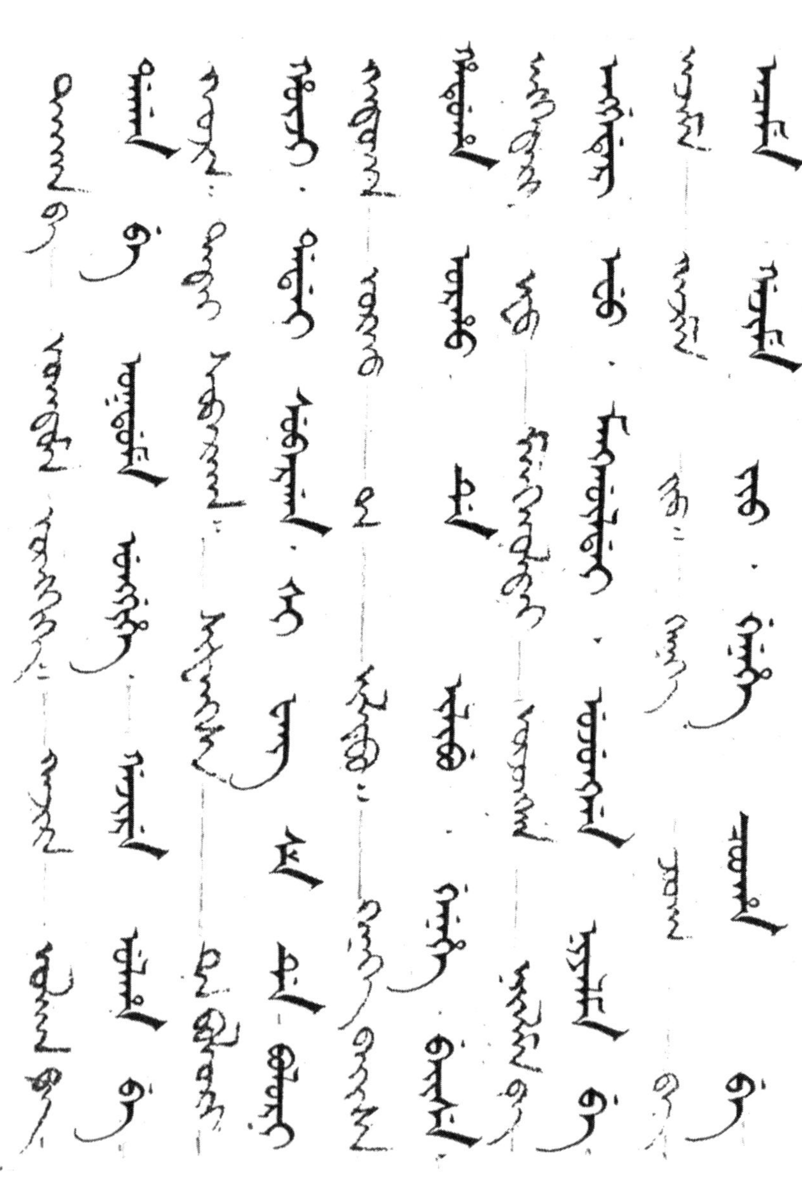

dagan be okdome unggihe, gajire ulha be hūji, dadai subargan, ši fang sy de, bolori haduha orho de ilibu. genehe beise, enggeder efu, manggūldai, ujungga niyalma be acame gajime jio. genehe cooha be

---

遂遣額駙之子門都達漢偕同滿都賴往迎，並令將所帶來之牲畜，以瑚濟、達岱塔、十方寺秋季所割之草餵養之。並命前往之諸貝勒與恩格德爾額駙、莽古勒岱及為首之人相會後帶來。

遂遣额驸之子门都达汉偕同满都赖往迎，并令将所带来之牲畜，以瑚济、达岱塔、十方寺秋季所割之草喂养之。并命前往之诸贝勒与恩格德尔额驸、莽古勒岱及为首之人相会后带来。

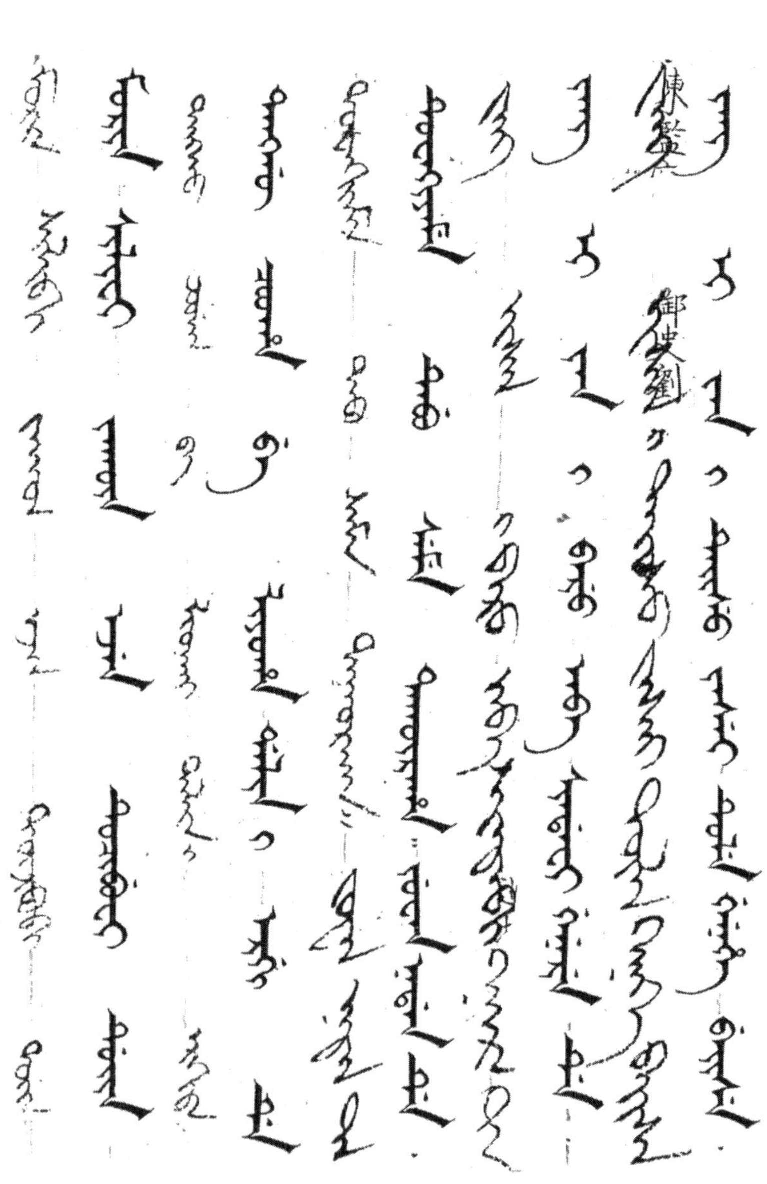

morin silifi, jakūn ejen tucibufi duin tanggū cooha be liyoha dalin i ergide tuwakiyame tebu seme takūraha. juwan nadan de, jang i jan i baru aba sindafi genere de, jang i jan i teisu jasei tule genehe beise,

---

令前往之兵精選馬匹，遣額真八名率兵四百名駐守遼河岸。十七日，前往彰儀站放圍時，前往彰儀站邊外之諸貝勒，

令前往之兵精选马匹，遣额真八名率兵四百名驻守辽河岸。十七日，前往彰仪站放围时，前往彰仪站边外之诸贝勒，

han de acanjiha. jasei tule ilan ba i dubede ebufi, monggo boo arafi, jakūn ihan wafi, jakūn dere dasafi sarin sarilara de, ici hashū ergi beise meni meni bade tehe manggi, enggeder efu,

---

來會見汗。於邊外三里下馬，搭蓋蒙古包，宰牛八頭，設席八桌。筵宴時，左右諸貝勒各自就位後，

来会见汗。于边外三里下马，搭盖蒙古包，宰牛八头，设席八桌。筵宴时，左右诸贝勒各自就位后，

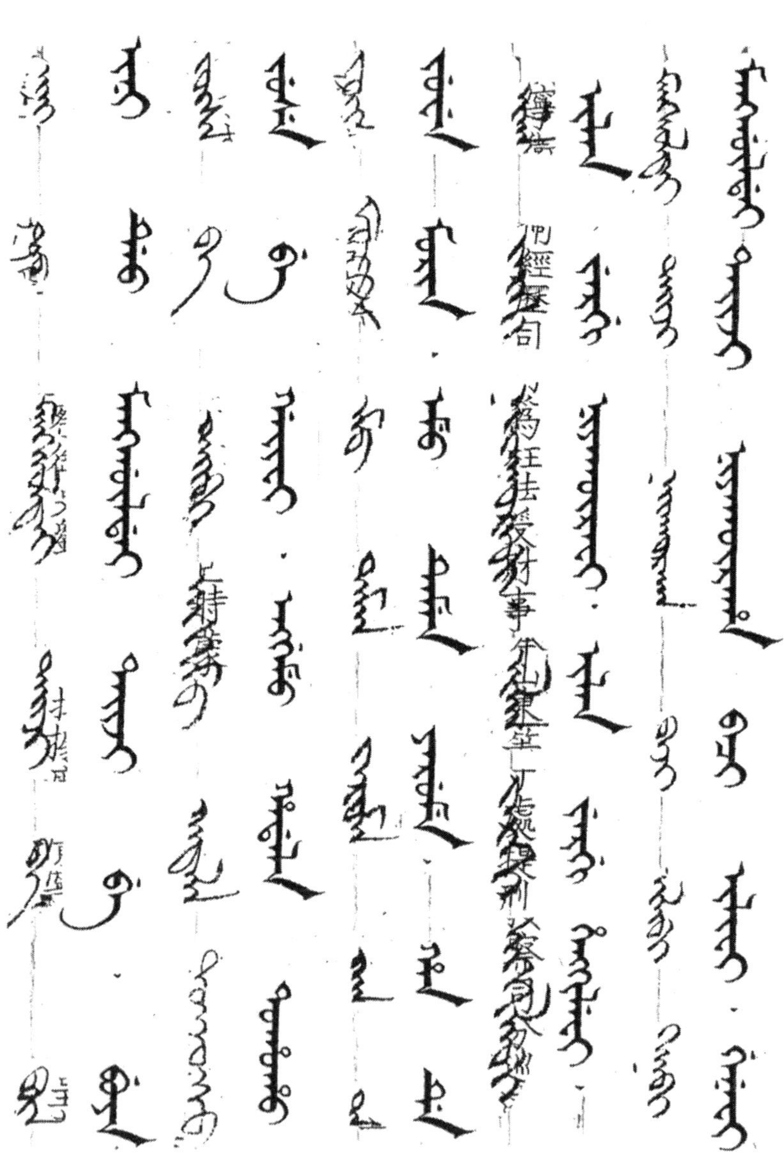

ini deo manggūldai taiji be, buya juse be gaifi, enggemu hadala tohoho juwe morin, emu temen yarume, han de ilan jergi niyakūrafi, ilan jergi hengkilefi, manggūldai taiji niyakūraha baci ilifi, genefi

---

恩格德爾額駙令其弟莽古勒岱台吉率諸孺子，引備鞍轡之馬二匹、駝一隻，向汗三跪三叩。莽古勒岱台吉自跪處起立，

恩格德尔额驸令其弟莽古勒岱台吉率诸孺子，引备鞍辔之马二匹、驼一只，向汗三跪三叩。莽古勒岱台吉自跪处起立，

han be tebeliyeme acaha, tereci buya juse emke emken i han be tebeliyeme acaha. acame wajiha manggi, enggeder efu be amba beile i adame tebuhe, manggūldai taiji be hong taiji beile i adame tebuhe, manggūldai sirame enggeder

---

上前與汗抱見，其次孺子一個一個地與汗抱見。會見畢，恩格德爾額駙由大貝勒陪坐，莽古勒岱台吉由洪台吉貝勒陪坐，

上前与汗抱见，其次孺子一个一个地与汗抱见。会见毕，恩格德尔额驸由大贝勒陪坐，莽古勒岱台吉由洪台吉贝勒陪坐，

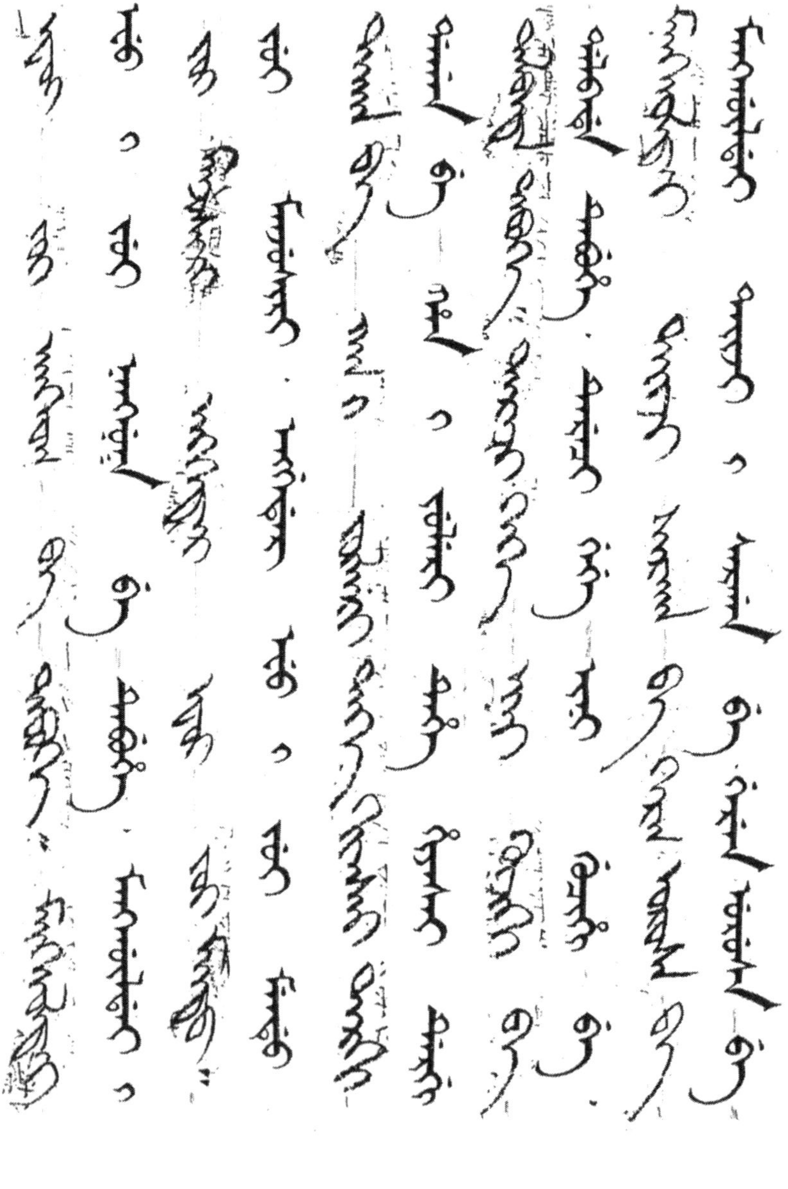

efu i jui nangnuk be tebuhe, manggūldai i jui manjusiri, enggeder efu i jui mendu dagan be han i juleri tehe hiyasai dergi dalbade tebuhe. tereci gege ini gucihi be, manggūldai taiji i sargan be, geren urusa be

---

恩格德爾額駙之子囊努克繼莽古勒岱而坐，命莽古勒岱之子滿珠西里、恩格德爾額駙之子門都達漢，坐於汗前侍衛等東側。其次，由格格率其姻妹、莽古勒岱台吉之妻、眾子媳，

恩格德尔额驸之子囊努克继莽古勒岱而坐，命莽古勒岱之子满珠西里、恩格德尔额驸之子门都达汉，坐于汗前侍卫等东侧。其次，由格格率其姻妹、莽古勒岱台吉之妻、众子媳，

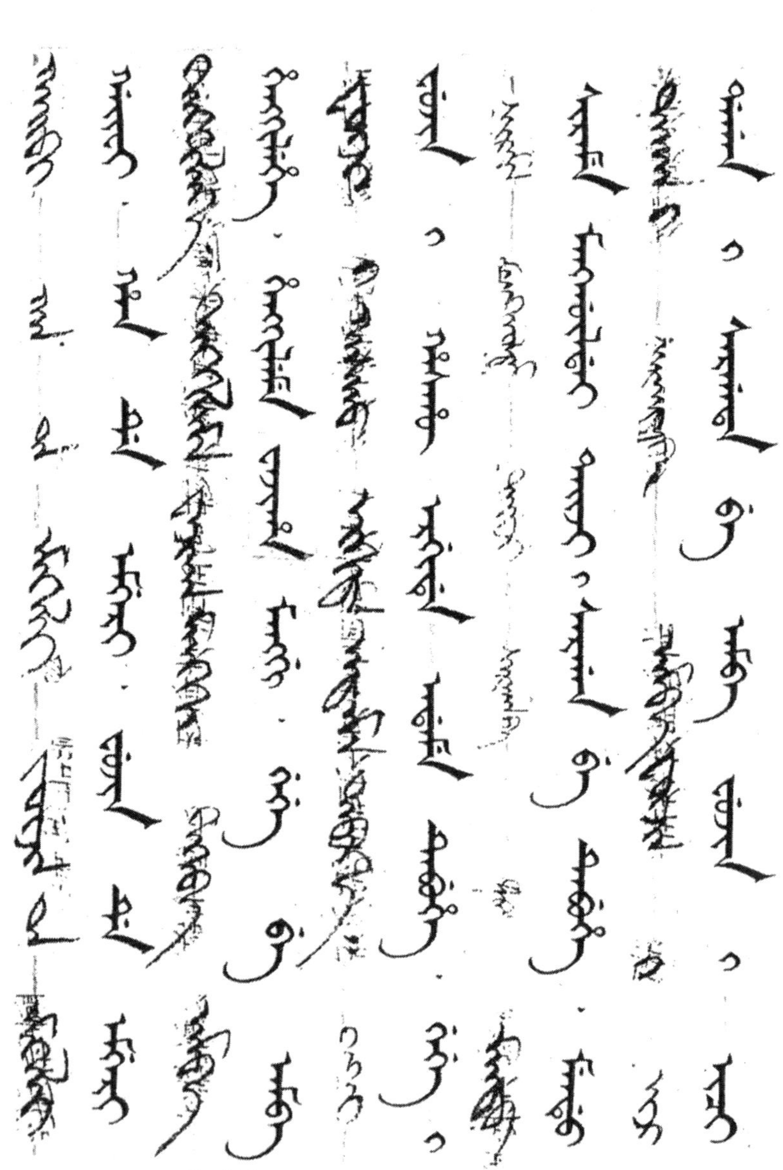

gaifi, han de emgeri, fujin de emgeri hengkilehe. hengkileme wajiha manggi, gege be amba fujin i hashū ergide adame tebuhe. gege i sirame manggūldai taiji sargan be tebuhe. mendu dagan i sargata be amba fujin i ici

---

向汗一叩，向福晉一叩。叩畢，格格陪坐於大福晉左側，繼格格之後為莽古勒岱台吉之妻就坐，門都達漢各妻坐於大福晉之右側。

向汗一叩，向福晋一叩。叩毕，格格陪坐于大福晋左侧，继格格之后为莽古勒岱台吉之妻就坐，门都达汉各妻坐于大福晋之右侧。

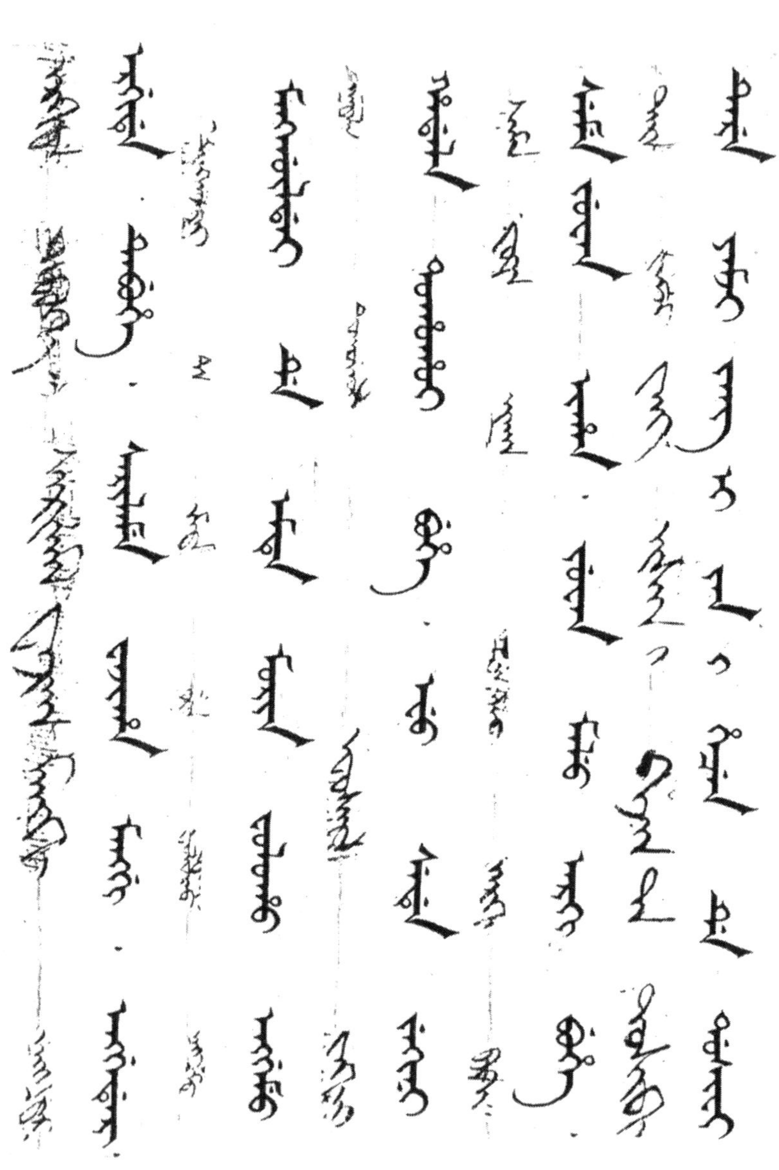

ergide tebuhe. sarilame wajiha manggi, enggeder, manggūldai de emte morin foloho enggemu hadala tohohoi buhe. efu sede jekini seme juwan ihan, juwan malu arki buhe. tere yamji jang i jan i hecen de dosifi

---

筵宴完後，賜恩格德爾、莽古勒岱馬各一匹，配以雕花鞍轡。為供額駙等食用，賜牛十頭、酒十瓶。是晚，進彰儀站城住宿。

筵宴完后，赐恩格德尔、莽古勒岱马各一匹，配以雕花鞍辔。为供额驸等食用，赐牛十头、酒十瓶。是晚，进彰仪站城住宿。

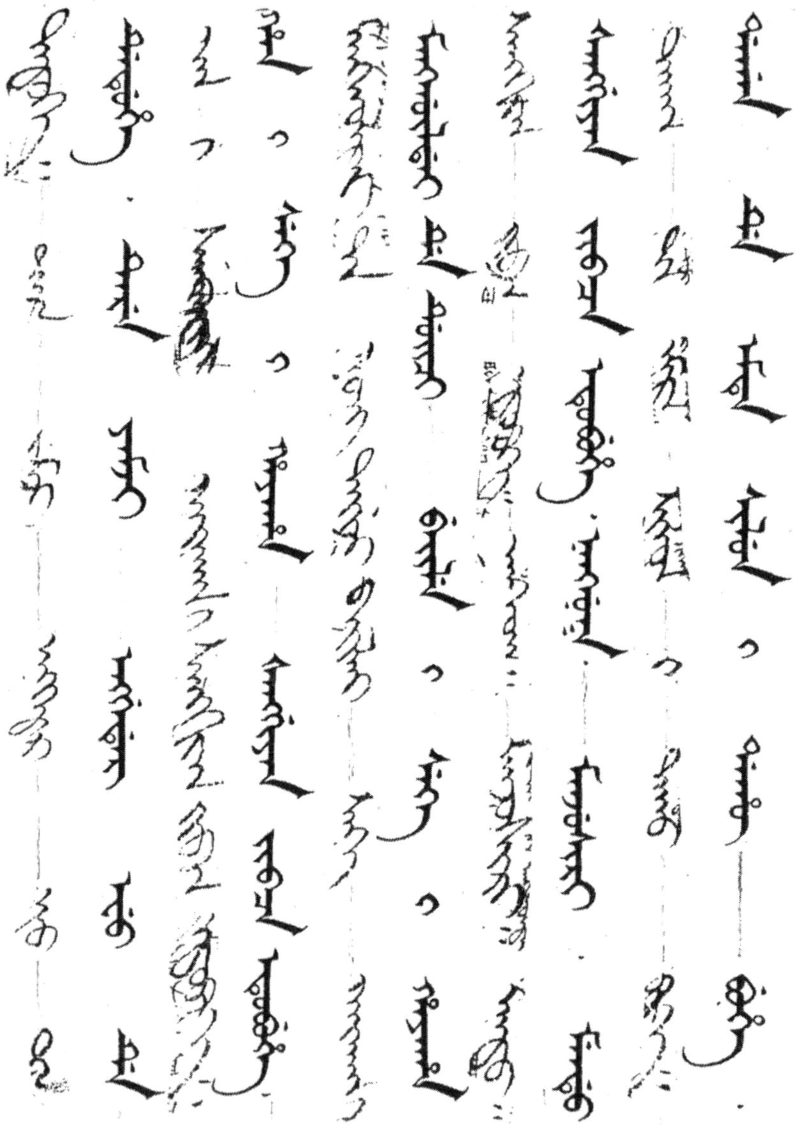

deduhe. tere yamji enggeder efu de han i seke i hayahan šanggiyan jibca etubuhe, manggūldai de hong taiji beile i seke i hayahan šanggiyan jibca etubuhe, nangnuk, manjusiri, mendu dagan de emte silun i dahū buhe.

是晚，賞恩格德爾額駙穿汗之貂鑲朝衣、白皮襖，莽古勒岱穿洪台吉貝勒之貂鑲朝衣、白皮襖，賞囊努克、滿珠西里、門都達漢猞猁猻皮端罩各一件。

是晚，赏恩格德尔额驸穿汗之貂镶朝衣、白皮袄，莽古勒岱穿洪台吉贝勒之貂镶朝衣、白皮袄，赏囊努克、满珠西里、门都达汉猞猁狲皮端罩各一件。

juwan uyun de, andala ilan ihan wame sarilafi dung ging de dosika. manggūldai eigen sargan be han i boode dosimbufi buda ulebuhe. orin de, han tucifi boo tuwafi boo tucibufi buhe. efu, manggūldai,

---

十九日，途中宰牛三頭筵宴後進入東京城。令莽古勒岱夫婦進入汗之家用餐。二十日，汗出視察房屋，賜與住屋。

十九日，途中宰牛三头筵宴后进入东京城。令莽古勒岱夫妇进入汗之家用餐。二十日，汗出视察房屋，赐与住屋。

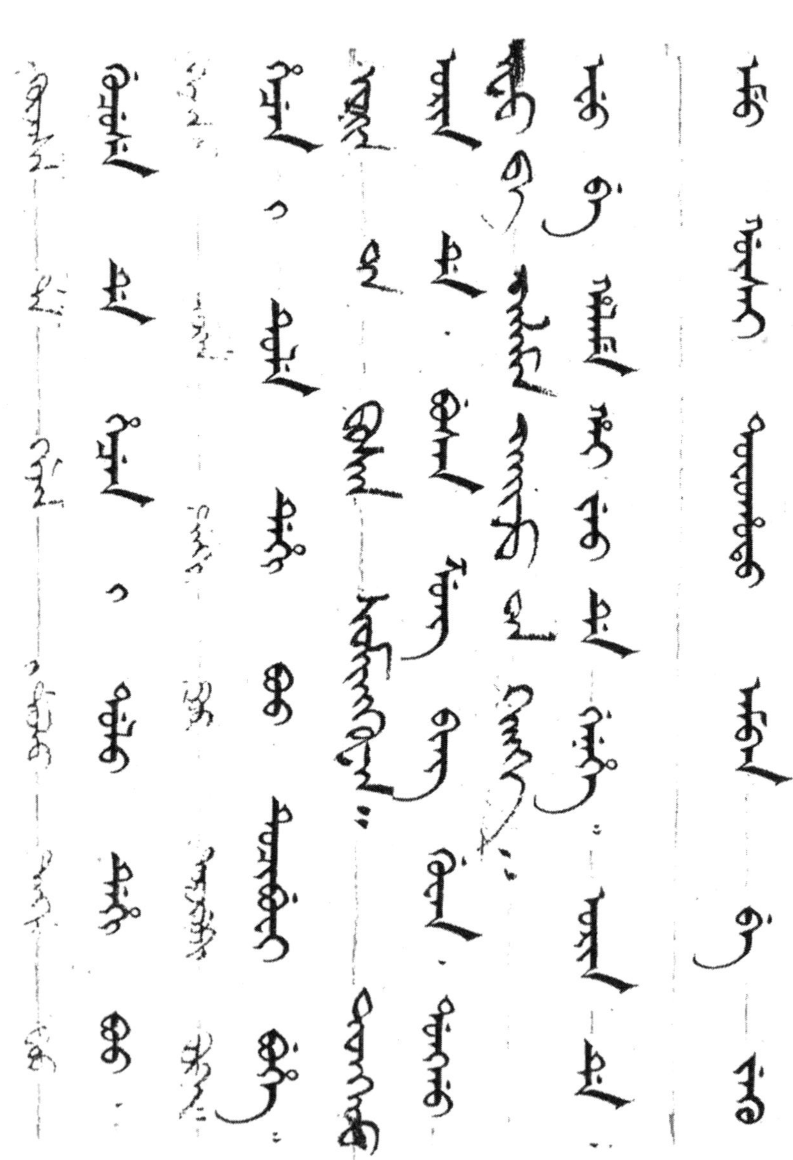

gucuse de hecen i dolo dehi boo, hecen i tule dehi boo tucibufi buhe. orin de, busan dzung bing guwan, donggo efu be halame hai jeo de genehe. orin de, emu gūsai tofohoto amban be jeku

---

賜額駙、莽古勒岱及其僚友城内房屋四十間，城外房屋四十間。二十日，布三總兵官前往海州，替換棟鄂額駙。二十日，每旗遣大臣十五員

赐额驸、莽古勒岱及其僚友城内房屋四十间，城外房屋四十间。二十日，布三总兵官前往海州，替换栋鄂额驸。二十日，每旗遣大臣十五员

二十五、冊報丁口

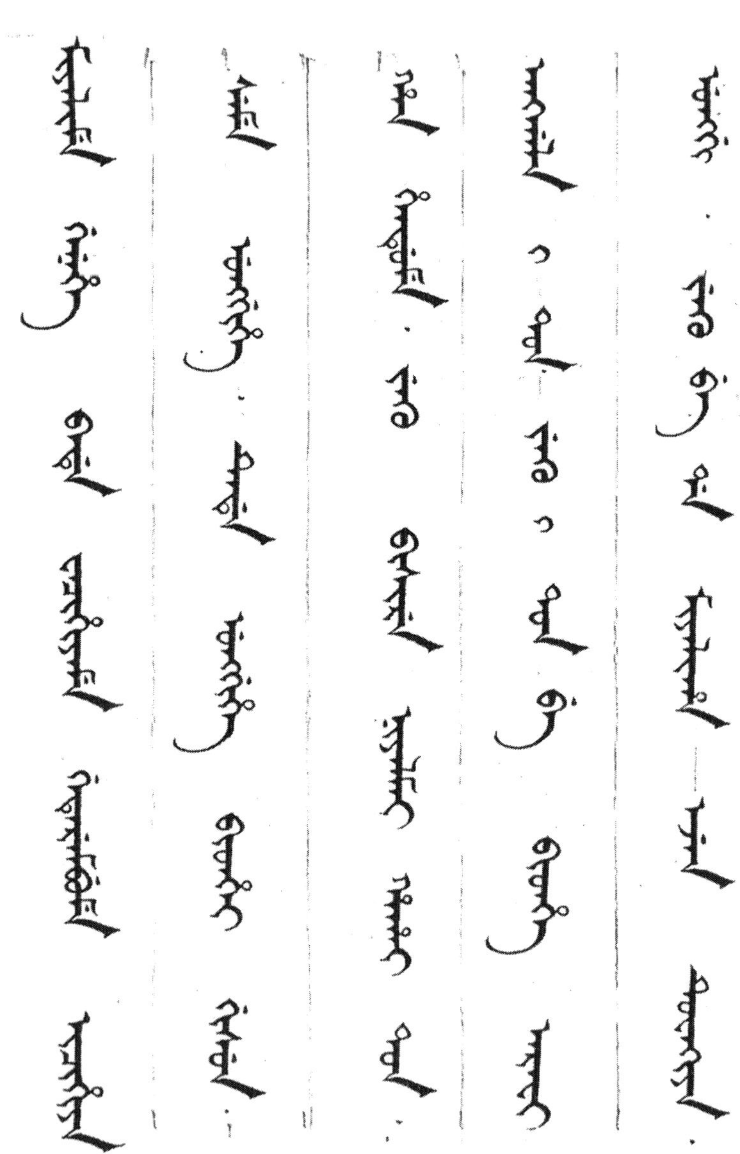

miyalime genehe bade wacihiyame geterembume icihiya seme unggihe. tede unggihe bithei gisun, han hendume, jeku bisire niyalmai hahai ton, anggala i ton, jeku i ton be bithe arafi unggi, jeku be da miyaliha ejen tuwakiya.

前往稱量糧食處，令其盡行辦竣。且致書曰：「奉汗諭：著將有糧人之男丁數、口數、糧數造冊報來。其糧食由原來照管稱量之主看守。

前往称量粮食处，令其尽行办竣。且致书曰：「奉汗谕：着将有粮人之男丁数、口数、粮数造册报来。其粮食由原来照管称量之主看守。

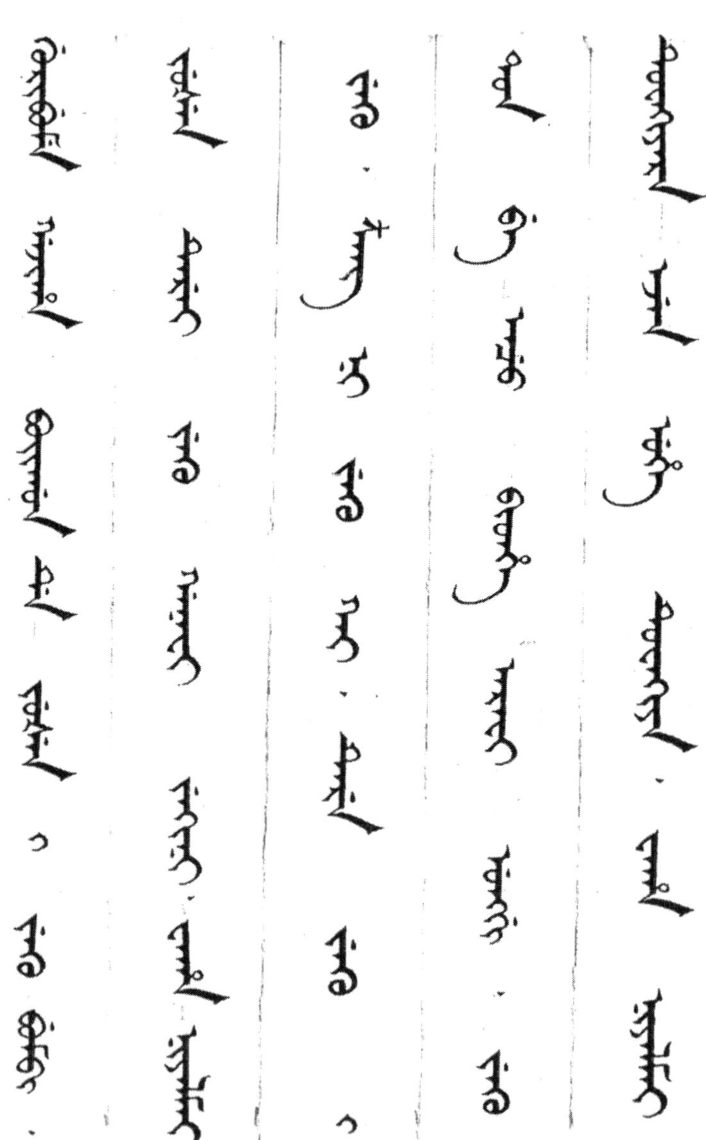

guribume gajiha boigon de jušen i jeku bumbi, jušen terei jeku ganafi jekini. waha niyalmai jeku, ts'ang ni jeku kai. tere jeku i ton be encu bithe arafi unggi, jeku tuwakiyara ejen uhe tuwakiya. waha niyalmai

---

遷來戶口，給以諸申之糧，令諸申往取其糧食用。被殺人之糧乃倉糧也，著將其糧數另造冊報來，由守糧之主共同看守。

迁来户口，给以诸申之粮，令诸申往取其粮食用。被杀人之粮乃仓粮也，着将其粮数另造册报来，由守粮之主共同看守。

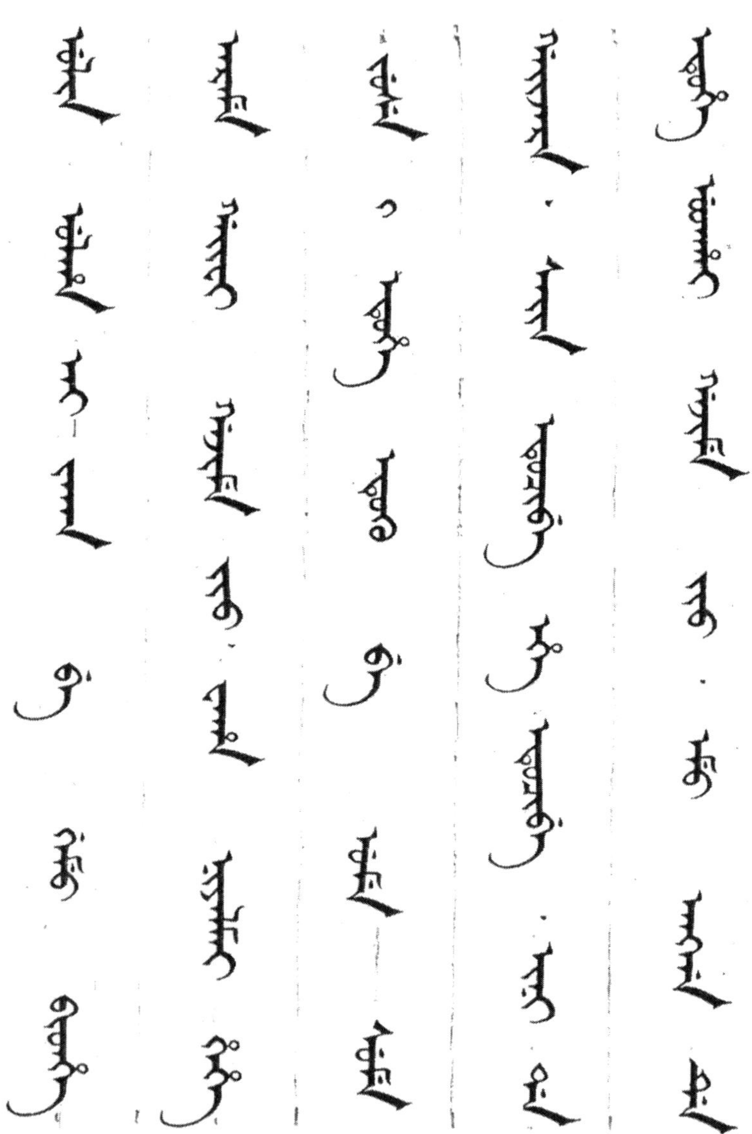

ulin, ulha, ai jaka be gemu bithe arame gaifi gajime jio. waha niyalmai hehe juse i etuhe etuku be ume sume gaijara, sain etucibe ehe etucibe, ini da etuhe uthai gajime jio. emu angga de

---

被殺人之財貨、牲畜及什物，皆造冊帶來。勿解取被殺人婦孺所穿之衣，不論其所穿好壞，即照其原來穿著帶來。

被殺人之財貨、牲畜及什物，皆造冊帶來。勿解取被殺人婦孺所穿之衣，不論其所穿好壞，即照其原來穿著帶來。

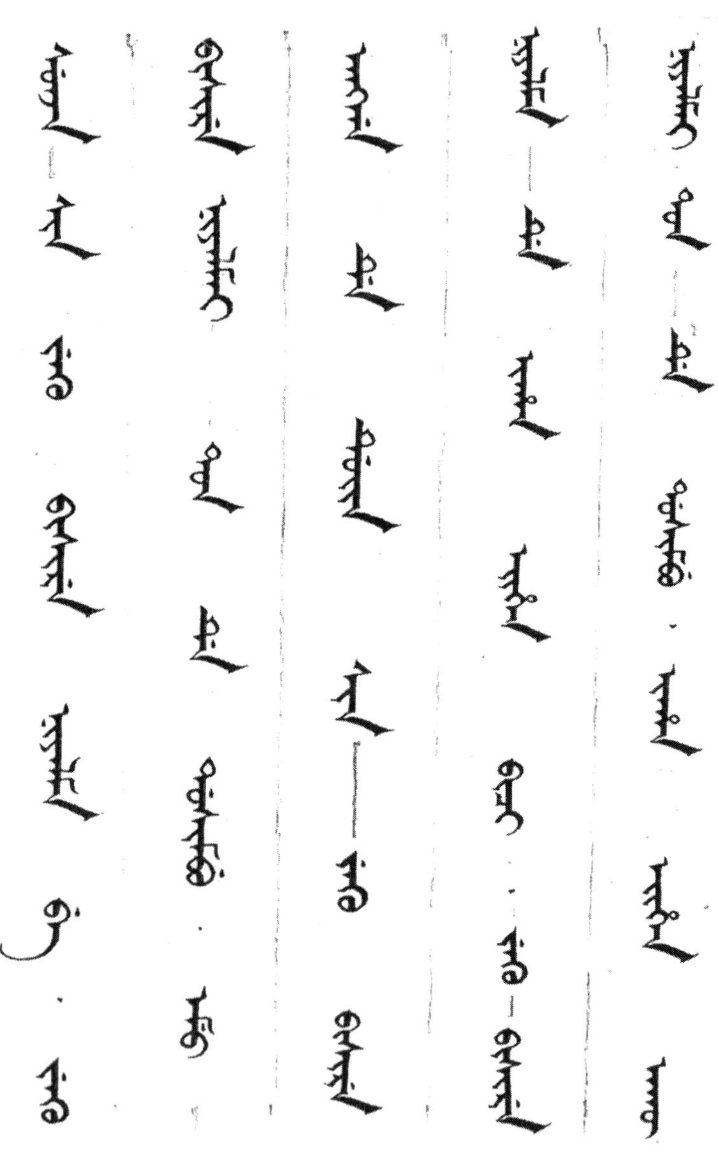

sunja sin jeku bisire niyalma be, jeku bisire niyalmai ton de dosimbu. emu angga de duin sin jeku bisire niyalma de ihan, eihen bici, jeku bisire niyalmai ton de dosimbu. ihan, eihen akū

一口有五斗糧之人，即列入有糧人之數內；一口有四斗糧之人，若有牛、驢，則列入有糧人之數內；

一口有五斗粮之人，即列入有粮人之数内；一口有四斗粮之人，若有牛、驴，则列入有粮人之数内；

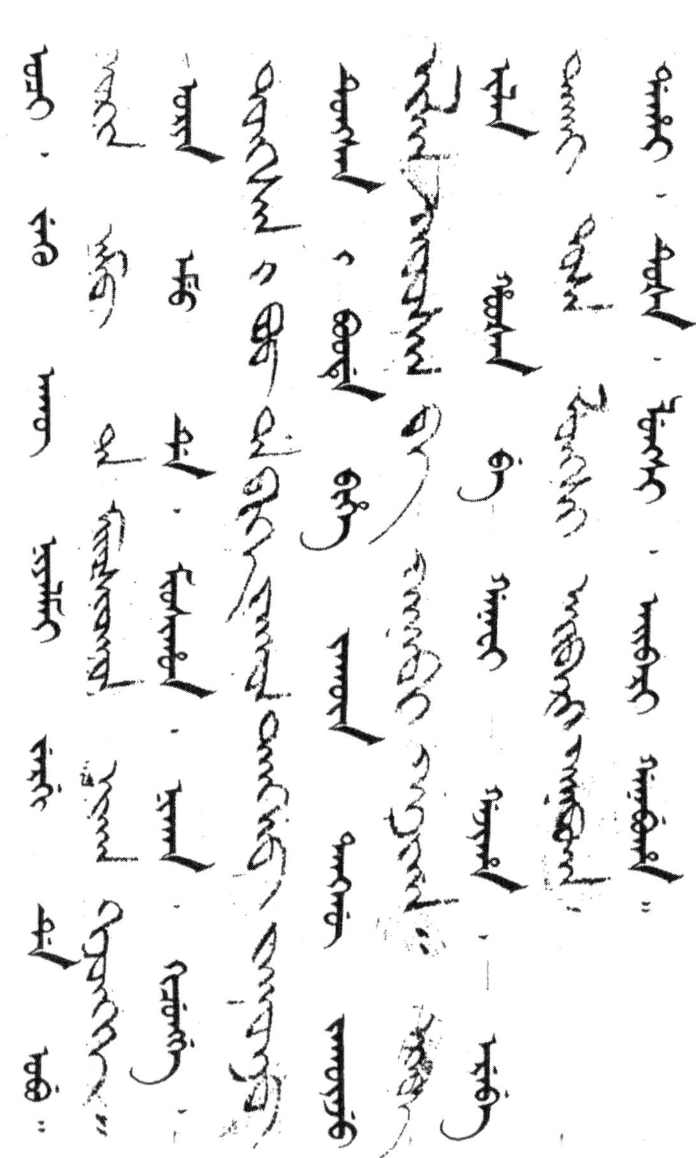

oci, jeku akū niyalmai jergide obu. orin emu de, miosihon, nikan, kicungge, tungsan i boode bihe jakūn tanggū jakūnju ilan hoošan be ganafi gajiha. erebe dahai, tuša, lungsi, aibari ganabuha.

若無牛驢，則列為無糧之人。」二十一日，繆希渾、尼堪、祁充格取佟山家存紙八百八十三刀而來。令達海、圖沙、龍什、愛巴里將此紙取去。

若无牛驴，则列为无粮之人。」二十一日，缪希浑、尼堪、祁充格取佟山家存纸八百八十三刀而来。令达海、图沙、龙什、爱巴里将此纸取去。

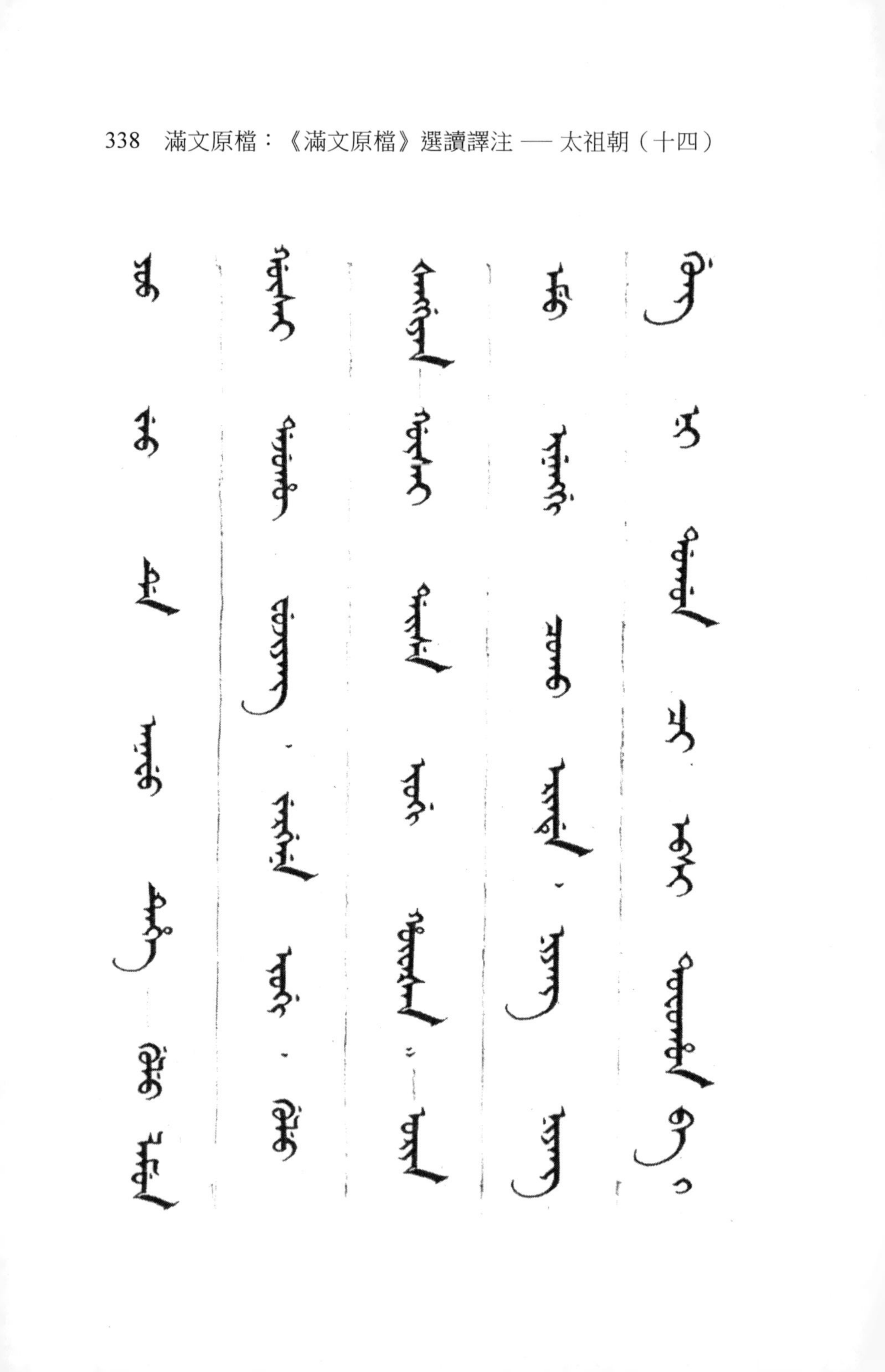

yoo jeo de anafu tehe gulu lamun gūsai dajuhū fujiyang, jergene iogi, gulu šanggiyan gūsai daise iogi hūwašan. orin emu inenggi coko erin de, niyang niyang gung ni dogon ci ebsi tofohon ba i

---

正藍旗達柱虎副將、哲爾格訥遊擊，正白旗代理遊擊華善戍守耀州。二十一日酉時，娘娘宮渡口這邊十五里處，

正蓝旗达柱虎副将、哲尔格讷游击，正白旗代理游击华善戍守耀州。二十一日酉时，娘娘宫渡口这边十五里处，

dubede, cahar i aohan i monggo juwan yafahan ninggun morin i niyalma, waliyaha gašan de teišun i jiha aika jaka baime jihe be, karun i niyalma safi data de alanjifi, amcafi duin morin gaihabi, juwe niyalma be

---

察哈爾敖漢蒙古有步行者十人、乘馬者六人，來到廢棄屯內尋覓銅錢諸物，哨探見後，來報各首領追趕，獲馬四匹，殺二人。

察哈尔敖汉蒙古有步行者十人、乘马者六人，来到废弃屯内寻觅铜钱诸物，哨探见后，来报各首领追赶，获马四匹，杀二人。

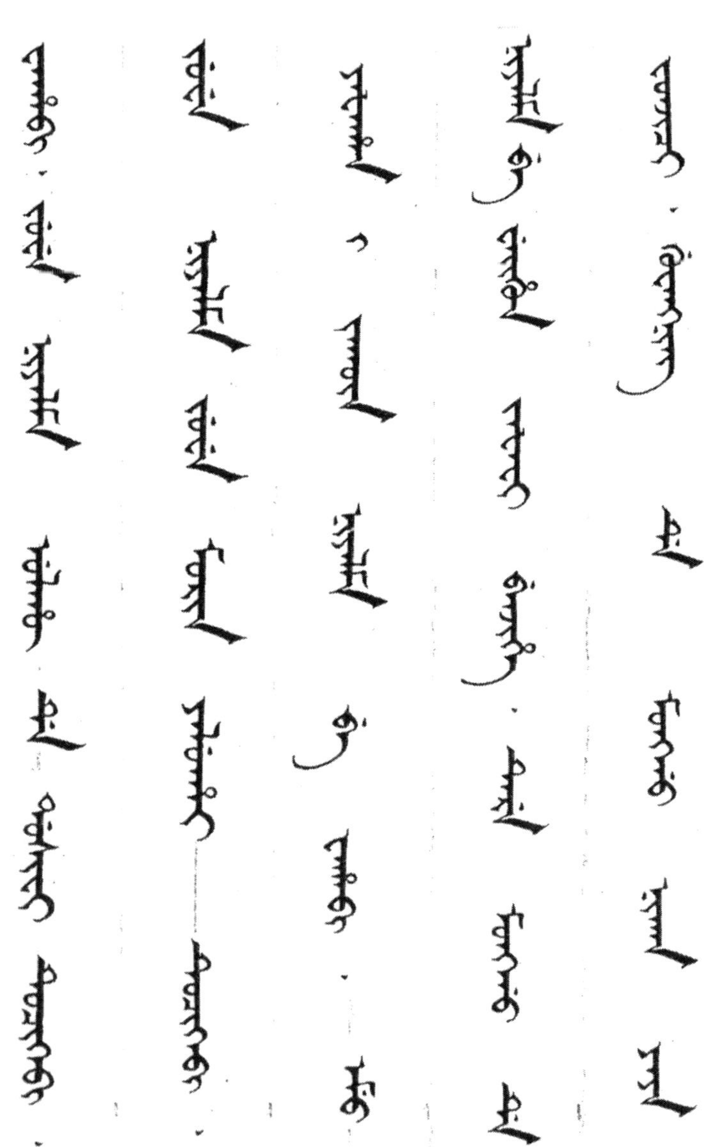

wahabi. juwe niyalma ulhū de dosifi tucikebi, juwe niyalma juwe morin yaluhai tucikebi, yafahan i jakūn niyalma be wahabi, emu niyalma be weihun jafafi benjihe. tere monggo de fonjici, guwangning de monggo, nikan yaya

---

有二人進入蘆葦內逃出，有二人騎二馬逃出，殺步行者八人，生擒一人解來。詢問該蒙古，報稱：「據聞廣寧並無蒙古、漢人居住，

有二人进入芦苇内逃出，有二人骑二马逃出，杀步行者八人，生擒一人解来。询问该蒙古，报称：「据闻广宁并无蒙古、汉人居住，

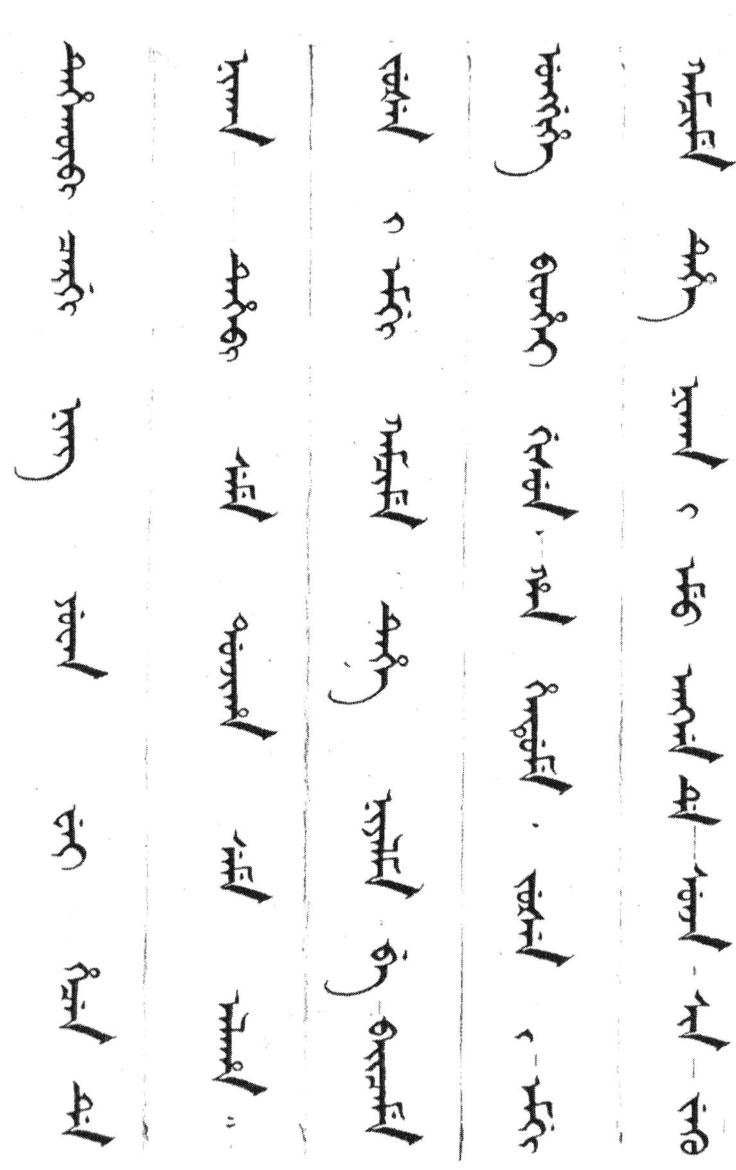

tehekūbi, cargi ning yuwan wei hecen de nikan tehebi seme donjiha seme alaha. jušen i emgi kamcime tehe niyalma be baicame unggihe bithei gisun, han hendume, jušen i emgi kamcime tehe nikan i emu angga de sunja sin jeku

---

那邊寧遠衛城住有漢人。」為查明與諸申同住之人致書曰：「奉汗諭：與諸申同住之漢人，一口有糧五斗之人

那边宁远卫城住有汉人。」为查明与诸申同住之人致书曰：「奉汗谕：与诸申同住之汉人，一口有粮五斗之人

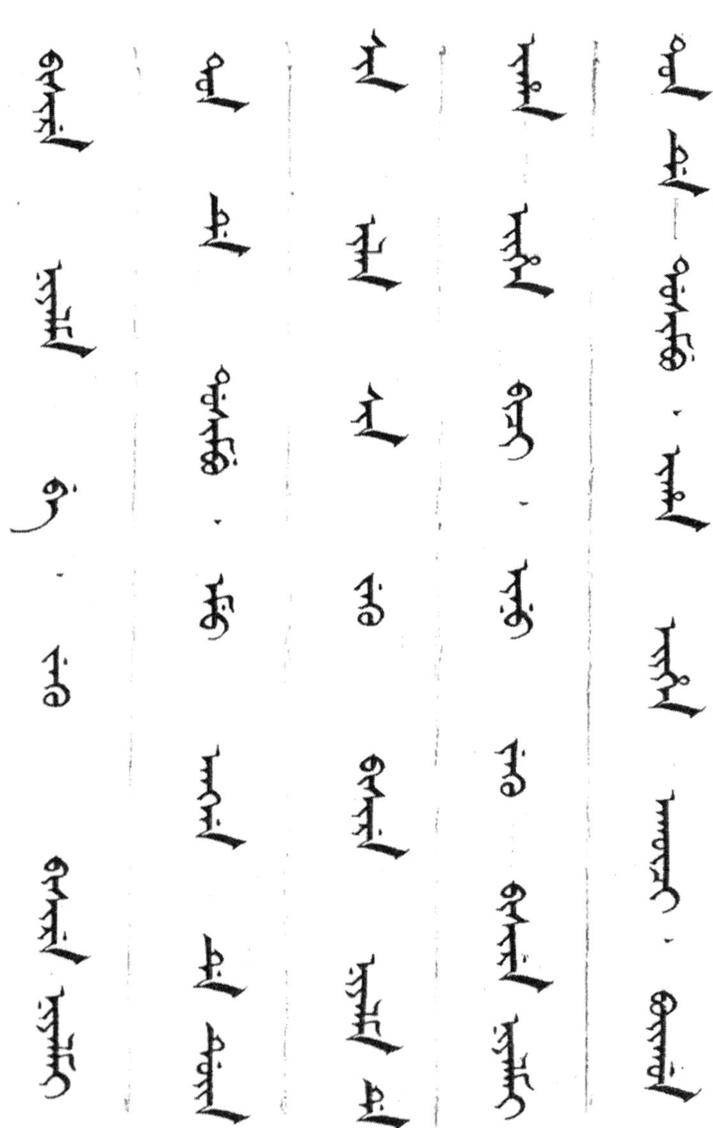

bisire niyalma be, jeku bisire niyalmai ton de dosimbu. emu angga de duin sin, ilan sin jeku bisire niyalma de ihan, eihen bici, inu jeku bisire niyalmai ton de dosimbu. ihan, eihen akūci, boigon

---

則計入有糧人之數內；一口有糧四斗、三斗之人，若有牛、驢，亦計入有糧人之數內；若無牛、驢，

则计入有粮人之数内；一口有粮四斗、三斗之人，若有牛、驴，亦计入有粮人之数内；若无牛、驴，

二十六、筵好禮重

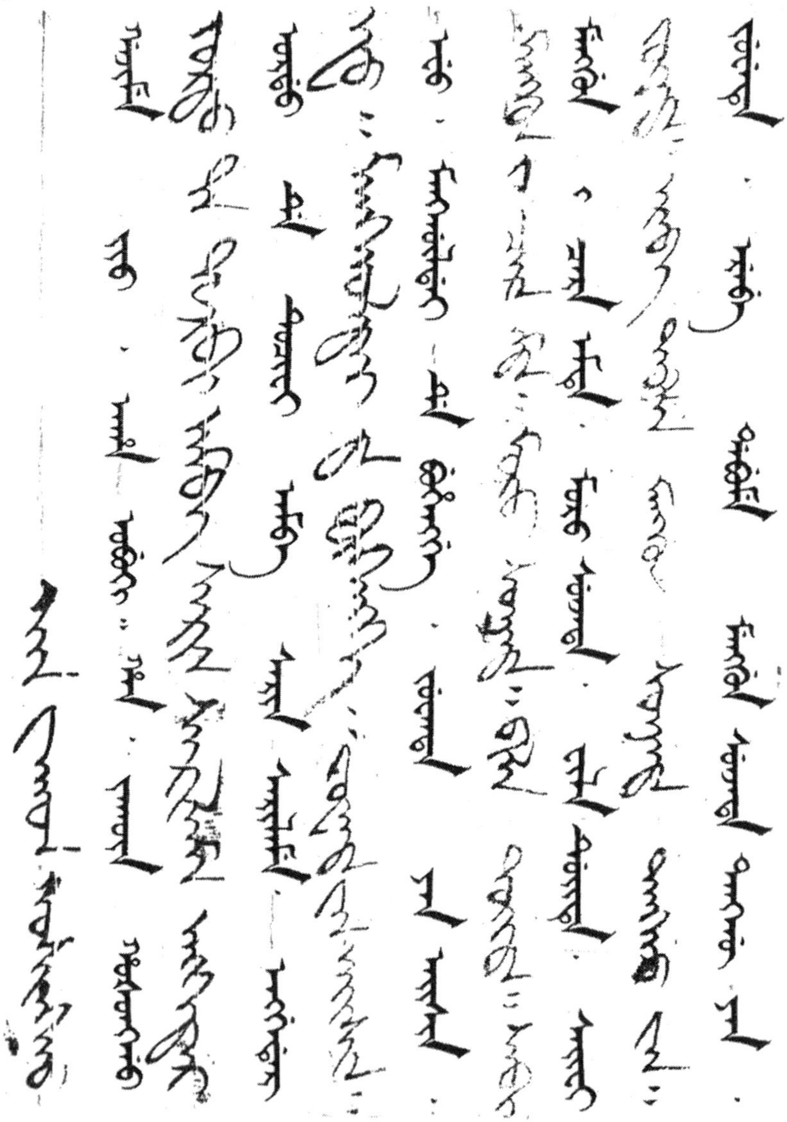

gajime jio, aha obuki. han, jakūn hošonggo ordo de tucifi amba sarin sarilame, enggeder efu, manggūldai de buhengge, juwanta yan aisin, menggun i cara emte, moro sunjata, fila duite, saifi juwete, erebe dabume menggun sunjata tanggū yan,

---

則取其戶為奴。」汗御八角殿，設大筵宴，賜恩格德爾額駙、莽古勒岱者：金各十兩、銀製酒海各一個、碗各五個、碟各四個、匙各二個，此計銀各五百兩；

则取其户为奴。」汗御八角殿，设大筵宴，赐恩格德尔额驸、莽古勒岱者：金各十两、银制酒海各一个、碗各五个、碟各四个、匙各二个，此计银各五百两；

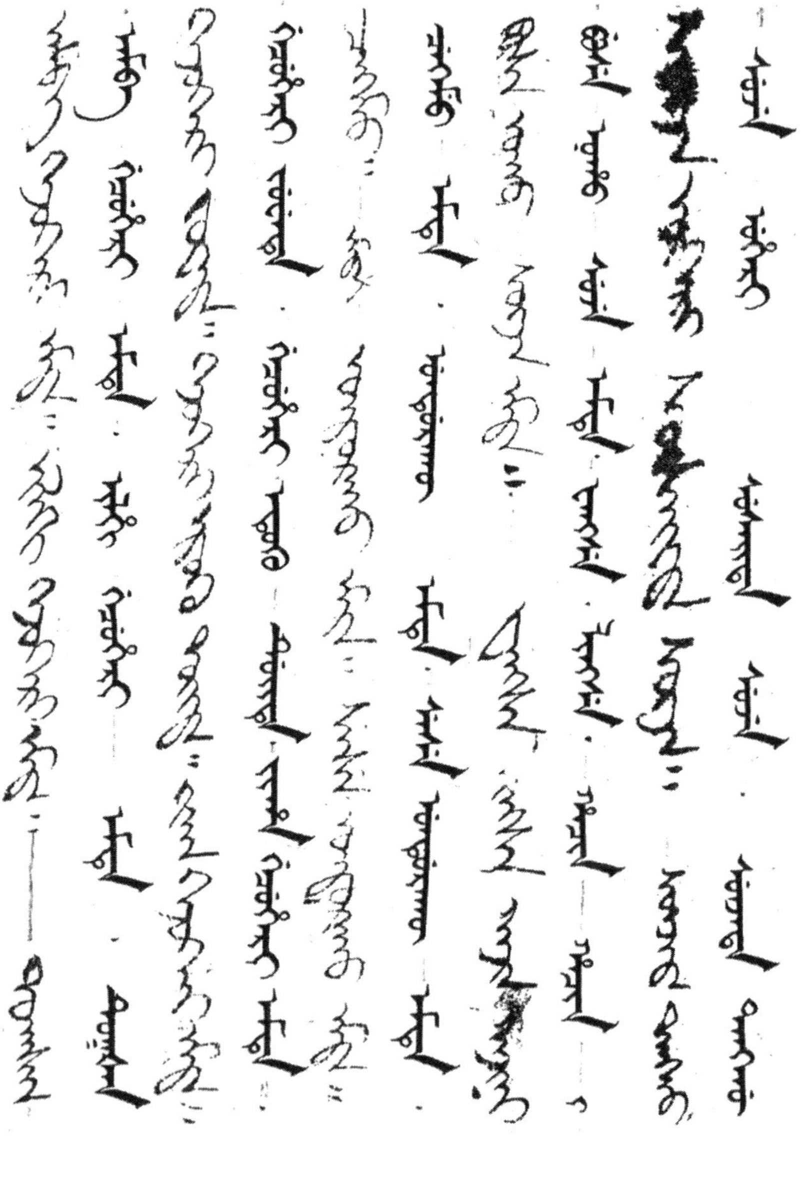

amba gecuheri emte, ilhi gecuheri emte, tukšan gecuheri juwete, gecuheri etuku duite, jiha gecuheri emte, cekemu emte, undurakū emte, sese undurakū emte, puse noho suje emte, fangse, lingse hacin hacin i suje uheri susaita suje, sunjata tanggū

大蟒緞各一疋、次蟒緞各一疋、小蟒緞各二疋、蟒緞衣各四件、錦緞各一疋、倭緞各一疋、龍緞各一疋、金線龍緞各一疋、金團龍緞各一疋、紡絲綾子及各種綢緞合計各五十疋；

大蟒缎各一疋、次蟒缎各一疋、小蟒缎各二疋、蟒缎衣各四件、锦缎各一疋、倭缎各一疋、龙缎各一疋、金线龙缎各一疋、金团龙缎各一疋、纺丝绫子及各种绸缎合计各五十疋；

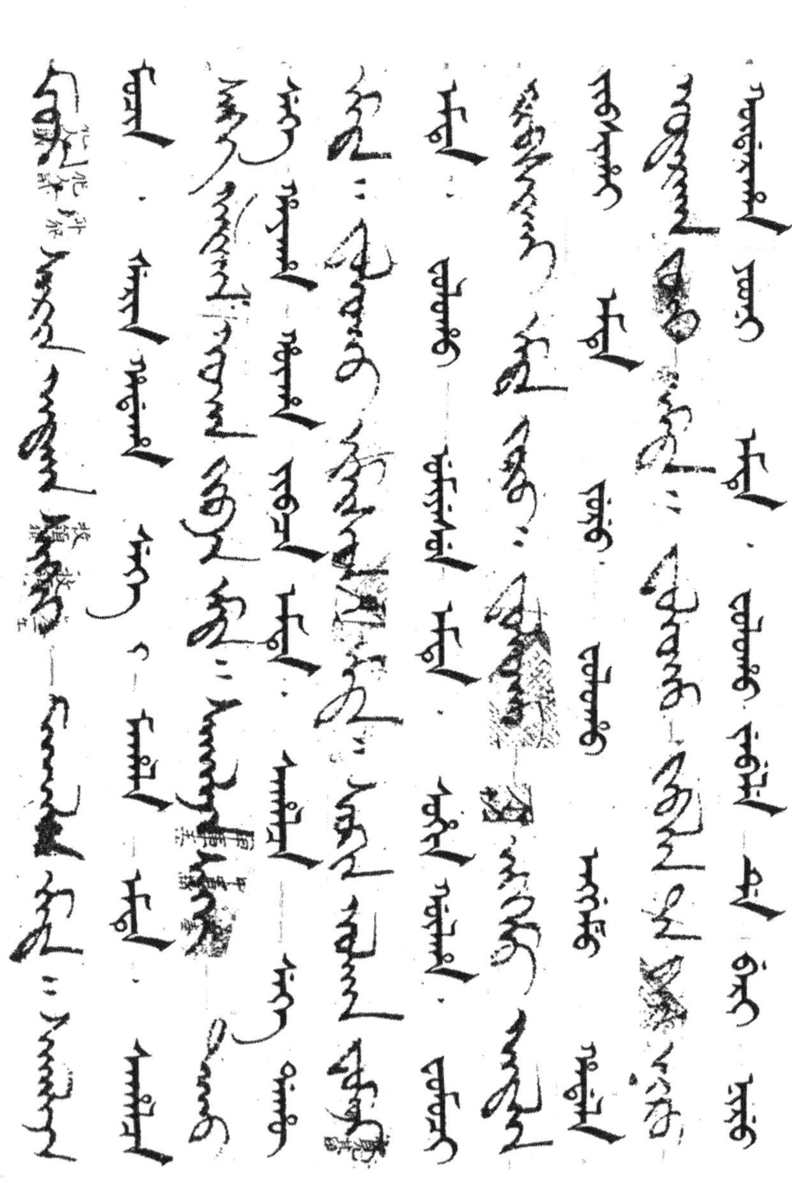

mocin, šerin hadaha seke i mahala emte, sahalca seke hayaha hūha jibca emte, sahalca seke dahū emte, foloho umiyesun emte, sohin gūlha, fomoci jibsihai emte juru, foloho enggemu hadala kūdarhan yooni emte, foloho jebele de beri niru

---

毛青布各五百疋、釘金佛頭貂帽各一頂、黑貂鑲綿索皮襖各一件、黑貂皮端罩各一件、雕花腰帶各一條、皂靴及襪各一雙、雕花鞍轡及後鞍全副各一套、插有弓箭之雕花撒袋各一副。

毛青布各五百疋、钉金佛头貂帽各一顶、黑貂镶绵索皮袄各一件、黑貂皮端罩各一件、雕花腰带各一条、皂靴及袜各一双、雕花鞍辔及后鞍全副各一套、插有弓箭之雕花撒袋各一副。

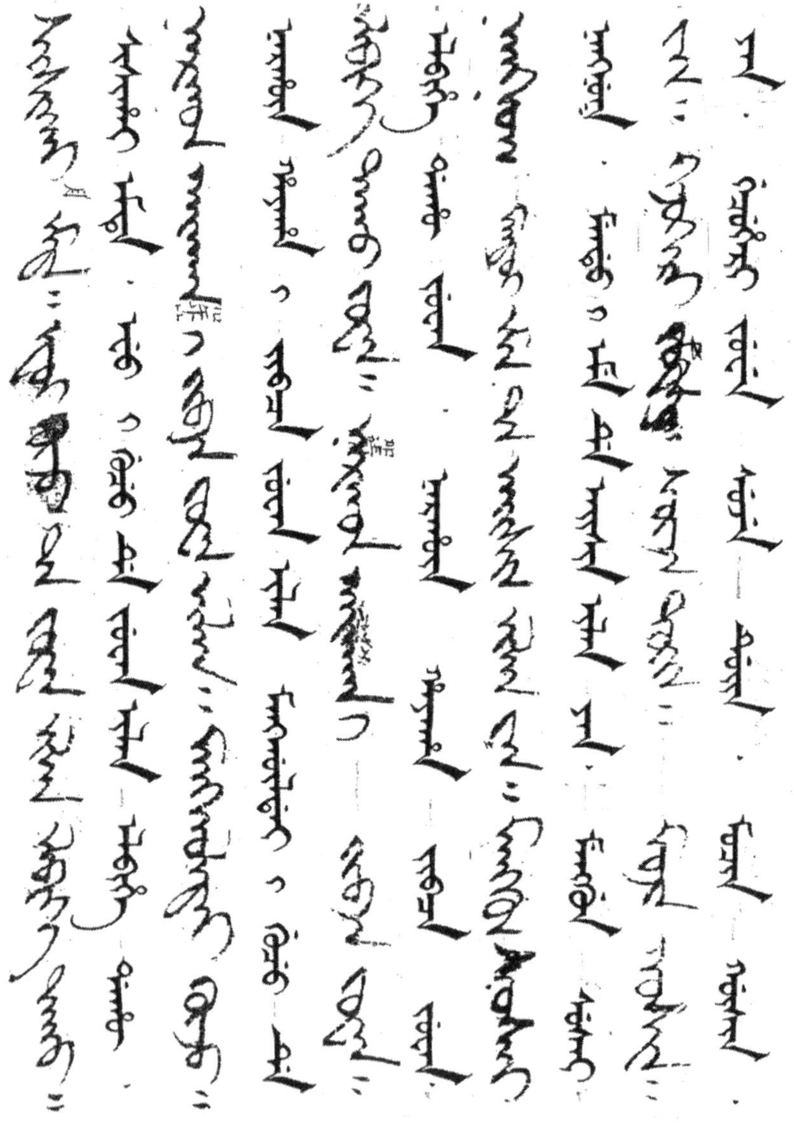

sisihai emte. efu i gucu de juwan ilan elbihe dahū, narhūn hayaha i jibca juwan ilan. manggūldai i gucu de elbihe dahū juwan, narhūn hayaha jibca juwan, nangnuk, mendu i eme de aisin ilan yan, menggun susai yan, gecuheri juwe, suje duin, mocin gūsin,

---

賜額駙僚友：貉皮端罩十三件、細鑲沿皮襖十三件；賜莽古勒岱僚友：貉皮端罩十件、細鑲沿皮襖十件；賜囊努克、門都之母：金三兩、銀五十兩、蟒緞二疋、緞四疋、毛青布三十疋；

赐额驸僚友：貉皮端罩十三件、细镶沿皮袄十三件；赐莽古勒岱僚友：貉皮端罩十件、细镶沿皮袄十件；赐囊努克、门都之母：金三两、银五十两、蟒缎二疋、缎四疋、毛青布三十疋；

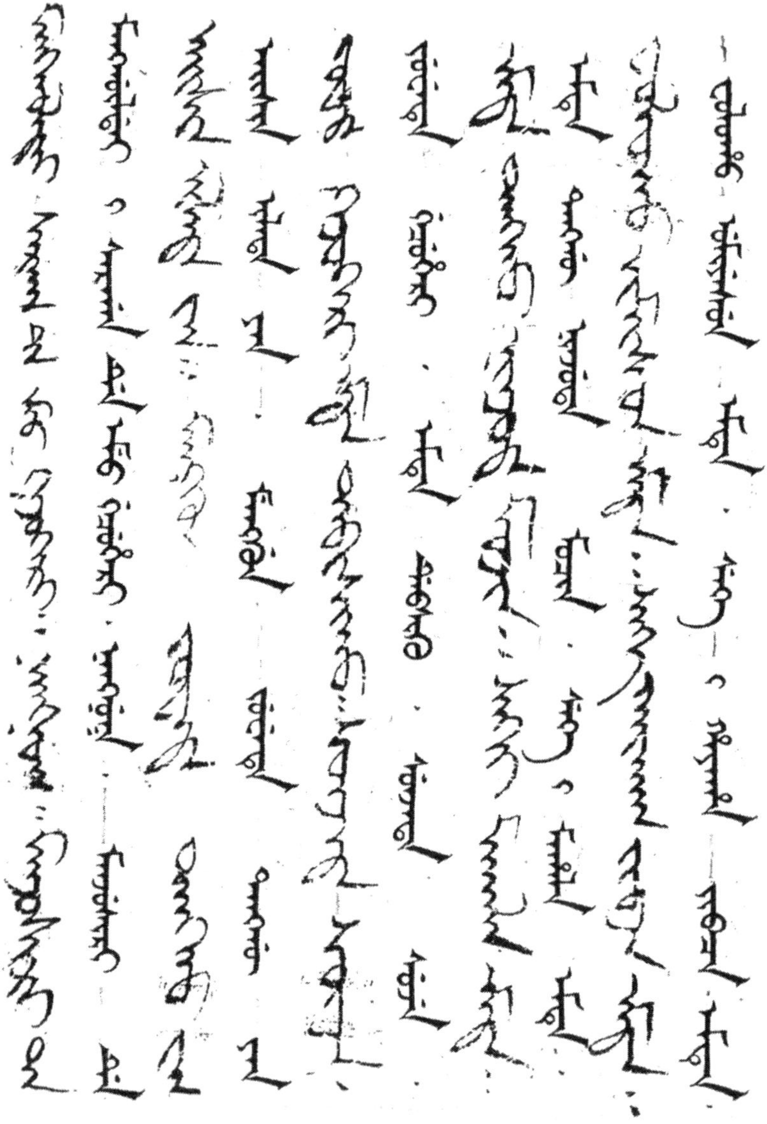

manggūldai i sargan de emu gecuheri. nangnuk, manjusiri de aisin ilata yan, menggun juwete tanggū yan, juwete gecuheri, emte debsiku, sunjata suje, emte tanggū ninjute mocin, seke i mahala emte, foloho umiyesun emte, seke i hayaha jibca emte,

---

賜莽古勒岱之妻：蟒緞一疋；賜囊努克、滿珠西里：金各三兩、銀各二百兩、蟒緞各二疋、翎扇各一把、緞各五疋、毛青布各一百六十疋、貂皮帽各一頂、雕花腰帶各一條、貂鑲皮襖各一件、

赐莽古勒岱之妻：蟒缎一疋；赐囊努克、满珠西里：金各三两、银各二百两、蟒缎各二疋、翎扇各一把、缎各五疋、毛青布各一百六十疋、貂皮帽各一顶、雕花腰带各一条、貂镶皮袄各一件、

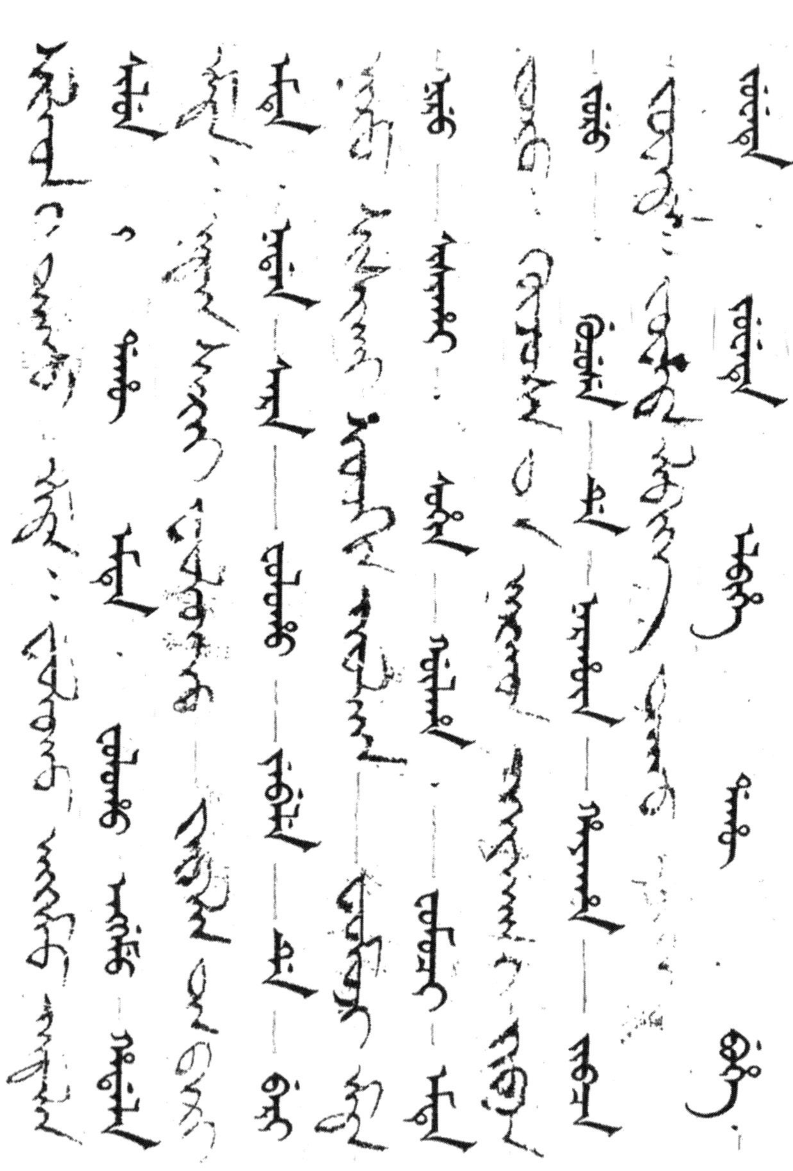

silun i dahū emte, foloho enggemu hadala emte, nadan sara foloho jebele de beri niru sisihai, sohin gūlha, fomoci emte juru. gucuse de narhūn hayaha jibca juwete, juwete elbihe dahū buhe.

猞猁猻皮端罩各一件、雕花鞍轡各一件、插有弓箭雕花撒袋七副、皂靴及襪各一雙。賜其僚友：細鑲沿皮襖各二件、貉皮端罩各二件。

猞猁狲皮端罩各一件、雕花鞍辔各一件、插有弓箭雕花撒袋七副、皂靴及袜各一双。赐其僚友：细镶沿皮袄各二件、貉皮端罩各二件。

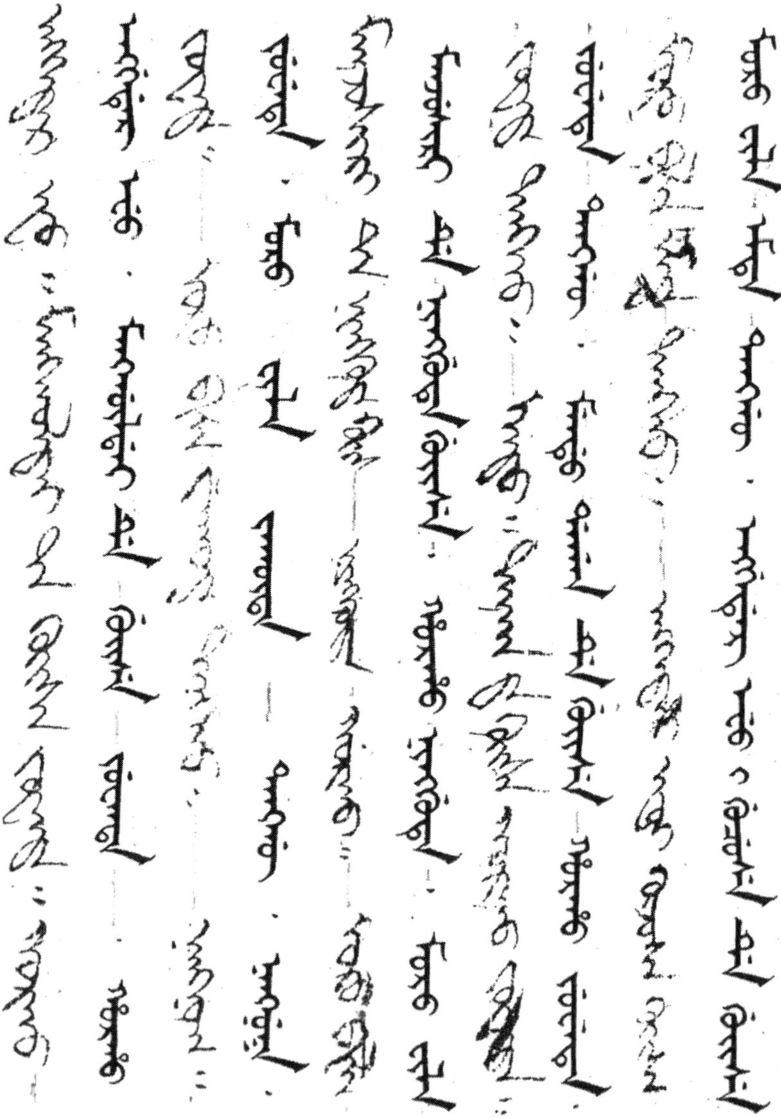

enggeder efu, manggūldai de guise juwanta, horho juwete, moro, fila jakūta tanggū. nangnuk, manjusiri de ninggute guise, horho ninggute, moro fila juwete tanggū. mendu dagan de guise, horho juwete, moro, fila emte tanggū. enggeder efu i gucuse de guise

---

賜恩格德爾額駙、莽古勒岱：櫃子各十個、豎櫃各二個、碗、碟各八百個；賜囊努克、滿珠西里：櫃子各六個、豎櫃各六個、碗、碟各二百個；賜門都達漢：櫃子、豎櫃各二個、碗、碟各一百個；賜恩格德爾額駙之僚友：

赐恩格德尔额驸、莽古勒岱：柜子各十个、竖柜各二个、碗、碟各八百个；赐囊努克、满珠西里：柜子各六个、竖柜各六个、碗、碟各二百个；赐门都达汉：柜子、竖柜各二个、碗、碟各一百个；赐恩格德尔额驸之僚友：

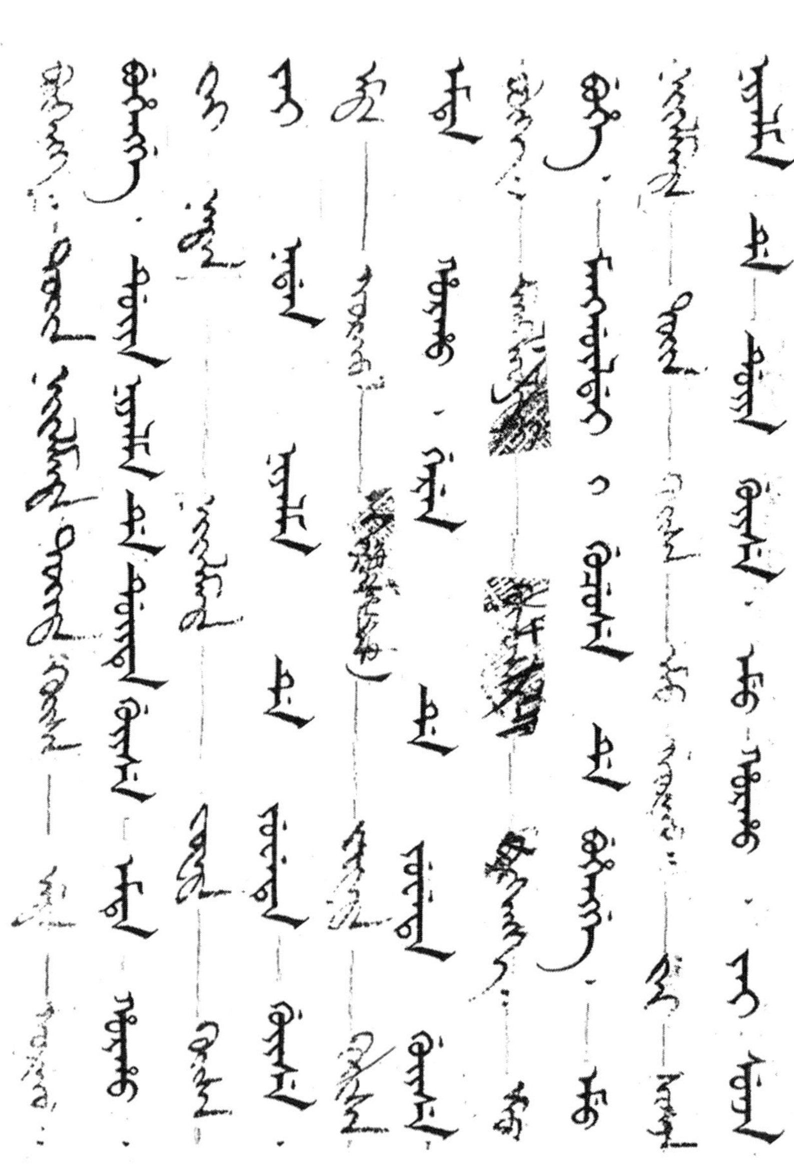

buhengge, duin niyalma de duite guise, emte horho. jai nadan niyalma de juwete guise, emte horho, geren de juwete guise buhe. manggūldai i gucuse de buhengge, emu niyalma de duin guise, emu horho. jai sunja

---

四人櫃子各四個、豎櫃各一個；再七人，櫃子各二個、豎櫃各一個，其餘眾人櫃子各二個；賜莽古勒岱之僚友：一人櫃子四個、豎櫃一個；再五人，

四人柜子各四个、竖柜各一个；再七人，柜子各二个、竖柜各一个，其余众人柜子各二个；赐莽古勒岱之僚友：一人柜子四个、竖柜一个；再五人，

二十七、光棍治罪

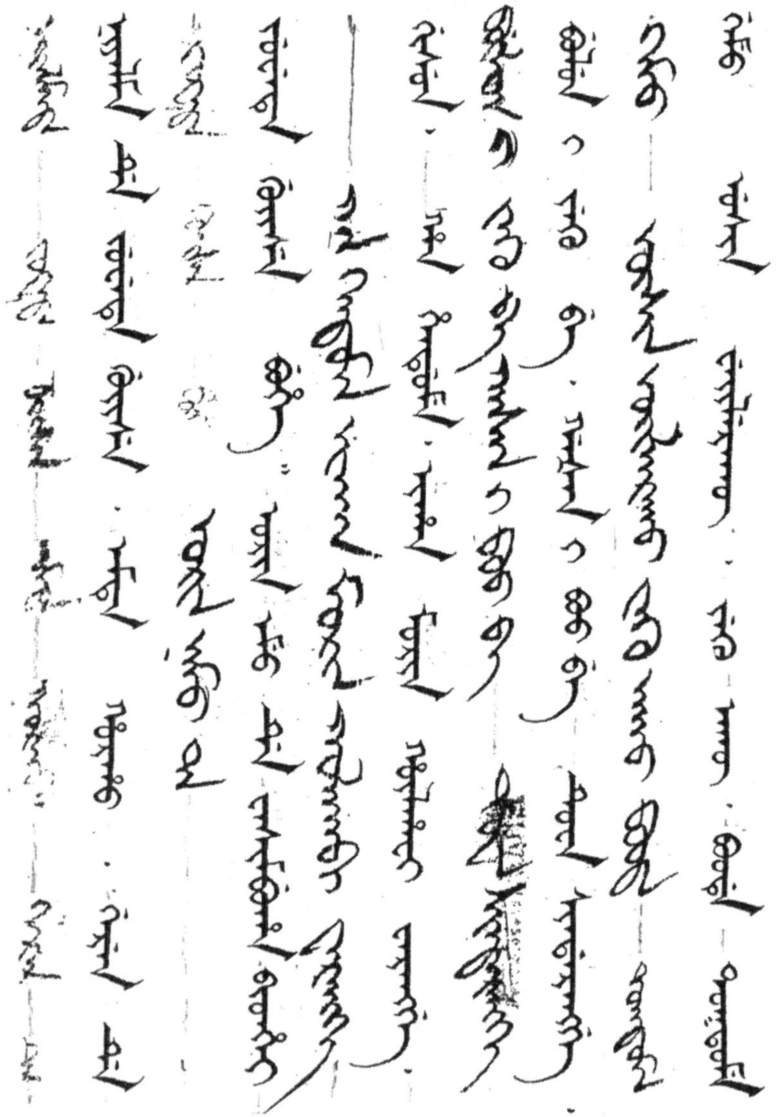

niyalma de juwete guise, emte horho, geren de juwete guise buhe. orin emu de wasimbuha bithei gisun, han hendume, ihan morin hūlhafi warangge, bulun i jeku be, gašan i boo be tuwa sindarangge, gemu usin weilerakū, jeku akū, boode toktome

---

櫃子各二個、豎櫃各一個，眾人櫃子各二個。二十一日，頒書曰：「奉汗諭：凡偷竊殺害牛馬者，放火焚燒積糧、鄉屯房屋者，皆為不耕田、無糧、

柜子各二个、竖柜各一个，众人柜子各二个。二十一日，颁书曰：「奉汗谕：凡偷窃杀害牛马者，放火焚烧积粮、乡屯房屋者，皆为不耕田、无粮、

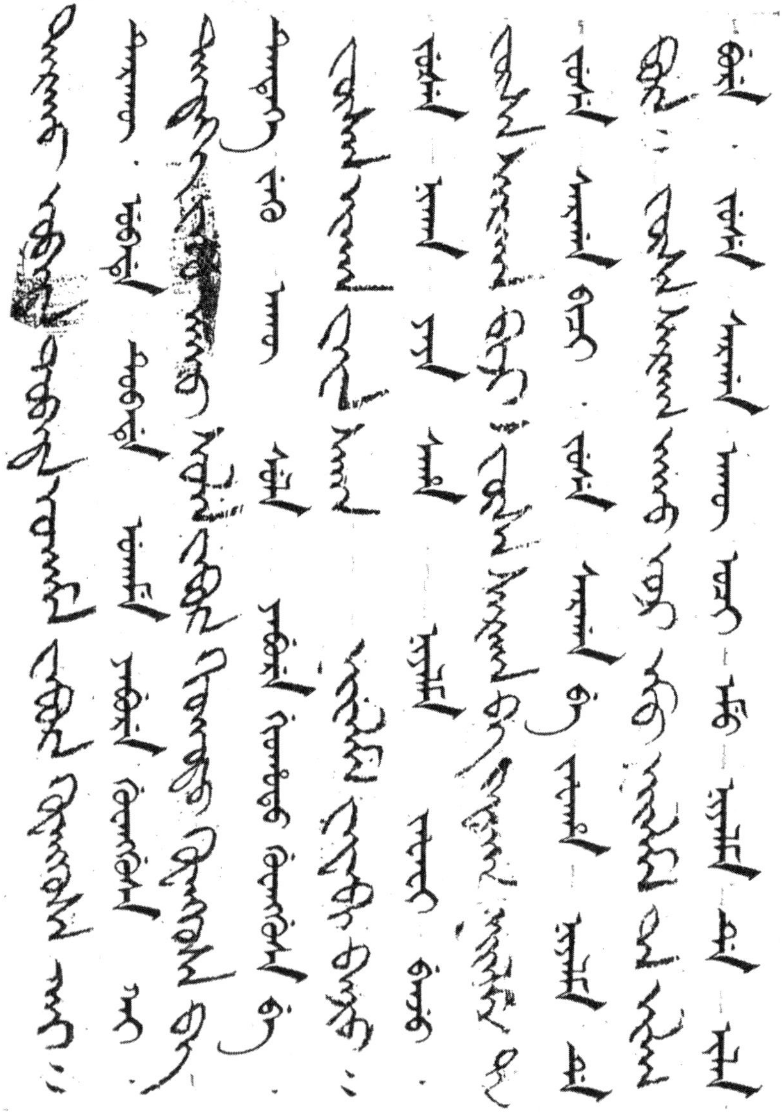

terakū, ubade tubade ukame yabure guwanggusa kai. tenteke jeku akū sula yabure giohoto, guwanggusa be, jušen nikan yaya saha niyalma jafafi benju. juse sargan bici, juse sargan be jafaha niyalma de bure. juse sargan akū oci, emu niyalma de ilan

---

不定居、流亡各處之光棍也。彼等無糧閒遊之乞丐、光棍，凡經諸申、漢人所見之人，即行擒拏解來。若有妻孺，則將其妻孺給與拏獲之人；若無妻孺，

不定居、流亡各处之光棍也。彼等无粮闲游之乞丐、光棍，凡经诸申、汉人所见之人，即行擒拏解来。若有妻孺，则将其妻孺给与拏获之人；若无妻孺，

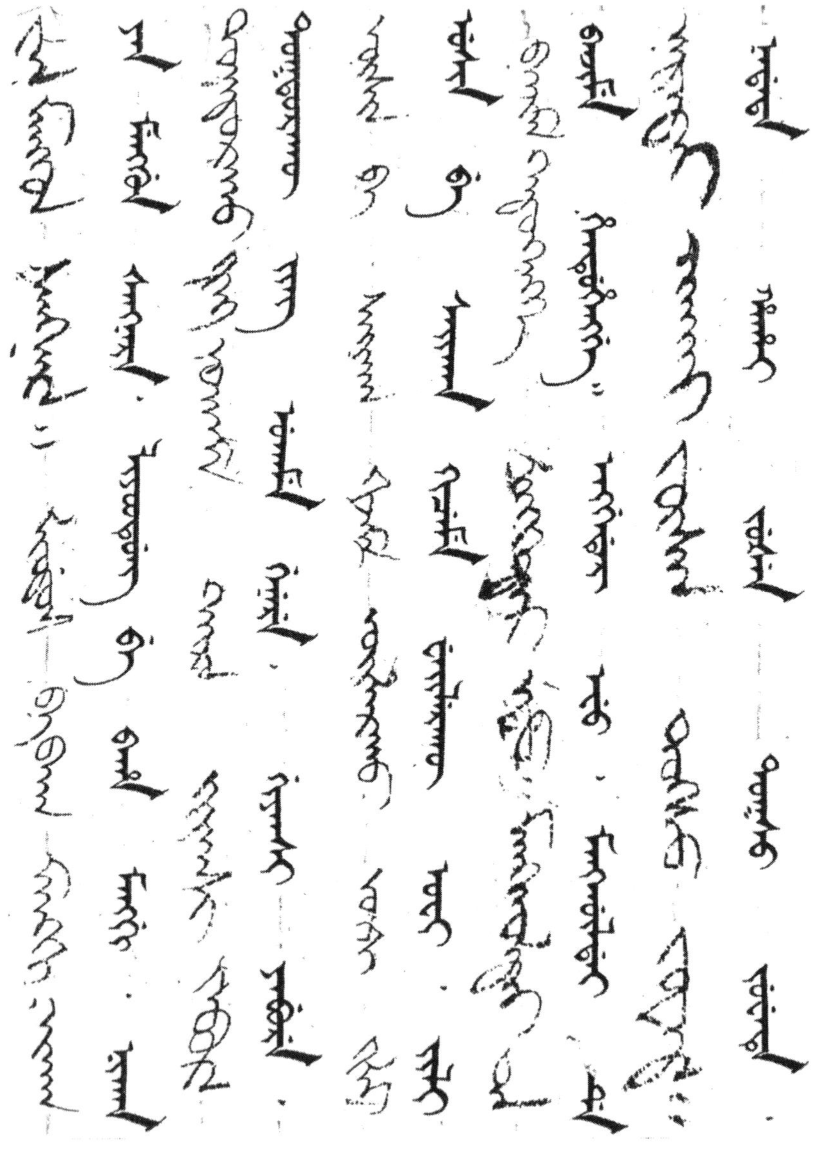

yan menggun šangnara. liyoodung be baha manggi, nikan toktorakū jing ukame genere, giyansi yabure, usin be saikan kiceme weilerakū ofi, jili banjime henduhengge. enggeder efu, manggūldai de nadata hahai jušen tokso juwete,

---

則擒一人賞銀三兩。因得遼東後，漢人不定，逃走不絕，奸細肆行，不勤於耕田，故怒而諭之。」賜恩格德爾額駙、莽古勒岱七男丁之諸申莊屯各二處，

则擒一人赏银三两。因得辽东后，汉人不定，逃走不绝，奸细肆行，不勤于耕田，故怒而谕之。」赐恩格德尔额驸、莽古勒岱七男丁之诸申庄屯各二处，

二十八、賞賜莊屯

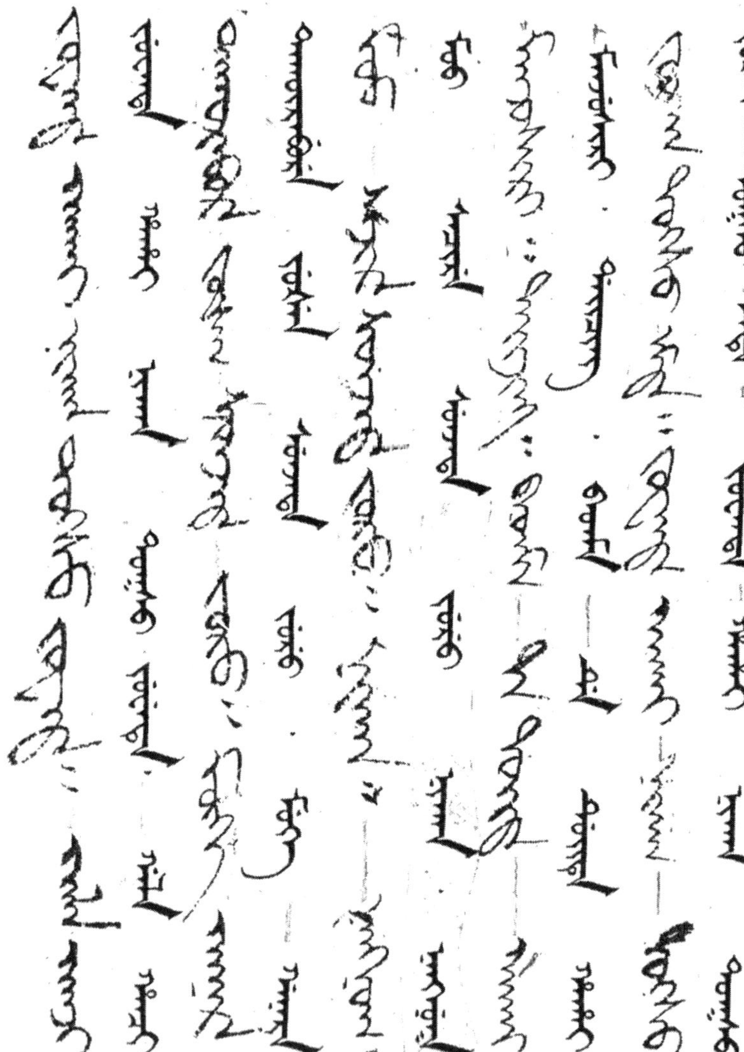

juwanta hahai nikan tokso juwete, gala hanci takūrabure jušen sunjata juru, muke ganara moo sacire sunjata juru. nikan, nangnuk, manjusiri, daicing, batma de duite hahai jušen tokso emte, juwanta hahai nikan tokso

---

十男丁之漢人莊屯各二處，近身差遣之諸申各五對，取水砍柴之漢人各五對。賜囊努克、滿珠西里、岱青、巴特瑪四男丁之諸申莊屯各一處，十男丁之漢人莊屯各一處。

十男丁之汉人庄屯各二处，近身差遣之诸申各五对，取水砍柴之汉人各五对。赐囊努克、满珠西里、岱青、巴特玛四男丁之诸申庄屯各一处，十男丁之汉人庄屯各一处。

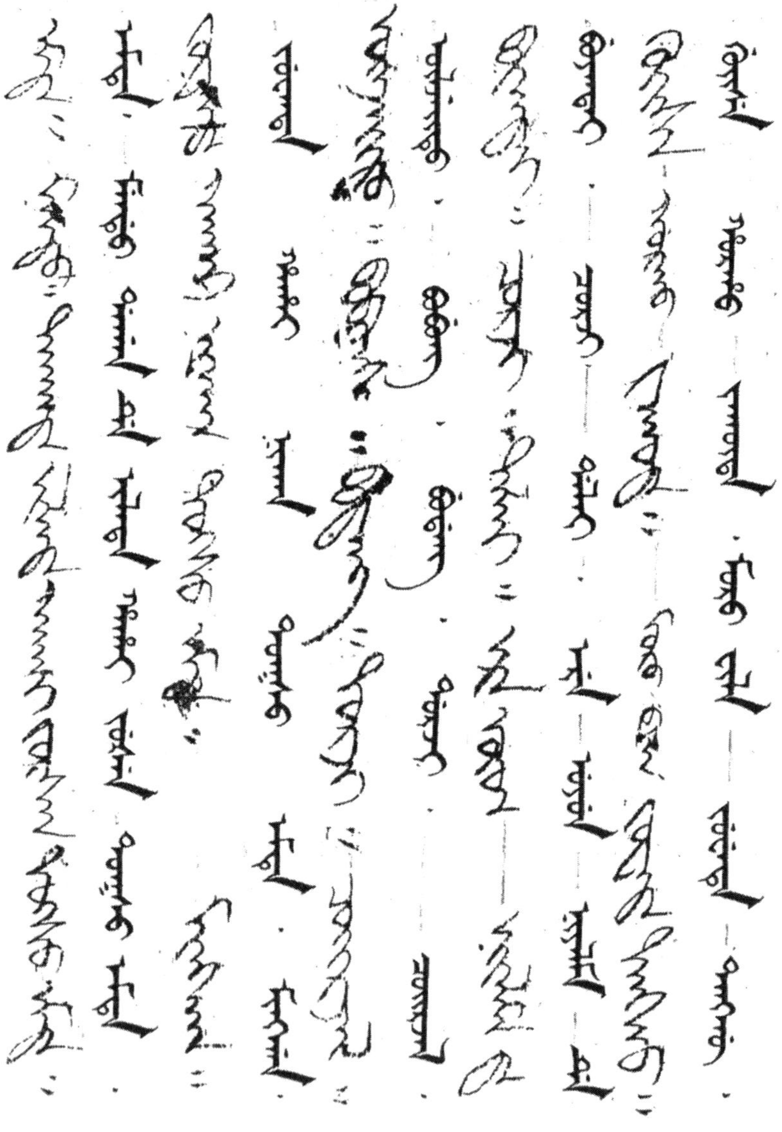

emte. mendu dagan de ilata hahai jušen tokso emte, juwanta hahai nikan tokso emte. minggan, ūljeitu, bobung, budang, dorji, coirjal, buyantai, corji, dalai, ere uyun niyalma de guise, horho jakūta, moro, fila juwete tanggū.

賜門都達漢三男丁之諸申莊屯各一處，十男丁之漢人莊屯各一處。賜明安、鄂勒哲依圖、博琫、布當、多爾濟、綽爾扎勒、布彥泰、綽爾吉、達賴此九人：櫃子、豎櫃各八個，碗、碟各二百個。

赐门都达汉三男丁之诸申庄屯各一处，十男丁之汉人庄屯各一处。赐明安、鄂勒哲依图、博琫、布当、多尔济、绰尔扎勒、布彦泰、绰尔吉、达赖此九人：柜子、竖柜各八个，碗、碟各二百个。

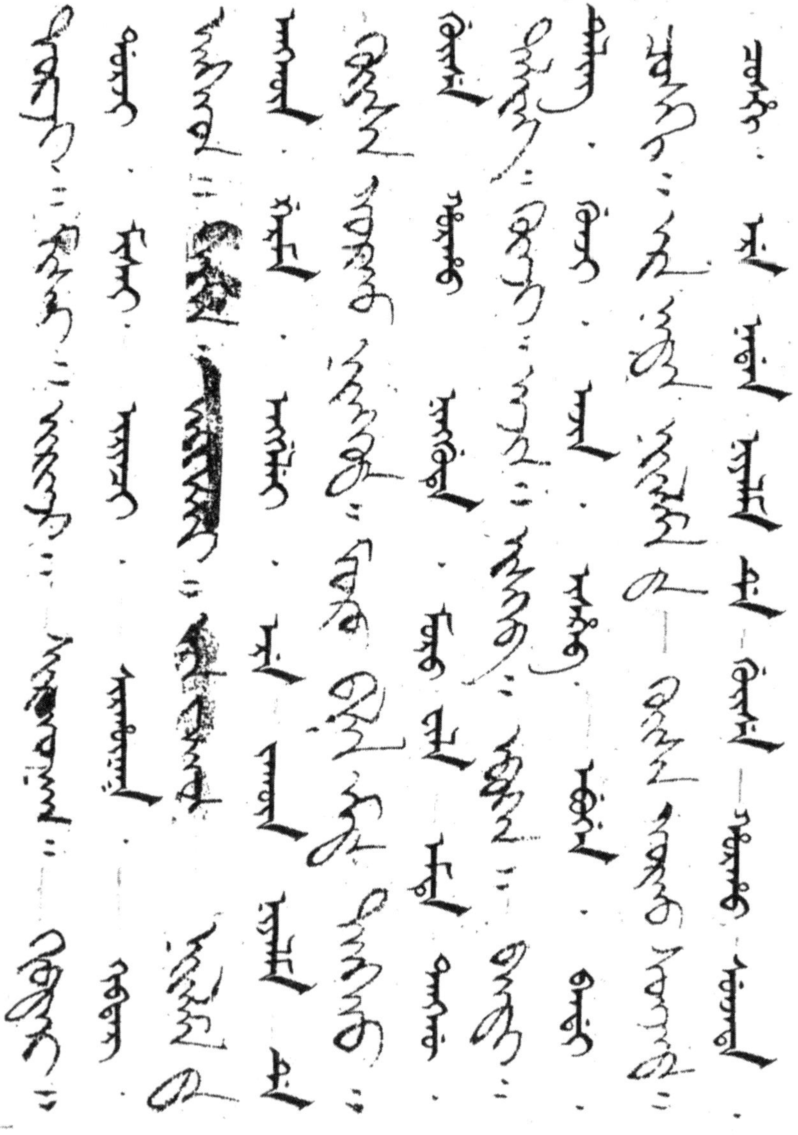

dorji, misai, irinci, sirhūnak, kibtar, angkūn, g'arma, enggelei, ere jakūn niyalma de guise, horho ninggute, moro, fila emte tanggū. teling, gunji, ajin, ish'ab, ebugen, bandi, coshi, ere nadan niyalma de guise, horho sunjata,

---

賜多爾濟、米賽、依林齊、希爾胡納克、奇布塔爾、昂昆、噶爾瑪、恩格類此八人：櫃子、豎櫃各六個、碗、碟各一百個。賜特陵、袞濟、阿金、伊斯哈布、額布根、班第、綽斯西此七人：櫃子、豎櫃各五個，

赐多尔济、米赛、依林齐、希尔胡纳克、奇布塔尔、昂昆、噶尔玛、恩格类此八人：柜子、竖柜各六个、碗、碟各一百个。赐特陵、衮济、阿金、伊斯哈布、额布根、班第、绰斯西此七人：柜子、竖柜各五个，

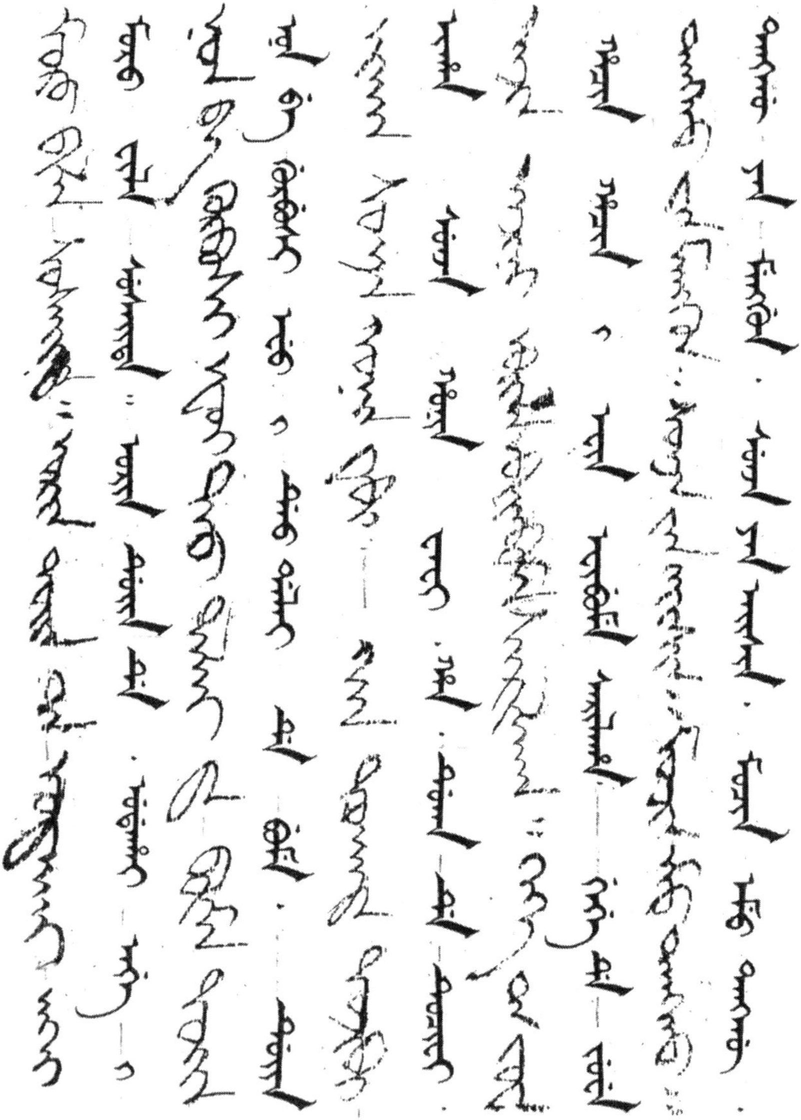

moro, fila susaita. orin duin de, udahai age i non be gurbusi efu i deo dalai de bume, duin ihan, sunja honin wafi, han, duka de tucifi, hacin hacin i efin efibume sarilaha. gege de juwe tanggū yan menggun, sunja yan aisin, mocin emu tanggū,

---

碗、碟各五十個。二十四日，以烏達海阿哥之妹，嫁古爾布什額駙之弟達賴，殺牛四頭、羊五隻。汗御門，命演百戲而宴之。賜格格銀二百兩、金五兩、毛青布一百疋、

碗、碟各五十个。二十四日，以乌达海阿哥之妹，嫁古尔布什额驸之弟达赖，杀牛四头、羊五只。汗御门，命演百戏而宴之。赐格格银二百两、金五两、毛青布一百疋、

原檔殘缺

amba gecuheri juwe, sese gecuheri juwe, undurakū juwe. orin duin suje. orin sunja de, adahai iogi, hithai daise iogi be, busan dzung bing guwan, dajuhū fujiyang de unggihe. unggihe gisun, niyang niyang gung ni [原檔殘缺] teisu, duin tanggū cooha be duin

---

大蟒緞二疋、牙爪蟒二疋、龍緞二疋、緞二十四疋。二十五日，遣阿達海遊擊、希特海代理遊擊，往布三總兵官、達柱虎副將處，並致書曰：「著於娘娘宮之[原檔殘缺]，派兵四百名

大蟒缎二疋、牙爪蟒二疋、龙缎二疋、缎二十四疋。二十五日，遣阿达海游击、希特海代理游击，往布三总兵官、达柱虎副将处，并致书曰：「着于娘娘宫之[原档残缺]，派兵四百名

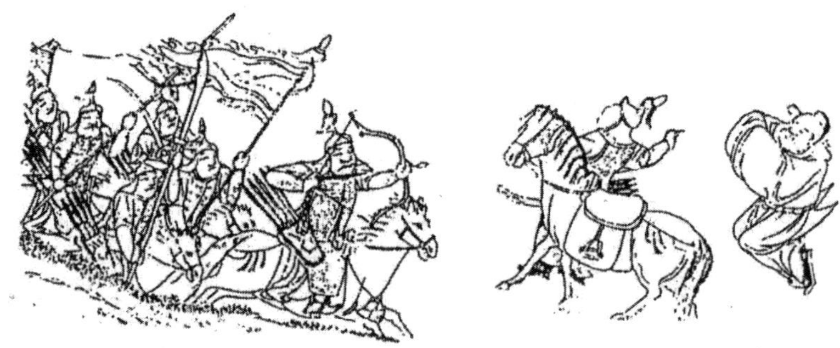

二十九、查拏奸細

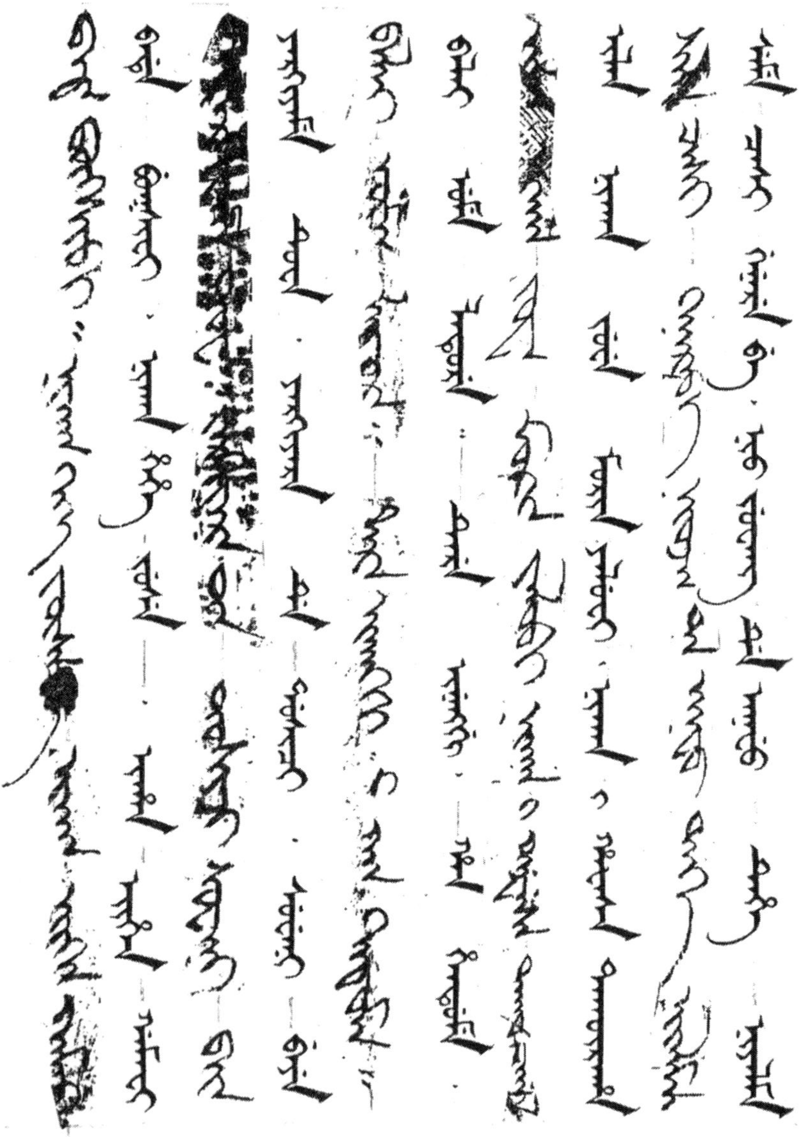

bade buksifi, nikan hehe juse, ihan, eihen gamafi yarkiyame tuwa. yarkiyara de dosici, suweni beye balai ume lature. tere inenggi, han hendume, ilan nikan juwe morin yalufi, nikan i hafasa takūraha seme casi genere be, nio juwang de anafu tehe niyalma

---

埋伏於四處，以漢人之婦孺、牛驢誘敵。倘若將其誘入，爾等自身不得妄行姦淫。」是日，汗曰：「有漢人三名騎馬二匹，稱奉漢人官員差遣，前往彼處，於牛莊被戍守之人拏獲，

埋伏于四处，以汉人之妇孺、牛驴诱敌。倘若将其诱入，尔等自身不得妄行奸淫。」是日，汗曰：「有汉人三名骑马二匹，称奉汉人官员差遣，前往彼处，于牛庄被戍守之人拏获，

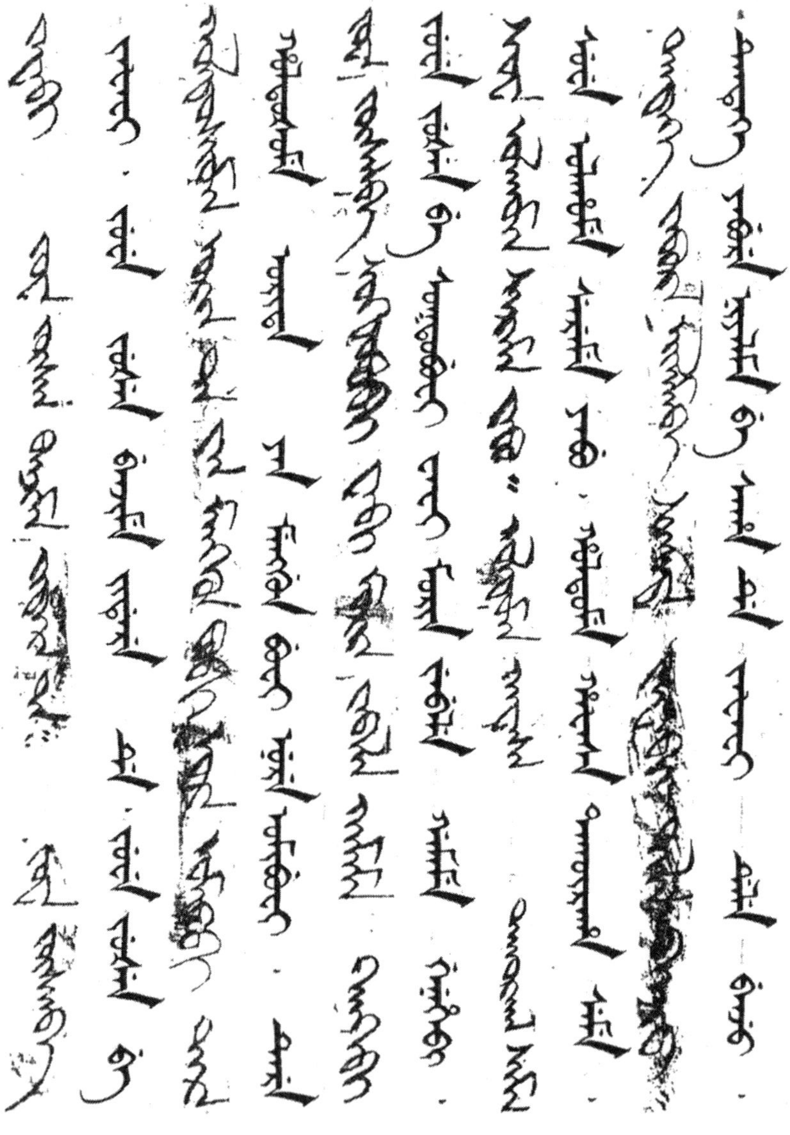

jafafi juwe jušen benjime jidere de, juwe jušen be holtošome orita yan menggun bufi nure omibufi, tere juwe jušen be soktobufi waif, morin jebele gamame genehebi. suwe olhome sereme yabu, holtome hafasa takūraha seme tenteke yabure niyalma be saha de jafafi dele benju,

---

遣諸申二人解送前來時，該漢人給銀各二十兩，欺哄諸申二人，並給酒飲食，該諸申二人酒醉後殺之，取馬匹、撒袋而去。爾等當謹慎防範，見有如此謊稱官員差遣前來之人，即行擒拏解送前來，

遣诸申二人解送前来时，该汉人给银各二十两，欺哄诸申二人，并给酒饮食，该诸申二人酒醉后杀之，取马匹、撒袋而去。尔等当谨慎防范，见有如此谎称官员差遣前来之人，即行擒拏解送前来，

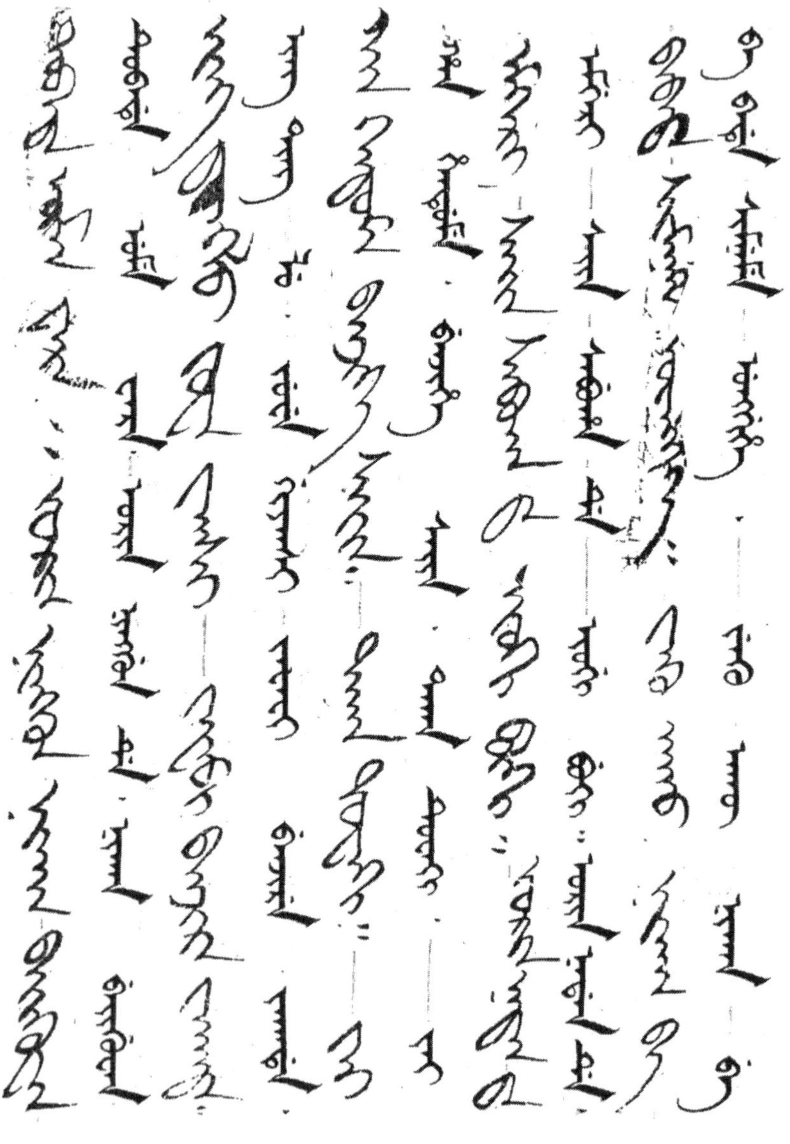

tubade ume wara. orin ninggun de, nikan beiguwan ing ting lu, juwe giyansi jafafi benjire jakade, han hendume, benjihe sain, taka tuwaki. jai emgeri sain sabuha de iogi buki. orin nadan de, ba bade simneme unggihe, jeku akū nikan be

---

勿於彼處殺之。二十六日，漢人備禦官嬴廷祿拏獲奸細二人解來，汗曰：「解來甚好，暫且觀之。再有功績，即賜遊擊。」二十七日，選派人員遣往各處，殺無糧之漢人。

勿于彼处杀之。二十六日，汉人备御官嬴廷禄拏获奸细二人解来，汗曰：「解来甚好，暂且观之。再有功绩，即赐游击。」二十七日，选派人员遣往各处，杀无粮之汉人。

三十、姻親結盟

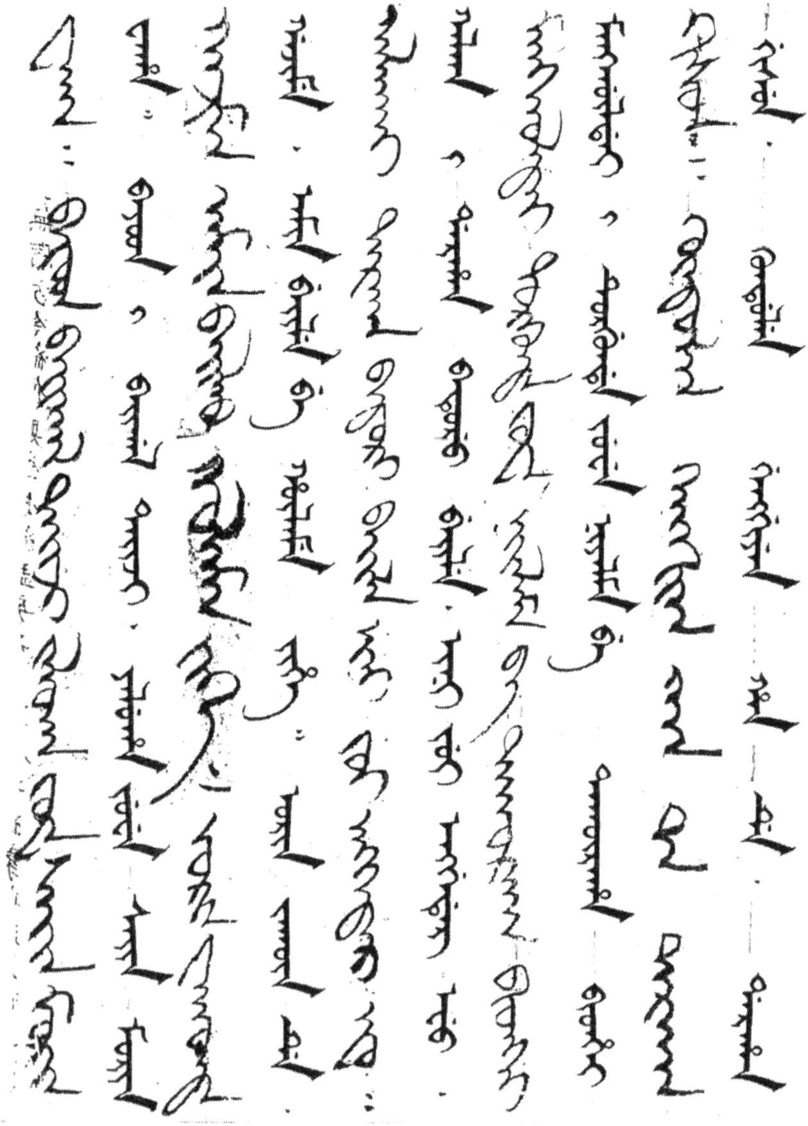

waha. bayot i baigal taiji, yaluha juwe sain morin gajime amin beile be hūlame jihe. orin jakūn de, kalka i darhan baturu beile, ini jui enggeder efu, manggūldai i turgunde juwe niyalma be takūraha bithei gisun, kundulen genggiyen han de, darhan

---

巴岳特之拜噶勒台吉，攜乘騎之良馬二匹，來叫喚阿敏貝勒。二十八日，喀爾喀之達爾漢巴圖魯貝勒，因其子恩格德爾額駙、莽古勒岱之故，遣二人攜其書曰：

巴岳特之拜噶勒台吉，携乘骑之良马二匹，来叫唤阿敏贝勒。二十八日，喀尔喀之达尔汉巴图鲁贝勒，因其子恩格德尔额驸、莽古勒岱之故，遣二人携其书曰：

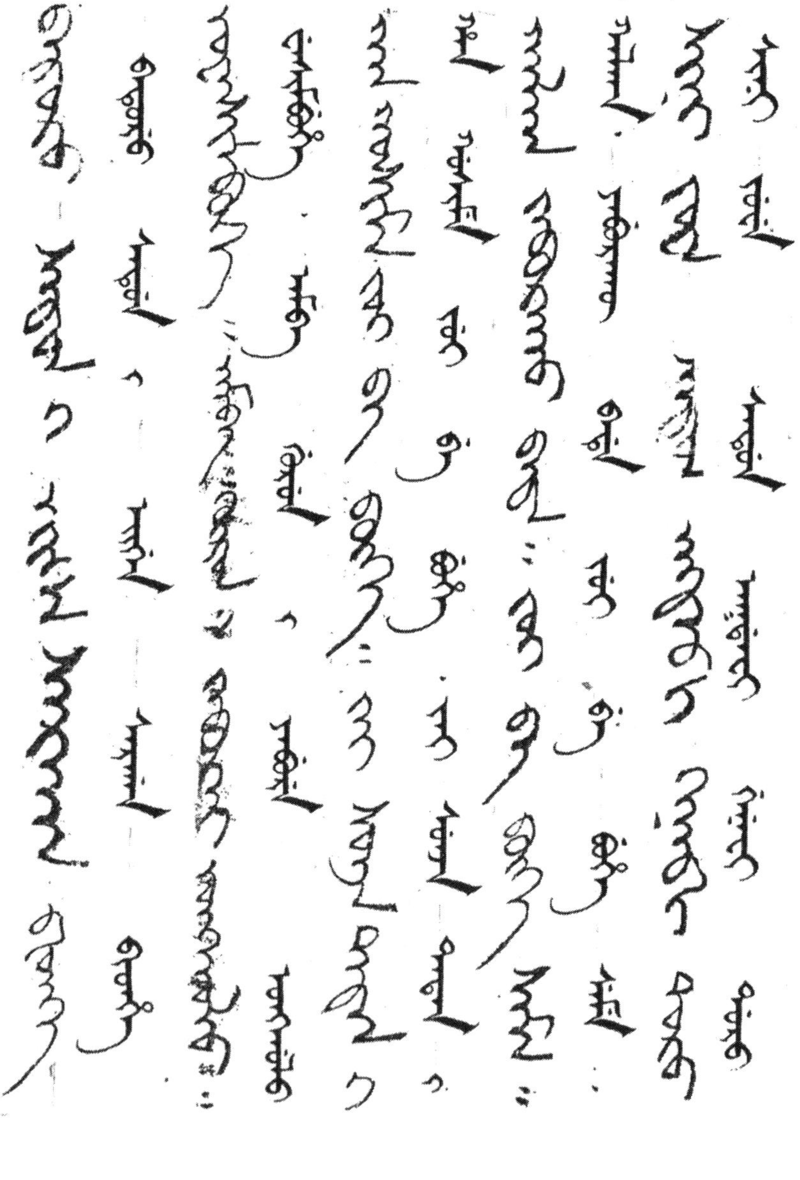

baturu sadun i eigen sargan bithe wesimbuhe, amba gurun i yabure onggolo han gosime jui be buhe, jai sunja tatan i kalka, yaburakū bade jui be buhe seme, sini juwe sadun akdafi genefi doro

---

「達爾漢巴圖魯親家夫婦謹奏英明汗曰：與大國交往之前，蒙汗眷佑以女相嫁。又嫁女於不相往來之五部喀爾喀，爾之二親家相信而前往結盟，

「达尔汉巴图鲁亲家夫妇谨奏英明汗曰：与大国交往之前，蒙汗眷佑以女相嫁。又嫁女于不相往来之五部喀尔喀，尔之二亲家相信而前往结盟，

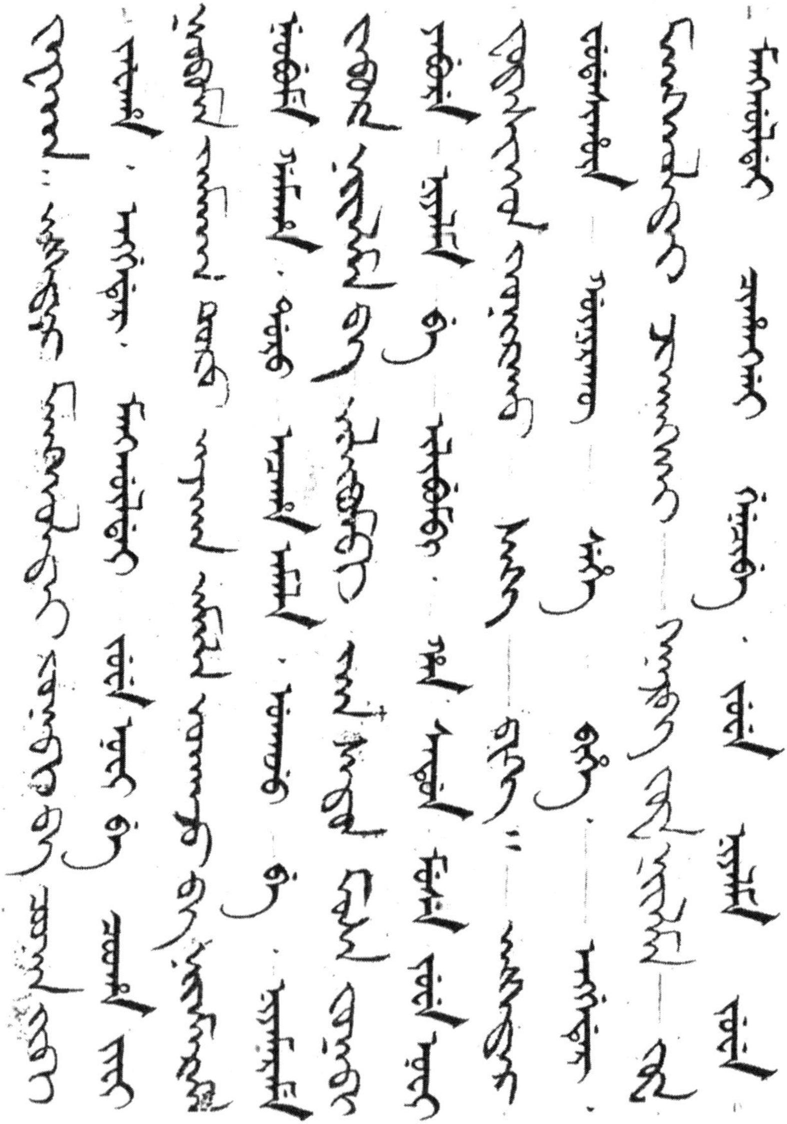

jafaha, enggeder, manggūldai juwe nofi be cooha jifi neobume gamaha. doro acaha amala, ukanju be, niyamarame yabure niyalma be ilibumbi. han sadun muse juwe nofi fudasihūn gūnirakū sehe bihe. enggeder, manggūldai cihanggai genecibe, juwe niyalma juwe

---

出兵將恩格德爾、莽古勒岱二人遷移。會盟以後，停止逃人及親戚往來。汗親家與我等二人不存悖逆之念。恩格德爾、莽古勒岱雖願前往，

出兵将恩格德尔、莽古勒岱二人迁移。会盟以后，停止逃人及亲戚往来。汗亲家与我等二人不存悖逆之念。恩格德尔、莽古勒岱虽愿前往，

三十一、新春冰戲

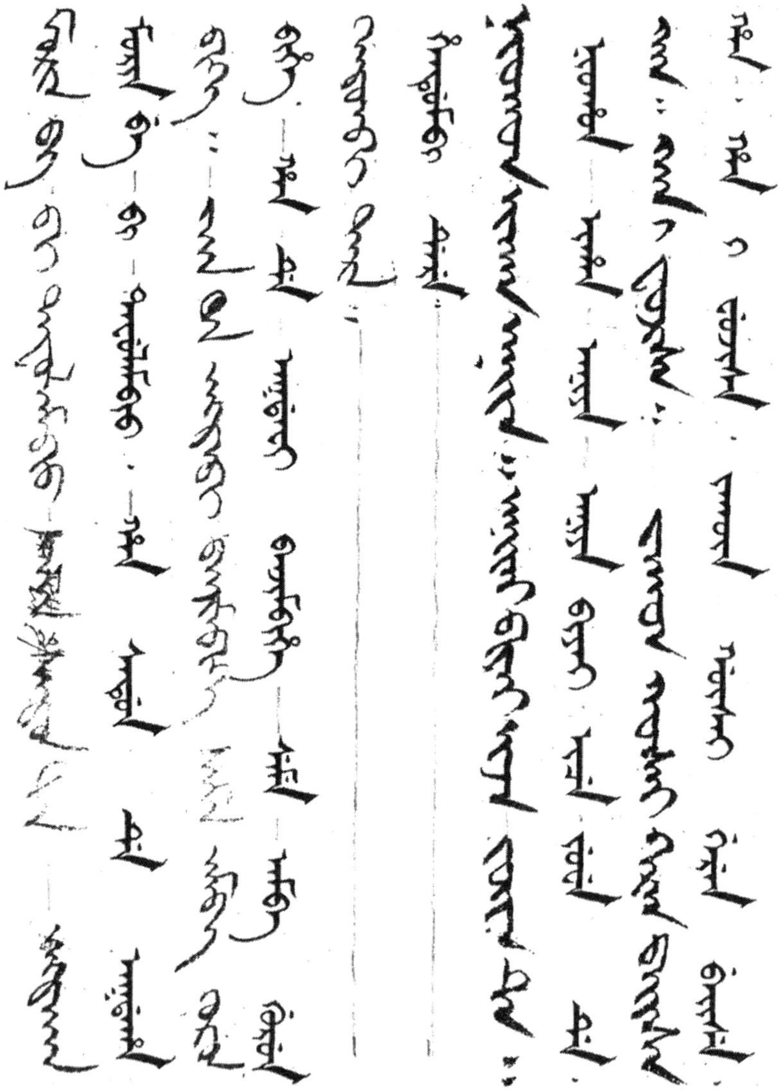

morin be bi tafulambio. han sadun de akdaha bihe, han de akdafi banjimbihe seme amba gurun hendumbi dere.
niohon ihan aniya aniya biyai ice juwe de, han, han i fujisa, jakūn gūsai geren beise,

---

我豈能勸阻二人、二馬耶？既已信靠汗親家，則靠汗度日，此乃大國之言耳！」
乙丑年正月初二日，汗率汗之眾福晉、八旗諸貝勒

我岂能劝阻二人、二马耶？既已信靠汗亲家，则靠汗度日，此乃大国之言耳！」
乙丑年正月初二日，汗率汗之众福晋、八旗诸贝勒

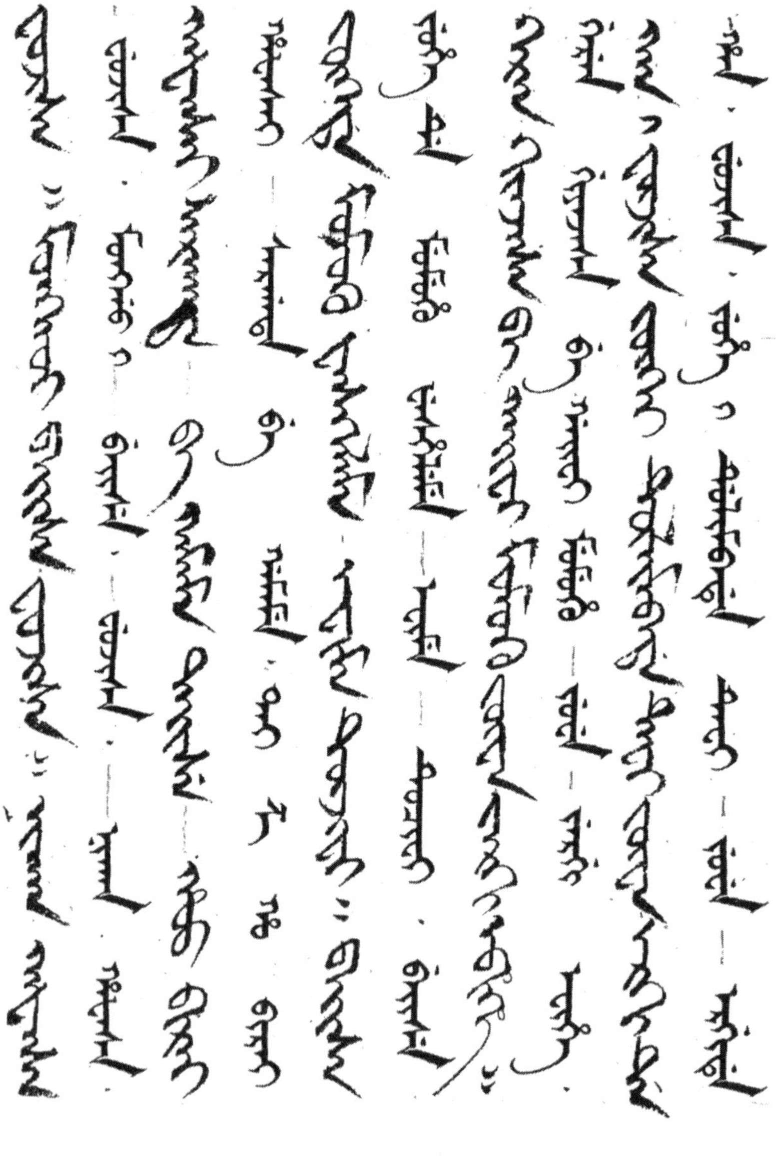

fujisa, monggo i beise, fujisa, nikan hafasa, hafasai sargata be gamame, tai dzi ho birai juhe de mumuhu fesheleme efime tucifi, beise geren giyajasa be gaifi mumuhu juwe jergi efihe, han, fujisa, juhe i dulimbade tefi juwe ergide

---

及其眾福晉、蒙古諸貝勒及其眾福晉、漢人眾官及眾官員之妻，出來至太子河冰上，玩耍踢球之戲。諸貝勒率眾隨侍玩球二次後，汗與眾福晉坐於冰河中間，

及其众福晋、蒙古诸贝勒及其众福晋、汉人众官及众官员之妻，出来至太子河冰上，玩耍踢球之戏。诸贝勒率众随侍玩球二次后，汗与众福晋坐于冰河中间，

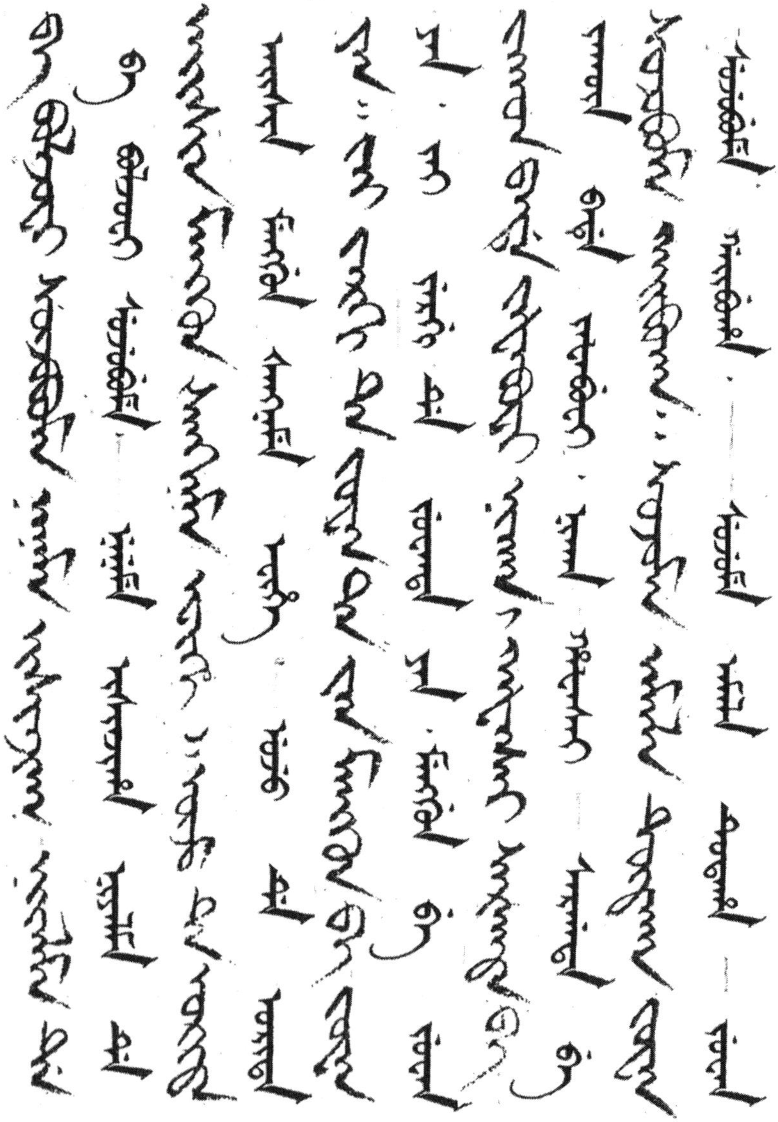

ba boljofi sujubume, neneme isinjiha niyalma de aisin menggun šangname efihe, uju de orita yan, jai jergi de juwanta yan, menggun be juwan jakūn bade jafabufi, nikan hafasai sargata be sujubume gaibuha. sujume amala tutaha juwan

---

命於兩邊等距離奔跑遊戲，先至者賞以金銀，頭等各二十兩，二等各十兩。將銀置於十八處，令眾漢官之妻奔跑取之。奔跑落後之

命于两边等距离奔跑游戏，先至者赏以金银，头等各二十两，二等各十两。将银置于十八处，令众汉官之妻奔跑取之。奔跑落后之

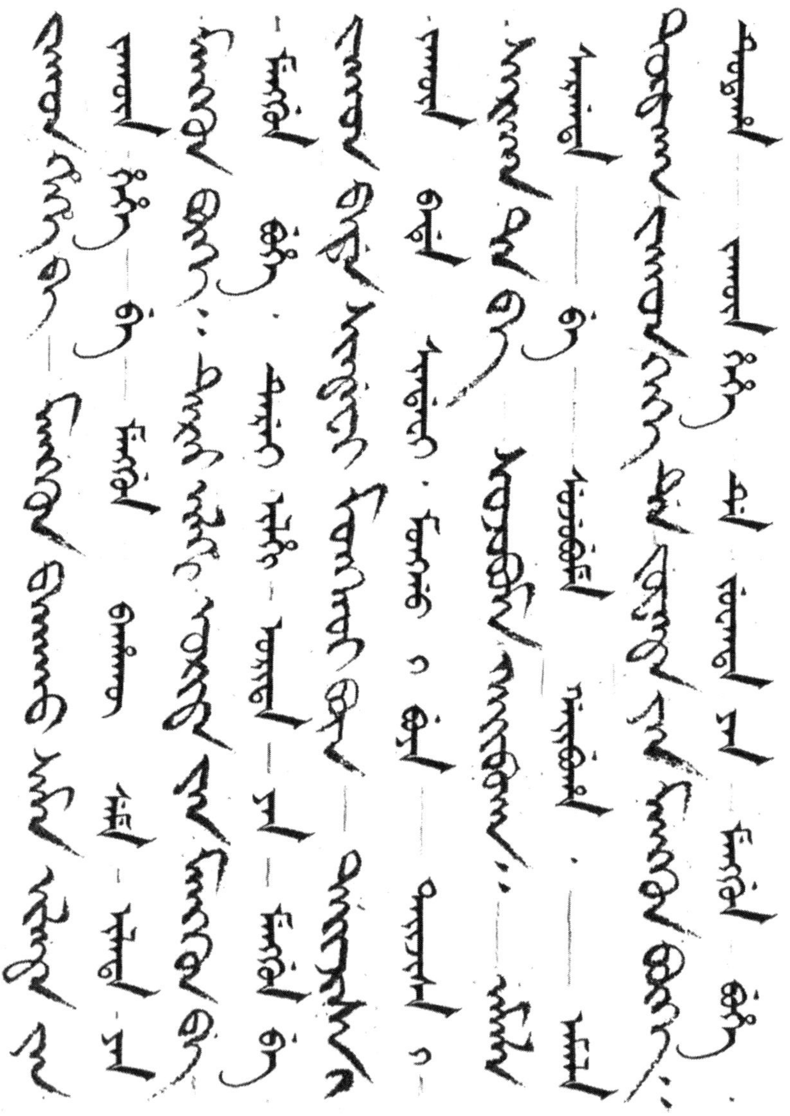

jakūn hehe be menggun bahakū seme ilata yan menggun buhe. terei ilhi orita yan menggun be jakūn bade sindafi, monggo i buya taijisa i sargata be sujubume gaibuha. amala tutaha jakūn hehe de juwanta yan menggun buhe.

十八名婦人未得銀，每人賜銀各三兩。其次，將銀各二十兩置於八處，令蒙古眾小台吉之妻奔跑取之。落後之八名婦人，賜銀各十兩。

十八名妇人未得银，每人赐银各三两。其次，将银各二十两置于八处，令蒙古众小台吉之妻奔跑取之。落后之八名妇人，赐银各十两。

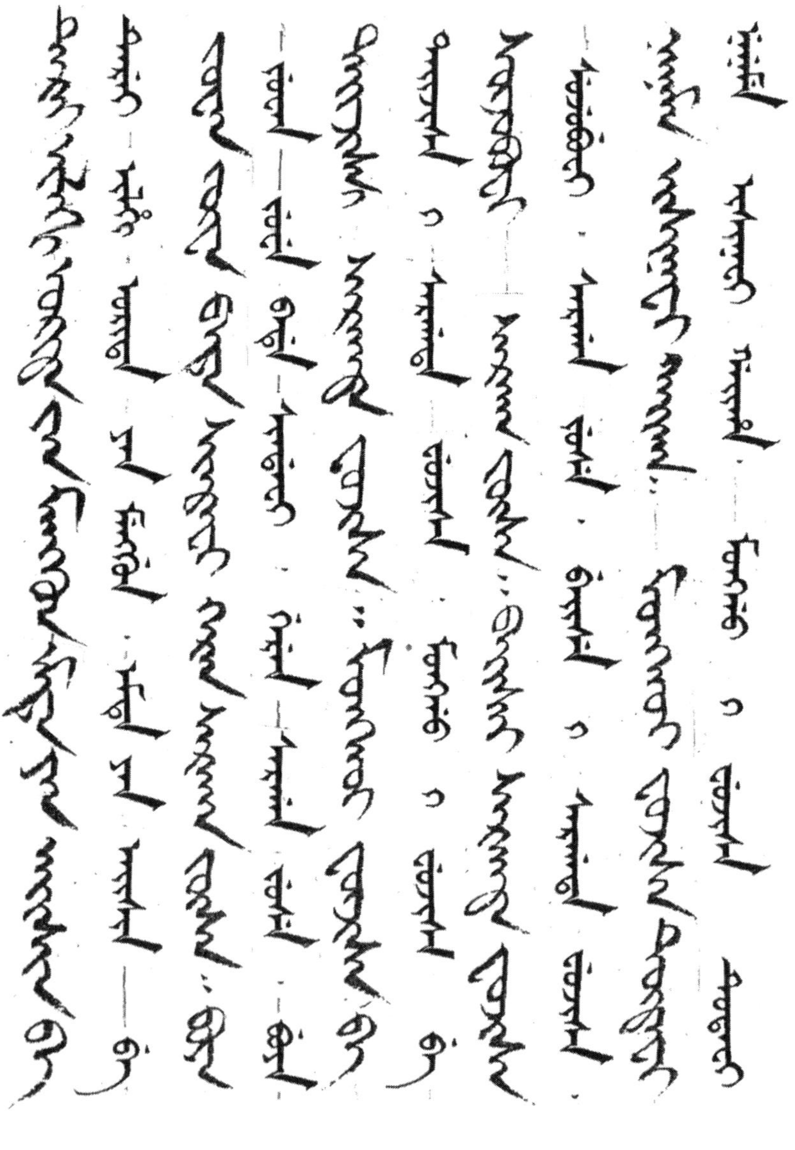

terei ilhi orita yan menggun, emte yan aisin be juwan juwe bade sindafi, geren sargan juse, buya taijisa i sargata fujisa, monggo i fujisa be sujubufi, sargan juse, beise i sargata fujisa, neneme isinafi gaiha. monggo i fujisa tutafi

---

其次，將銀各二十兩、金各一兩置於十二處，令眾女兒、眾小台吉之妻、福晉及蒙古之眾福晉奔跑，眾女兒、眾貝勒之妻及福晉先至而取之，蒙古眾福晉落後，

其次，将银各二十两、金各一两置于十二处，令众女儿、众小台吉之妻、福晋及蒙古之众福晋奔跑，众女儿、众贝勒之妻及福晋先至而取之，蒙古众福晋落后，

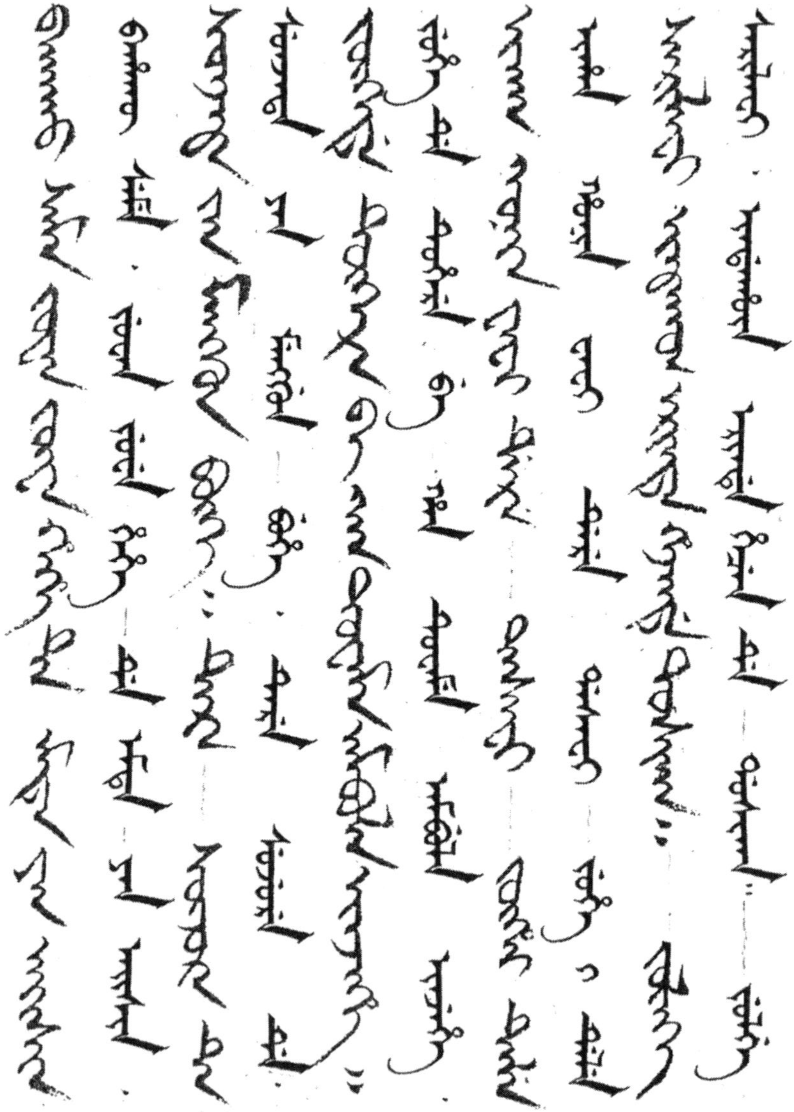

bahakū seme, juwan juwe hehe de emte yan aisin, sunjata yan menggun buhe. tere sujure de, juhe de tuhere be han tuwame ambula injehe. ihan, honin wafi, dere dasafi juhe i dele sarilafi, indahūn erinde hecen de dosika. julge

---

因未獲得，故賜十二婦人金各一兩、銀各五兩。奔跑時摔倒於冰上，汗觀之大笑。宰牛、羊，設席於冰上筵宴後，於戌時入城。

因未获得，故赐十二妇人金各一两、银各五两。奔跑时摔倒于冰上，汗观之大笑。宰牛、羊，设席于冰上筵宴后，于戌时入城。

三十二、朝鮮降將

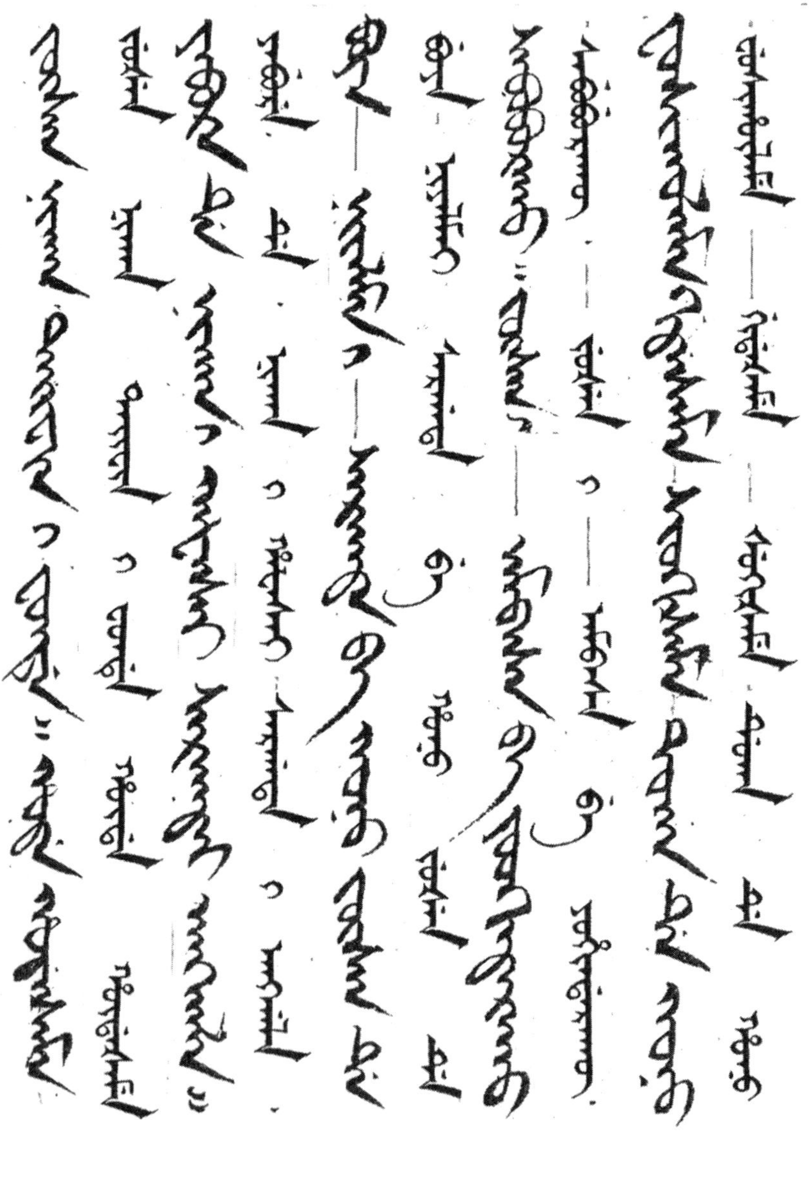

jušen nikan taifin i fonde hūda hūdašame yabure de, nikan i hafasai sargata i anggala, buya niyalmai sargata be hono jušen de sabuburakū, jušen i ambasa be yohindarakū, fusihūlame gidašame šukišame ḍuka de hono

---

昔日諸申與漢人太平相安時，互市往來，且不論漢官之妻，即使係平民之妻，俱不令諸申看見，藐視諸申官員，輕蔑欺凌毆打，

昔日诸申与汉人太平相安时，互市往来，且不论汉官之妻，即使系平民之妻，俱不令诸申看见，藐视诸申官员，轻蔑欺凌殴打，

iliburakū bihe, nikan i buya hafasa, bai niyalma, jušen i bade genehe de, beise ambasa i boode balai dosime gese tefi sarilame kundulembihe. liyoodung be baha manggi, nikan i hanja narhūn gemu efujehe. solho i ergide

---

不令立於其門口。漢人小官及平民前往諸申地方時，卻可妄行進入諸貝勒大臣之家，同席酒宴，恭敬款待。得遼東後，漢人之清廉節儉皆已敗壞。

不令立于其门口。汉人小官及平民前往诸申地方时，却可妄行进入诸贝勒大臣之家，同席酒宴，恭敬款待。得辽东后，汉人之清廉节俭皆已败坏。

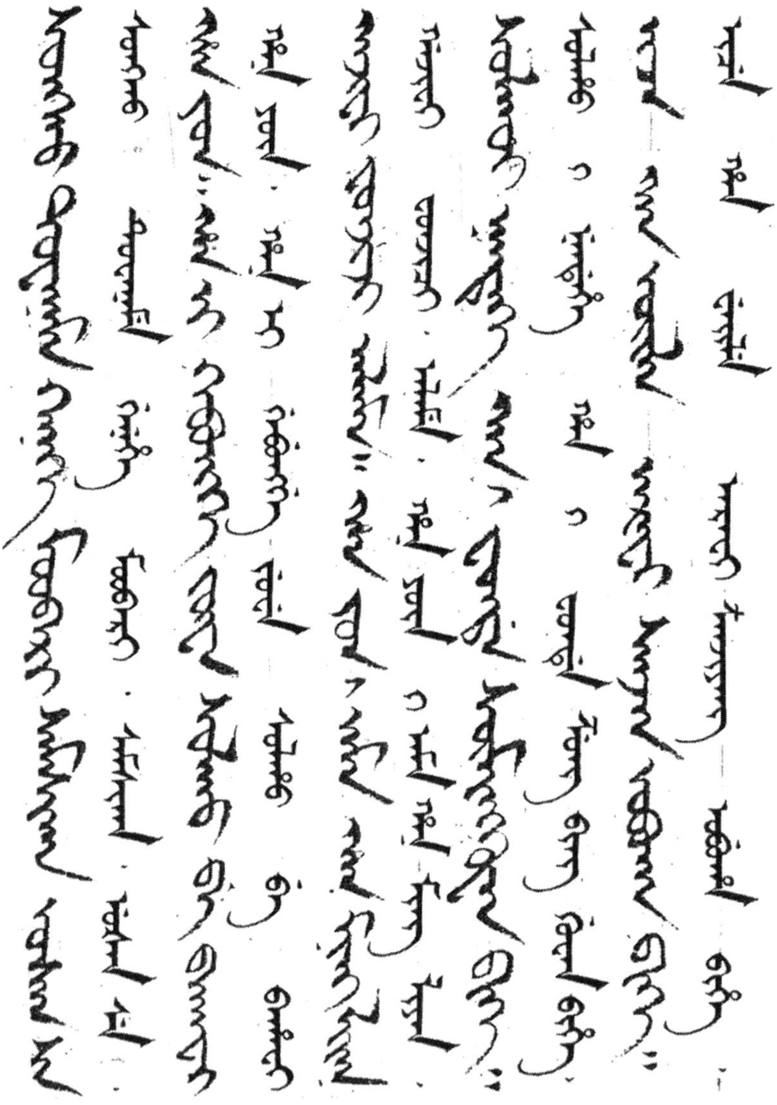

songko tuwaname genehe moobari, samsika, ušan se, haṉ yūn, haṉ i gebungge juwe solho be bahafi gajifi fonjici, alame, haṉ yūn i ama haṉ ming liyan, solho i nendehe han i fonde dzung bing guwan bihe, ice han weile arafi ts'anjiyang obuha bihe,

---

前往朝鮮邊向搜尋踪跡之毛巴里、薩木什喀、吳善等獲名叫韓潤、韓義之二朝鮮人帶來。經訊問告稱：「韓潤之父韓明廉[11]，在朝鮮先王時，曾任總兵官，因新王治罪，降為參將。

前往朝鲜边向搜寻踪迹之毛巴里、萨木什喀、吴善等获名叫韩润、韩义之二朝鲜人带来。经讯问告称：「韩润之父韩明廉，在朝鲜先王时，曾任总兵官，因新王治罪，降为参将。

---

[11] 韓明廉，《滿文原檔》寫作 "haṉ ming lijaṉ"，《滿文老檔》讀作 "haṉ ming liyan"。按《朝鮮王朝實錄》，漢文作「韓明璉」；此處「先王」，意即「光海君李琿(在位 1608-1623)」。

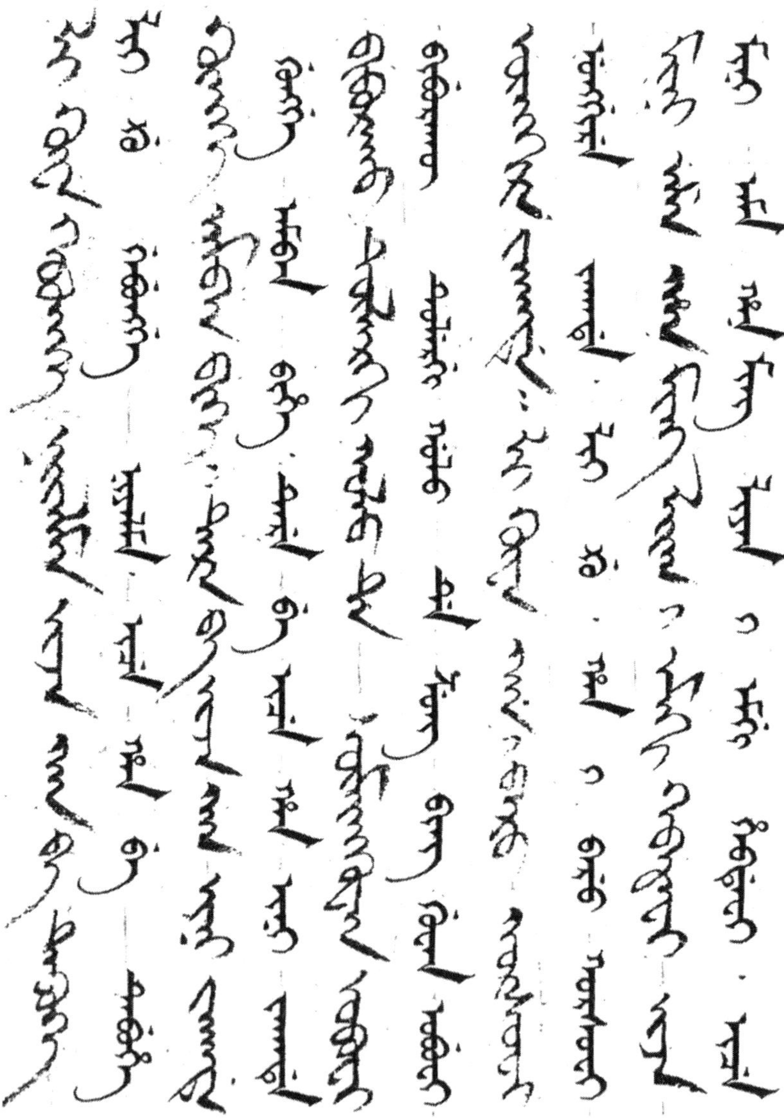

lii g'o gebungge niyalma, ice han be tebuhe gungge amban bihe, tere be ice han ini jakade biburakū tulergi golo de dzung bing guwan obufi unggire jakade, lii g'o, han i baru korsofi mini ama haṉ ming liyan i emgi hebdefi, ice

---

有名叫李國[12]之人，係新王繼位之功臣。然新王並未將其留在跟前，而遣往外省任總兵官。故李國怨恨新王，與我父韓明廉商議，

有名叫李国之人，系新王继位之功臣。然新王并未将其留在跟前，而遣往外省任总兵官。故李国怨恨新王，与我父韩明廉商议，

---

[12] 李國，《滿文原檔》寫作"li küwa"，《滿文老檔》讀作"lii g'o"。按《朝鮮王朝實錄》，漢文作「李适」；此處「新王」，意即「朝鮮仁祖李倧(在位 1623-1649)」。

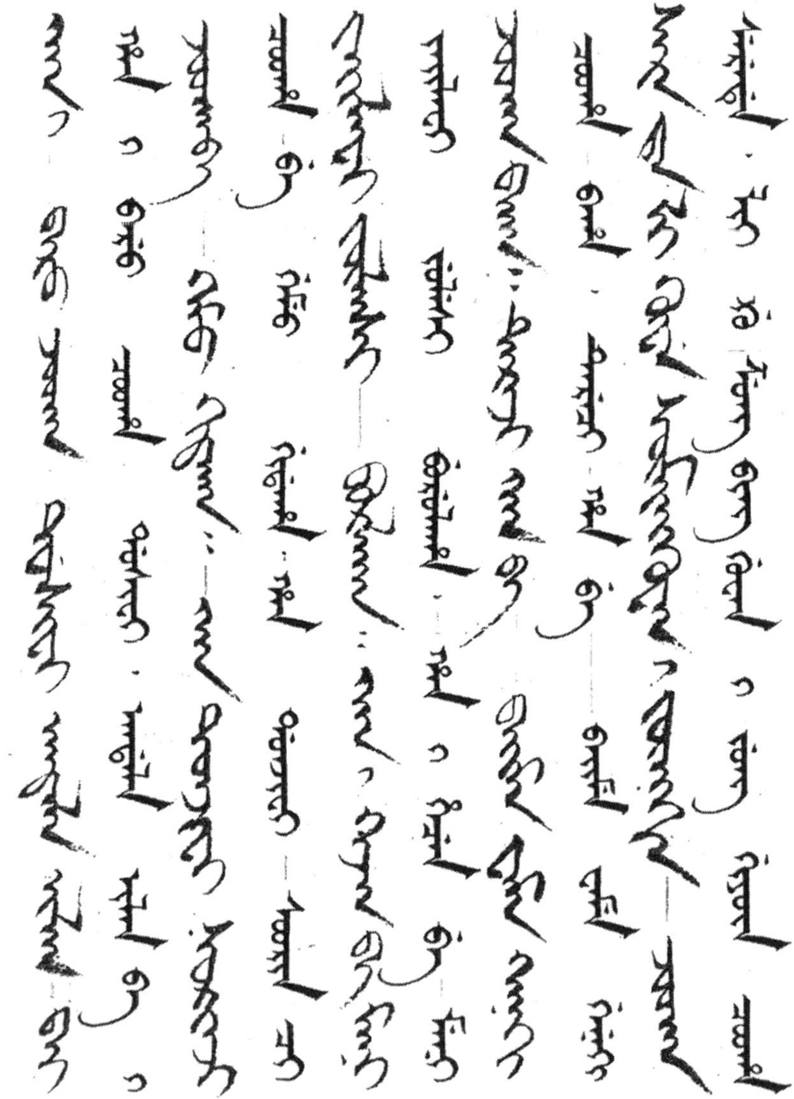

han i baru cooha dosifi, andala ilan ba i cooha be gemu gidaha. han donjifi soorin ci jailafi julesi burulaha, han i hecen be meni cooha baha, tereci han be baime wame geneki serede, lii g'o dzung bing guwan i jung giyūn cooha

---

舉兵進攻新王，途中連克三處之兵。王聞之，離位南逃。我軍得王城，正欲前往尋王殺之，是時，李國總兵官之中軍兵

举兵进攻新王，途中连克三处之兵。王闻之，离位南逃。我军得王城，正欲前往寻王杀之，是时，李国总兵官之中军兵

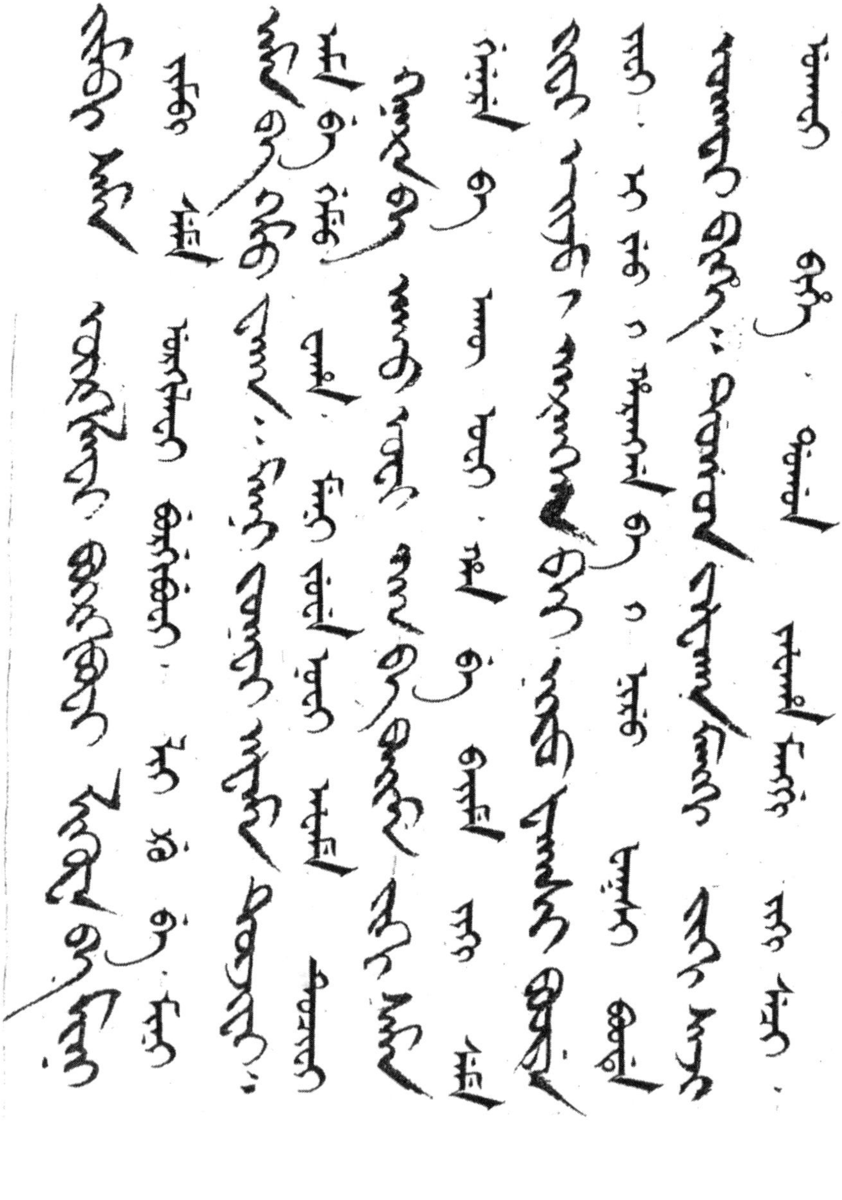

jimbi seme urkilafi burgibufi, lii g'o be, mini ama be gemu waha. meni juwe nofi afame tucifi genere ba akū ofi, han be baime jiki seme jifi, i jeo i harangga ba i niru faksi boode ukafi bihe, dogon jafaha manggi jiki seci,

---

嘩變，李國與我父親皆被殺。我等二人力戰脫出，因無前往之處，故欲投汗而來，逃至義州所屬箭匠家中，欲俟渡口結凍後前來。

哗变，李国与我父亲皆被杀。我等二人力战脱出，因无前往之处，故欲投汗而来，逃至义州所属箭匠家中，欲俟渡口结冻后前来。

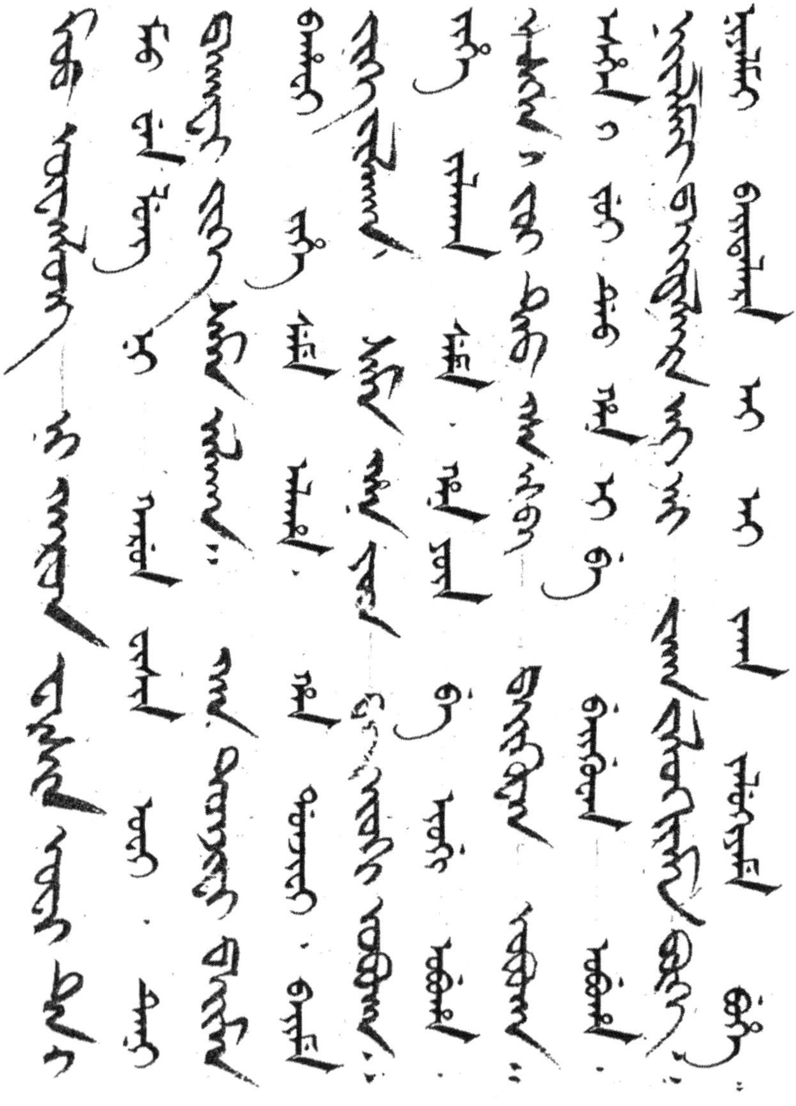

mao wen lung ni karun fisin ofi, teni bahafi jihe seme alaha. han donjifi, baime jihe jilakan seme, haṉ yūn be iogi obuha, eshen i jui deo haṉ i be beiguwan obuha, niyalmai baitalara ai ai jaka jalukiyame buhe.

因毛文龍之哨探密布，至今始得前來。」汗聞之，憫其來投，命韓潤為遊擊，其叔父之子堂弟韓義為備禦官，每人日用諸物皆充足給與。

因毛文龙之哨探密布，至今始得前来。」汗闻之，悯其来投，命韩润为游击，其叔父之子堂弟韩义为备御官，每人日用诸物皆充足给与。

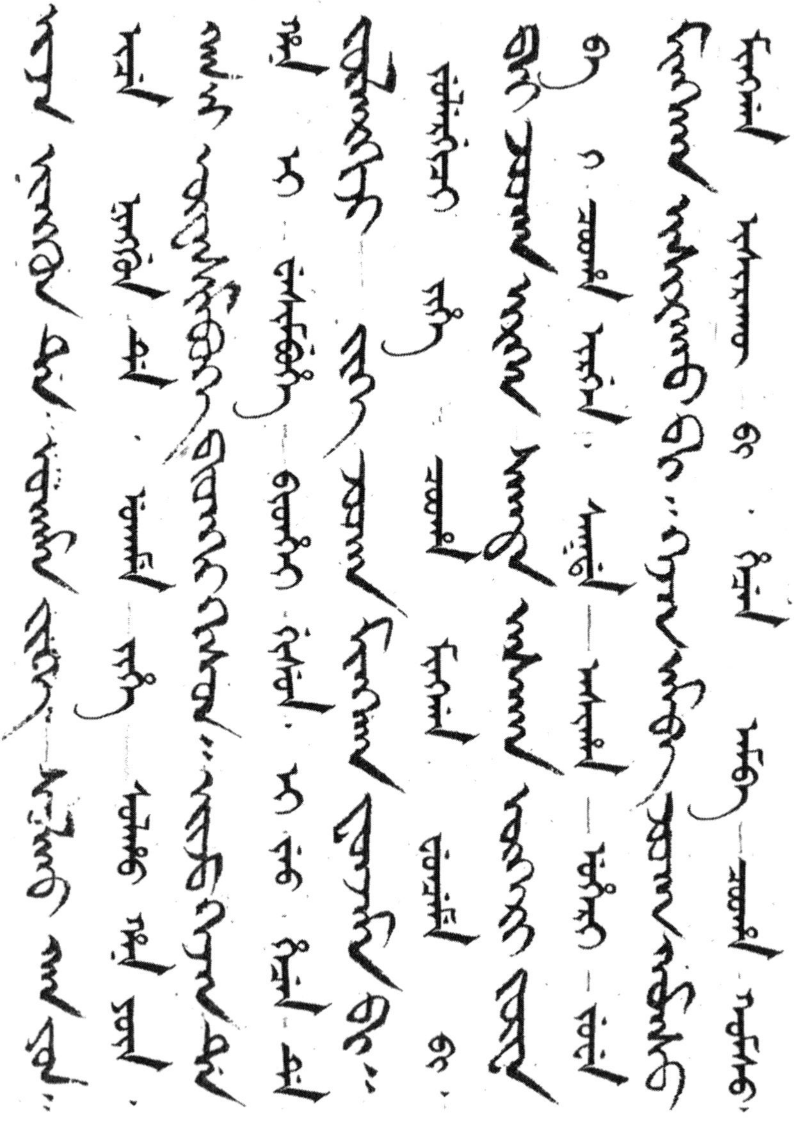

ice ninggun de, ukame jihe solho haṉ yūn, haṉ i wesimbuhe bithei gisun, i jeo hecen de julergici jihe cooha minggan funceme bi, ba i cooha irgen, sakda asihan uheri juwe minggan isirakū bi. hecen amba cooha komso,

---

初六日，逃來之朝鮮韓潤、韓義之奏書稱：「義州城有南來之兵千餘名，本地之兵民、老幼合計不足二千名。城大兵少，

初六日，逃来之朝鲜韩润、韩义之奏书称：「义州城有南来之兵千余名，本地之兵民、老幼合计不足二千名。城大兵少，

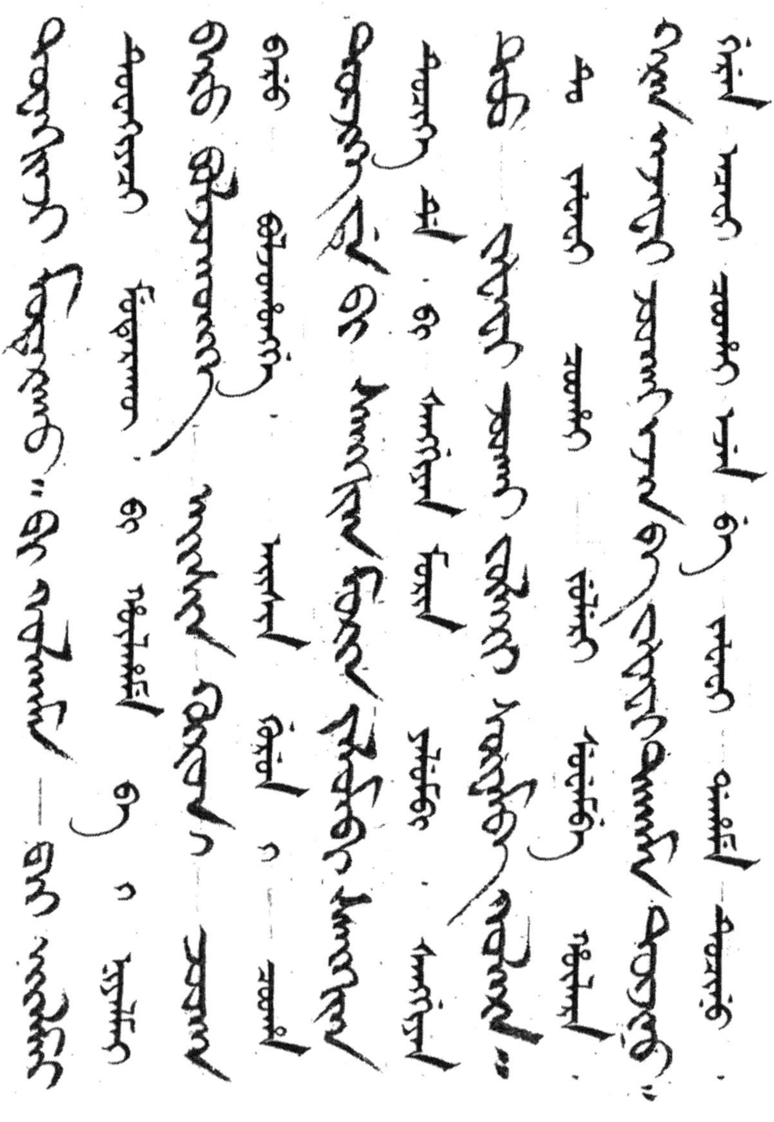

tuwakiyaci muterakū. bi hūlhame ba i niyalmai baru boljohongge, aisin gurun i cooha tucike de, bi šanggiyan morin yalumbi, šanggiyan tu jafafi coohai juleri suwembe hūlara, geren acafi coohai ejen be jafafi dahame tucinu,

---

不能防守。我暗中與當地人約定：『金國出兵時，我騎白馬，執白纛，於軍前呼喚爾等，眾人會合擒拏其主將後出降，

不能防守。我暗中与当地人约定：『金国出兵时，我骑白马，执白纛，于军前呼唤尔等，众人会合擒拏其主将后出降，

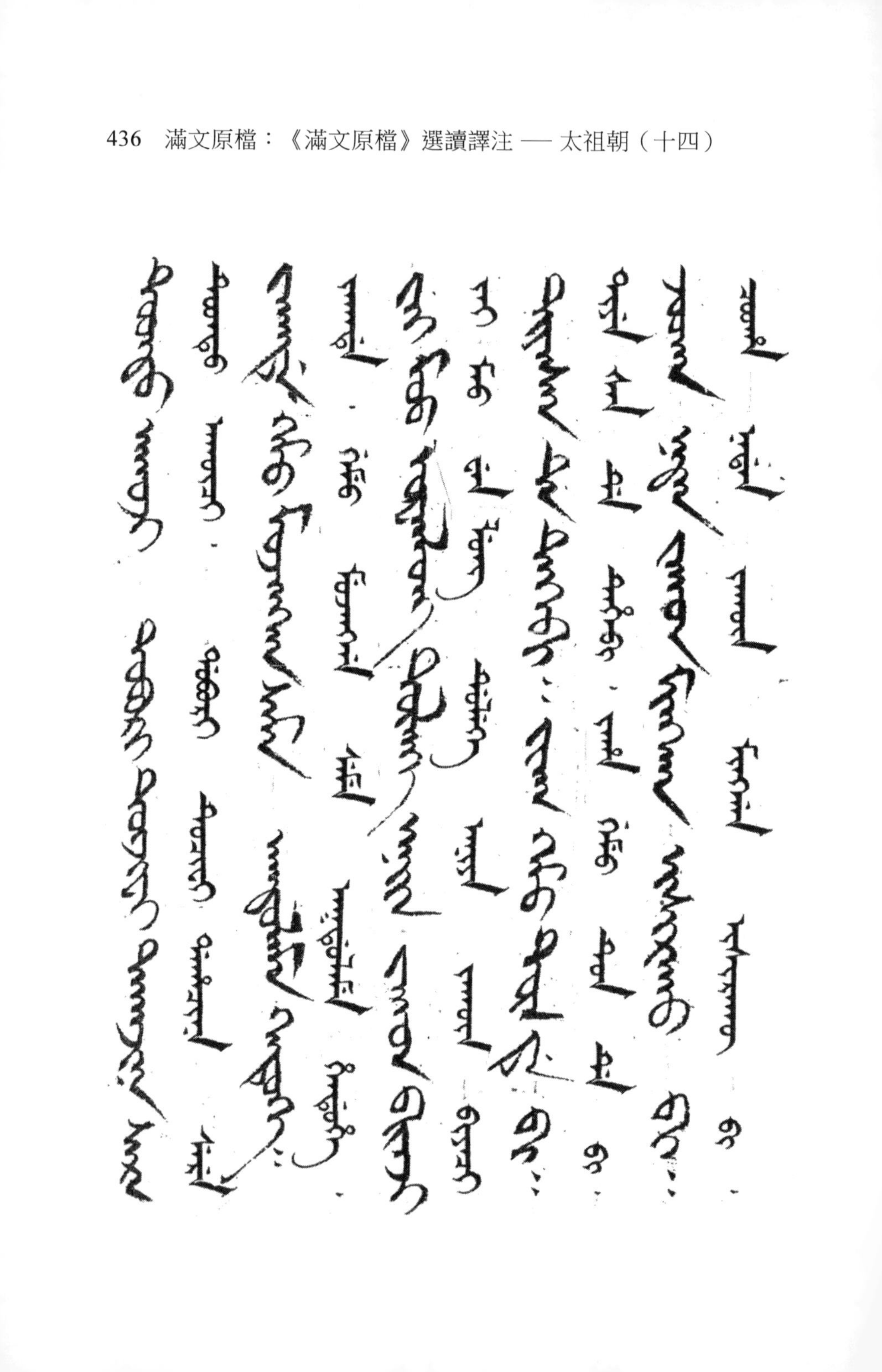

tuttu akūci , dobori tucifi dahacina sere jakade, gemu mujangga seme akdulame henduhe. jai mao wen lung, duleke aniya jakūn biyaci tiye šan de tehebi, jaha gemu tun de bi, cooha nadan, jakūn minggan isirakū bi,

不然，則於夜間出降』，眾皆應允。再者，毛文龍自去年八月起駐鐵山，船皆在島上，兵不足七、八千名，

不然，则于夜间出降』，众皆应允。再者，毛文龙自去年八月起驻铁山，船皆在岛上，兵不足七、八千名，

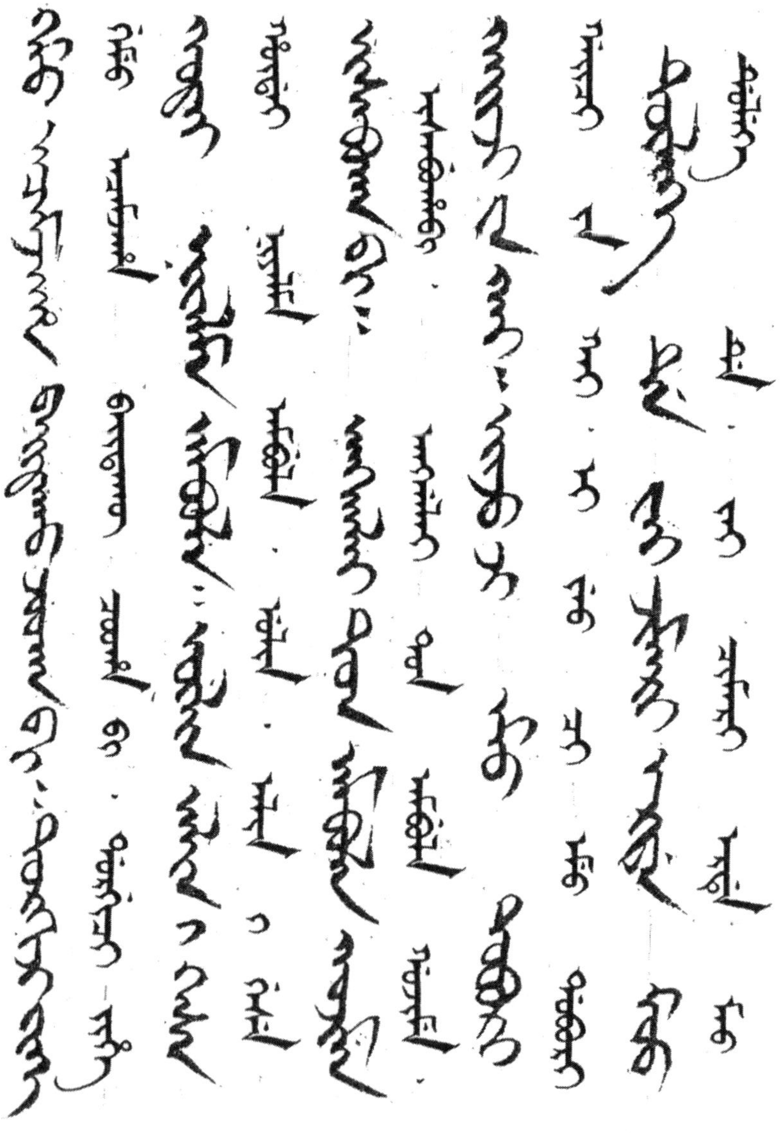

gemu acamjaha baitakū cooha bi, dorgici jihe hūdai niyalma ambula, ulin alin i gese isabuhabi, anggalai ton ambula gojime, gaici ja kai. i jeo ci emu dobori duleke de, jai cimari erde, mao

---

皆係湊合無用之兵。內地前來之商人甚多，財積如山，人口數雖多，取之甚易也。由義州過一夜，次日晨，

皆系凑合无用之兵。内地前来之商人甚多，财积如山，人口数虽多，取之甚易也。由义州过一夜，次日晨，

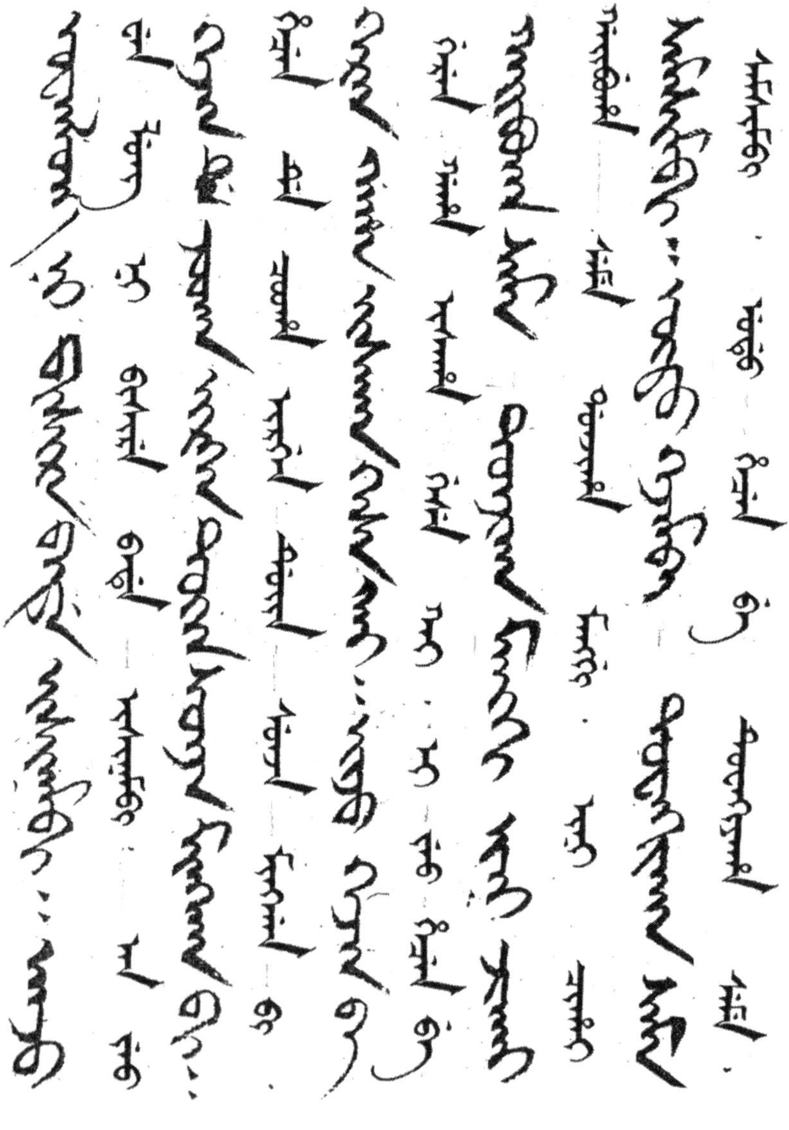

wen lung ni bisire bade isinambi. an jeo hecen de cooha irgen duin sunja minggan bi, geren gaha isaha gese kai. i jeo hecen be gaibuha seme donjiha manggi, ini cihai samsimbi. udu hecen be tuwakiyaha seme,

---

即可至毛文龍所在之處。安州城有兵民四、五千人，如同烏合之眾也；聞義州城失守後，則自然鳥獸散。雖守城，

即可至毛文龙所在之处。安州城有兵民四、五千人，如同乌合之众也；闻义州城失守后，则自然鸟兽散。虽守城，

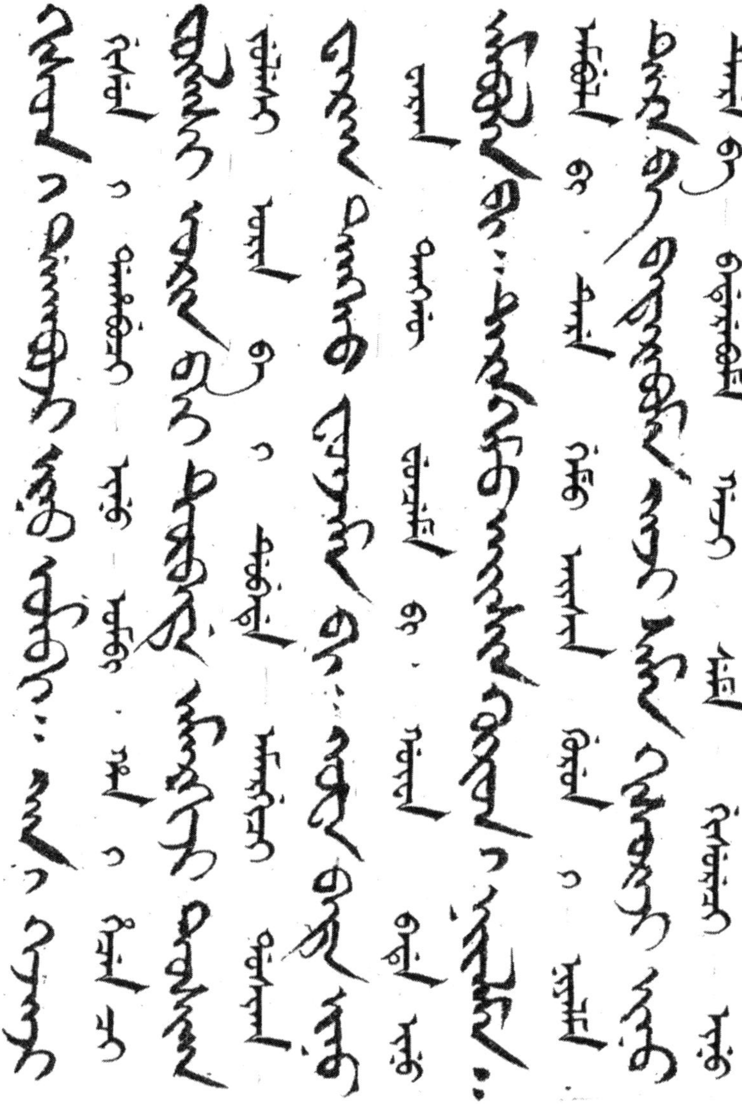

gisun i dahabuci inu ombi. han i hecen ci julesi orin ba i dubede amargici dosika warka tanggū funceme bi, gūwa bade inu ambula bi. tere gemu aisin gurun i niyalma, tere be bederebume gaji seme gisureci inu

---

亦可以言語招降。京城以南二十里處，有由北進入之瓦爾喀百餘人，他處亦甚多。彼等皆為金國之人，亦當索還其人。

亦可以言语招降。京城以南二十里处，有由北进入之瓦尔喀百余人，他处亦甚多。彼等皆为金国之人，亦当索还其人。

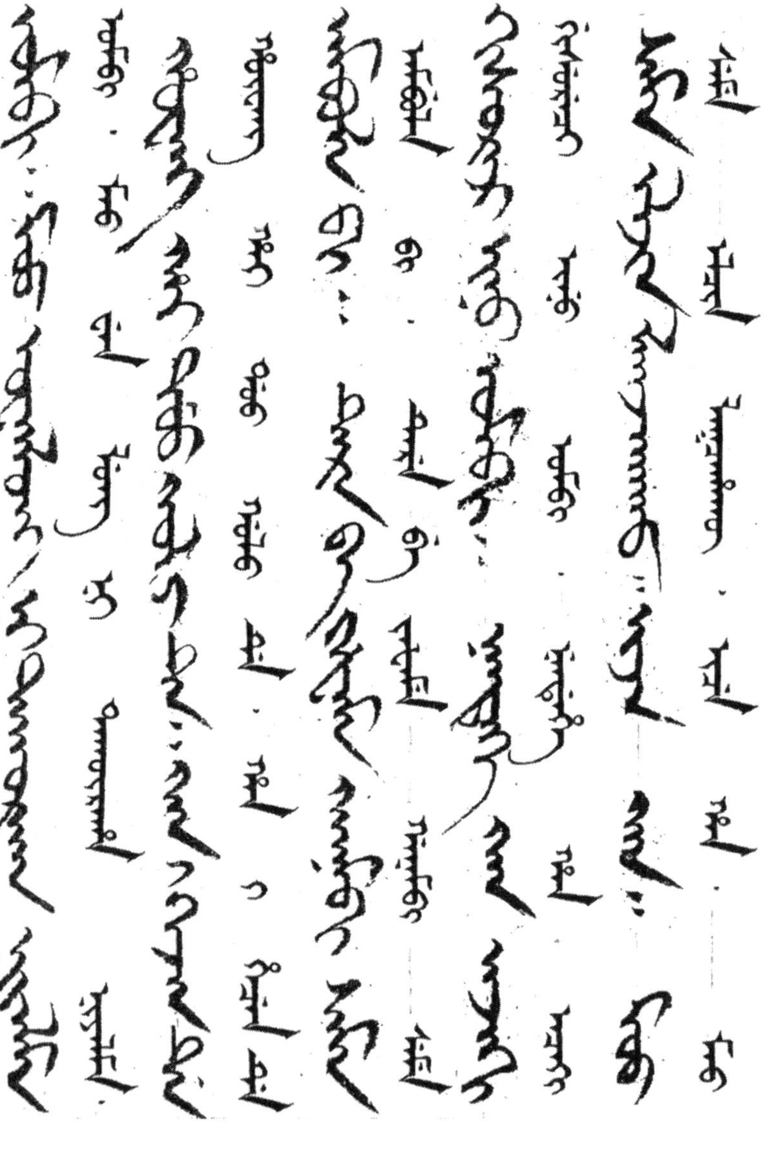

ombi. mao wen lung ni takūraha niyalma, hūwang hai doo golo de, han i hecen de ambula bi, tere be jafame ganambi seme gisureci inu ombi. nendehe han acaki seme elcin lakcahakū, ice han, mao

---

毛文龍所遣之人，多在黃海島，京城甚多，亦可云將其人捉拏解來。先王欲和好，使者不絕，新王

毛文龙所遣之人，多在黄海岛，京城甚多，亦可云将其人捉拏解来。先王欲和好，使者不绝，新王

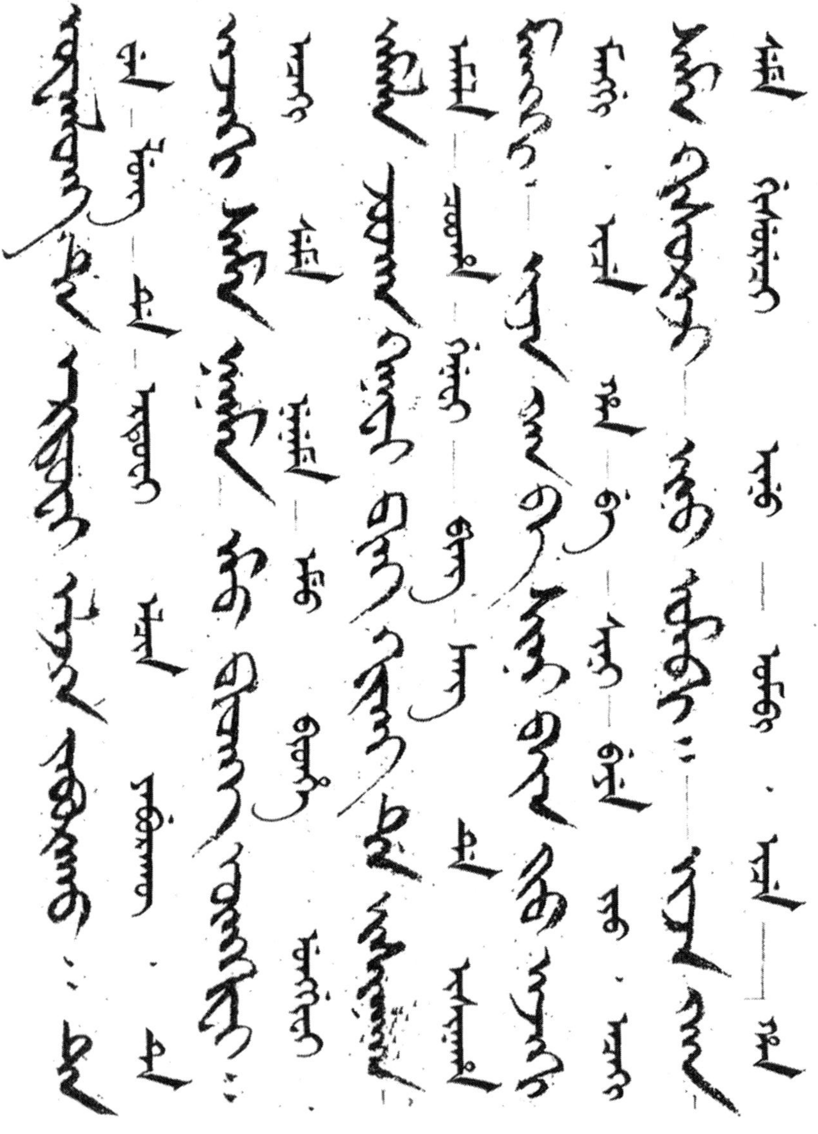

wen lung de ertufi elcin yaburakū. te acaki seme neneme emu bithe unggifi, amala cooha genefi ping žang de isinaha manggi, ice han be sini beye jio, acaki seme gisureci inu ombi. ice han

---

倚恃毛文龍，使者不往來。今可先致一道欲和好之書，然後發兵至平壤後，令新王爾親自前來，欲議和好亦可。自從新王

倚恃毛文龙，使者不往来。今可先致一道欲和好之书，然后发兵至平壤后，令新王尔亲自前来，欲议和好亦可。自从新王

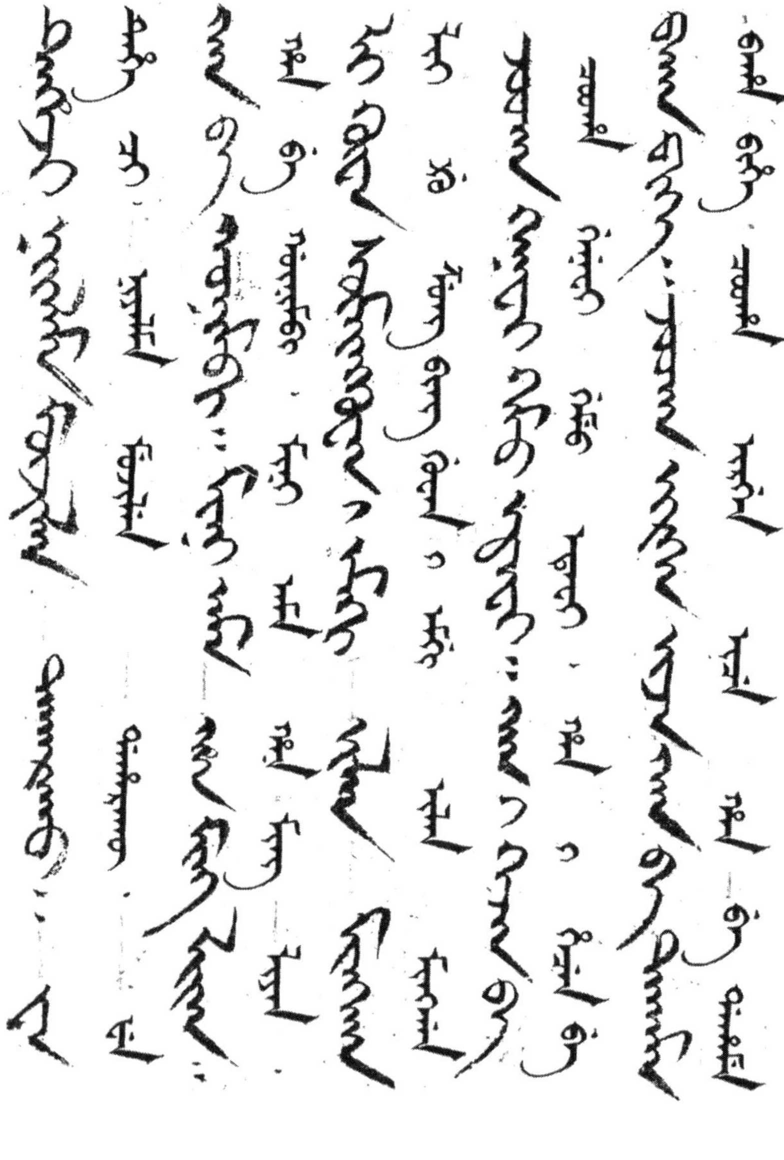

tehe ci, niyalma mujilen daharakū, fe han be gūnimbi, mini ama haṉ ming liyan, lii g'o dzung bing guwan i emgi ilan minggan cooha genefi gemu etefi, han i hecen be baha bihe, cooha irgen ice han be dahame

---

繼位以來，人心不服，思念舊王。我父韓明廉與李國總兵官齊發兵三千，皆獲勝，得王之城。兵民皆無隨新王而去者，

继位以来，人心不服，思念旧王。我父韩明廉与李国总兵官齐发兵三千，皆获胜，得王之城。兵民皆无随新王而去者，

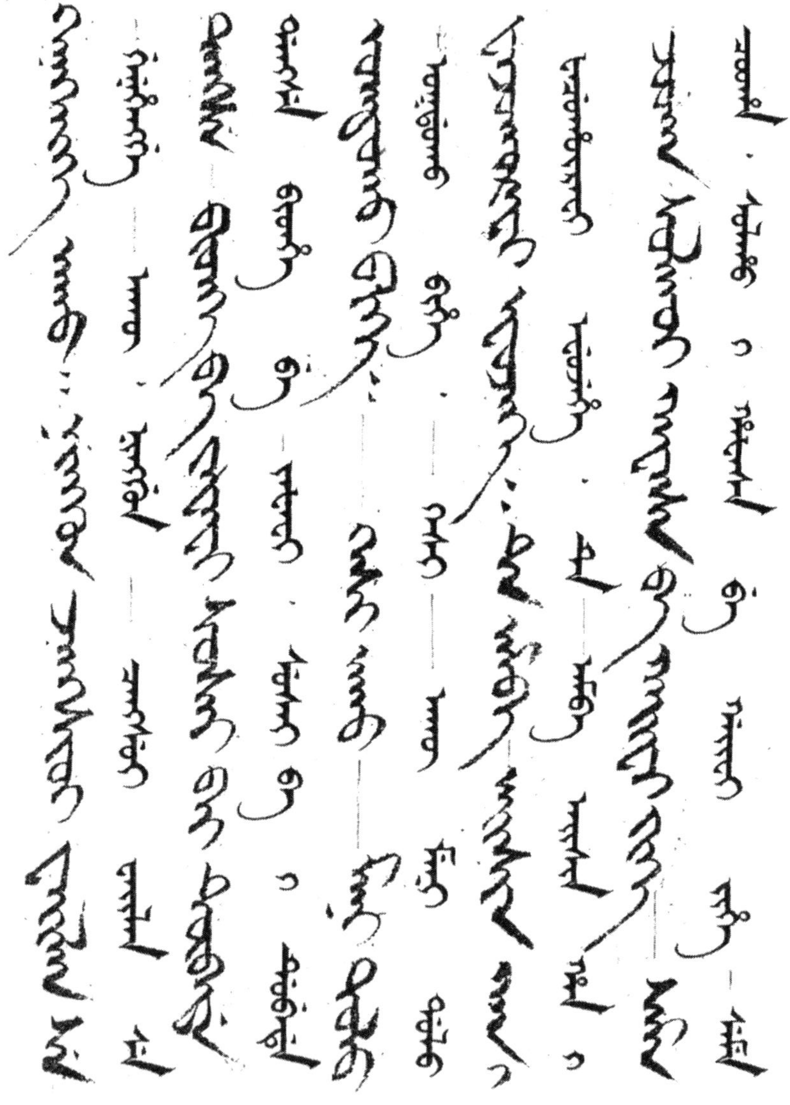

genehengge akū, ninggun cangsui wailan se dangse bithe be jafafi, susai ba i dubede okdoko bihe. kesi akū meni dolo facuhūrafi efujehe. te amba aisin han i cooha, solho i hafasa be gaifi jihe seme

---

六名常隨外郎等曾執檔冊，迎於五十里之外。不幸，我等因內亂而敗。今聞大金汗之兵，率朝鮮官員而來，

六名常随外郎等曾执档册，迎于五十里之外。不幸，我等因内乱而败。今闻大金汗之兵，率朝鲜官员而来，

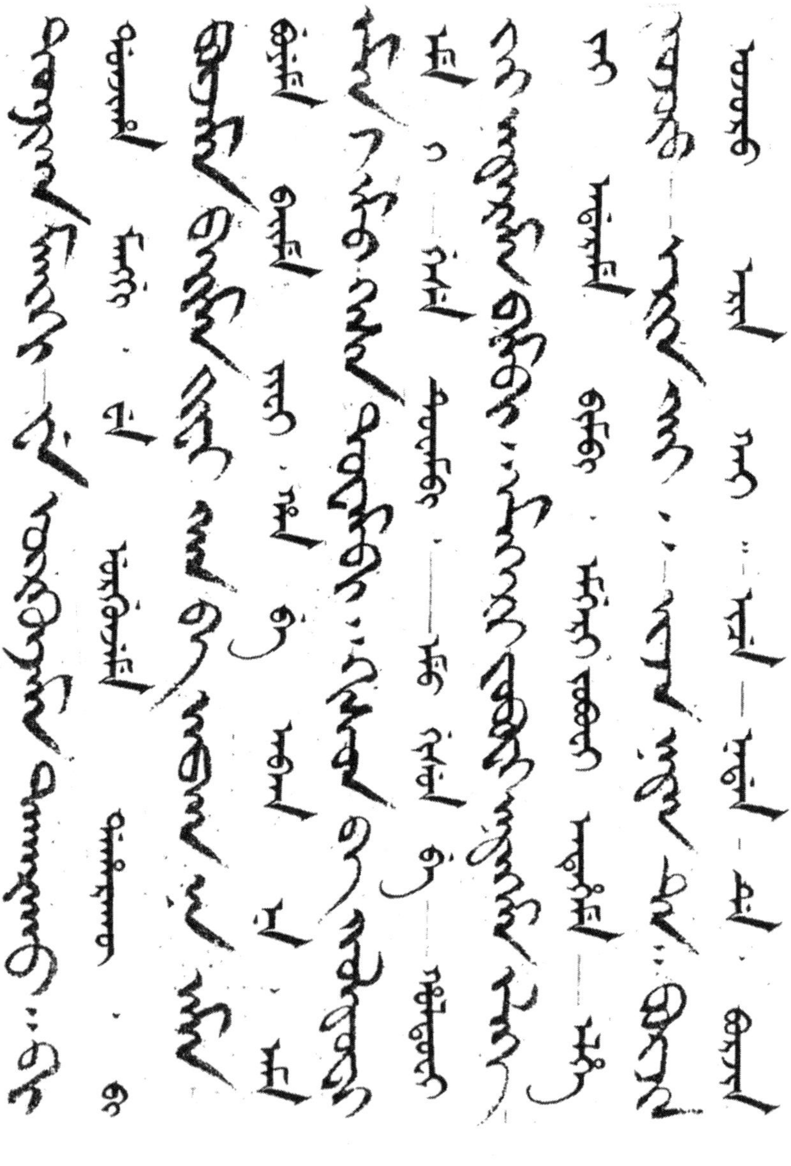

donjiha manggi, we urgunjeme daharakū. bi buyeme baime jifi, han be abka na, ama eme i gese tuwambi. emu gisun be holtofi jai adarame bimbi. emgeri jobofi enteheme elhe ojoro erin kai. ice nadan de, borjin

---

誰不樂降？我願來投，視汗如天地、父母。若有一句謊言，再如何生存？實乃一勞永逸之時也。」初七日，

谁不乐降？我愿来投，视汗如天地、父母。若有一句谎言，再如何生存？实乃一劳永逸之时也。」初七日，

三十三、化敵爲友

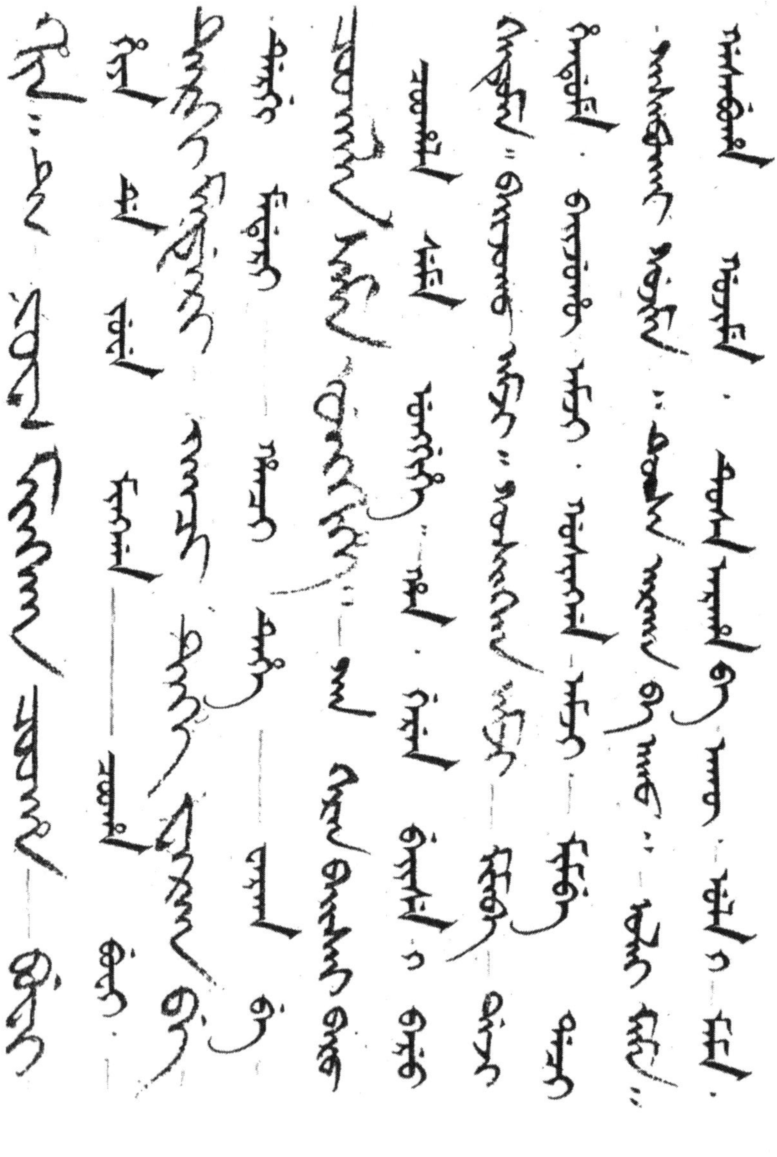

hiya de juwe minggan cooha bufi, dergi mederi hanci tehe warka be coohala seme unggihe. han, geren beise i baru hendume, baijuhū amji, gosingga amji, mimbe daci gasabuha gojime, tusa araha ba akū. ula i mama,

---

給博爾晉侍衛兵二千名，遣其進兵近東海而居之瓦爾喀。汗向諸貝勒曰：「拜珠虎伯父、郭興阿伯父，從前雖然怨恨我，但無裨益。烏拉祖母、

给博尔晋侍卫兵二千名，遣其进兵近东海而居之瓦尔喀。汗向诸贝勒曰：「拜珠虎伯父、郭兴阿伯父，从前虽然怨恨我，但无裨益。乌拉祖母、

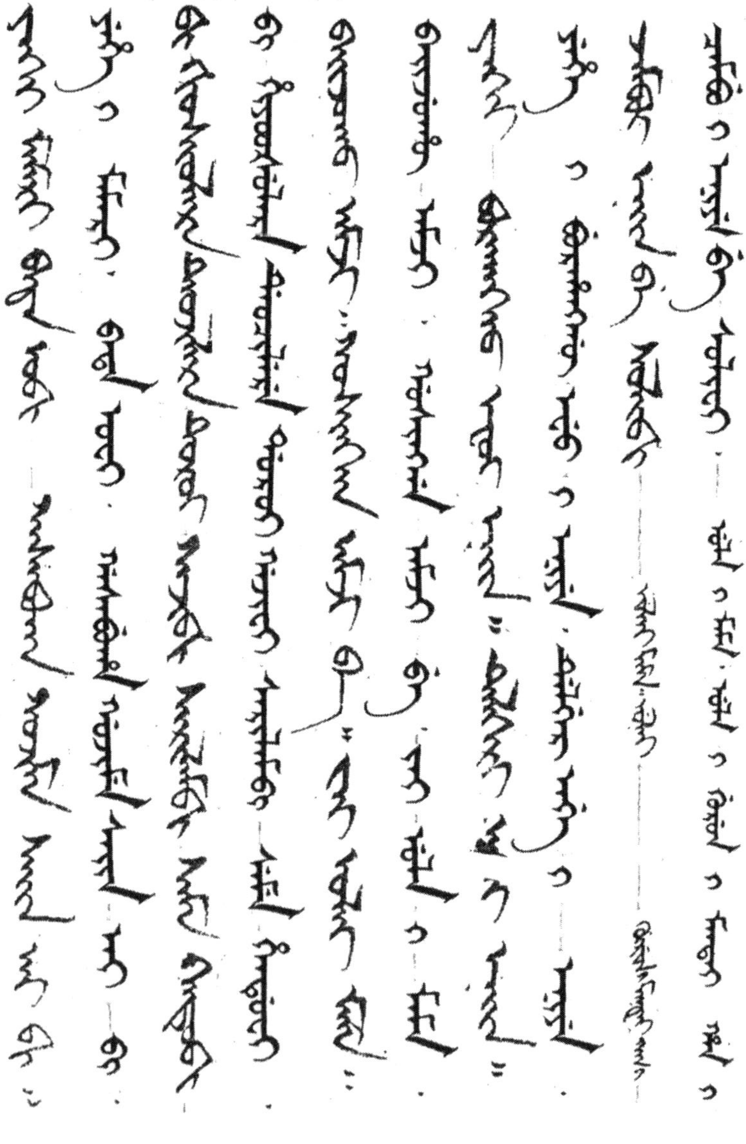

yehe i mamari, bata ofi, gasabuha gojime sain ai bi, bi hiyoošulara deocilere doroi gajifi sarilambi seme hendufi, baijuhū amji, gosingga amji be, jai ula i mama, yehe i burhanggū efu i eniye, delger age i eniye, cambu i eniye be solifi, (ula i mama, ula i gurun i mantai han i

葉赫眾祖母，與我為敵，雖然怨恨，但有何好處？我以孝悌之禮[13]迎來宴請之。」宴請拜珠虎伯父、郭興阿伯父及烏拉祖母、葉赫布爾杭古額駙之母、德勒格爾阿哥之母、察木布之母（細字原注：烏拉祖母，乃烏拉國滿泰汗之妻，

叶赫众祖母，与我为敌，虽然怨恨，但有何好处？我以孝悌之礼迎来宴请之。」宴请拜珠虎伯父、郭兴阿伯父及乌拉祖母、叶赫布尔杭古额驸之母、德勒格尔阿哥之母、察木布之母（细字原注：乌拉祖母，乃乌拉国满泰汗之妻，

[13] 孝悌之禮，《滿文原檔》寫作 "hiosiolara teojilara toro"，《滿文老檔》讀作 "hiyoošulara deocilere doro"；句中滿文 "hiyoošulambi" 之 "hiyoošu-"為漢文「孝順」音譯詞，滿文 "deocilembi"係蒙文 "degüčilekü"借詞（根詞"deocile-"與 "degüčile-"相仿），意即「行弟道、善事兄長」。

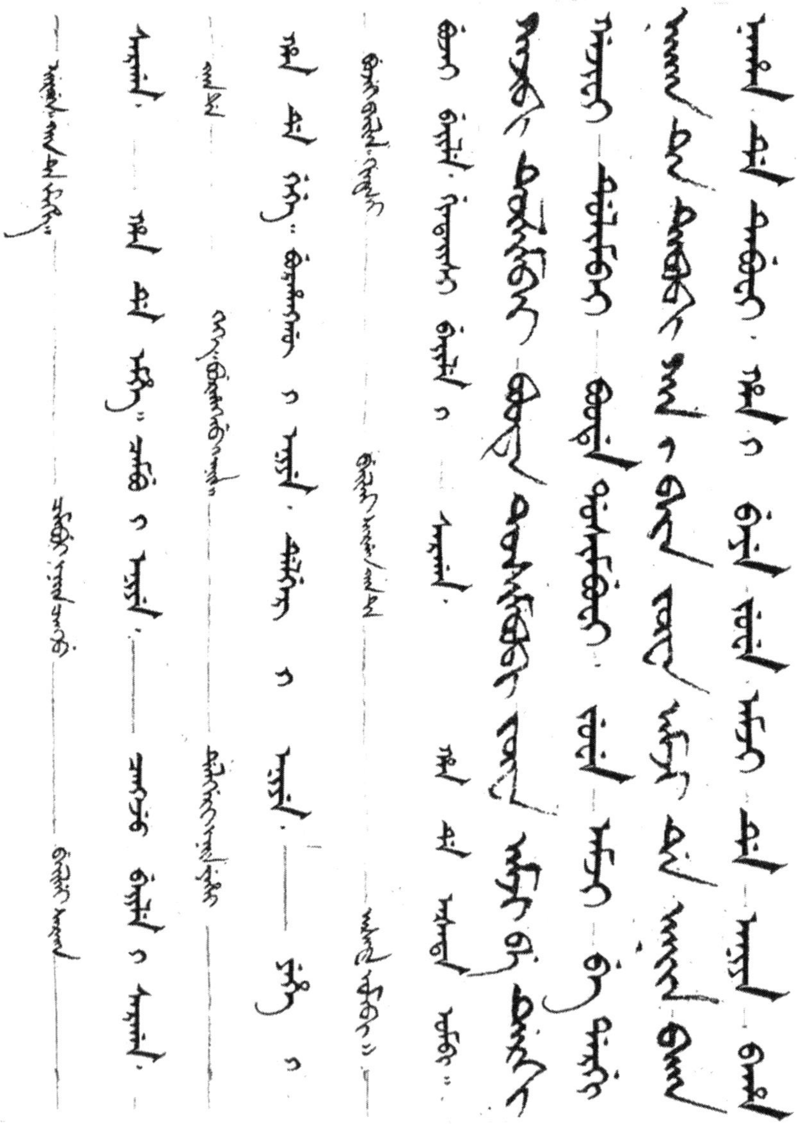

sargan, han de emhe. cambu i eniye, cangju beile i sargan, han de gege. burhanggū i eniye, delger i eniye, yehe i bujai beile, gintaisi beile i sargan, han de ašata ombi.) gajifi dulimbai boode dosimbufi, juwe amji be dergi nahan de tebufi, han i beye juwe amji de aniya baha

---

汗之岳母；察木布之母，乃常柱貝勒之妻，汗之姐；布爾杭古之母，德勒格爾之母，乃葉赫布寨貝勒、錦泰希貝勒之妻，汗之嫂。）攜來進入中房，二伯父坐於西榻[14]，汗親自以年禮叩拜二伯父，

汗之岳母；察木布之母，乃常柱贝勒之妻，汗之姐；布尔杭古之母，德勒格尔之母，乃叶赫布寨贝勒、锦泰希贝勒之妻，汗之嫂。）携来进入中房，二伯父坐于西榻，汗亲自以年礼叩拜二伯父，

---

14 西榻，《滿文原檔》寫作 “derki nakan”，《滿文老檔》讀作 “dergi nahan”，意即「上炕」，指西山邊牆之炕。

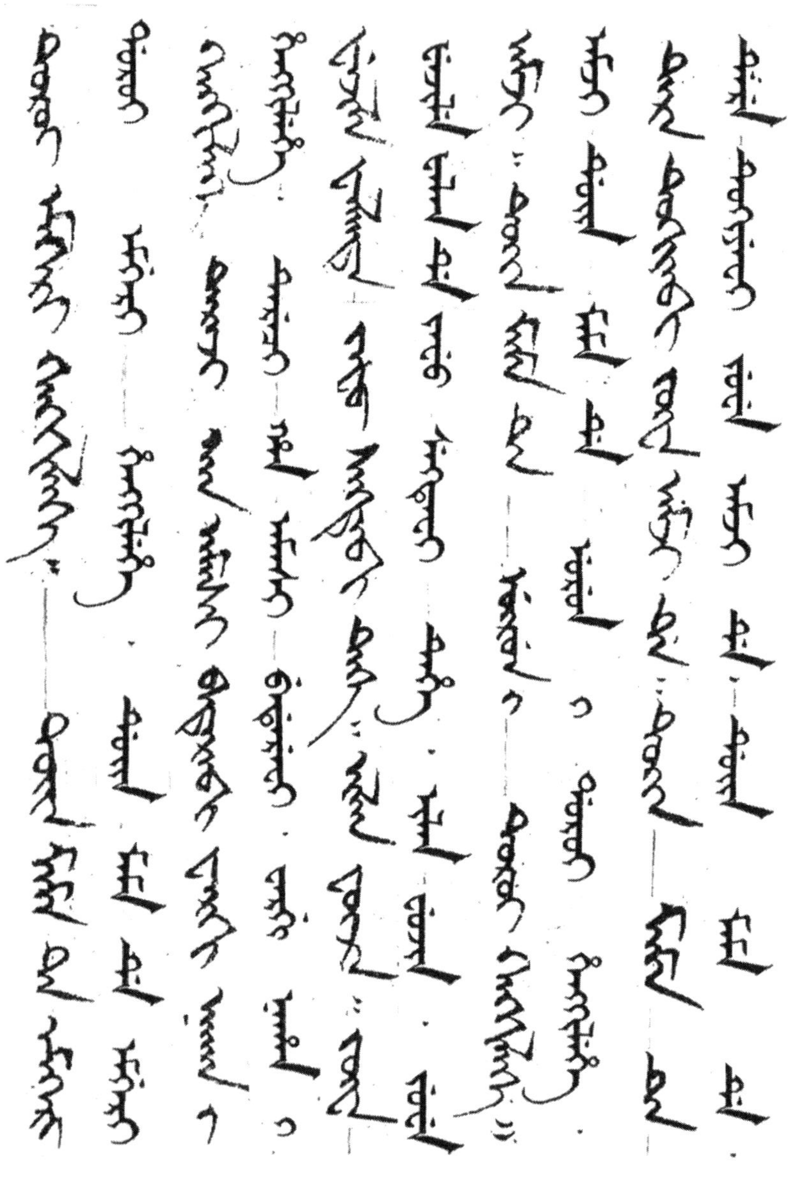

doroi emgeri hengkilehe. duin mama de emgeri hengkilehe. tereci han amasi bederefi, wargi nahan i fejile falan de jafu sektefi tehe. ilan fujin, juwe amji duin mama de urun i doroi hengkilehe. dere tukiyefi juwe amji de, duin mama de,

---

叩拜四祖母。汗隨即退回，坐於東榻[15]下地面所鋪氈上。然後由三福晉以兒媳之禮，叩拜二伯父、四祖母。設筵，

叩拜四祖母。汗随即退回，坐于东榻下地面所铺毡上。然后由三福晋以儿媳之礼，叩拜二伯父、四祖母。设筵，

---

15 東榻，《滿文原檔》寫作“warki nakan”，《滿文老檔》讀作“wargi nahan”，意即「東山牆邊的炕」。

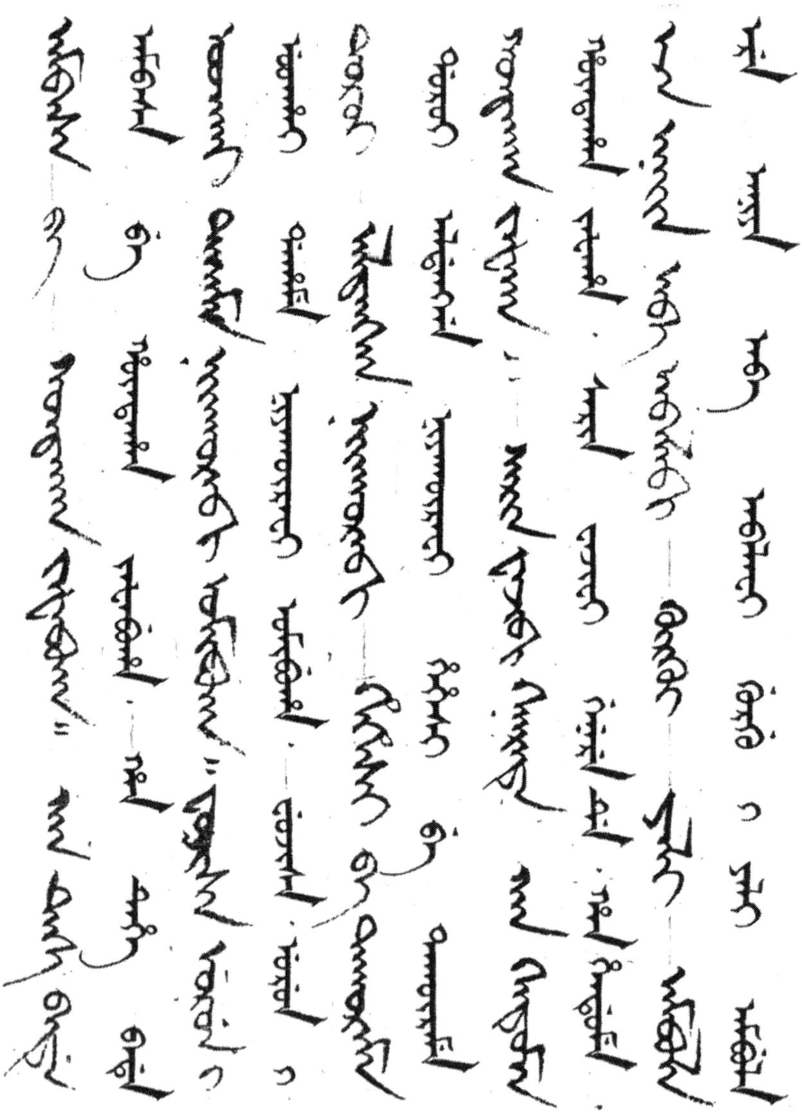

ambasa be hūntahan jafabuha, han tehe bade uthai dahame niyakūrafi omibuha. fujisa, urun i doroi aldangga niyakūrafi hehesi be takūrame hūntahan jafaha. sarin wajifi genere de, han hendume, ere aniya aba abalafi gurgu i yali ambula

---

命眾大臣為二伯父、四祖母持杯把盞，汗於坐處即隨同跪飲。諸福晉以兒媳之禮跪於遠處，差眾婦女為之持杯把盞。宴畢，離去時，汗曰：「因今年行獵所獲獸肉甚多，

命众大臣为二伯父、四祖母持杯把盏，汗于坐处即随同跪饮。诸福晋以儿媳之礼跪于远处，差众妇女为之持杯把盏。宴毕，离去时，汗曰：「因今年行猎所获兽肉甚多，

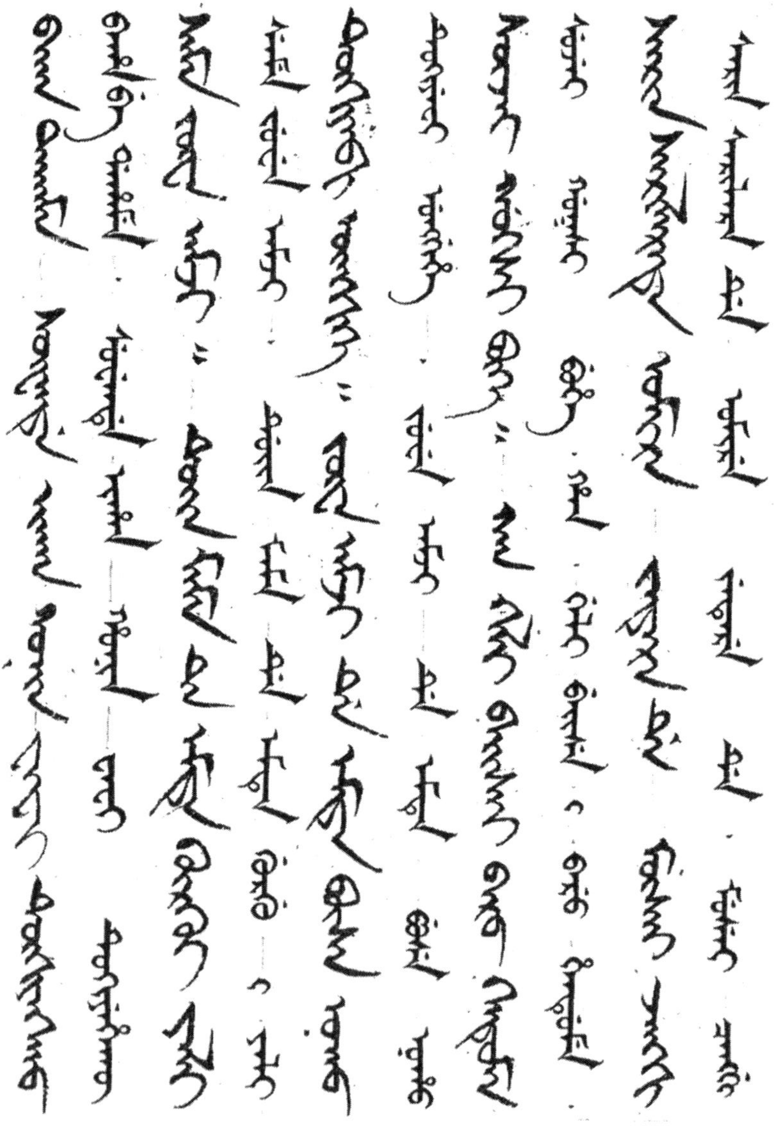

baha be dahame, suwende ihan, honin wafi tukiyehekū seme, juwe amji, duin mama de emte gurgu i yali tukiyefi unggihe. juwe amji de emte puse noho sujei goksi buhe. han, geli beise i baru hendume, sarin sarilara de omire jetere de, musei canggi

---

故未殺牛、羊以奉獻爾等。」遂以獸肉奉送二伯父、四祖母各一份，並給二伯父金團龍緞無扇肩朝衣各一件。汗又向諸貝勒曰：「筵宴時或飲食時，

故未杀牛、羊以奉献尔等。」遂以兽肉奉送二伯父、四祖母各一份，并给二伯父金团龙缎无扇肩朝衣各一件。汗又向诸贝勒曰：「筵宴时或饮食时，

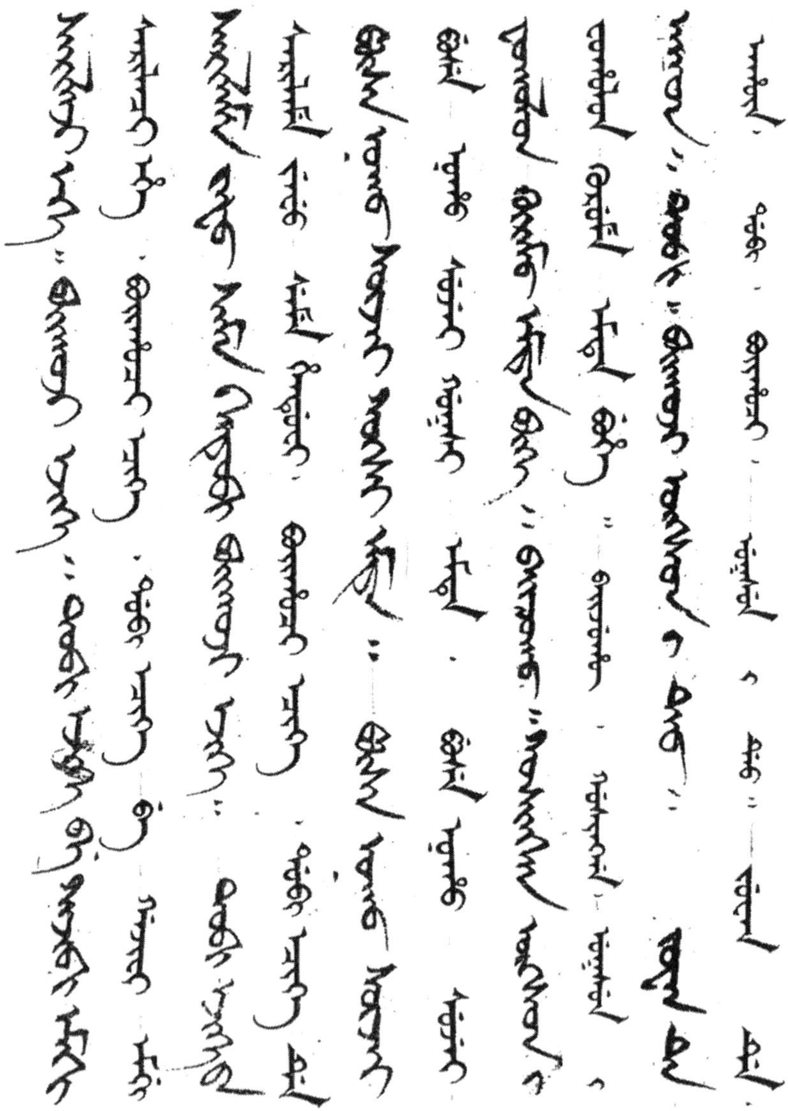

sarilaci ehe, boihoci ecike, dobi ecike be gajifi emgi sarilame jefu seme hendufi, boihoci ecike, dobi ecike de puse noho sujei goksi emte, puse noho sujei foholon kurume emte buhe. (baijuhū, gosingga, uksun i ahūn, dobi, boihoci, uksun i deo.) juwan de,

---

僅是我等獨宴不好，當請貝和齊叔父、鐸璧叔父同宴而食。」遂給貝和齊叔父、鐸璧叔父金團龍緞無扇肩朝衣各一件、金團龍緞短褂各一件。（拜珠虎、郭興阿係族兄，鐸璧、貝和齊係族弟。）初十日，

仅是我等独宴不好，当请贝和齐叔父、铎璧叔父同宴而食。」遂给贝和齐叔父、铎璧叔父金团龙缎无扇肩朝衣各一件、金团龙缎短褂各一件。（拜珠虎、郭兴阿系族兄，铎璧、贝和齐系族弟。）初十日，

三十四、盜賊滋生

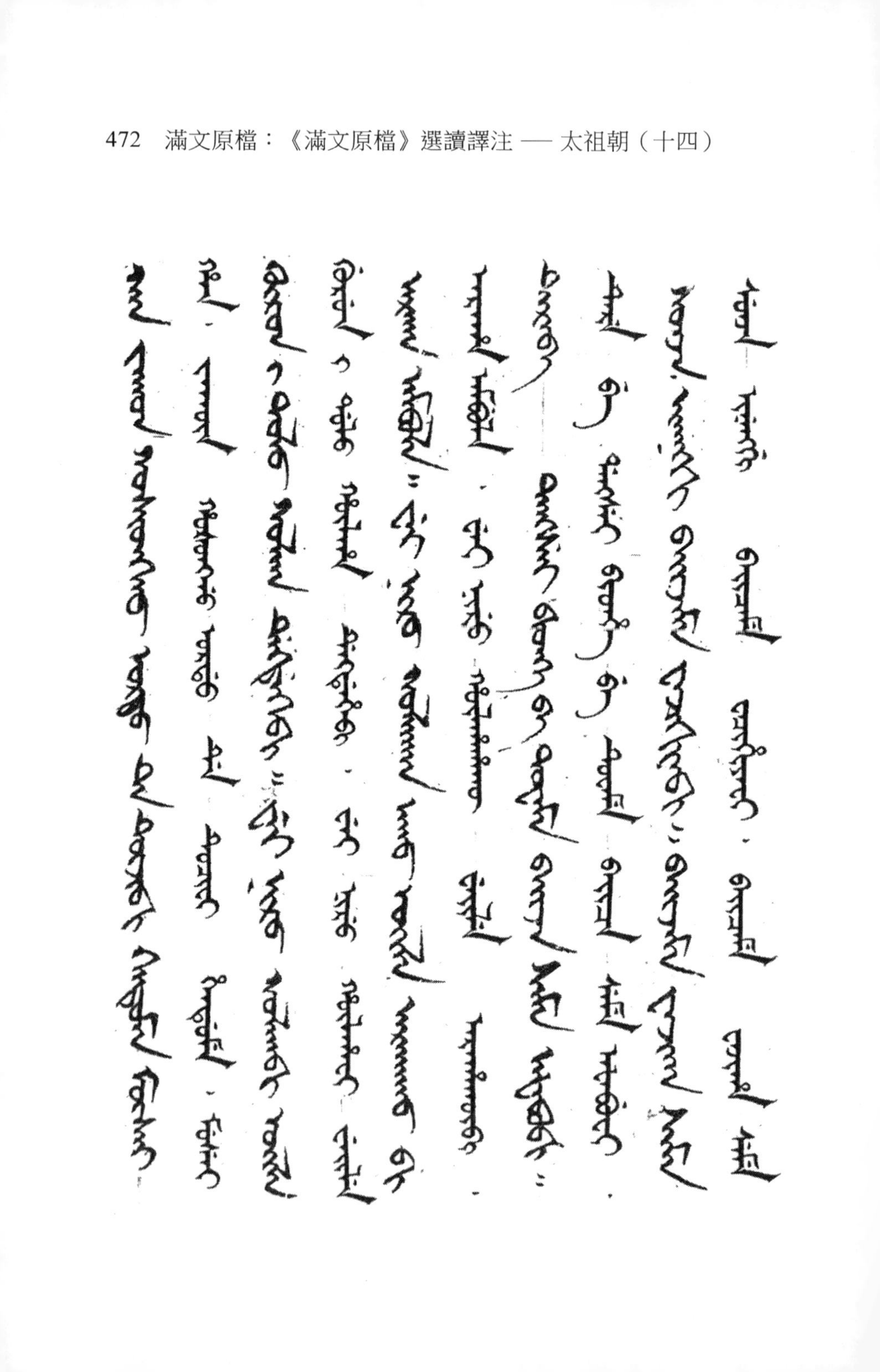

han, jakūn hošonggo ordo de tucifi hendume, musei gurun i dolo hūlha dekdehebi. wei niru hūlhafi weile araha ambula. wei niru hūlhahakū weile arahakūbi. tere be dangsei bithe be tuwame baica seme afabufi, sunja inenggi baicame wacihiyafi, baicame wajiha seme

---

汗御八角殿曰：「我們國內已滋生盜賊。誰之牛彔因偷盜而治罪者眾？誰之牛彔無偷盜而無治罪者？著查閱檔冊。」查閱五日後，

汗御八角殿曰：「我们国内已滋生盗贼。谁之牛彔因偷盗而治罪者众？谁之牛彔无偷盗而无治罪者？着查阅档册。」查阅五日后，

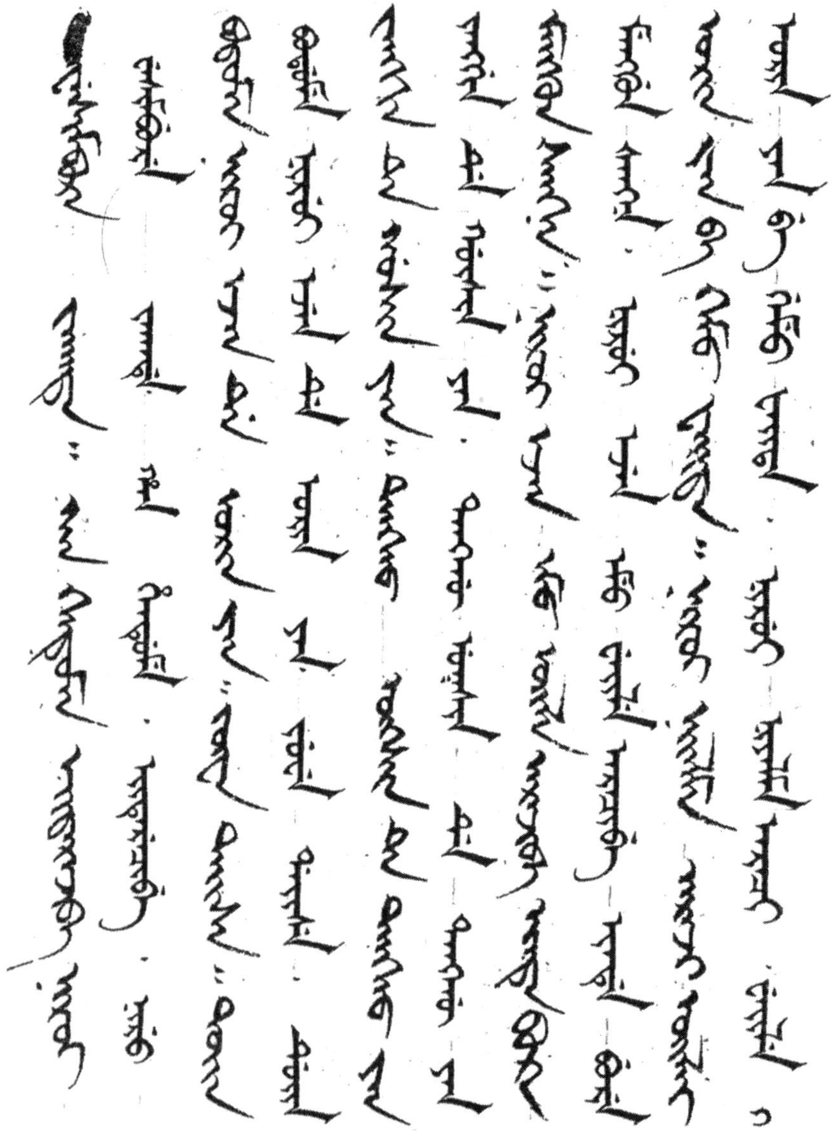

wesimbure jakade, han hendume, eiterecibe, niru bodome nirui ejen de orin yan, juwe daise, duin janggin de gūsin yan, tanggū uksin de tanggū yan menggun šangna. nirui ejen emu weile aracibe, inde bure orin yan be gemu faita, nirui niyalma araci, weile i

---

查完具奏，汗曰：「總之，按牛彔核計，牛彔額真賞銀二十兩，二名代子、四名章京賞銀三十兩，百名披甲賞銀百兩。倘若牛彔額真犯一罪，則將賜其二十兩皆罰之。倘若牛彔下之人犯罪，

查完具奏，汗曰：「总之，按牛彔核计，牛彔额真赏银二十两，二名代子、四名章京赏银三十两，百名披甲赏银百两。倘若牛彔额真犯一罪，则将赐其二十两皆罚之。倘若牛彔下之人犯罪，

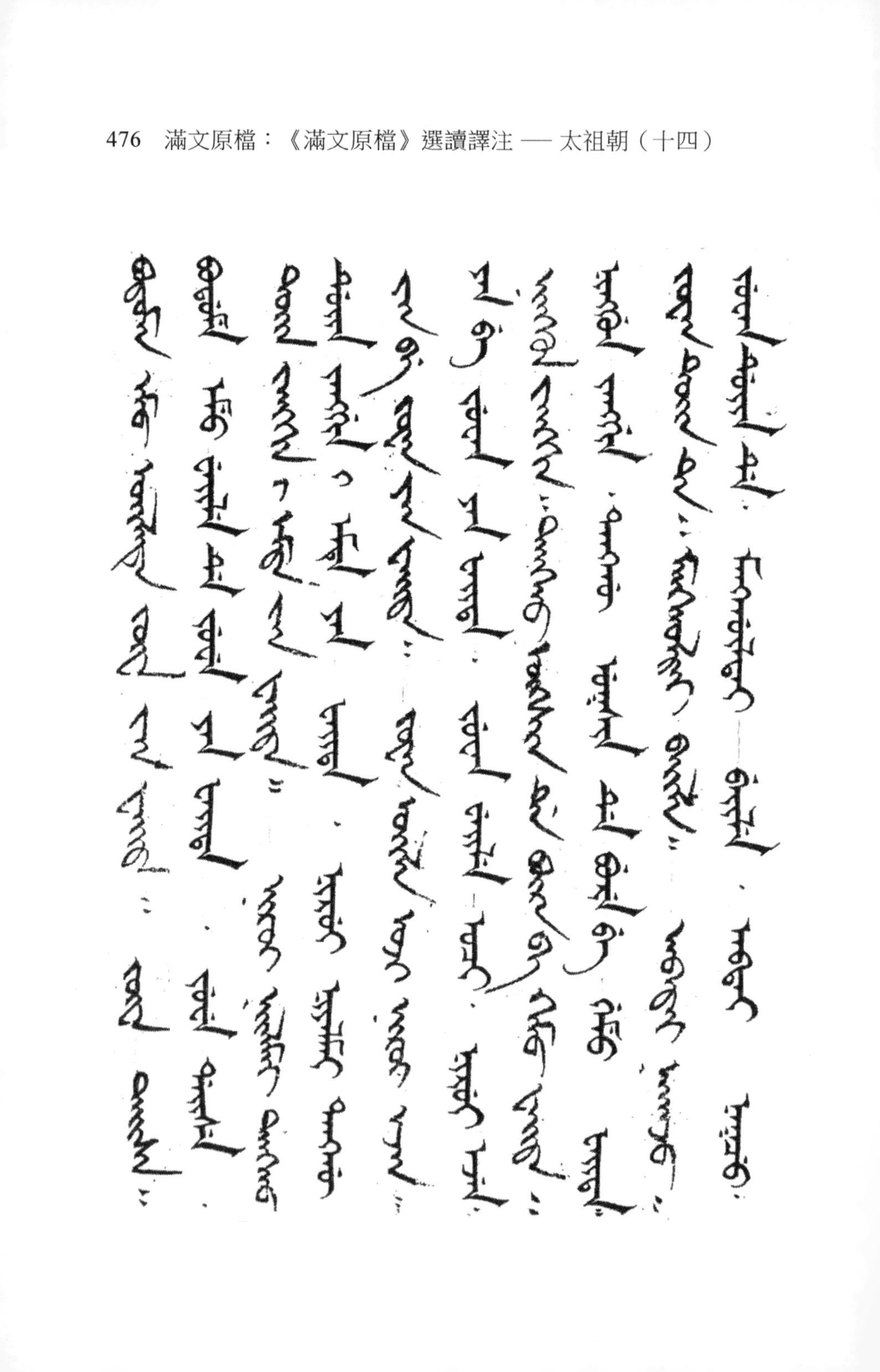

bodome emu weile de juwe yan faita. juwe daise, duin janggin i emte yan faita. nirui niyalmai tanggū yan be juwan yan faita. juwan weile oci, nirui ejen, ninggun janggin, tanggū uksin de bure be gemu faita. juwan duin de, manggūltai beile, abtai nakcu,

---

則按罪核計，犯一罪罰二兩。二名代子、四名章京罰各一兩。牛彔下人之百兩內罰十兩；若犯十罪，則將所賜牛彔額真、六名章京、百名披甲之銀皆罰之。」十四日，莽古勒泰貝勒、阿布泰舅舅、

则按罪核计，犯一罪罚二两。二名代子、四名章京罚各一两。牛录下人之百两内罚十两；若犯十罪，则将所赐牛录额真、六名章京、百名披甲之银皆罚之。」十四日，莽古勒泰贝勒、阿布泰舅舅、

三十五、且瞄且射

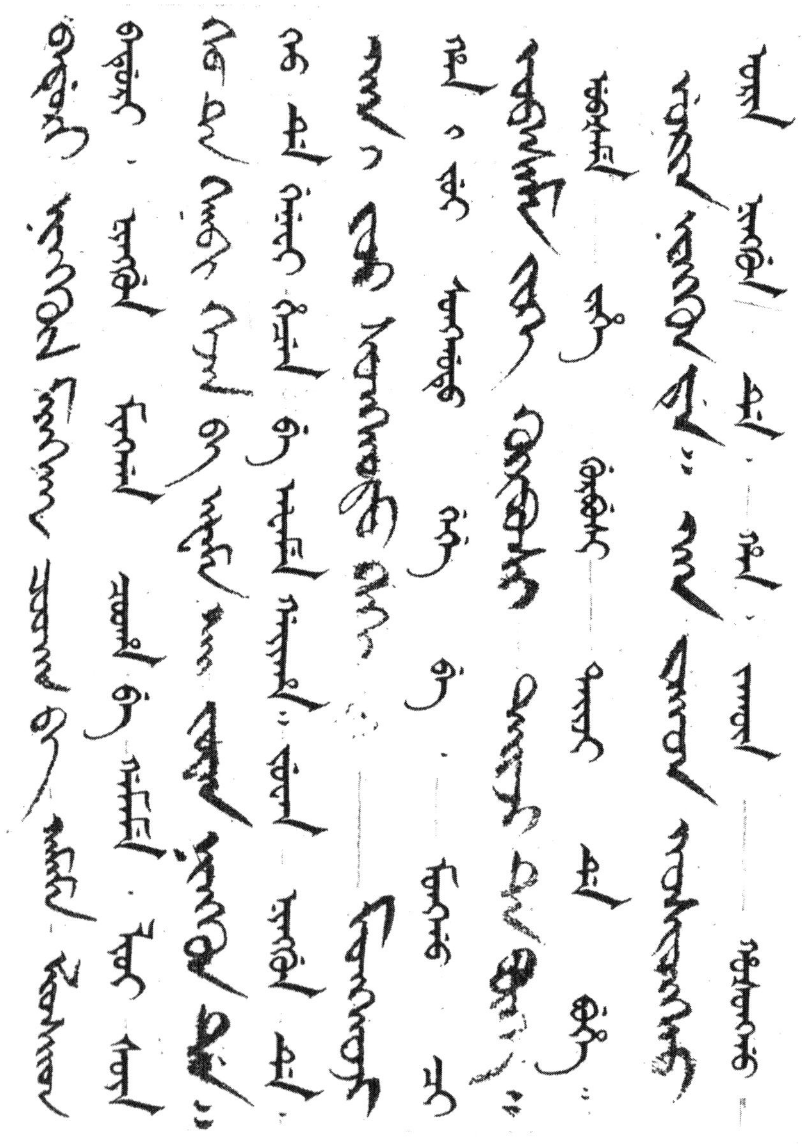

baduri, ninggun minggan cooha be gamame, lioi šūn keo de genefi hecen be afame gaiha. juwan ninggun de, han i jui songgotu gege be, monggo ci ubašame jihe gurbusi taiji de buhe. orin ninggun de, han, jakūn hošonggo

---

巴都里率兵六千名前往旅順口，攻取其城。十六日，汗將其女松果圖格格嫁與由蒙古逃來之固爾布什台吉。二十六日，汗御八角殿，

巴都里率兵六千名前往旅顺口，攻取其城。十六日，汗将其女松果图格格嫁与由蒙古逃来之固尔布什台吉。二十六日，汗御八角殿，

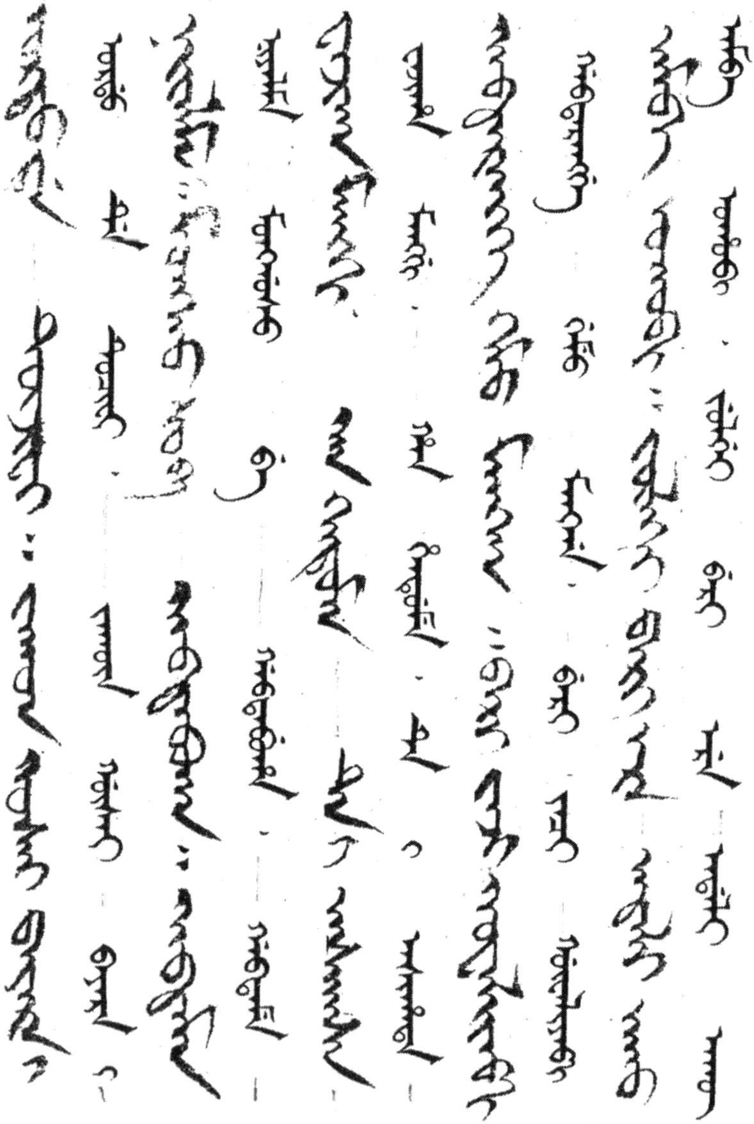

ordo de tucifi, jakūn gūsai bayara i niyalma, monggoso be gabtabuha. gabtame wajiha manggi, han hendume, te i asihata gabtarangge gemu mangga, beri jaci gūwaliyapi amba ohobi. julgei beri ere adali akū

命八旗巴牙喇之人、众蒙古射箭。射毕，汗训谕曰：「如今之众少年皆用硬弓，弓之变化甚大，古之弓小，与今不同。

命八旗巴牙喇之人、眾蒙古射箭。射畢，汗訓諭曰：「如今之眾少年皆用硬弓，弓之變化甚大，古之弓小，與今不同。

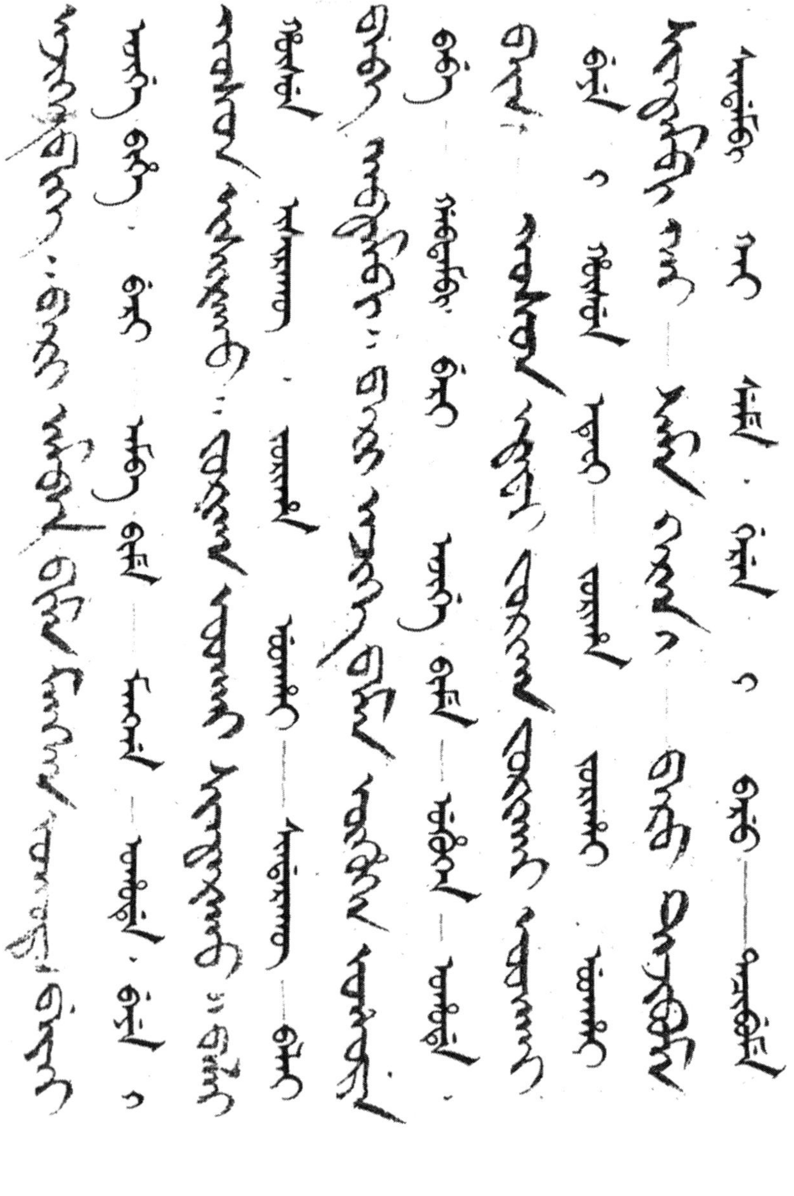

ajige bihe, beri amba bime mangga ohode, beye i hūsun isirakū, joriha uthai sindarakū balai babe gabtambi. beri ajige bime uhuken ohode, beye i hūsun etefi joriha jorihai uthai sindambi kai seme, geren i baru tacibume

---

弓大而硬，體力不足，瞄準後不立即放出，則胡亂射箭。弓小而軟，體力強健，則可且瞄且射也。」如此向眾人訓諭。

弓大而硬，体力不足，瞄准后不立即放出，则胡乱射箭。弓小而软，体力强健，则可且瞄且射也。」如此向众人训谕。

三十六、天災人禍

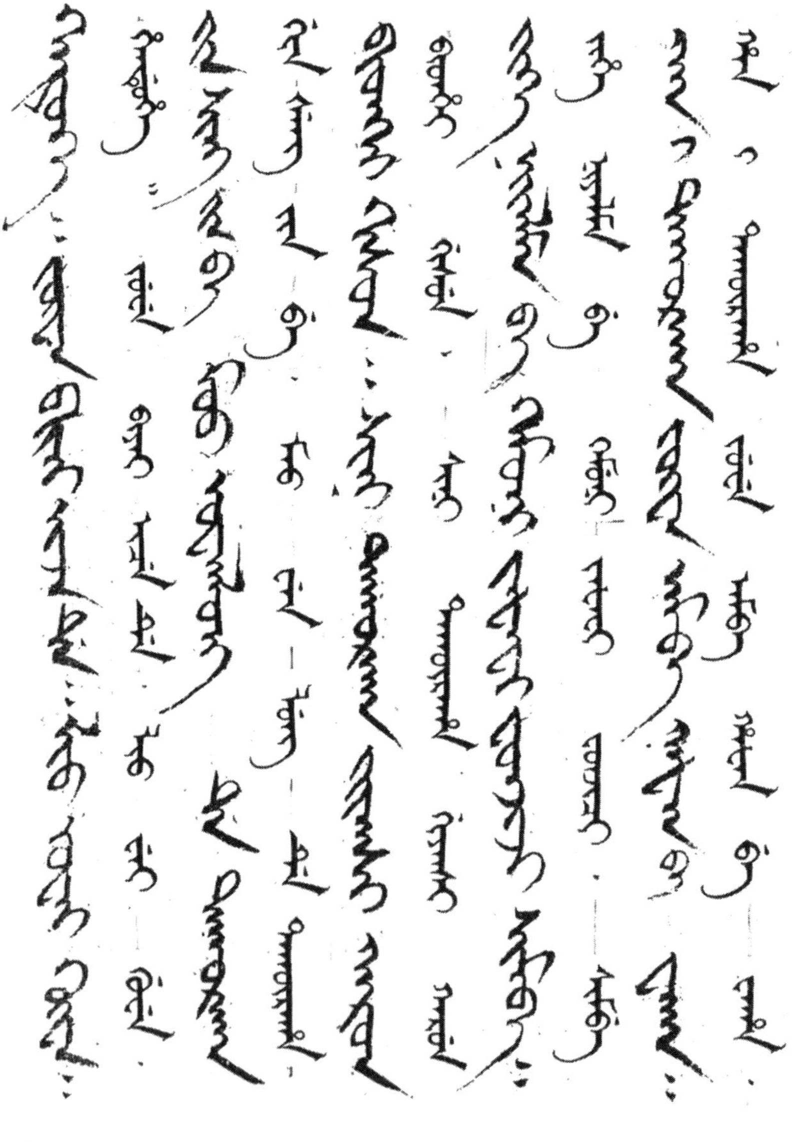

henduhe. juwe biyai ice de, lio wei guwe, gin šeng jin be, mao wen lung de takūraha bithei gisun, sini takūraha giyansi, karun jihe niyalma be kemuni jafafi fonjici, simbe han i takūraha juwe amba hafan be waha,

---

二月初一日，遣劉維國、金盛晉致書毛文龍曰：「爾所遣之奸細、哨探等人仍被獲，經訊問，據供稱：「爾殺明帝所遣之二名大員，

二月初一日，遣刘维国、金盛晋致书毛文龙曰：「尔所遣之奸细、哨探等人仍被获，经讯问，据供称：「尔杀明帝所遣之二名大员，

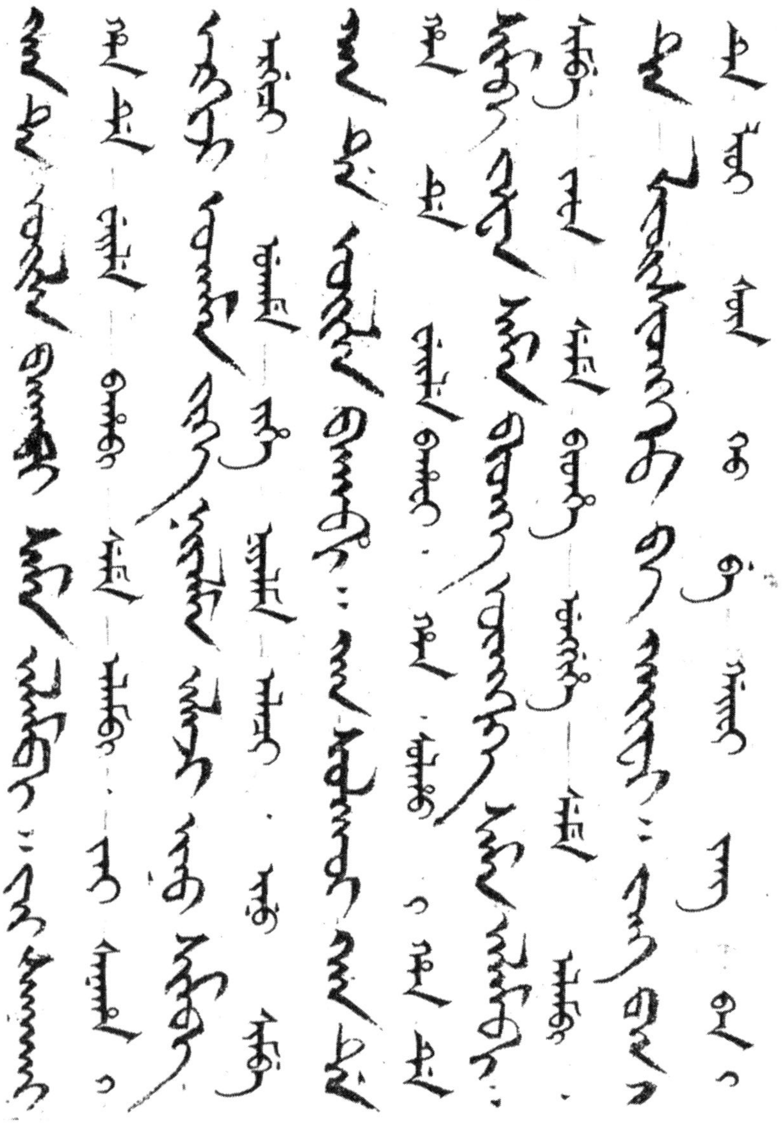

han de weile bahabi seme alambi. jai šanaha i ergici ukame jihe niyalma alaci, inu simbe han de weile bahafi, han, solho i han de simbe jafa seme bithe unggihe seme alambi. te lioi šūn keo be gaifi jang ban i

---

獲罪於皇帝。」再者，從山海關逃來之人告稱：「亦因爾獲罪於皇帝，皇帝致書朝鮮國王擒拏爾。」今已取旅順口，

获罪于皇帝。」再者，从山海关逃来之人告称：「亦因尔获罪于皇帝，皇帝致书朝鲜国王擒拏尔。」今已取旅顺口，

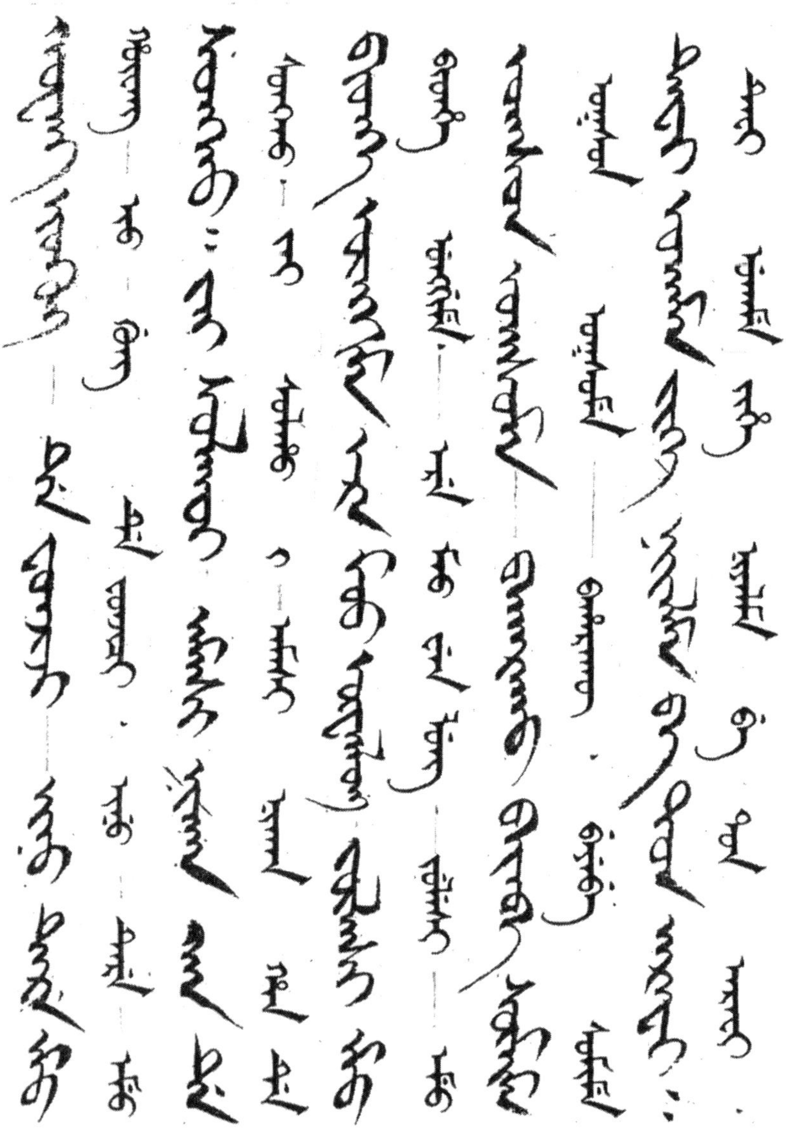

hūwang io gung de fonjici, inu tere emu songko. jai solho i amasi nikan han de bithe unggime, ere mao wen lung julesi emu okson oksome baharakū, beyebe somime tefi ukame jihe niyalma be ton arafi,

---

經訊問張盤之黃幼公，所云亦一樣。再者，朝鮮王回復明皇帝之文云：「此毛文龍寸步不前，藏身而居，以逃來之人充數，

经讯问张盘之黄幼公，所云亦一样。再者，朝鲜王回复明皇帝之文云：「此毛文龙寸步不前，藏身而居，以逃来之人充数，

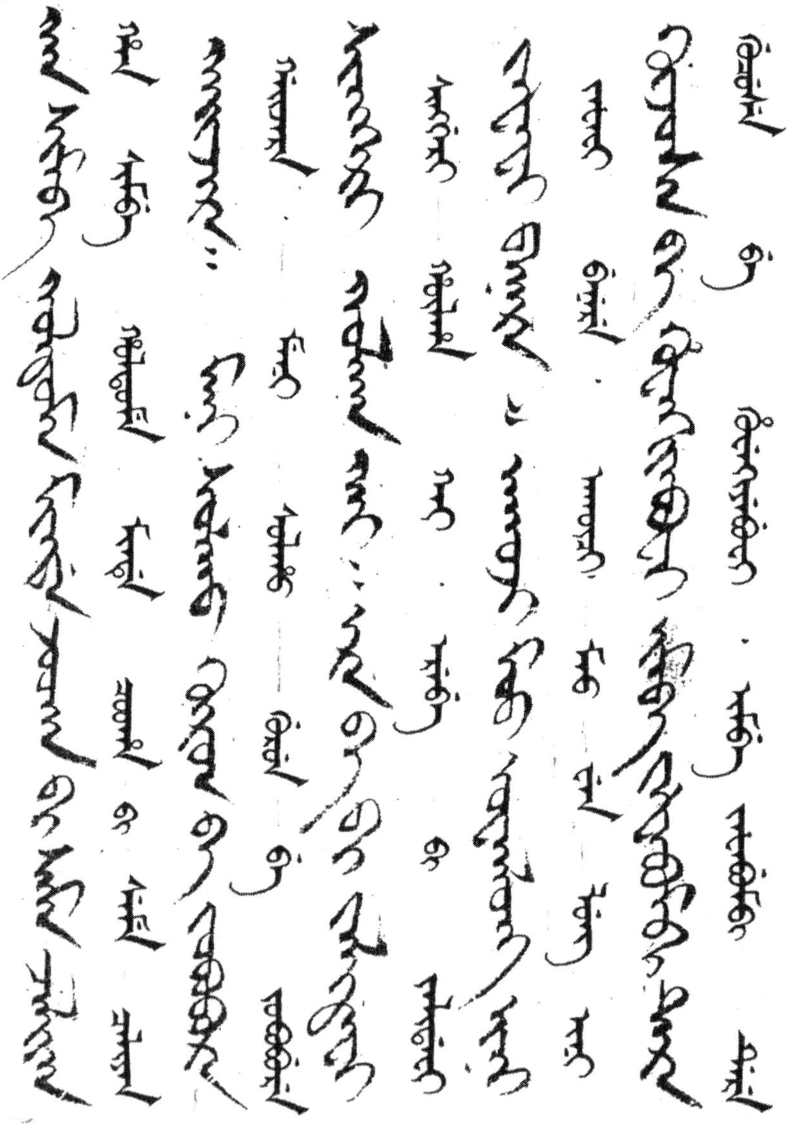

han simbe holtome minde cooha bi seme caliyan gaijara, meni solho gurun be jobobure singgeri hūlha kai. erebe bi jalidafi jafafi benere, akūci, mao wen lung ini gucuse be huwekiyebufi, imbe jafabumbi dere

---

欺哄爾皇帝，自稱我有兵，冒領錢糧，實乃擾害我朝鮮國之鼠盜也。我將用奸計將其擒拏解去，否則唆使毛文龍之僚友將其擒拏。」

欺哄尔皇帝，自称我有兵，冒领钱粮，实乃扰害我朝鲜国之鼠盗也。我将用奸计将其擒拏解去，否则唆使毛文龙之僚友将其擒拏。」

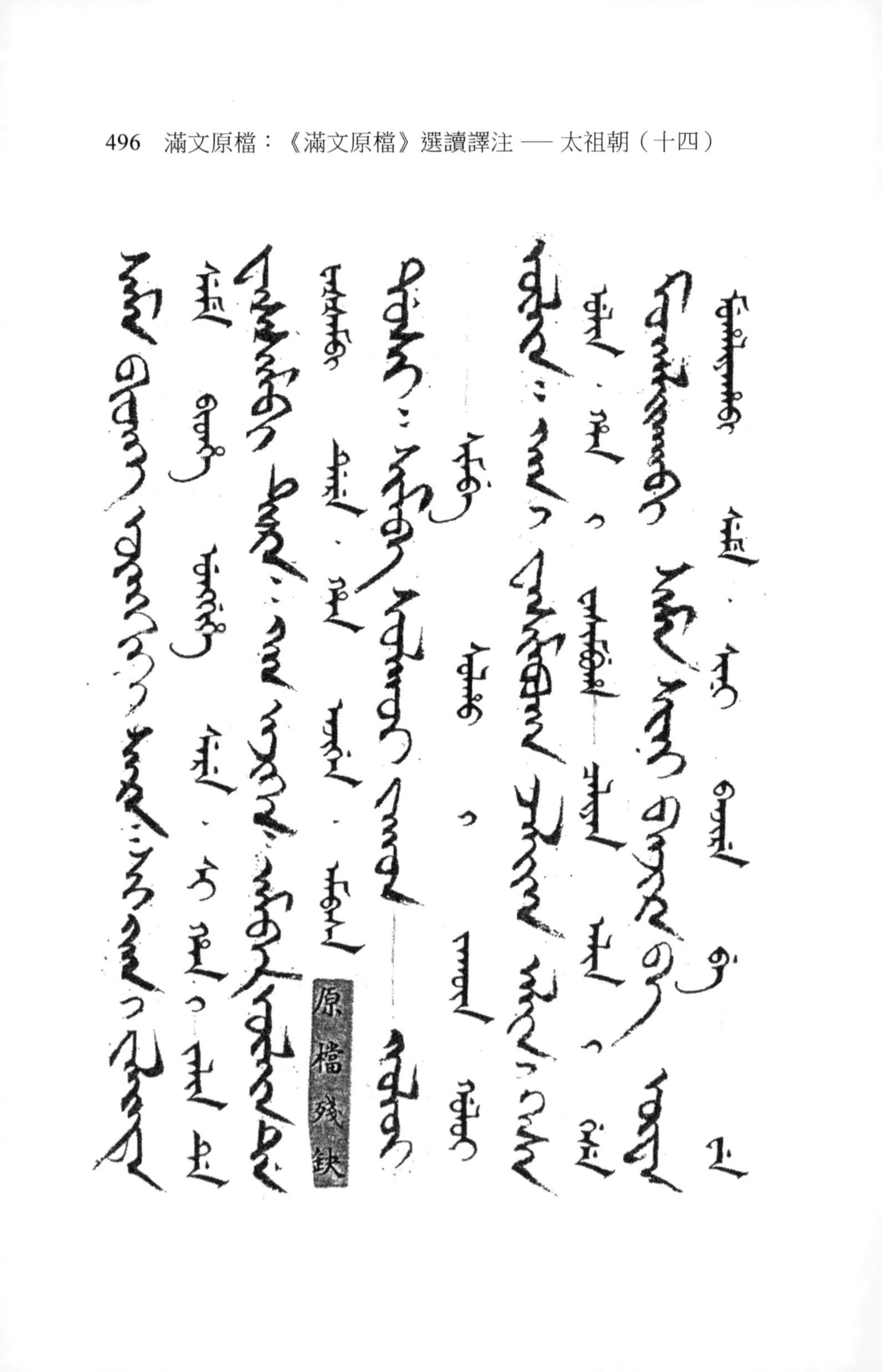

原檔殘缺

seme bithe unggihe sere. si han i jalin de faššambi dere, han ajigen, ambasa [原檔殘缺] simbe solho i jakūn goloi ulin, han i wasimbuha caliyan alin i gese muhaliyahabi seme, sini banjire be we

---

爾為皇帝效力，然而皇帝幼小，眾大臣貪財，即使爾朝鮮八道之財貨，及皇帝所撥錢糧堆積如山，又有誰羨慕爾之生活耶？

尔为皇帝效力，然而皇帝幼小，众大臣贪财，即使尔朝鲜八道之财货，及皇帝所拨钱粮堆积如山，又有谁羡慕尔之生活耶？

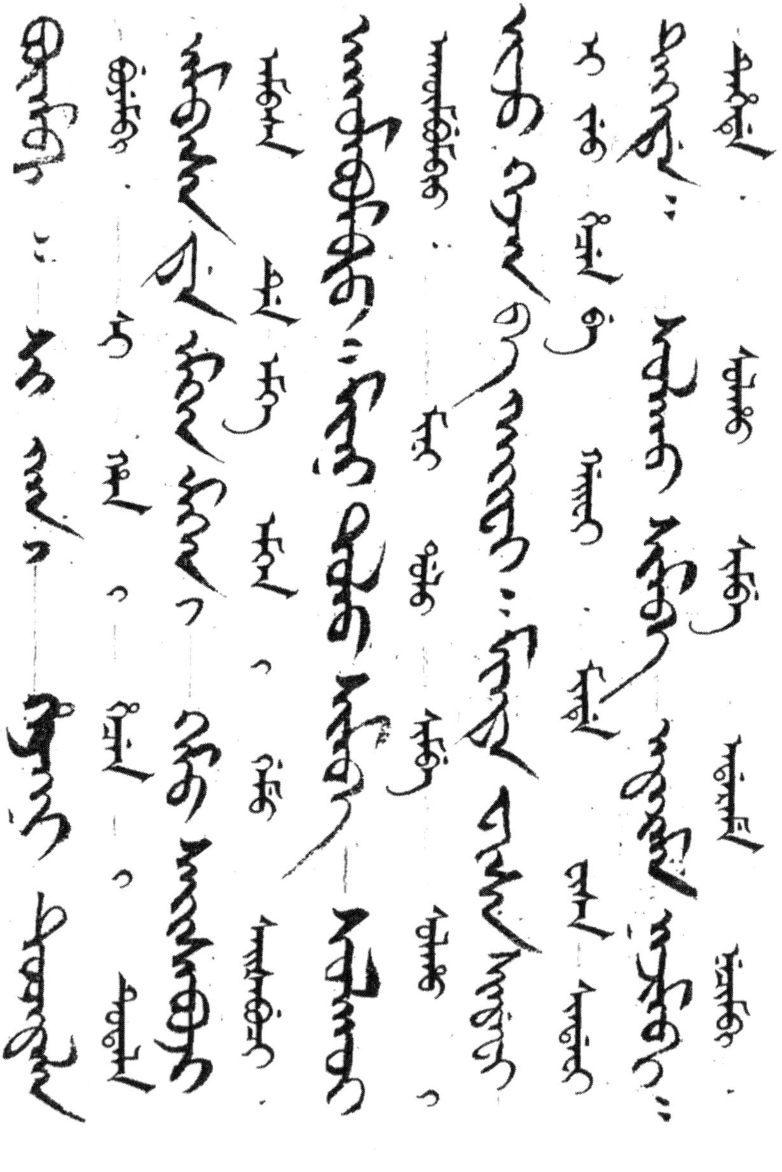

buyembi. si han i hecen i tutala ambasa de emke emken i gemu saišabuci, akūmbumbio. mini dolo simbe solho i i jeo hecen be gaifi, minde fisa sindafi tehede, solho simbe adarame necimbi.

爾能使京城眾大臣一一皆盡心贊頌乎？我之心意，爾取朝鮮之義州城，與我相倚而居，則朝鮮如何侵犯爾？

尔能使京城众大臣一一皆尽心赞颂乎？我之心意，尔取朝鲜之义州城，与我相倚而居，则朝鲜如何侵犯尔？

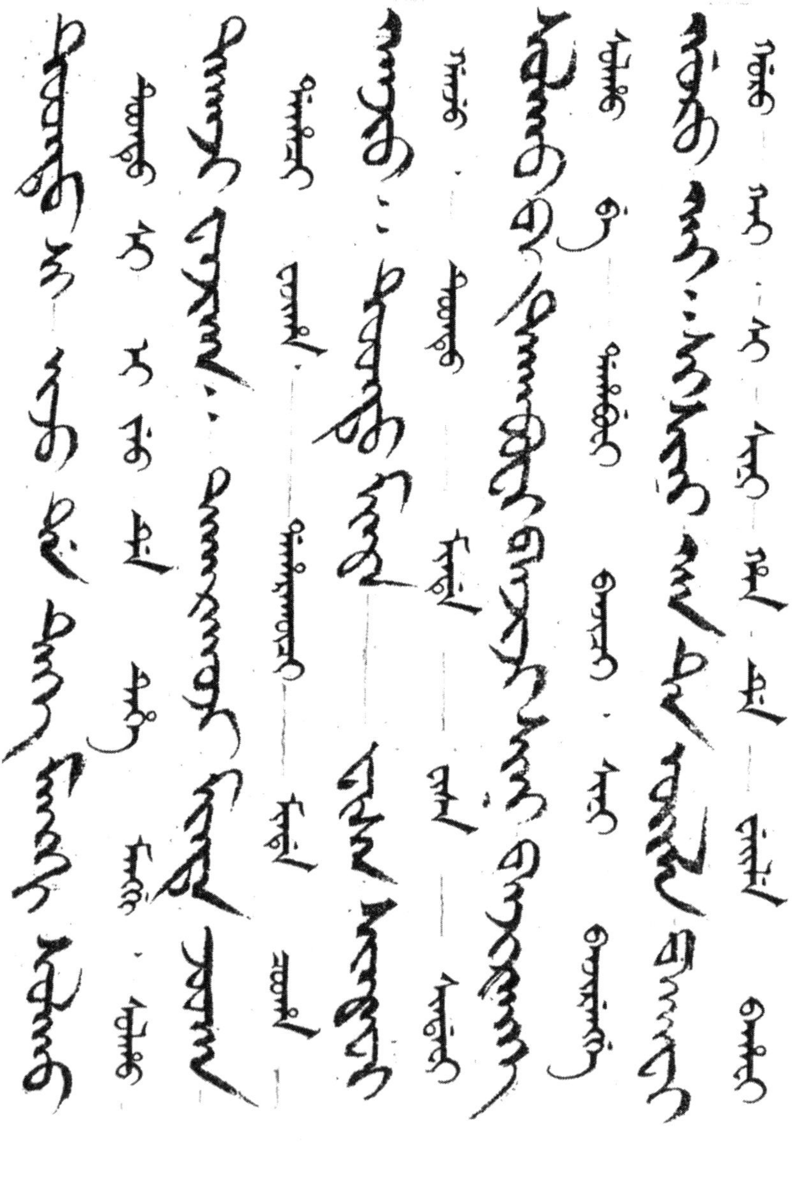

tuttu si i jeo de tehe manggi, solho dahaci wajiha, daharakūci, minde cooha ganju. tuttu minde fisa sindafi solho be dahabufi banjici, sini banjirengge goro kai. si sini han de weile bahafi

---

爾駐義州之後，朝鮮若降則罷了，若是不降，則來借用我兵。爾若如此與我相倚，朝鮮投降後可以過日子，則爾之生計久遠也。爾既獲罪於爾皇帝，

尔驻义州之后，朝鲜若降则罢了，若是不降，则来借用我兵。尔若如此与我相倚，朝鲜投降后可以过日子，则尔之生计久远也。尔既获罪于尔皇帝，

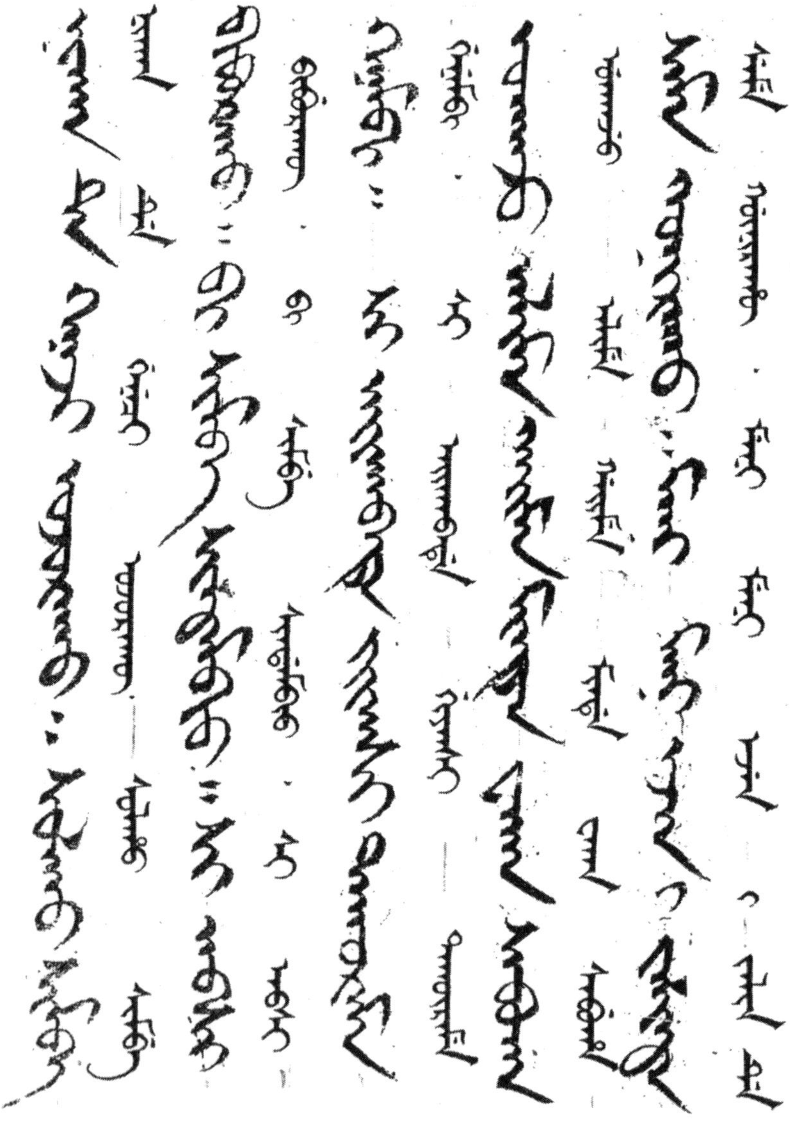

nikan de geneci ojorakū, solho simbe biburakū, bi simbe sindambio. si absi genembi. si aikabade giyansi takūrame ukanju alime gaime minde waka sabuha seme gūnirahū, meni meni ejen i jalin de

---

已不能前往明國，而朝鮮又不容留爾，我豈放過爾耶？爾將何往？爾若因派遣奸細收納逃人，而恐得罪於我，各為其主效力，

已不能前往明国，而朝鲜又不容留尔，我岂放过尔耶？尔将何往？尔若因派遣奸细收纳逃人，而恐得罪于我，各为其主效力，

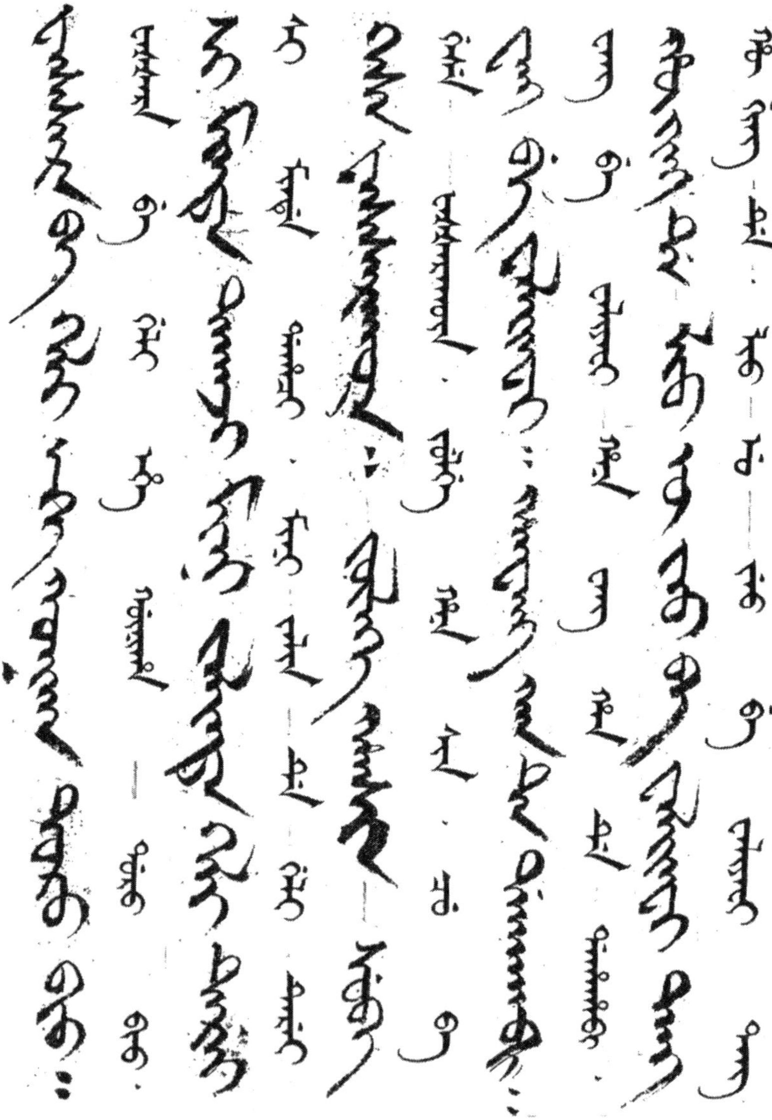

faššara be geli ehe gūniha doro bio. si minde dahaci, mini jalin de geli terei gese faššarakūn. julge han̲ sin, cu ba wang be waliyafi han̲ wang han de dahahabi. hū ging de, lio u jeo be waliyafi tang

---

豈又有惡意之理耶？爾若降我，豈又如此不為我效力乎？古之韓信，棄楚霸王而降漢王；胡敬德棄劉武周，

岂又有恶意之理耶？尔若降我，岂又如此不为我效力乎？古之韩信，弃楚霸王而降汉王；胡敬德弃刘武周，

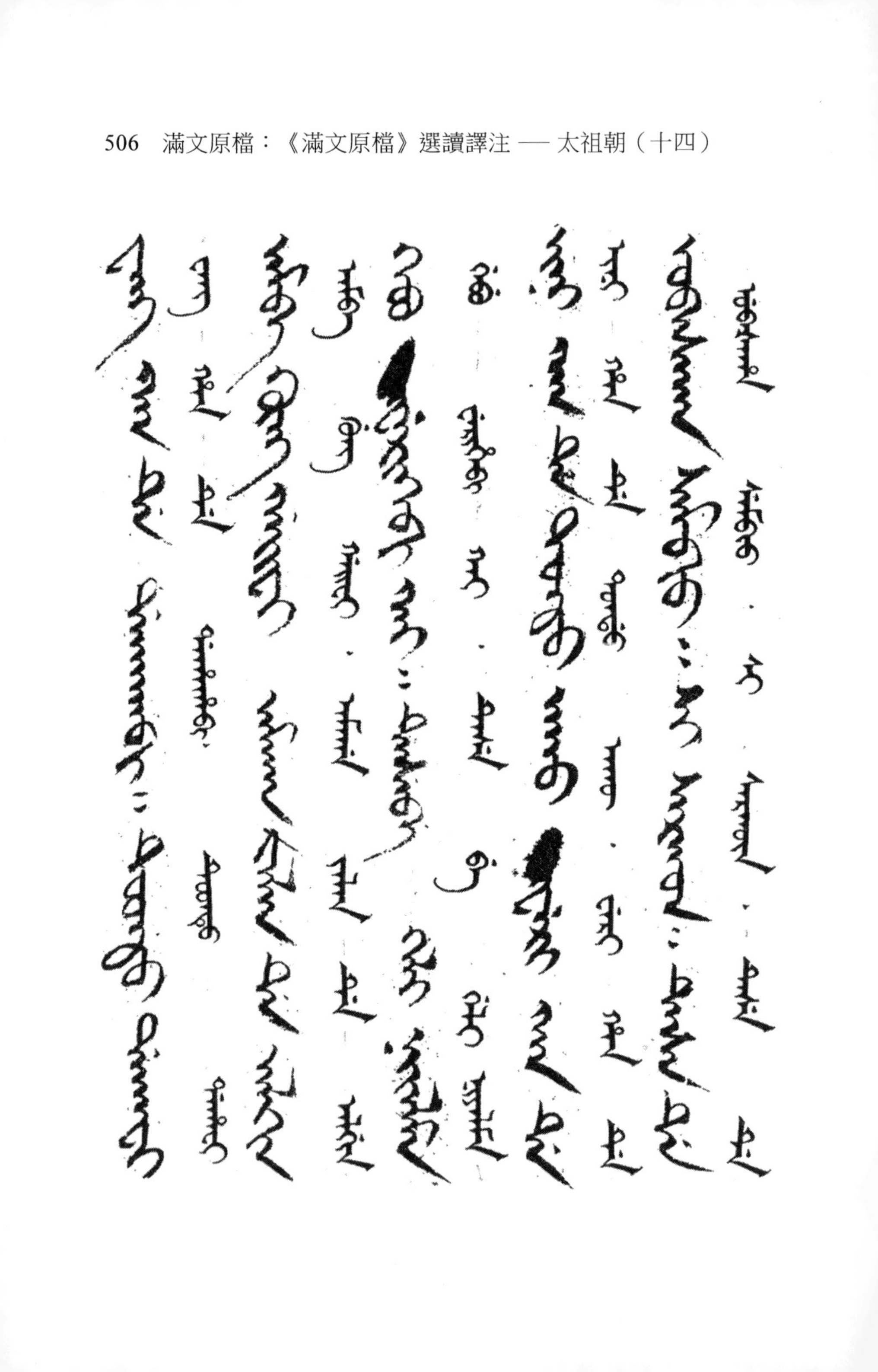

wang han de dahahabi. tuttu dahafi amba gung gaifi, amaga jalan de algin gebu werihebi kai. tese be geli niyalma ini han de tondo akū, weri han de ubašaha sembio. si sarkūn. tese de

---

而降唐王，因其降而獲大功，留美名於後世也。又有何人謂彼等不忠於君叛歸他主耶？爾不知耶？

而降唐王，因其降而获大功，留美名于后世也。又有何人谓彼等不忠于君叛归他主耶？尔不知耶？

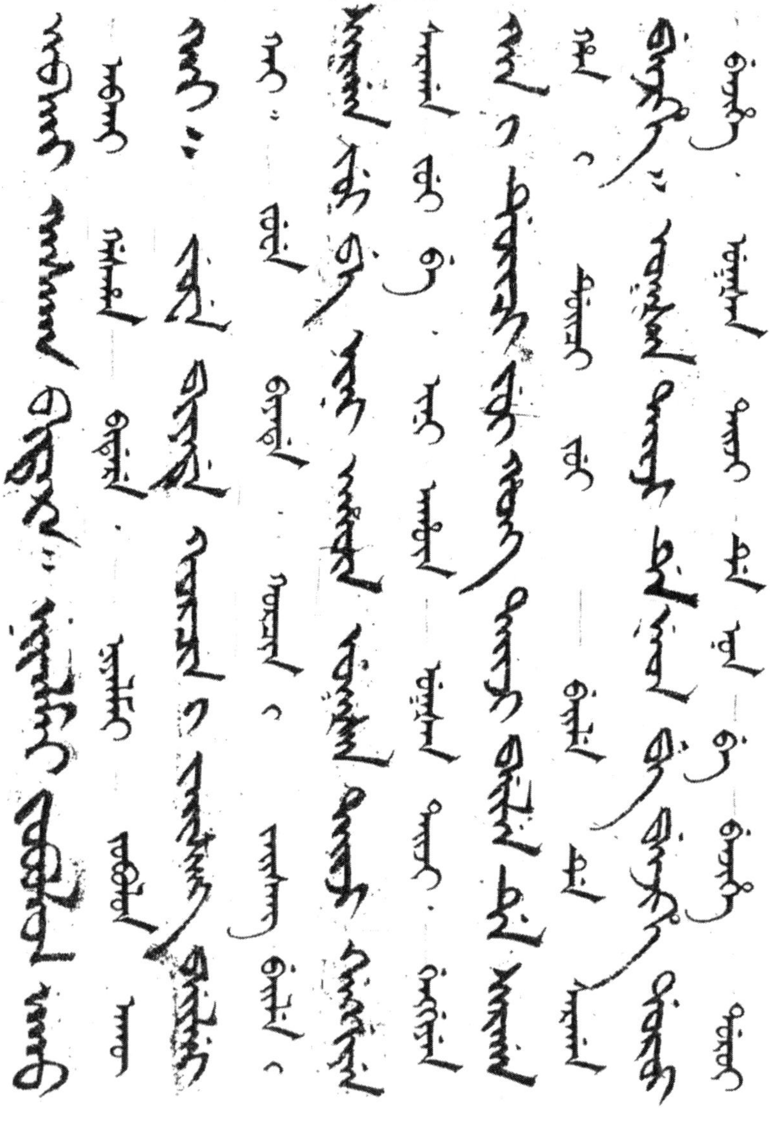

abkai gashan bidere, niyalmai jobolon akū kai. juwe biyade, korcin i jaisang beile i sargan jui be, ini ahūn ukšan taiji, genggiyen han i duici jui hong taiji beile de sargan benjihe. ukšan taiji de non be benjihe doroi

---

彼等只有天災，而無人禍也。」二月，科爾沁齋桑貝勒之女，由其兄烏克善台吉送來嫁英明汗四子洪台吉貝勒為妻。烏克善台吉送來其妹之禮敬待之，

彼等只有天灾，而无人祸也。」二月，科尔沁斋桑贝勒之女，由其兄乌克善台吉送来嫁英明汗四子洪台吉贝勒为妻。乌克善台吉送来其妹之礼敬待之，

三十七、遷都瀋陽

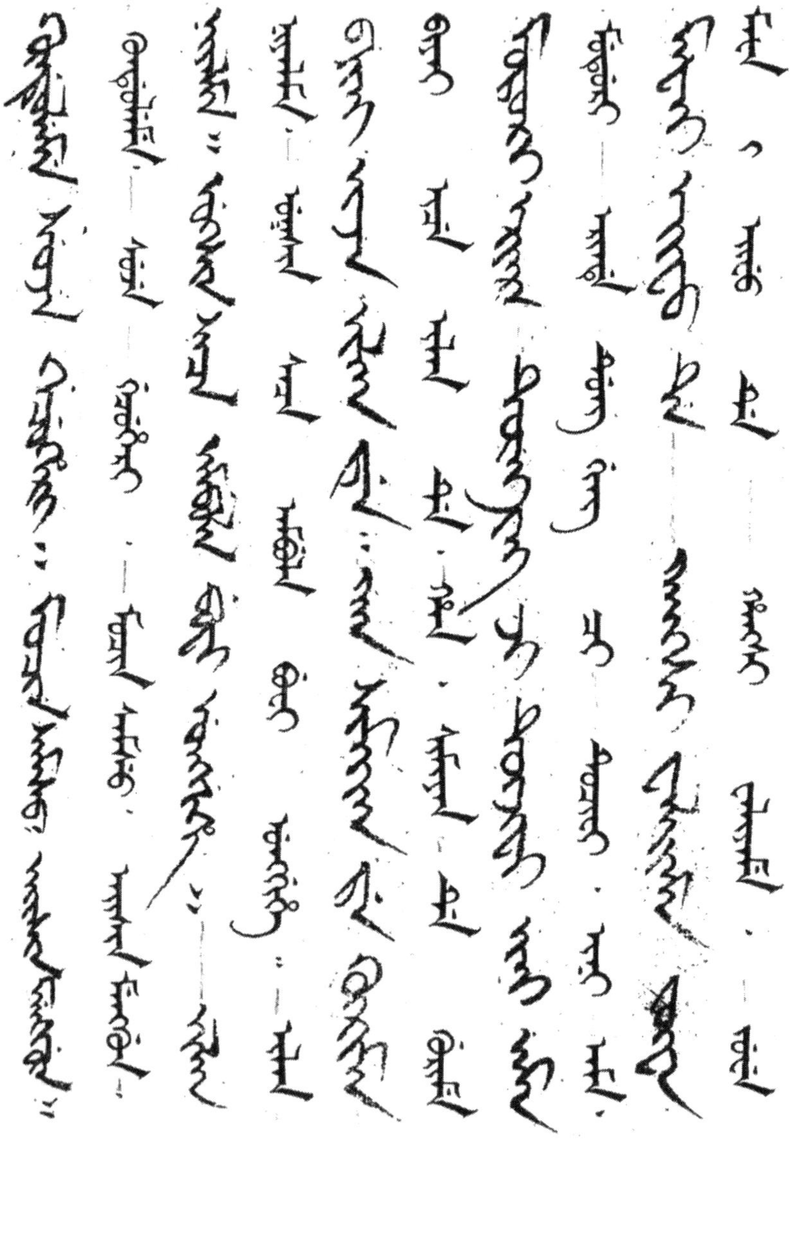

kunduleme, suje, gecuheri, mocin, samsu, aisin, menggun, niyalma, uksin saca ambula bufi unggihe. ilan biyai ice ilan de, han, simiyan de gurime muduri erinde dung ging ci tucifi, ini ama, mafa i eifu de hangsi waliyame, juwe

---

厚賜緞、蟒緞、毛青布、翠藍布、金、銀、人口、甲胄遣回。三月初三日，汗遷往瀋陽，辰時出東京，謁其父祖之墓祭掃[16]，

厚赐缎、蟒缎、毛青布、翠蓝布、金、银、人口、甲胄遣回。三月初三日，汗迁往沈阳，辰时出东京，谒其父祖之墓祭扫，

---

[16] 祭掃，《滿文原檔》寫作 “kangsi walijama”，《滿文老檔》讀作 “hangsi waliyame”，意即「清明（寒食）掃墓」。

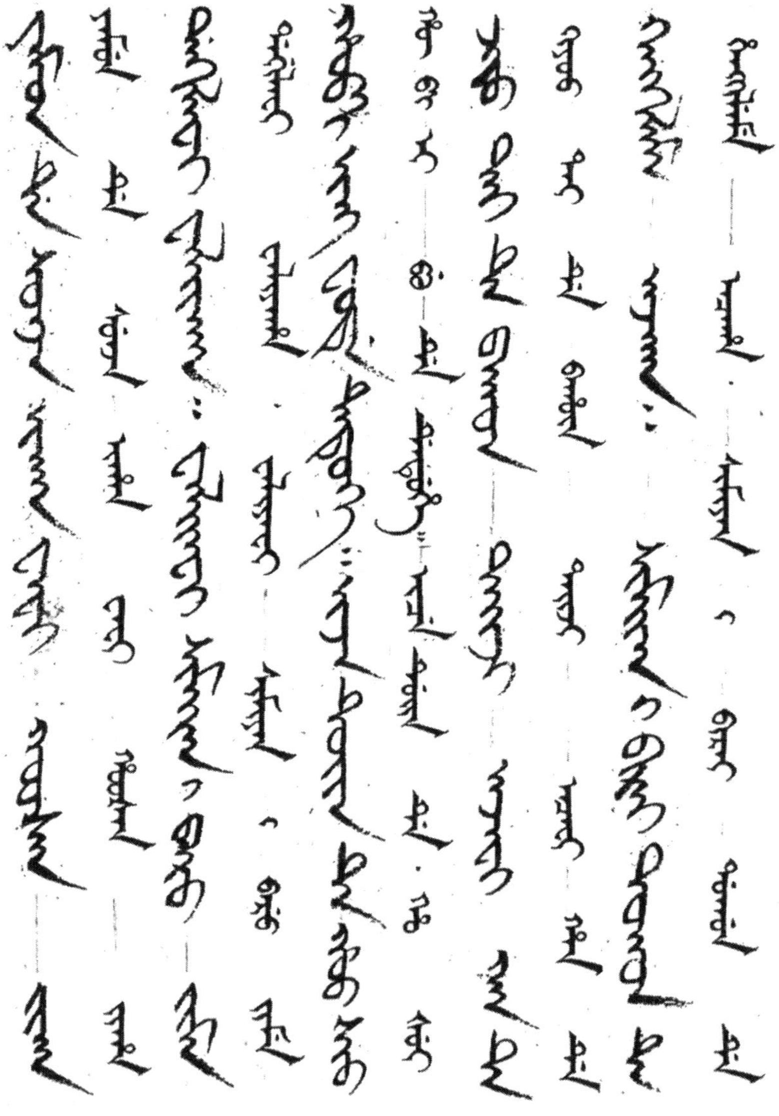

yamun de sunja ihan wafi hoošan jiha dagilafi waliyaha. waliyafi simiyan i baru jime hū pi i pu de deduhe. ice duin de, ho šui kiyoo tai de bahūn taiji acafi han de hengkileme acaha, simiyan i birai dogon de

---

於兩廳殺五牛，備紙錢而祭。祭畢，前往瀋陽，宿於虎皮驛堡。初四日，於河水橋台有巴琿台吉會見，叩見汗。於瀋陽渡口，

于两厅杀五牛，备纸钱而祭。祭毕，前往沈阳，宿于虎皮驿堡。初四日，于河水桥台有巴珲台吉会见，叩见汗。于沈阳渡口，

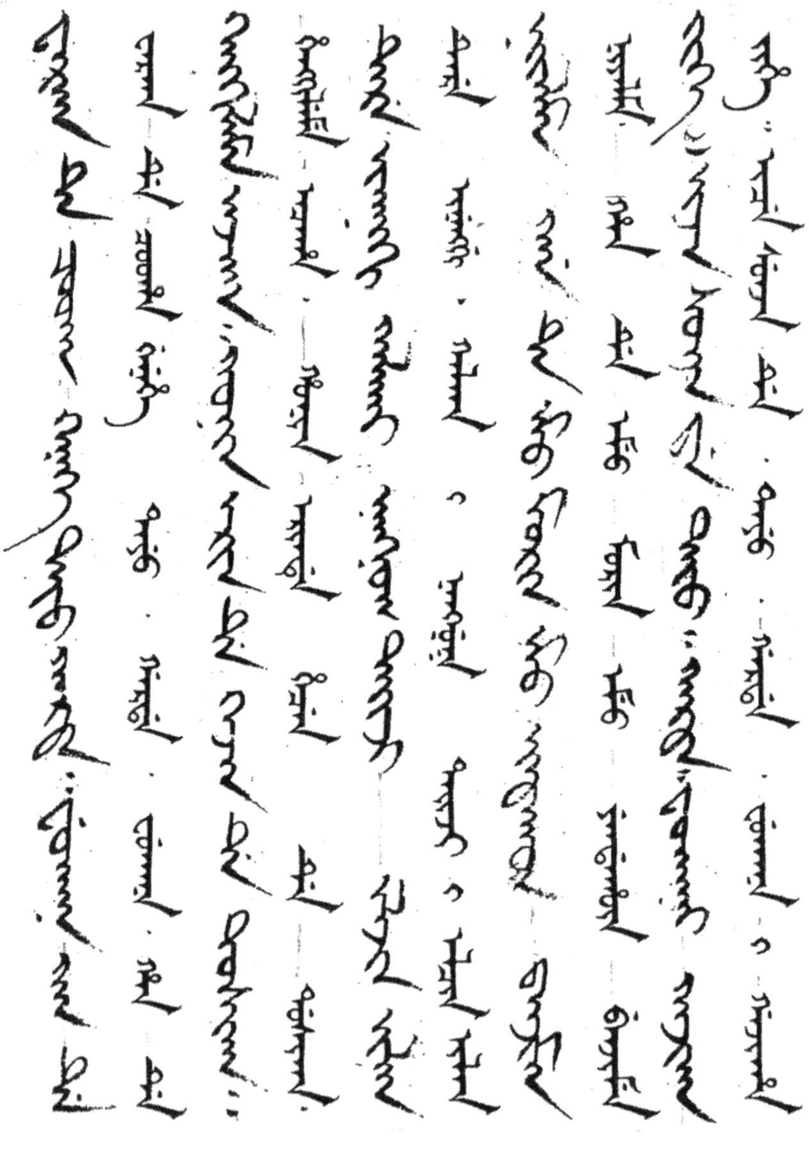

warka de cooha genehe tayu, garda, fukana, han de hengkileme acaha. honin erinde, hecen de dosika. tere inenggi, kalka i nangnuk taiji i elcin ilan niyalma, han de emu morin, emu yendahūn benjime jihe. ice sunja de, tayu, garda, fukana i gajiha

---

率兵前往瓦爾喀之塔玉、噶爾達、富喀納叩見汗。未時，入城。是日，喀爾喀囊努克台吉之使者三人送馬一匹、犬一隻來獻給汗。初五日，塔玉、噶爾達、富喀納

率兵前往瓦尔喀之塔玉、噶尔达、富喀纳叩见汗。未时，入城。是日，喀尔喀囊努克台吉之使者三人送马一匹、犬一只来献给汗。初五日，塔玉、噶尔达、富喀纳

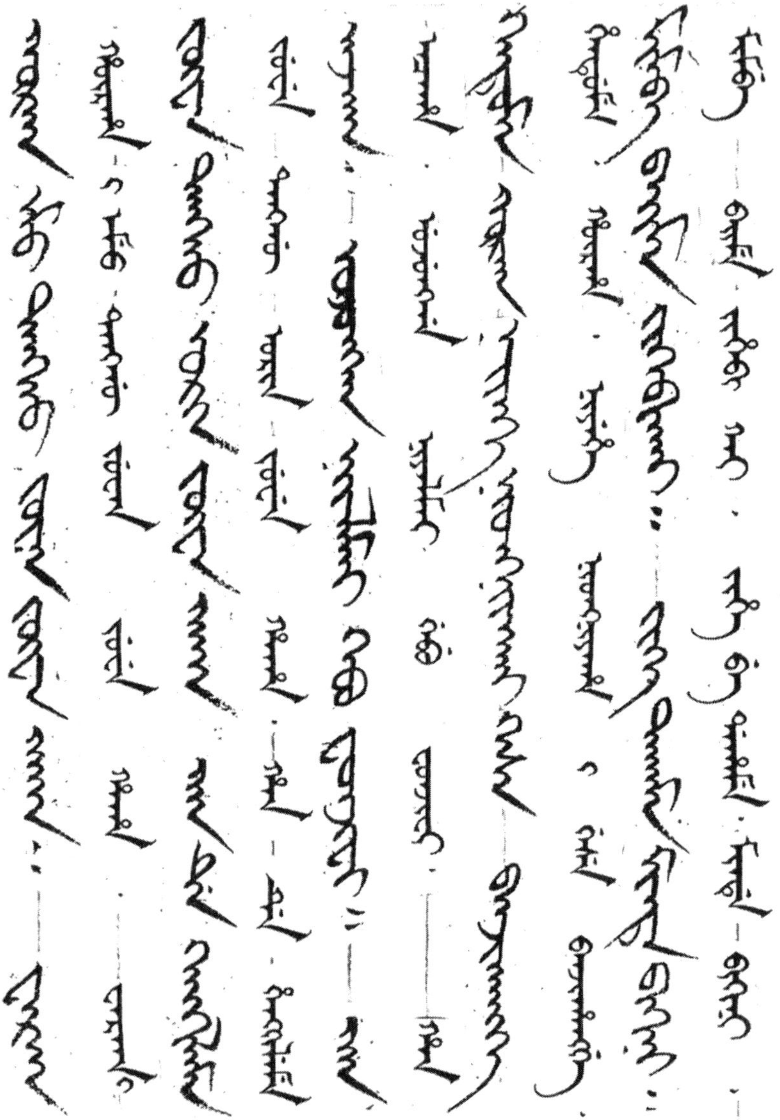

hūrha i emu tanggū juwan juwe haha, warka i juwe tanggū orin juwe haha, han de hengkileme acaha. ujungga niyalmai gebu fonjifi, han hendume, hūrha, niyehe niongniyaha i gese banjihangge, mimbe baime jihebi kai. jihe be dahame, minde bikini.

率呼爾哈男丁一百一十二名、瓦爾喀男丁二百二十二名叩見汗。詢問其首領人名後，汗曰：「呼爾哈生似鴨鵝，投我而來也。既來之，則留於我處。

率呼尔哈男丁一百一十二名、瓦尔喀男丁二百二十二名叩见汗。询问其首领人名后，汗曰：「呼尔哈生似鸭鹅，投我而来也。既来之，则留于我处。

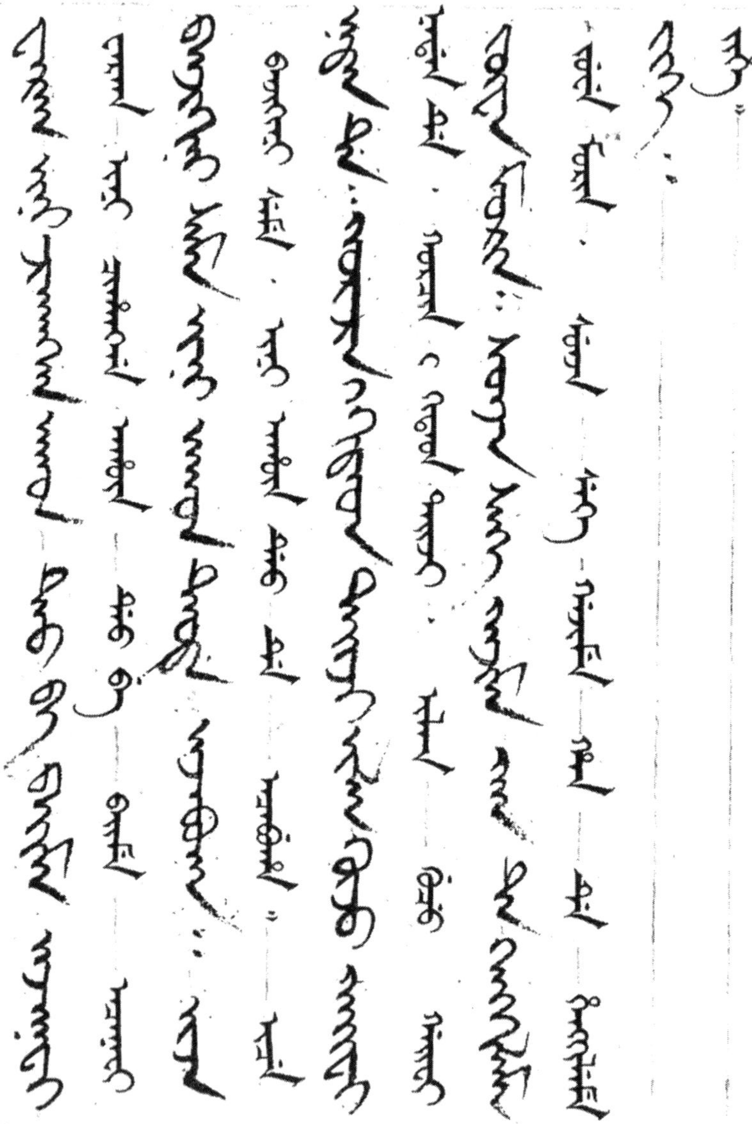

warka ini cihangga ahūn deo be baime acanafi banjikini seme, ini ahūn deo de acabuha. ice nadan de, korcin i kitat taiji, ilan gucu gaifi juwe morin, sunja seke gajime han de hengkileme jihe.

瓦爾喀願尋其兄弟會合過日子，而令其與兄弟會合。」初七日，科爾沁之奇塔特台吉率僚友三人，攜馬二匹、貂五隻前來叩見汗。

瓦尔喀愿寻其兄弟会合过日子，而令其与兄弟会合。」初七日，科尔沁之奇塔特台吉率僚友三人，携马二匹、貂五只前来叩见汗。

滿文原檔之一

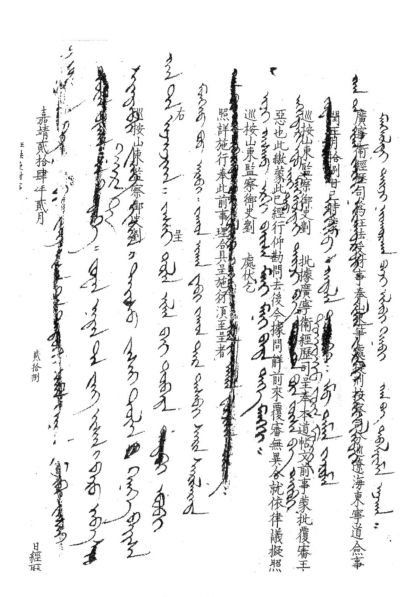

廣寧衛經歷司為枉法殺死事奉山東等處提刑按察司分巡遼海東寧道僉事
閏正月拾捌日已時蒙
巡按山東監察御史劉　批據廣寧衛經歷司呈奉本道帖文前事蒙批覆審王
惡也此繳蒙此已經行仰勘問去後今據問解前來覆審無異合就依律議擬照
巡按山東監察御史劉　處伏乞
照詳施行奉此前事理合具呈施行須至呈者
右　　呈
巡按山東監察御史劉
嘉靖貳拾肆年貳月　貳拾捌　日經歷

滿文原檔之二

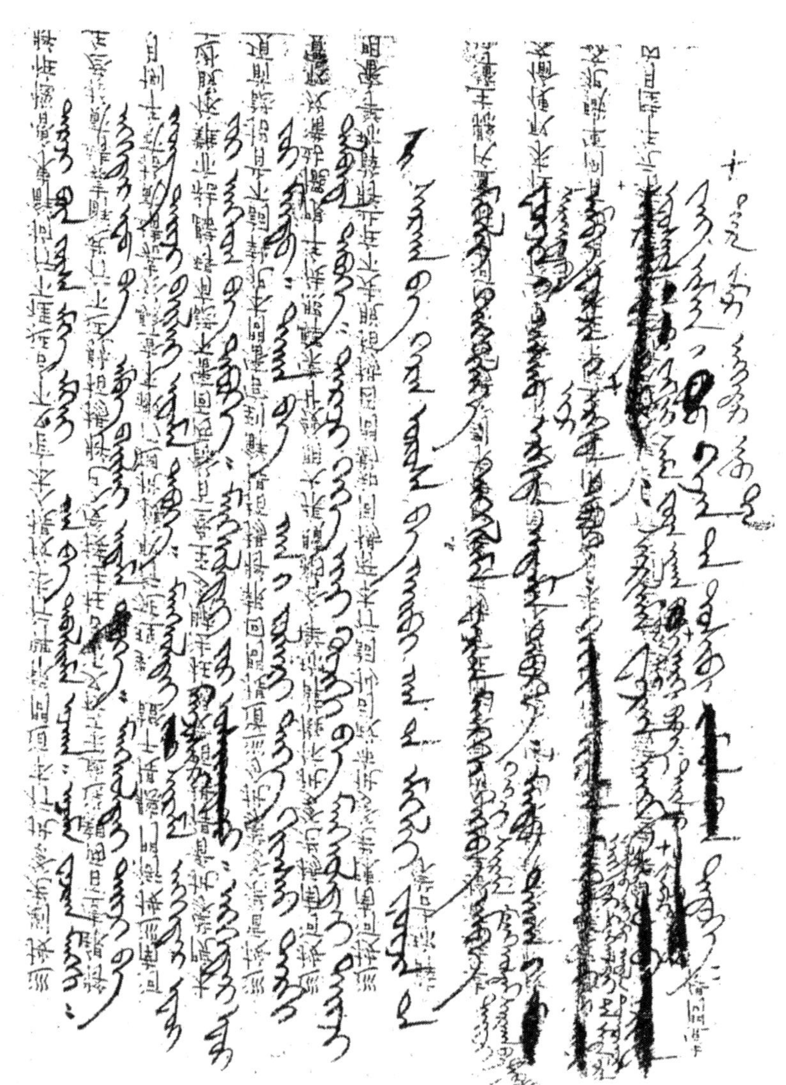

滿文原檔之三

滿文原檔之四

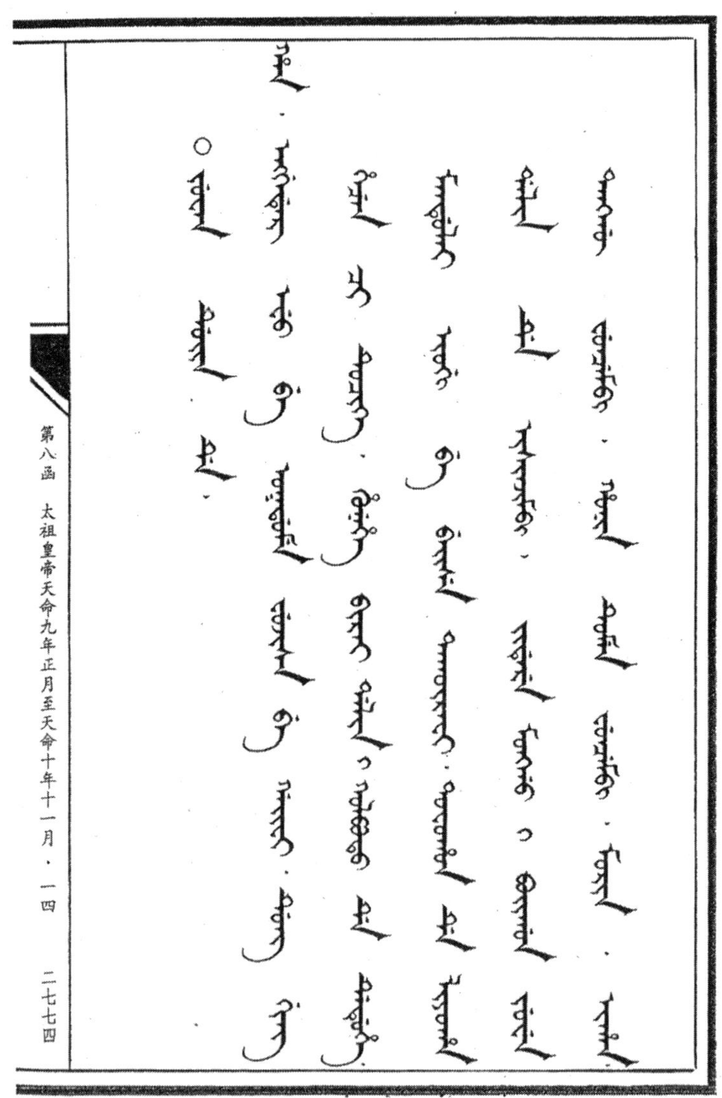

第八函　太祖皇帝天命九年正月至天命十年十一月・一四　二七七四

滿文老檔之一

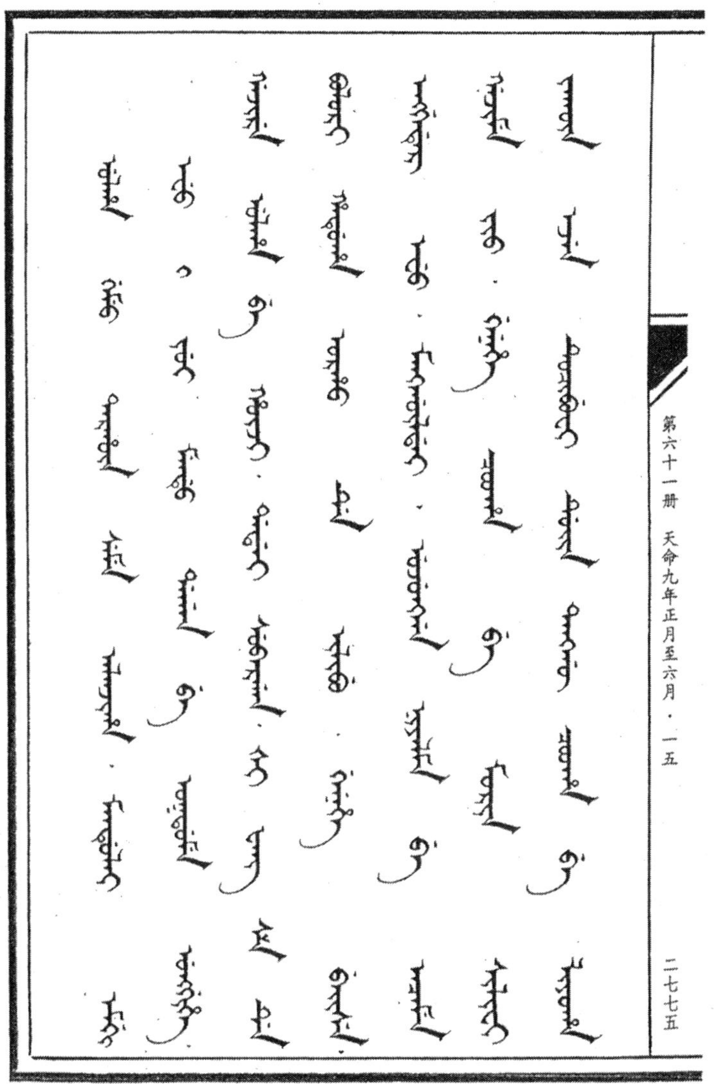

第六十一冊　天命九年正月至六月・一五
二七七五

滿文老檔之二

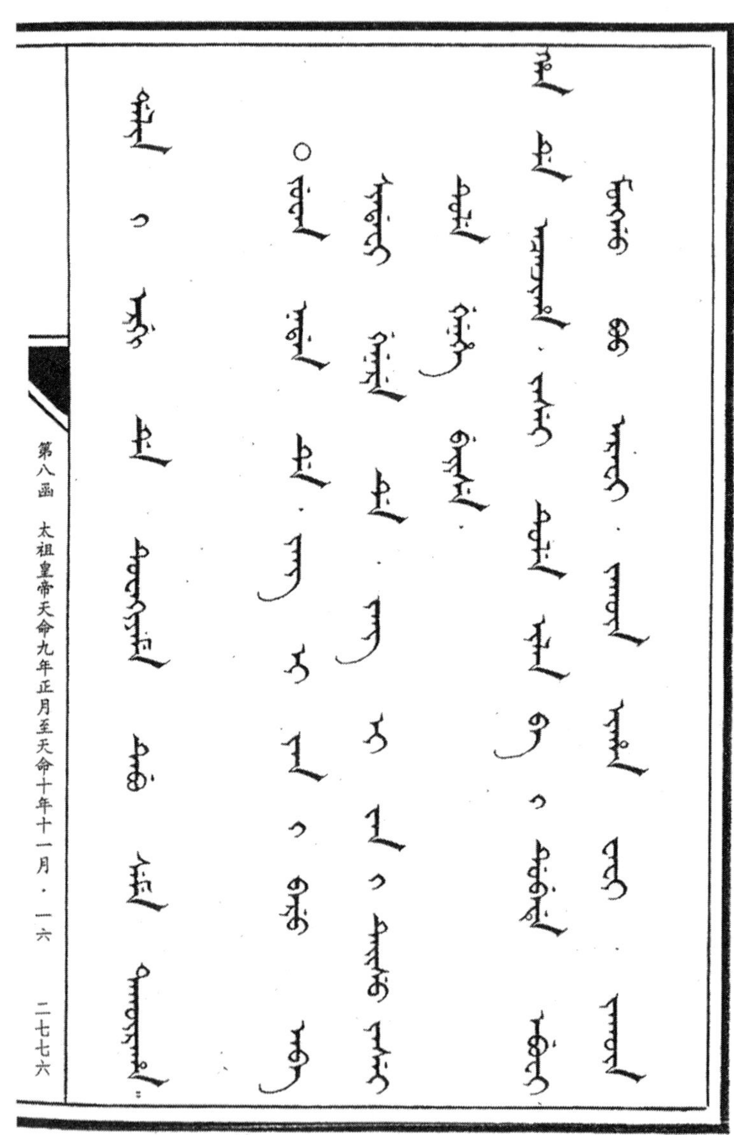

滿文老檔之三

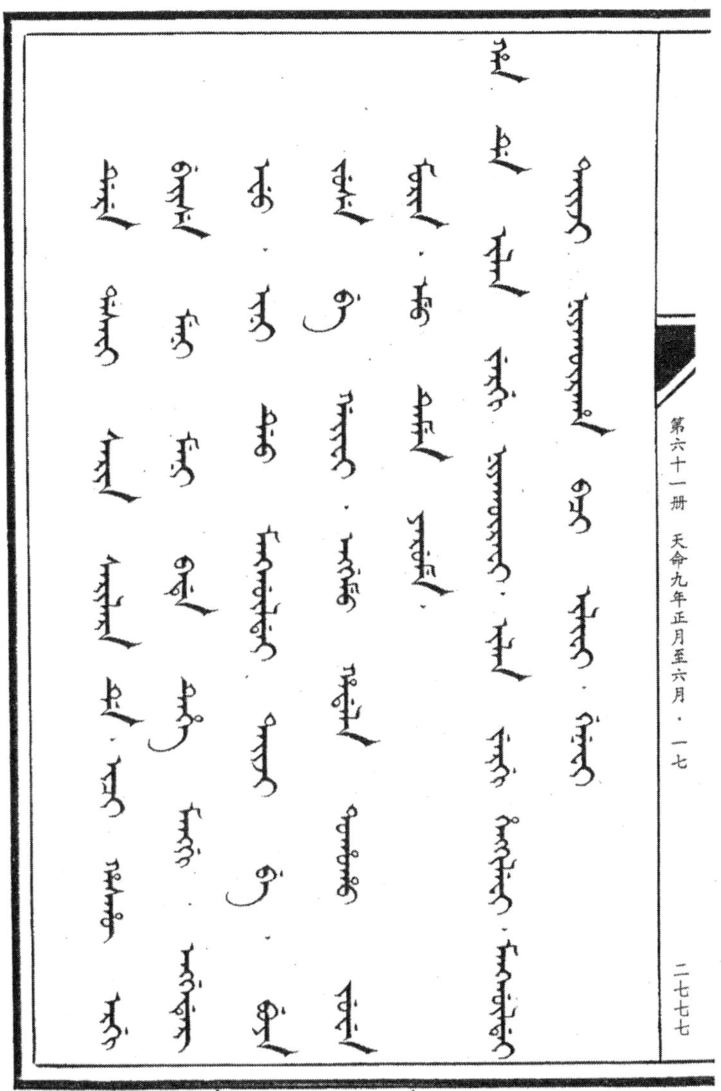

第六十一冊　天命九年正月至六月・一七

二七七七

滿文老檔之四